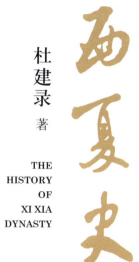

杜建录

著

THE
HISTORY
OF
XI XIA
DYNASTY

人民出版社

目 录 CONTENTS

001 导 言

007 第一章 党项内迁与拓跋政权的建立

008 第一节 内迁前的党项
015 第二节 唐代党项的内迁
024 第三节 夏州拓跋政权的建立与发展

035 第二章 夏初的内政与外交

036 第一节 拓跋李氏立国方略
042 第二节 奠定立国基础
057 第三节 西夏立国与宋夏战和
077 第四节 夏初对辽关系
086 第五节 政治斗争与景宗之死

091 第三章　西夏的巩固与发展

092　第一节　夏毅宗的内政与外交

100　第二节　梁太后专权与宋夏战争

108　第三节　夏崇宗的统治

119　第四节　西夏和平环境的建立

133　第五节　夏仁宗的统治

147 第四章　西夏的衰落和灭亡

148　第一节　西夏末期的社会矛盾

151　第二节　蒙古征讨与西夏灭亡

158　第三节　西夏遗民

177 第五章　西夏的宗法封建制

178　第一节　宗族制度

186　第二节　土地制度

192　第三节　宗法制度

194　第四节　西夏的社会阶层

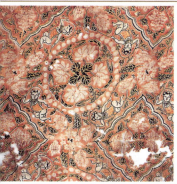

205　第六章　西夏的农牧业和手工业

206　第一节　农业

230　第二节　畜牧业

240　第三节　手工业

263　第七章　西夏的货币与商业

264　第一节　通货与度量衡

275　第二节　商业市场

282　第三节　对外贸易

295　第四节　交通运输

303　第八章　西夏的典章制度

304　第一节　皇室制度

307　第二节　职官制度

314　第三节　军事制度

321　第四节　司法制度

327　第九章　西夏的文化

328　第一节　西夏文的创制和使用

331　第二节　文学艺术

336　第三节　教育

339　第四节　宗教信仰

342　第五节　社会风俗

350　附表 1　西夏帝号表

352　附表 2　西夏纪年表

359　参考书目

368　大事记

390　后　记

导 言

西夏是11—13世纪由党项拓跋部建立的多民族政权，境内生活着党项、汉、吐蕃、回鹘等民族。其地东临黄河，南接萧关，西至玉门关，北抵大漠，包括今宁夏大部、陕西北部、甘肃西部、内蒙古西部和青海东部地区。1038年李元昊称帝建立大夏政权，因地居西北，史称西夏或夏国。西夏前期与辽、北宋对峙，后期与金、南宋并立，1227年被蒙古所灭。

建立西夏的党项是中国古代羌族的一个分支，长期居住在今甘、青、川三省毗连地区，不知稼穑，过着逐水草而居的游牧生活。唐朝初年，在吐蕃的进攻下，陆续从青藏高原迁移到黄土高原，散处西北地区的庆、灵、盐等州。"安史之乱"前后，又进入银夏地区。党项内迁后定居的地区，原来都是汉族人民长期生产生活的华夏文明占主导的地区，党项人进入后，不但没有破坏原有的汉族封建经济关系，而且随着时间的推移，逐渐适应这种经济关系，在发展传统畜牧生产的同时，逐渐学会了农耕，到李元昊立国时最终确立了封建制度。换言之，没有党项的大迁徙，没有唐宋文明的浸润，就没有党项经济社会的迅速发展，也没有西夏国政权的建立。

西夏农业生产工具较为先进，见于文献记载的农具有犁、耙、镰、锹、镐、子耧、石碌、刻叉、簸箕、扫帚等，西夏文"犁"字从木，"铧"字从铁，为铁铧木犁。内蒙古曾出楔形犁铧，这种木柄铁农具，如犁、耙、锹、镢在瓜州榆林窟西夏壁画中亦有形象的描绘，其形状类似近代农具，可见西夏的耕作工具已相当先进了。至于农田耕作方法也与宋代北方地区相同，西夏人凭借发达的畜牧业，广泛采用牛耕，榆林窟西夏壁画《牛耕图》，描绘二牛抬扛，耕者右手扶犁，左手持鞭驱牛，形象生动逼真。牛耕与铁犁推广为扩大耕地面积和深翻土地提供了条件，提高了劳动生产率，使西夏农业生产水平跃进到一个崭新的阶段。

牲畜牧养是西夏主体民族党项羌族传统的经济生活，开国皇帝李元昊曾自豪地说："衣皮毛，事畜牧，蓄性所便。"[1] 河西马、阿拉善骆驼以及宋夏沿边山界的羊是驰名中原的商品。[2] 西夏频繁遣往宋、辽、金的贡使，也大量以马、骆作为贡品。牦牛是早期党项主要役畜，内迁后仍在祁连山、贺兰山一带牧养。广袤的戈壁草滩主要是国有牧场，大大小小的部落首领既是军事首领，又是官牧首领，广大牧民只有替官府牧养不低于15—20头匹骆驼、马、牛和70只以上山羊，才能获得他所需要的草地牧场这一最基本生产资料。

西夏与宋、辽、金在地域环境、经济形态以及发展程度上的差异，不仅没有造成彼此经济的割裂，反而推动了各民族经济上交流互鉴、互补共生。宋夏、夏金之间官方榷场、民间和市、违禁走私以及贡使交换，形成了你中有我、我中有你的商贸网络，宋钱成为各民族政权通用货币。这种经济互补共生，深刻地反映了

《五十一面千手观音经变》，出自甘肃瓜州榆林窟第3窟。此幅壁画反映了西夏社会生活现实的物品，有人物、动物、植物、乐器、兵器、法器、法物、宝物、建筑、宝池花树、交通工具、生产工具、生产活动场面等。生产工具有：犁、锄、耙、镰、锯、斧、斗、钜、熨斗、耕牛等。生产活动有舂米、锻铁、酿酒、耕作、挑担等，还有其他百工、百艺的形象。其所绘的内容是考察西夏社会经济生活的珍贵资料，具有很高的社会价值。特别是"锻铁手""酿酒手""牛耕手"等真实地反映了西夏社会生产生活场景，有很高的科技史价值。

---

[1] 《宋史》卷四八五《夏国传上》。
[2] 《元氏长庆集》卷二三《估客乐》记载："求珠驾沧海，采玉上荆衡，北买党项马，西擒吐蕃鹦。"

西夏彩绘木雕武士俑，出土于宁夏永宁县闽宁村西夏墓地

各民族在经济上共享"中国之利"。

西夏的政区划分既保留党项民族的特点，又广泛吸收中原汉族的制度。监军司和府州在区划上相互交叉，县乡里和城堡寨并存；广袤的戈壁沙滩只有监军司统辖大小部落，而无州府郡县机构。州（府）为一级行政区划。史载"赵元昊既悉有夏、银、绥、静、宥、灵、盐、会、胜、甘、凉、瓜、沙、肃，而洪、定、威、怀、龙皆即旧堡镇伪号州，仍居兴州，阻河，依贺兰山为固"[①]。这是西夏初期的政区划分。西夏后期，地方区划有所变化，"河之内外，州郡凡二十有二。河南之州九：曰灵、曰洪、曰宥、曰银、曰夏、曰石、曰盐、曰南威、曰会。河西之州九：曰兴、曰定、曰怀、曰永、曰凉、曰甘、曰肃、曰瓜、曰沙。熙、秦河外之州四：曰西宁、曰乐、曰廓、曰积石"。[②]

夏景宗李元昊立国前夕创建官制，"其官分文武班"，设中书、枢密、三司、御史台、开封府、翊卫司、官计司、受纳司、农田司、群牧司、飞龙院、磨勘司、文思院、蕃学、汉学。"自中书令、宰相、枢使、大夫、侍中、太尉已下，皆分命蕃汉人为之"；[③]地方上既设州府，又"置十二监军司，委豪右分统其众"，[④]搭建起西夏官制的基本架构。此后随着社会的发展，机构设置虽有所变化，但大体没有突破这一基本格局。西夏不存在蕃、汉两套官制，而是自中央至地方阶序化的一套官制，皇帝（国主）居于顶端。文献中出现的诸多蕃官名号，不过是西夏语的音译而已。

亦兵亦民的全民皆兵制是西夏兵制的最大特点，所谓"人人能斗击，无

---

① 《续资治通鉴长编》卷一二〇，景祐四年十二月；《宋史》卷四八五《夏国传上》记载缺怀州。

② 《宋史》卷四八六《夏国传下》。

③ 《宋史》卷四八五《夏国传上》。

④ 《宋史》卷四八五《夏国传上》。

复兵民之别，有事则举国皆来"。①"其民一家号一帐，男年登十五为丁，率二丁取正军一人。每负赡一人为一抄。负赡者，随军杂役也。"②为了保证全民皆兵的部落兵制落到实处，西夏实行严格的兵役登记制度，男子年十五成丁，开始服兵役，"年至七十入老人中"。男孩子从 10 岁开始就要登记注册。西夏军队的战具分国家配备与自备两种，"凡正军给长生马驼各一。团练使以上，帐一、弓一、箭五百、马一、骆驼五，旗、鼓、枪、剑、棍榾、秒袋、披毡、浑脱、背索、锹钁、斤斧、箭牌、铁爪篱各一。刺史以下，无帐无旗鼓，人各骆驼一、箭三百、幕梁一。兵三人同一幕梁。幕梁，织毛为幕，而以木架。"③

西夏多种文字并存，早期党项有语言而无文字，内迁后逐渐接受汉语，使用汉文。西夏立国前夕，创制文字，被"尊为国字"。作为官方文字，西夏文（党项文）广泛应用于官署文书、法律条令、审案记录、买卖文契、官私账目、文学著作、历史书籍、字典辞书、碑刻、印章、符牌、钱币等方面，大量的汉文典籍、佛经被译成西夏文。与此同时，汉文一直是西夏的通用文字，藏文、回鹘文也在西夏广泛使用。

西夏盛行佛教，尊崇儒学，夏贞观元年（1101 年），建立国学，设弟子员三百，立养贤务以廪食之。④仁宗即位后，进一步推进汉学教育，夏人庆元年（1144 年）在皇宫内建立小学，凡宗室子孙 7 岁至 15 岁都可以入学，专门请教授讲课，仁宗和皇后罔氏也时常亲临小学训导。同时今各州具立学校，弟子员增至三千人。第二年，又建立大汉太学，仁宗亲临太学祭奠先圣先师孔子。夏人

西夏罗汉身像，出土于宁夏贺兰县宏佛塔

① 《续资治通鉴长编》卷二一七，熙宁三年十一月乙卯。
② 《宋史》卷四八六《夏国传下》。
③ 《宋史》卷四八六《夏国传下》。
④ 《宋史》卷四八六《夏国传下》。

庆三年（1146 年）尊孔子为文宣帝，这是中国历史上唯一的尊孔为帝。

西夏作为多民族政权，在继承发展党项传统文化习俗的同时，广泛吸收其他民族文化尤其是儒家文化和佛教文化。儒家文化是西夏主流政治文化，规范着君臣、父子、夫妇等行为，维护着社会秩序。佛教文化则渗透到西夏各个阶层，与儒家文化和巫术迷信相互补充，共同构建起西夏社会的精神家园。

辽、宋、西夏、金时期是我国北方民族社会形态重大转折时期，此前无论秦汉之匈奴，抑或隋唐之突厥，都是部落制下的游牧社会，游牧文化和农耕文化在河套到河西走廊一带处于长期的"拉锯"状态。中原王朝强大时北逐匈奴，移民河套地区和河西走廊，农耕文化占主导地位；中原王朝衰微时，北方民族进入该地区，游牧文化占主导地位。"拉锯"中的农耕文化和游牧文化在此区域交往交流交融相对缓慢。进入辽、宋、西夏、金时期，这种情况急遽发生变化，无论契丹建立的辽朝、党项建立的西夏抑或女真建立的金朝，都是包括汉族在内的多民族政权，其文化在多元杂糅的基础上，占主导地位的是中华传统文化，三个政权都自认为是中国，而非夷狄之邦，这种文化认同具有重大的历史意义。正如习近平总书记在《在全国民族团结进步表彰大会上的讲话》中指出的，"宋辽夏金，都被称为'桃花石'"。这种文化上的认同，是历史上中华民族共同体的重要体现。

第一章 党项内迁与拓跋政权的建立

建立西夏国的党项羌历史上有两次大迁徙，第一次是唐朝初年从青藏高原东部的松州东迁到陇右庆州，第二次是"安史之乱"后从陇右庆州北迁至鄂尔多斯南缘的平夏地区。党项羌两次大迁移特别是第一次大迁移的意义重大，他们不仅从发生战乱的地方迁走，更重要的是迁居的地方是汉族人民长期居住生活并从事生产经营的华夏文明地域。党项人民在这里定居下来，无论地理条件抑或历史条件，对他们吸收汉族先进文明，进而发展生产与繁殖人口，都是极为有利的。因此，党项羌内迁后人口繁殖得很快，特别是"最为强族"的拓跋部完整地从松州地区迁到庆州，后又从庆州迁到平夏，和唐朝建立起密切的关系。唐中和元年（881年），拓跋部大首领拓跋思恭因助唐镇压黄巢起义有功，被僖宗任命为夏州节度使，成为名副其实的藩镇，从而走上了建立西夏国的道路。从这个意义上讲，没有大迁移，就没有党项经济社会的发展，也没有后来的西夏国。

第一节　内迁前的党项

一、党项拓跋部族源

党项为我国古代西北羌族的一支，其历史活动可以追溯到南北朝后期，但"党项"一词正式出现于隋唐，隋、唐、宋诸中原王朝称其为党项，少数民族及其建立的政权称其为唐古或唐古特。735年的古突厥文《毗伽可汗碑》东面二十四行，记毗伽可汗17岁时曾与唐古特（tangut）人作战，这是最早关于唐古特的记载。美国学者邓如萍女士认为，唐古特源于党项的党（tang）加上蒙古语复数词尾（-ut）。[①]岑仲勉先生直接将唐古特（tangut）

① 《唐古特是什么民族？——论唐古特的族源和族名》，《亚洲史学报》第18卷第1期。

译作党项。[1] 于阗文和粟特文文献也将党项称为 tangut。[2] 波斯人拉施特《史集》与《蒙古秘史》将西夏称为唐兀惕（tangut）。与宋朝同时代的辽、金政权以及后来的元朝，亦称党项为唐古、唐括或唐兀。唐括（又作唐适）即唐古，为"唐兀惕"与"唐古特"的急读。[3]

西夏党项人自称"番"或弥药、弥人。番，西夏文音"弥"。《文海》"番"释："此者党项也，弭药也，番人之谓。"[4] 歌颂党项羌祖先的《夏圣根赞歌》开头几句是"黔首石城漠水畔，红脸祖坟白河上，高弥药国在彼方"。[5] 西夏文类书《圣立义海》第四卷"山之名义"释文曰："番国三大山，冬夏降雪，日照不化，贺兰山、积雪山、胭脂山。"无

党项人木雕头像，出土于宁夏永宁县闽宁村西夏墓

论"高弥药国"还是"番国"，都是以党项族称来命名，它和辽朝称"契丹国"一样，反映出党项在西夏的主体地位。

吐蕃与党项族源相近，居地相连，在语言文化上有着非常密切的联系，故在沿边少数民族中，吐蕃称党项为弭药（Minyag）。《旧唐书》卷198《党项传》说：拓跋部内徙后，"其故地陷于吐蕃，其处者为其役属，吐蕃谓之弭药"。松赞干布曾娶弭药王之女为妻，[6] 后来"弭药"一词又延伸到吐蕃对党项建立的西夏国的称呼。北宋元丰七年（1084年），"董毡遣人以蕃书来，已回蕃书，约令引兵深入摩灭缅药家"[7]。次年十二月，西蕃阿里骨差首领赉到文字，译称"蕃家王子结施揽哥邦彪篯阿里骨文字，送与熙州赵龙图，探

① 岑仲勉：《突厥集史》下册，中华书局1958年版，第914页。
② 黄盛璋：《和田塞语七件文书考释》，《新疆社会科学》1983年第3期。
③ 汤开建：《契丹境内党项部落的分布》，《宁夏社会科学》1990年第2期。
④ 史金波、白滨、黄振华：《文海研究》，中国社会科学出版社1983年版，第543页。
⑤ 陈炳应：《西夏文物研究》，宁夏人民出版社1985年版，第346页。
⑥ 巴卧·祖拉陈哇著，黄颢译：《贤者宴喜》，《西藏民院学报》1981年第2期。
⑦ 《续资治通鉴长编》卷三四三，元丰七年二月庚辰。

得缅药家瞭点集人马，告汉家边上做大准备，早奏知东京阿舅官家著"。①

综上所述，西夏主体民族党项羌族主要有两种称呼，一为中原汉族对其称作党项，并由此音转出唐古、唐古特、唐兀等；二为党项自称"弭药"或"弥人"，与党项有密切关系的吐蕃也称其为"弭药"。正因为对党项有两种不同的称呼，往往同一民族对其有两种不同的记述，如唐代既有"党项"称谓，又有"弥娥"记述。于阗文文献称党项为唐古特（tangut），但宋代于阗使者称其为"缅药"。②

《旧唐书》卷198《党项传》称党项羌为汉代西羌之别种，"有细封氏、费听氏、往利氏、颇超氏、野辞氏、房当氏、米擒氏、拓跋氏，而拓跋最为强族"。西夏王国就是号称"强族"的拓跋氏建立的。由于鲜卑族也有一个拓跋部，并且一度统治过党项，由此引起党项拓跋部是源自东北的鲜卑族，还是源自羌族的争议，并从唐代以来形成截然不同的两种观点。

汉魏六朝之际，是我国古代各民族大分化、大改组、大融合时期，特别是北部草原地区，诸族分散离合的情况尤为剧烈和复杂，当时党项居地处于鲜卑吐谷浑领地之中，也即党项诸部一度附属于吐谷浑政权，因此鲜卑拓跋部一部分融合到党项羌族之中，或者党项羌族一部分融合到拓跋部中而改称拓跋氏，都是有可能的。西夏文《杂字》番姓中有西壁一姓，汉文史料也记载西夏有西壁氏。西夏人翻译《类林》时，就用上述两个西夏字翻译"鲜卑"这一族称。说明西夏时期的"鲜卑"已经从一个族称演变成党项族的一个姓氏，成为党项族的一部分。③ 因此，即使建立西夏国的拓跋部出自鲜卑拓跋部，经过几百年的融合，早已同党项族融为一体，失去了鲜卑族的特征。④融入党项部落的鲜卑人以鲜卑为姓，而王族拓跋氏并未姓鲜卑，恰好说明拓跋部不是来自鲜卑。

① 《续资治通鉴长编》卷三六三，元丰八年十二月丙子。

② 《续资治通鉴长编》卷四七五，元祐七年七月癸巳载，熙河兰岷经略使范育言："于阗进奉般次、和尔济勤克伊实密陈，中途尝为缅药所掠，乞闻朝廷差般次同黑汗王所发兵攻灭缅药。"

③ 史金波：《西夏境内民族考》，载《庆祝王钟翰先生八十寿辰学术论文集》，辽宁大学出版社1993年版。

④ 漆侠、乔幼梅：《辽夏金经济史》，河北大学出版社1998年版，第195页。

二、早期党项的社会生活

《隋书》最早记录了内迁前党项的社会生活状况："每姓别为部落，大者五千余骑，小者千余骑。织牦牛尾及羖羝毛以为屋。服裘褐，披毡以为上饰。俗尚武力，无法令，各为生业，有战阵则相屯聚。无徭赋，不相往来。牧养牦牛、羊、猪以供食，不知稼穑。其俗淫秽蒸报，于诸夷中最为甚。无文字，但候草木以记岁时。三年一聚会，杀牛羊以祭天。"①

内迁前党项人没有农耕，没有赋税徭役，没有文字法令，以畜牧为生。每个部落有各自相对固定的地域，较大的部落"有细封氏、费听氏、往利氏、颇超氏、野辞氏、房当氏、米擒氏、拓跋氏，而拓跋最为强族"。②这些部落平时"各为生业"，只有对外用兵时才相屯聚，社会形态大体处于原始社会末期的父家长制阶段，男子的劳动在社会上起决定性作用，成为氏族部落的主要成员；妇女则降到从属的地位，在收继婚制下，被当作家族的私有财产，由具有家长权利的男性及其子弟继承。

促使原始氏族社会瓦解，父权家庭制形成的原因是剩余产品的积累和战争掠夺。虽然内迁前党项居地气候多风寒，土无五谷，不知耕稼，但畜牧生

---

① 《隋书》卷八三《党项传》。
② 《旧唐书》卷一九八《党项羌传》。

产较为发达，利用剩余畜产品对外交换的现象已出现，"求大麦于他界，酝以为酒"。隋大业五年（609 年），炀帝西巡狄道（今甘肃临洮），党项前来进贡方物。[1] 唐武德二年(619 年)，党项与吐谷浑并遣使朝贡[2]，朝贡的目的主要是物品交换。部落首领为了获得更多的财富，除进行交换外，对外掠夺是另一重要途径。因此，在传统史家眼中，内迁前党项羌是"不事产业，好为盗窃，互相凌劫"。[3] 当然，党项寇边不完全是其内部阶级分化的缘故，也包括魏周隋唐统治者民族压迫引起的反抗。

三、早期党项与周边的关系

《隋书》记载："党项羌者，三苗之后也。其种有宕昌、白狼、皆自称猕猴种。东接临洮、西平，西拒叶护，南北数千里，处山谷间。"[4] 这段文字扼要地记述了早期党项的居住范围，"东接临洮、西平，西拒叶护，南北数千里，处山谷间"，是《隋书》作者追述隋以前党项部落的居地。隋代临洮郡，即今甘肃南部洮水上游的临潭县，西平为今青海东部的西宁市。"东接临洮、西平"，"其意即指党项部落的居地东界接近临洮、西平二郡之地。如以今天的地理概念来讲，即党项部落的东部界线在北起青海湖东侧，南至积石山（今阿尼玛卿山）一线"。[5] 叶护为西突厥的别称，在今新疆境内的于阗、龟兹、焉耆诸地。"西拒叶护"，则是党项部落的西界大致接近阿尔金山一带。

两唐书《党项传》的记载也与《隋书》大体相同，"党项羌，在古析支之地，汉西羌之别种也"（"析支"又作"赐支"）。"南接蜀、汉徼外蛮夷，西北接鄯善、车师诸国"。[6] 其地望与《隋书·党项传》中记载的党项居地基本相合，即东南至积石、河曲之地，西北接近西域。

这里要特别指出的是早期党项的居地一度处在吐谷浑行国领地之中，鲜卑吐谷浑与羌、氐长期的交往交流交融，以致唐宋时期有人认为"吐谷浑

---

① 《隋书》卷三《炀帝纪上》。
② 《册府元龟》卷九七〇《外臣部·朝贡三》。
③ 《旧唐书》卷一九八《党项羌传》。
④ 《隋书》卷八三《党项传》。
⑤ 汤开建：《隋唐时期党项部落的迁徙》，载宁夏文物管理委员会办公室、宁夏文化厅文物处编：《西夏文史论丛》第 1 辑，宁夏人民出版社 1992 年版。
⑥ 《后汉书》卷八七《西羌传》。

者，今之文扶羌是也"。① 现代学者也指出，"鲜卑人羌化了，因之吐谷浑实际上是羌族国家"，"羌族在青海建立起吐谷浑国，是社会发展中的一个光辉标志"。② 说吐谷浑羌化了，就是吐谷浑鲜卑大量吸收和融汇了羌族的文化与血缘，同时，这种吸收与融汇是双向的，即羌族也大量吸收了吐谷浑鲜卑的文化与血缘。经过历史长河的洗礼，到了北周和隋代，今青海湖一带的党项基本融汇到吐谷浑鲜卑中去，故而从史书中消失。当然，这其中也包含迁徙的原因。而松州一带的吐谷浑鲜卑则被党项所融合，建立西夏王国的拓跋部，实际上是被羌化的鲜卑人，③ 他们已与党项羌没有多大的区别，故两唐书的作者及后世学者把他们看作为党项羌。

党项在与吐谷浑鲜卑融合的同时，宕昌、邓至灭国后也被吸收进来。每一次融合与吸收，都给党项增添了新鲜血液，内迁前党项正是在这种民族大融合中发展壮大起来的，并逐渐摆脱了吐谷浑的直接统治，与其有了明确的边界线。《旧唐书·党项羌传》曰："自周氏灭宕昌、邓至之后，党项始强。其界东至松州（今四川松潘县北），西接叶护，南杂春桑、迷桑等羌（今青海南部果洛藏族自治州境内），北连吐谷浑。"阎立本《西域图》亦称："吐国（谷）浑之南，白兰之北，弥罗国也。"④"弥罗"为"弥药"同音异译，即党项也。可见至少从北周时开始，党项就摆脱了吐谷浑的控制。

在考察了内迁前党项的地望与四邻情况后，我们就能比较清楚地看到这一时期党项与外界联系的特点。首先，早期党项被吐谷浑兼并，居地完全处于吐谷浑行国领地之中，他们与鲜卑吐谷浑相互融合，并在民族融合中发展壮大起来。西魏北周以后，虽然摆脱了吐谷浑的直接统治，但仍与其结成比较亲密的关系，经常联合起来进扰边境。⑤ 隋大业四年（608 年），炀帝对吐谷浑发动了规模空前的征讨，使吐谷浑汗国"故地皆空，自西平临羌城以西，且末以东，祁连以南，雪山以北，东西四千里，南北二千里，皆为隋有"。⑥ 隋朝在这一地区置鄯善、且末、西海、河源四郡。吐谷浑可汗慕容伏允被迫

---

① 《宋文鉴》卷五三《上皇帝书》。
② 范文澜：《中国通史》第四册，人民出版社 2004 年版，第 4—5 页。
③ 唐嘉弘：《关于西夏拓跋氏的族属问题》，《四川大学学报》1995 年第 2 期。
④ （元）戴表元：《剡源文集》卷四《唐画〈西域图〉》。
⑤ 《隋书》卷八九《阴世师传》、卷八三《吐谷浑传》。
⑥ 《隋书》卷八三《吐谷浑传》。

慕容智墓木半身高髻女俑

南逃到积石、河曲一带党项部落避难。唐朝初年，党项大首领拓跋赤辞和吐谷浑王室通婚，帮助吐谷浑可汗慕容伏允抗唐，这都在一定程度上反映出早期党项与吐谷浑的友好关系。

其次，内迁前党项同中原王朝建立起密切的关系。《隋书》记载：北周天和（566—572 年）初，杨文思治冀州，"党项羌叛，文思率州兵讨平之"。① 表明在北周乃至更早，党项就开始移居中原王朝边境。六世纪末期，隋朝统一了中国，结束了长期的南北分裂割据局面，人民生活得到暂时的安定，党项人民也愿意和汉族人民过和平生活。隋开皇四年（584 年），党项"千余家归化"。次年，其大首领拓跋宁丛等各率部众到旭州内附，被隋文帝授为大将军，"其部下各有差"。隋开皇十六年（596 年），党项虽一度进攻会州，但被隋朝军队打败后，纷纷内附，遣子弟入朝谢罪，表示"愿为臣妾"，"自是朝贡不绝"。② 唐朝建立后，党项与中原的关系进一步得到加强，唐贞观三年（629 年），在南会州都督招谕下，党项酋长细封步赖举部内附，太宗降玺书抚慰，步赖因此入朝，宴赐甚厚，以其地为轨州，拜步赖为刺史。其他党项酋长闻风而动，"相次率部落皆来内属，请同编户"。太宗厚加抚慰，列其地为岷、奉、岩、远四州，"各拜其首领为刺史"。③ 唐贞观五年（631 年），"诏遣使开其河曲地为六十州，内附者三十四万口"。④ 唯独居住在松州的党项大首领拓跋赤辞与吐谷浑王室结为姻亲，相互联合起来抵抗唐朝。唐贞观八年（634 年），唐大将李靖

慕容智墓金银餐饮器具

① 《隋书》卷四八《杨文思传》。
② 《隋书》卷八三《党项传》。
③ 《旧唐书》卷一九八《党项羌传》。
④ 《唐会要》卷九八《党项羌》。

率大军攻讨吐谷浑，拓跋赤辞屯狼道坡以拒唐军。不久，唐军击败吐谷浑，可汗慕容伏允逃至沙漠中自缢身死，在这种情况下，"赤辞从子思头密送诚款，其党拓跋细豆又以所部来降，赤辞见其宗党离，始有归化之意"。[1] 后经岷州都督刘师立遣使劝说，赤辞与思头遂率众降附，唐朝以其地为懿、嵯、麟等三十二州，以松州为都督府，任命归附部落首领为刺史，以拓跋赤辞为西戎州都督，赐皇姓李。于是，从今青海积石山以东的党项居地，全部纳入了唐王朝的版图，[2]党项与唐朝的关系进一步密切。

慕容智墓木胡人俑

最后，内迁前党项虽然与西界部族有一定的联系，但其对外联系与发展的重点不在西部，而是在东部，魏周至隋唐，西部边界一直维持在叶护，没有能再前进一步，就充分说明了这一点。另据《隋书·女国传》载：女国在葱岭之南，"数与天竺及党项战争"。据今人研究，女国位于今天的后藏，[3]而党项能够多次和它发生战争，似乎内迁前党项的活动范围一度延伸到南山（昆仑山）附近，但没有在这一地区稳定下来。党项向东面的联系与发展是卓有成效的，如前所述，北周前后大批党项徙居松州，此后旭州、会州、金城等地都有党项陆续迁来。内迁前党项积极向东发展，逐渐靠近中原王朝，既表明他们向往中原的文明生活，又反映出中华文化的凝聚力与向心力，同时，也为唐代党项人迁徙奠定了坚实的基础。

第二节　唐代党项的内迁

一、党项第一次大迁徙

党项羌的内徙是唐朝与吐蕃争夺西域控制权失败的直接后果。大唐王朝

---

① 《旧唐书》卷一九八《党项羌传》。
② 《新唐书》卷二二一《党项传》。
③ 吕思勉：《中国民族史》，中国大百科全书出版社 1987 年版，第 217 页。

《步辇图》，（唐）阎立本绘，现藏北京故宫博物院

唐贞观八年（634年），吐蕃三十二世赞普松赞干布遣使臣到长安，向唐王朝求婚联姻，唐太宗李世民答应了他的请求，决定将宗室女文成公主许配给松赞干布。唐贞观十五年（641年）春天，松赞干布派相国禄东赞到长安来迎接文成公主，唐太宗李世民则派礼部尚书江夏王李道宗陪同文成公主入蕃。文成公主除了带去很多中原地区的文化典籍外，随行的还有许多各种行业的工匠，对于促进吐蕃经济、文化的发展起到了重要的作用。此后很长一段时间里，唐王朝和吐蕃之间关系融洽，和睦相处。

画中太宗李世民端坐在六人抬坐榻（即步辇），前站立三人：右穿红袍为唐礼官，中为禄东赞，左穿白袍为内官。

建立后，十分重视经营西部边疆，为了确保丝绸之路的畅通，在招抚党项羌的同时，又耗费大量精力处理吐谷浑问题。唐贞观九年（635年），唐太宗以"肆情拒命，抗衡上国"，"剽掠边鄙，略无宁息"为由，派大将李靖、侯君集等率突厥、契苾及汉兵征讨吐谷浑。吐谷浑可汗慕容伏允兵败西走，随后自杀，其子慕容顺率领大臣、贵族归降，被唐朝立为新可汗。慕容顺被贵族杀死后，其子诺曷钵于635年底即可汗位，被唐朝封为河源郡王、乌地也拨勒豆可汗。诺曷钵亲唐，多次入朝。唐贞观十年（636年），唐太宗将弘化公主许嫁诺曷钵，四年后成婚。高宗李治即位后，又封诺曷钵为驸马都尉，以宗女金城县主嫁其长子，金明县主嫁其次子，可谓亲上加亲。

唐朝招附党项、吐谷浑，打开通往西域道路的前后，吐蕃奴隶主政权在青藏高原上崛起，并不断向外扩张，与唐朝展开了争夺古青海及西域的斗争，使这一地区的民族关系逐渐复杂化。当时唐朝利用吐谷浑和党项羌作为前沿阵地，遏制吐蕃的北上。唐贞观十年（636年）将弘化公主许配给吐谷浑大首领诺曷钵，而在同年拒绝了吐蕃赞普松赞干布的请婚，就充分说明了这一点。

这一许一拒，激怒了吐蕃，也给吐蕃找到了用兵的借口。史载弄赞怒，"遂与羊同连，发兵以击吐谷浑。吐谷浑不能支，遁于青海之上，以避其锋。其国人畜并为吐蕃所掠，于是进兵攻破党项及白兰诸羌，率其众二十余万，顿（屯）于松州西境，遣使贡金帛，云来迎公主。又谓其属曰：'若大国不嫁公主与我，即当入寇。'遂进攻松州"①。在权衡战和利弊后，唐太宗选择了和，继弘化公主嫁给吐谷浑可汗诺曷钵之后，将文成公主嫁给松赞干布，与吐蕃和亲。

文成公主与松赞干布的联姻，使贞观时期唐、吐蕃、吐谷浑、党项羌暂时友好相处。一方面使唐王朝得以集中力量经略东北亚，东征高丽，西平突厥；另一方面，也使得吐谷浑、党项羌继续在原居住地生存下来。

唐太宗李世民死后，吐蕃势力益炽。唐显庆三年（658年），吐谷浑大臣素和贵投奔吐蕃，在他的引导下，吐蕃大规模进犯吐谷浑，诺曷钵无力抵御，携弘化公主及数千族帐逃到河西凉州，请求唐朝庇护。唐朝以凉州都督郑仁泰为青海道行军大总管，率部进驻鄯州（今青海乐都），以苏定方为安集大使，负责解决吐谷浑与吐蕃之间的矛盾。但当时吐蕃势力相当强大，不仅不退出吐谷浑领地，又进兵西域，直接威胁到唐王朝在西域的统治。在这种情况下，高宗、武后决定用武力帮助吐谷浑复国，以保证丝绸之路的畅通。

唐咸亨元年（670年），唐朝以右威卫大将军薛仁贵为逻娑道行军大总管，率十万大军西征吐蕃。结果在大非川被吐蕃四十万大军包围，薛仁贵全军覆没，吐蕃乘胜占据全部吐谷浑领地及大部分党项羌居地。吐谷浑可汗诺曷钵率领部分族帐内迁至灵州，唐朝专门设立安乐州以处之。党项羌正是在唐朝与吐蕃争夺西域失败的情况下，和吐谷浑一起被迫向内地迁徙。

吐蕃攻占吐谷浑后，与其毗邻的党项羌部落为了免遭奴役，开始向内地

---

① 《旧唐书》卷一九六《吐蕃传》。

迁徙。从七世纪中后期到八世纪中后期近百年中，党项羌大规模的迁徙共有两次。

第一次迁徙大致始于唐咸亨元年（670年）。两唐书对这次迁徙的记载："其后吐蕃强盛，拓跋氏渐为所逼，遂请内徙，始移其部落于庆州，置静边等州以处之。"由于以"其后"代替了内迁的时间，因此研究者对这次迁徙的时间往往产生歧义，有人认为在唐贞观十二年（638年），有人认为在唐开元年间（713—741年），而我们认为在唐咸亨元年（670年）比较妥当。

其一，《资治通鉴》卷二二〇载："贞观以后，吐蕃浸盛，党项、拓跋诸部畏逼，请内徙。"明确指出这次内徙的时间既不是在贞观年间，也不是在开元年间，而是在"贞观以后"。另据《新唐书·地理志》载："静边州都督府，贞观中置，初在陇右，后侨治庆州之境。"这里的"后"也当以贞观年间为界线的。

其二，拓跋氏内徙的原因是"渐为吐蕃所逼"，使其不能在松州地区生活。前揭唐贞观十二年（638年），吐蕃破党项、白兰诸羌，"率众二十余万，屯于松州西境"，声言要迎娶公主。由于这场战争持续了一年，遭到了吐蕃贵族的反对，不久赞普松赞干布便决定撤兵，加之唐朝许其联姻，此后唐蕃关系一度保持友好局面。由此可见，贞观年间松州地区一直牢牢地控制在唐朝手中，拓跋氏不存在生存危机。

其三，党项羌的每次内徙都是唐王朝允许且协助其完成的。就唐朝来看，太宗一直利用吐谷浑及党项羌阻遏吐蕃，不可能在这种情况下将其内徙，失去中间缓冲地带，使"边患"独当。且此时唐朝也有能力守住松州乃至西域，决不会轻易放弃这一地区。直到唐咸亨元年（670年），唐军大非川惨败，失去了古青海及西域，再没有能力保护吐谷浑及党项诸部，才同意并帮助其内迁。显然，党项拓跋等部与吐谷浑内迁的时间是一致的，即在唐咸亨元年（670年）前后。

唐咸亨元年党项部落迁徙的规模是比较大的，除拓跋部外，同时迁往庆州的还有野利部、把利部、破丑部。[①] 这些党项部落进入庆州地区后，很快又向外发展。《新唐书·陆余庆传》："圣历（698—699年）初，灵、胜二

---

① 《新唐书》卷二二一《党项传》："庆州有破丑氏族三，野利氏族五，把利氏族一。"应是同拓跋氏一起迁入。

州党项诱北胡寇边",说明唐咸亨年间迁往庆州的党项部落已扩散到灵、胜二州。

"安史之乱"后,仍有党项部落从原松州都督府管辖下的羁縻州向西北内地迁徙。《新唐书·地理志》载:"禄山之乱,河陇陷吐蕃。乃徙党项州所存者于灵、庆、银、夏之境。"这些党项羁縻州有懿、盖、嵯、诺、嶂、祐、台、桥、浮、宝、玉、位、儒、归、恤、西戎、西泡、乐容、归德等。另外,唐天授三年(692年),内附的十州党项也一并迁到灵夏地区。①

这里需要指出的是,党项故地被吐蕃攻陷后,"其处者为其役属,吐蕃谓之弭药"。② 随着时间的推移,这些党项人逐渐成为吐蕃部落,他们有时以羌人的名义出现,有时则被通称吐蕃部落,藏文献中记载吐蕃四大董族中,"董木雅"是其中最重要的一支。③"又有雪山党项,姓破丑氏,居于雪山之下,及白狗、春桑、白兰等诸羌,自龙朔后,并为吐蕃所破而臣属焉"④,成为吐蕃的奴部。《新唐书·吐蕃传》曰:吐蕃"出师必发豪室,皆以奴从"。可见这些被其役属的"弭药",随着吐蕃占据河陇也深入到内地。吐蕃王朝崩溃后,"奴多无主,遂相纠合为部落","吐蕃微弱者反依附之"。⑤他们或归附唐朝,迁居内地;或散处河西秦陇,成为宋代沿边蕃部的重要组成部分。

二、党项第二次大迁徙

天宝十四年(755年),唐朝爆发了安禄山、史思明叛乱,朝廷尽发河陇戍军入卫京师,西北边防空虚,吐蕃乘机攻占河西、陇右之地。"数年间,西北数十州相继沦没,自凤翔以西,邠州以北,皆为左衽矣。"⑥党项和吐蕃的居地再次相互交错,吐蕃"密以官告授之,使为侦道,故时或侵叛"。⑦

---

① 汤开建:《隋唐时期党项部落的迁徙》,载宁夏文物管理委员会办公室、宁夏文化厅文物处编:《西夏义史论丛》第一辑,宁夏人民出版社1992年版。

② 《旧唐书》卷一九八《党项羌传》。

③ 张云:《党项名义及族源考证》,载《首届西夏学国际学术会议论文集》,宁夏人民出版社1998年版。

④ 《旧唐书》卷一九八《党项羌传》。

⑤ 《资治通鉴》卷二五〇,唐懿宗咸通三年十二月。

⑥ 《资治通鉴》卷二三三,唐代宗广德元年。

⑦ 《旧唐书》卷一九八《党项羌传》。

党项迁徙示意图

上元二年（761年）二月，奴剌、党项寇宝鸡，烧大散关，南侵凤州，大掠而还。[①] 广德元年（763年），"吐蕃帅吐谷浑、党项、氐、羌二十余万众，弥漫数十里"，自周至东渡渭水，攻陷长安，剽掠府库市里，都城长安"萧然一空"。[②] 次年（764年），六州胡仆固怀恩叛唐，"引吐蕃、回纥、党项数十万南下，京师大恐"。[③] 永泰元年（765年）二月，党项寇富平，焚定陵殿。九月，仆固怀恩再次引诱吐蕃、吐谷浑、党项、奴剌数十万众入寇，后因仆

---

① 《资治通鉴》卷二二二，唐肃宗上元二年。

② 《资治通鉴》卷二三三，唐代宗广德元年。

③ 《旧唐书》卷一二〇《郭子仪传》。

固怀恩中途病死灵州而告退。

在吐蕃、吐谷浑和党项连续不断的进攻中，朔方节度使郭子仪认为，"党项、吐谷浑部落散处盐、庆等州，其地与吐蕃滨近，易相胁，即表徙静边州都督、夏州、乐容等六府党项于银州之北、夏州之东，宁朔州吐谷浑住夏西，以离沮之"。[①] 代宗采纳郭子仪的建议，召静边州大首领拓跋朝光等五个刺史入朝，晓以利害，厚加赐赠，令其率部落从庆州迁往银州（治今陕西米脂县西北）以北、夏州（治今陕西靖边县白城子）以东的平夏地区。同时野利、把利、破丑、折磨等部落也相继北迁绥、延及银、夏诸州。

党项两次大迁徙的背景、目的不尽相同，但客观效果看，有许多共同之处。首先，两次迁徙都是党项羌从战乱之地迁出，尽管千里跋涉，原有的牲畜、人口、财产受到很大的损失，但得到了相对安定的环境，便利其发展生产、壮大部族，并接触到汉族先进的生产方式，加速了社会发展历程。所以党项羌内徙以后，人口繁殖得很快，形成了著名的东山与平夏两大部落，还有居住在南山的"南山党项"（即宋代的横山羌）。

其次，党项羌的两次大迁徙都得到唐政府的帮助，特别是"最为强族"的拓跋部在唐朝帮助扶持下，比较完整地从松州地区迁到庆州，后又把其中一部与其他党项迁到平夏。这不仅比较完整地保存了拓跋部的有生力量，而且密切了与唐朝的关系，唐中央政府对拓跋部首领的册封，以及拓跋部助唐"讨乱"，表明拓跋部首领与唐中央真正建立起一种依附关系，或者叫友好关系。同时，拓跋部首领利用唐朝后期边政废弛，对周边少数民族控制力衰弱，积极发展壮大自己的势力，在"平叛""讨贼"中，逐渐强大起来，最终走上了建立西夏王国的道路。[②]

三、唐后期党项与中央政府关系

党项羌经过多次迁移，逐渐各有地分，由客居变成"土著"，居庆州者号"东山部落"，居夏州者号"平夏部落"，居南山者号"南山部落"（即宋代横山羌）。永泰元年（765 年）后，还有一部分党项羌东迁到石州（今山

---

① 《新唐书》卷二二一《党项传》。
② 史卫民：《党项族拓跋部的迁移及其与唐五代诸王朝的关系》，《内蒙古大学学报》1981年增刊。

西离石），"以就水草"。三十多年后，即唐贞元十五年（799年），由于"永安城镇将阿史那思昧扰其部落，求取驼马无厌，中使又赞成其事，党项不堪其弊，遂率部落奔过河"①。此外，还有党项羌渡过黄河进入漠南，后成为契丹辽朝统治下的部落。

从有关资料来看，唐后期党项羌同中原政权关系的一个很重要的特征就是暴力事件不断。他们或不断对毗邻的汉族地区进行骚扰，掳掠人畜；或起来反抗中晚唐弊政。据不完全统计，从永泰元年（765年）吐蕃、回纥、吐谷浑、党项联合入寇王畿开始，到乾符元年（874年）党项、回纥寇天德军为止，党项"寇边"超十五次，其中引导吐蕃入寇的就有五次，有的时间长达四十年之久。

这一时期党项羌之所以叛服不常，大肆骚扰边境，首先是"安史之乱"后，唐朝政治腐败，中央权力削弱，天下尽分裂为藩镇。但吐蕃势力却不断扩张，先攻占河西陇右，后又越陇进入关中，一度攻克长安，逗留十余日方退。接着双方在陇山东西进行了长达二十余年的拉锯战。唐贞元三年（787年），又占据了灵、盐、夏等西北重镇。吐蕃强盛以及唐朝对党项羌控制的松弛，势必影响党项羌的倾向。加之党项羌历来是唐蕃争夺的中间势力，部分党项贵族在利益驱使下叛唐附蕃。吐蕃处于落后的奴隶制阶段，一方面诱导党项"寇掠"唐朝边境，另一方面又"略党项杂畜"。②党项羌首领则根据斗争形势，时而叛唐附蕃，寇掠边地；时而与唐和好，反对吐蕃的掠夺，试图在两大势力的夹缝中求得生存与发展。

其次，党项羌扰边是唐朝边将残暴统治的必然结果。党项羌徙居庆、盐、银、夏地区以后，除向政府"兼服征徭"外，③还遭到唐边将的额外剥削与压迫。如唐宪宗元和（806—820年）中，夏绥银节度使田缙盗没军粮四万斛，强取羌人羊马。党项苦之，屡引西戎犯塞，"盖田缙始生国患"。④太和（827—835年）、开成（836—840年）之际，"藩镇统领无绪，恣其贪婪，不顾危亡，或强市其羊马，不酬其直，以是部落苦之，遂相率为盗，灵、盐

---

① 《旧唐书》卷一九八《党项羌传》。

② 《资治通鉴》卷二二五，唐代宗大历十三年八月。

③ （清）董诰等编：《全唐文》卷七五〇，杜牧：《贺平党项表》，中华书局1983年版。

④ 《新唐书》卷二一〇《田缙传》。

之路小梗"①。对此当朝宰相杜佑也不得不承认，"党项小藩，杂处'中国'，本怀我德，当示抚绥。间者边将非廉，亟有侵刻，或利其善马，或取其子女，便赂方物，征发役徒。怨苦既多，叛亡遂起"②。

其三，党项频繁扰边与唐朝后期处置失策有关。唐朝后期对党项羌采取"分而治之"的策略，将其部落分别隶属于西北各边州，以分化瓦解其力量，不至于形成与中央对抗势力。但党项羌以游牧为主，迁徙无常，往往在一处寇掠之后，就逃亡他处。在政治统一的情况下，这种问题并不难解决。但唐朝后期藩镇割据，镇将们为了扩大势力，对扰掠后逃到本镇境内的党项部落"不为擒送，以此无由禁戢"。③ 针对这种情况，朝廷根据李德裕的建议，以兖王李岐为灵、夏等六道元帅兼安抚大使，以御史中丞李回为副，兼统诸镇党项，但实际上效果并不明显。

其四，党项扰边还与其自身社会发展有关。中唐以后，散处的党项羌部落虽然"并无魁首统摄"，但由于畜牧业的发展以及牲畜私有制的萌芽，却已经同汉族进行商品交换。从唐贞元三年（787年）"禁商贾以牛、马、器械于党项部落贸易"④ 的禁令来看，至少在中唐乃至更早，党项羌就开始与中原贸易。到元和（806—820年）中，更是"部落繁富，时远近商贾，赍缯货入贸羊马"。太和（827—835年）初，数扰边境，"然器械钝苦，畏唐兵精，则以善马购铠，善羊贸弓矢"⑤。可见党项羌不仅在经济上和内地进行交流，而且在军事装备上也依赖于内地的供给。但是，唐朝为了达到控制党项羌的目的，严禁以器械与党项部落进行贸易，加之一些奸商、藩镇"乘其利，强市之，或不得直"。⑥ 往往引起党项羌人民的强烈不满和武装反抗。大中四年（850年），银夏地区党项羌反抗斗争愈演愈烈，唐宣宗被迫下诏："或闻从前帅臣，多怀贪克，部落好马，悉被诛求，无故杀伤，致令怨恨。从今以后，必当精选清廉将帅，抚驭羌戎"。同时规定"除禁断兵器外，任

---

① 《旧唐书》卷一九八《党项羌传》。
② 《全唐文》卷四七七，杜佑：《论边将请击党项及吐蕃疏》。
③ 《资治通鉴》卷二四七，唐武宗会昌三年八月。
④ 《旧唐书》卷一九八《党项羌传》。
⑤ 《新唐书》卷二二一《党项传》。
⑥ 《新唐书》卷二二一《党项传》。

以他物，于部落往来博易"。① 即承认党项各部反抗是由唐政府经济封锁和边将贪暴造成的。当然，对外掠夺是部落大姓为了增殖个人财富的重要手段，所谓"见利则锐敏争进"，"不利则鸟惊鱼散"。②

唐朝后期，尽管党项羌不时扰边，但总体与中央政府保持着隶属关系，和中原地区政治、经济往来十分密切，其首领被唐朝册封为都督、刺史之类的头衔，并受唐朝边将节制，听命于唐政府的调遣，助唐"讨乱"。在经济上党项马是驰名中原的商品，中唐诗人元稹在《估客乐》中说："求珠驾沧海，采玉上荆衡；北买党项马，西擒吐蕃鹦"③，就是生动的写照。党项羌还充当唐蕃贸易的中介，唐德宗贞元年间（785—805 年），唐朝就通过党项购买吐蕃牛数万头，以作边地屯垦之用。④

第三节　夏州拓跋政权的建立与发展

一、夏州拓跋政权的建立

在党项诸部中，拓跋部最为强族，故最受唐王朝的重视。拓跋赤辞归附后，立即被任命为西戎州都督，赐皇姓李。这在早期党项诸部中是独一无二的，无疑大大提高了拓跋部在党项羌中的地位和声望。在党项羌大迁徙浪潮中，拓跋部又比较完整地从松州地区迁往庆州地区，后又迁到平夏，成为平夏部落中最大的一支，被唐朝授以高官，继续保持其在党项羌中的强族地位。唐玄宗时拓跋赤辞从子拓跋思头（思泰）任静边州都督，拓跋思头子拓跋守寂因助唐平定安史叛乱，被封为容州刺史、天柱军使、西平公，后又赠灵州都督。拓跋守寂子拓跋乾晖曾任银州刺史，拓跋乾晖就是后来占据宥州拓跋思恭的祖父。

拓跋思恭占据宥州不久，唐朝爆发了以黄巢为首的农民大起义，广明元年（880 年）十二月，起义军攻克都城长安。次年（中和元年）正月，唐僖

---

① （宋）宋敏求编：《唐大诏令集》卷一三〇，宣宗：《平党项德音》，中华书局 2008 年版。

② 《资治通鉴》卷二四六，唐武宗会昌元年八月。

③ （唐）元稹：《元氏长庆集》卷二三《估客乐》，上海古籍出版社 1994 年版。

④ 《资治通鉴》卷二三二，唐德宗贞元三年六月。

拓跋守寂墓志铭

宗在奔蜀途中，下诏调集各路兵马镇压起义军，党项大首领、宥州刺史拓跋思恭也在被征调之列。拓跋思恭接到诏令后，立即率所部蕃汉军队南下。为了表彰拓跋思恭积极行动，僖宗特授其为夏州节度使，复赐姓李，封夏国公，按此为拓跋氏得节度之始。同年十二月，唐朝又赠夏州节度为定难节度。① 从此夏州地区获得了定难军的称号，统辖银、夏、绥、宥四州之地，拓跋李氏成为名副其实的地方藩镇，夏州拓跋政权由此正式建立。

经过黄巢起义的沉重打击，唐王朝进一步衰落，号令不出长安，藩镇

---

① 《资治通鉴》卷二五四，唐僖宗中和元年十二月。

之间混战加剧，除了旧藩镇外，在镇压农民起义过程中又出现了一批新的藩镇。当时北方势力较大的藩镇有：宣武镇朱全忠（朱温）、魏博镇罗绍威、河东镇李克用、凤翔镇李茂贞等。在强藩角逐的形势下，力量弱小的定难军拓跋氏为了保存和扩大割据势力，在对外关系上审时度势，同中原政权保持较密切的关系。当时强藩"怒则以力而相并"，"喜则连横以叛上"，而定难军拓跋李氏始终与中央保持友好的关系，不仅没有和唐中央政府对抗，还多次出兵帮助唐朝讨伐叛镇。拓跋思恭曾率部协助唐军征讨王重荣、李克用等叛军，思恭弟思孝、思谏也服从中央政府调遣，参加了征讨王行瑜、李茂贞的战役。

唐乾宁三年（896年），保大节度使（领鄜、坊、丹、延四州）李思孝致仕，其弟李思敬袭位。因保大节镇紧邻关中，为了消除隐患，唐政府下令将思敬调往武定军（今陕、甘、川三省交界地区，领洋、果、阶、扶四州），思敬也同意移镇。这一方面反映出夏州拓跋政权还没有能力与唐中央政府直接对抗，同时也反映出其与中央政府的关系比较协调。

为了确保对平夏地区的统治，拓跋李氏政权统治政策有三个特点：一是维持与唐朝的关系，服从中央调遣；二是始终保持父子、兄弟相继，由拓跋贵族牢牢掌握节镇的控制权；三是特别重视保存实力。拓跋李氏虽多次助唐平叛，但并未殊死作战，而是伺机进退，从中渔利。大顺（890—891年）初，河东李克用叛，唐政府调镇国、保大、定难、凤翔等镇军渡河讨伐。双方在赵城开战，镇国节度使韩建与唐将张浚先后告败，在战局不利的情况下，拓跋思恭与保大、静难、凤翔诸军相继退兵。结果既无兵力损失，又有尊王之名，可谓一举两得。唐文德元年（888年），拓跋思恭乘关中战乱，率军攻取鄜延地区，迫使唐朝封其弟思孝为保大节度使，使拓跋李氏政权控制区域一度扩大到夏、绥、银、宥、盐、鄜、坊、丹、延九州之地，兵力发展到三万骑以上。其后，虽然因唐朝把李思敬调往洋州而削弱了其力量，但直到唐朝灭亡，拓跋政权首领李思谏仍握有银、夏、绥、宥、盐、延六州之地，成为雄踞西北的一支不可忽视的力量。

二、五代夏州拓跋政权

后梁开平元年（907年），朱温称帝，建立后梁，加封夏州节度使李思谏为检校太尉兼侍中，拓跋政权与后梁正式建立臣属关系。当时邠宁节镇杨崇本、鄜延节镇李周彝、凤翔节镇李茂贞都和后梁争战，只有夏州节镇李思谏和灵武节镇韩逊臣属于梁。① 拓跋政权之所以迅速与后梁建立臣属关系，与其所处的政治环境有很大的关系。当时拓跋李氏所居的银夏地区，东面是河东李克用，北边是新兴的强族契丹，东南是刚刚建立的后梁。这几个军事、政治集团不仅实力雄厚，而且都有吞并银夏地区的打算，拓跋政权随时都面临存亡之患。在这种情况下，拓跋李氏只有寻找强权为依靠，才有能力与其他割据势力斗争，保住其在银夏地区的统治地位。

后梁开平二年（908年），李思谏死，军中遵思谏遗命，推其子李彝昌为留后，不久被后梁正式封为节度使。次年三月，夏州都指挥使高宗益杀掉李彝昌，将吏共诛宗益，推彝昌族父李仁福为帅。四月，后梁又以仁福为定难节度使。乾化三年（913年），后梁又封夏州节度使、检校太尉、太保兼侍中、同平章事李仁福为陇西郡王，按此为夏州拓跋李氏封王之始。此后，李仁福一直为后梁捍卫西北边陲，与中原王朝保持密切的关系。直到922年李存勖进攻汴州，后梁政权崩溃在即，李仁福还应诏贡马五百匹助战，依然保持君臣关系不辍。

后唐灭梁后，李仁福因曾臣梁抗唐，心怀恐惧，为了避免与后唐正面冲突，保持自己的割据地位，立即向过去的对手作出友好的姿态，遣宥州刺史李仁裕去贺庄宗李存勖登极，表示归顺之意。后唐为了扩大势力，也不计前嫌，于同光二年（924年）四月，封李仁福为检校太师兼中书令、夏州节度使，晋爵朔方王，承认了拓跋李氏在夏州的统治。此后一直到李仁福卒，后唐政府不断给他加官晋爵，以笼络其心，李仁福也一意奉承。双方虽有摩擦，但基本保持了十年相安无事的局面。后唐天成三年（928年）七月，贬刑部侍郎马缟为绥州司马，曹州刺史成景宏为绥州司户参军。据清人吴广成考证，"河西自李氏世袭，绥、宥诸州不归十道，故终五代诸姓，不复铨除。明宗此举，或欲示其威权，而李氏从违，新旧两史并不载。"② 明宗派遣官吏的举措确实是"欲示威权"，或者是试探拓跋李氏的态度。

后唐长兴四年（933年）李仁福卒，将吏推其子李彝超权知州事，并按惯例上书后唐请求正式册封。如前所述，李仁福与后唐为了各自的利益才相

---

① 《新五代史》卷四〇《韩逊传》。
② 《西夏书事》卷二载吴广成考证。

后唐李仁宝妻破丑夫人墓志

李仁宝曾祖名拓跋副叶、祖父李重遂、父李思澄。其父与率众参与镇压黄巢起义的党项族首领拓跋思恭、拓跋思谏同辈，本人则与党项族首领、定难军节度使、虢王李仁福同辈。李仁宝官衔为后晋绥州故刺史、金紫光禄大夫、检校太保、兼御史大夫、上柱国。破丑氏是党项大族，与首领拓跋氏（赐姓李氏）通婚。墓志记载破丑氏去世后，"蕃汉数千，衔哀追送"，说明了当时番汉融合杂居的状况。

互承认的，表面上李仁福尊后唐为中央政府，后唐授仁福高官，但后唐对割据多年且势力日大的拓跋李氏一直不放心，加之边将多言仁福潜通契丹，时刻提防拓跋政权与契丹联合，"并吞河右，南侵关中"。[1] 因此，一直在寻找机会将其消灭。

李仁福亡故后，唐明宗认为时机成熟了，决定用"调虎离山"的办法消除这一隐患。不同意李彝超继承夏州节度使，而是将其与延州节度使安重进对调。又命邠州节度使药彦稠、宫苑使安从益统率五万大军护送安重进赴任。夏州拓跋政权经过唐末五代的发展，已经逐渐壮大起来，不愿意也不可能再出现像唐朝调防李思敬的事件。因此，李彝超一方面上书明宗，托词本人愿意移镇延州，只"缘三军百姓拥隔，未遂赴镇"；另一方面积极布置防务，遣其兄阿罗王守青岭门，调发党项诸族以自救。

不久，安重进大军进围夏州城，李彝超闭城固守。夏州城为匈奴赫连勃勃所筑，马面宽而密，唐军攻城受阻。乃掘为地道至其城，但城基坚如铁

---

① 《资治通鉴》卷二七八，后唐明宗长兴四年二月。

石，"攻凿不能入"。① 李彝超又调发周边党项一万余骑抄掠粮道，官军无所食，"死者甚众"。② 加之李彝超扬言"结契丹为援"。在这种情况下，明宗只好下令撤兵。随后李彝超上表谢罪，明宗正式封其为定难军节度使、检校司空兼检校司徒，双方和好如初。这场削藩之战以后唐政府失败而告终。

李彝超粉碎了后唐政府的吞并，对夏州拓跋政权产生了重大影响。正如清人吴广成所评论的，"此李氏显据夏州之始"。③ 从此以后，拓跋政权首领对中原王朝的态度发生了根本性的转变，一反过去俯首称臣的态度，"自是夏州轻朝廷"，④"傲视中原，阴结叛臣"，⑤ 只在名义上臣属于中原王朝。正如《宋史》所说的"虽未称国，而王其土久矣"。⑥《故大宋国定难军管内都指挥使康公墓志铭》称李彝超为"府主大王"，⑦"府主大王"有着国君般的权力，是银夏地区的主公和大王。

夏州拓跋政权军事力量的发展壮大，使其成为名副其实的地方割据政权，这个割据政权又带有部族性。这使得后唐明宗以后历代中原政权既想消灭它，但又不好下手，只好采取"羁縻"政策，尽量维持比较友好的关系，以保相安无事。此后历朝皇帝对其态度与前代大不一样，已不是拓跋政权主动归附，而是中原统治者主动拉拢。后唐清泰二年（935年），李彝超卒，后唐即封其弟李彝殷为节度使。后晋天福元年（936年），晋高祖石敬瑭以皇基初造，诏"加官及封邑，示普恩也"。后晋天福八年（943年），又给李彝殷加官检校太师。这种无功而"晋爵拜官"，恰恰反映出对拓跋政权的羁縻。

后周广顺元年（951年），周太祖郭威新立，主动晋封李彝殷为陇西郡王。然而彝殷却没有上表祝贺，反而遣使表附北汉。后周却极尽拉拢之能事，遥封官号。如后周显德元年（954年）正月，封李彝殷为检校太尉加太师、侍中兼中书令、同平章事，晋爵西平王。后周显德四年（957年），李

① 《册府元龟》卷四三八《将帅部·无功条》。
② 《旧五代史》卷一三二《李彝超传》。
③ 《西夏书事》卷二，吴广成按语。
④ 《资治通鉴》卷二七八，后唐明宗长兴四年五月。
⑤ 《册府元龟》卷一六六《帝王部·招怀条》。
⑥ 《宋史》卷四八六《夏国传下》。
⑦ 杜建录：《党项西夏碑石整理研究》，上海古籍出版社2015年版，第108—113页。

彝殷弃汉归周，周世宗大为高兴，立即加秩太保，"益食邑六百户，实封三百户"。更为有趣的是后晋天福八年（943年），绥州刺史李彝敏叛乱，事败后投奔延州避难，但后晋不仅没有将其保护起来，反而缚送夏州处斩。这不仅说明了中原王朝对拓跋政权的态度，而且也反映出双方关系的实质。

总之，五代夏州拓跋政权对外关系，以发展自己为目标，其政策至少是以不损害自身利益为前提。后周初年，夏州李彝殷与麟州刺史杨训稠一同投附北汉，后周广顺二年（952年），杨训稠为属羌所围，求救于李彝殷。但彝殷认为削弱麟州杨氏对自己有利，不赴援。后来，李彝殷见周世宗柴荣整军备武，大有统一中国之势，又弃汉附周。诸如此类，不一一枚举。故封建正统史家评曰："夏州当五代之时，自开平迄显德，终始五十三年，暮楚朝秦，充然无复廉耻。"[1] 这种"暮楚朝秦"是拓跋政权求生存、求发展的必然结果，也使拓跋氏始终牢牢地控制着银夏地区，为宋代李元昊称帝立国奠定了基础。

三、宋初夏州拓跋政权

宋建隆元年（960年）正月，夏州节度使、西平王李彝兴（避宋太祖名讳，改殷为兴）获悉赵匡胤代周建宋，立即派银州防御史李光俨奉表入贺，宋太祖大悦，给彝兴加官太尉。李彝兴之所以一反五代后期对中原王朝的态度，主动向宋朝靠拢，与当时中原王朝国力增强有着密切的关系。

早在后周时期，世宗柴荣雄才大略，在采取了一系列恢复和发展生产措施的同时，又对政治、军事作了一番整顿，特别是在军事方面，基本上扭转了五代骄兵悍将飞扬跋扈的局面。举兵南征北伐，力图统一中国。到后周显德二年（955年），先后攻取后蜀的秦、凤、阶、成四州，后唐的淮北、江北十四州及北方契丹的瀛、莫二州，使国力大为增强。960年赵匡胤黄袍加身，建立北宋王朝，不但继承了后周的皇位，而且也继承了周世宗柴荣留下的强兵良将与经济实力。追随周世宗鞍前马后的宋太祖赵匡胤聪睿英武，李彝兴也早有所闻。这使得善于根据形势变化调整对外政策的夏州拓跋政权首领迅速作出投靠宋朝的决定。

夏州拓跋政权对新建立的宋朝的友好态度，使宋太祖喜出望外，立即授

---

[1] 《西夏书事》卷二，吴广成按语。

以高官。从此到李继捧献出四州八县之地，双方一直保持比较密切的关系。

一是贡使往来不断。宋建隆元年（960年）正月，李彝兴遣使贺宋太祖登基。宋建隆三年（962年）四月，李彝兴闻知宋朝缺乏战马，遣使以良马三百匹入献。赵匡胤为了嘉奖彝兴，亲自让工匠为彝兴特制一条玉带。并召夏使问道："汝帅腹围几何？"使者回答说彝兴腹围甚大。太祖说："真福人也"。遂遣使以带赐之，彝兴感服。[①] 宋乾德元年（963年）彝兴又遣使献牦牛。

二是多次助宋抗击和讨伐北汉。宋建隆元年（960年）三月，北汉主联合代北诸部扰掠麟州，彝兴奉太祖诏，遣部将李彝玉会诸镇兵御之，刘钧遂退去。[②] 按此为夏州拓跋政权第一次助宋抗汉。此后，北汉主刘钧多次遣使持币约以兵助，彝兴不纳。太祖得知后，厚赏之。彝兴死后，其子光睿（后避太宗讳改为克睿）仍采取臣宋抗汉的策略。宋开宝八年（975年），北汉主刘继元数出兵寇宋，并遣使招诱拓跋政权，光睿不从。刘继元怒而发兵，遣万余骑渡河抄掠银州，被光睿打退。宋太平兴国元年（976年）九月，宋以侍卫指挥使党进、宣徽北院使潘美等率兵讨伐北汉。定难节度使李光睿也率部到达天朝、定朝两关，黄河封冻后，渡河向北汉发起进攻。十月，攻克北汉吴堡寨，斩首七百级，获牛羊、铠甲数千，俘寨主侯遇以献。宋太平兴国四年（979年）三月，宋朝再度大举北伐，定难节度留后李继筠遣银州刺史李克远、绥州刺史李克宪率蕃汉兵沿黄河列塞，以张军势。

三是世受宋朝册封。宋乾德五年（967年）九月，定难节度使李彝兴卒，宋太祖废朝三天，赠太师，追封夏王。十月，授彝兴子李光睿为定难军节度使。宋太平兴国元年（976年）十二月，宋太宗即位，李克睿（光睿）因抗击北汉有功，加官检校太尉。宋太平兴国七年（982年），李克睿卒，授其子李继筠为检校司徒、定难节度观察留后。除了节度使外，有时甚至连刺史都要宋朝任命，如宋开宝三年（970年）九月，绥州羌乱，刺史李光琇子李丕禄讨平之，节度使光睿令丕禄权知州事。宋太祖闻报后，诏授本州刺史。

需要指出的是，宋初厉行专制主义中央集权，特别注意削弱地方割据势力，而夏州拓跋政权具有地方和民族双重性，因此在处理上慎而又慎，基本

---

① （宋）彭百川《太平治迹统类》卷二。
② 《宋史》卷四八五《夏国传上》。

上维持"羁縻"方式，特别是宋太祖采取"先南后北"的统一方略，需要有个相对安定的北部边境，宰相赵普与太祖赵匡胤在讨论统一策略时就说得很清楚："太原当西北二边，使一举而下，则边患我独当之。何不姑留以俟削平诸国，彼弹丸黑子之地，将何所逃！"①因此，除不取北汉外，还令夏州拓跋李氏、府州折氏、麟州土豪杨氏、丰州大族藏才氏、灵州土豪冯氏得以世袭，以安定其部落。显然，在这种统一方略下，宋太祖不会轻易改变对夏州拓跋政权羁縻政策的。

但宋太平兴国元年（976年）以后，情况则有所变化。一方面宋朝基本上统一了南方，开始把经略重点向北转移；另一方面太宗赵光义即位后，积极对外用兵，"谋取燕蓟，又内徙李彝兴（当为李继捧）、冯晖，于是朝廷始肝食矣！"②其实，内徙李继捧早在太宗即位初就已出现端倪。宋太平兴国三年（978年），定难节度使李光睿卒，太宗改变五代至太祖时的惯例，授其子李继筠为检校司徒、定难军节度观察留后，而不任命为节度使。③显然，这是费了一番苦心的。如前所述，夏州拓跋政权带有民族及地方两重性，赵光义不好直接下手，只能等待时机。

宋太平兴国五年（980年）十月，李继筠卒，十一月其弟衙内指挥使李继捧出任定难军留后。随后的一年多时间里，夏州政局出现动荡，拓跋家族部分势力反对李继捧袭位，试图取而代之，其中影响最大的是银州刺史李克文（李继捧叔父）。宋太平兴国七年（982年）三月，李克文上书宋朝，提出"继捧不当承袭，请遣使与偕至夏州，谕继捧令入朝"。④

李克文的请求正中宋太宗下怀，认为消灭夏州拓跋政权的时机已经成熟，遣中使持诏命李克文权知夏州，以西京作坊使尹宪同知州事，召李继捧来京。李继捧接诏后，面有难色，但内有李克文威逼，外有宋兵压境，无奈只得携家眷赴阙。

---

① 《续资治通鉴长编》卷九，开宝元年七月丙午。
② 《宋史》卷三一八《张方平传》。
③ 《宋史》卷四八五《夏国传上》。
④ 《续资治通鉴长编》卷二三，太平兴国七年五月癸巳。李克文提出兄死后弟不当继承，显然是个阴谋和借口，在夏州拓跋政权发展史上，兄弟可以相互承袭的。《宋史》卷四八五《夏国传上》记载：五代时定难节度使李彝超卒，其弟李彝殷袭位。《墓志铭》记录李彝殷为李彝超兄。

同年五月，李继捧到达汴京开封，朝见于崇德殿。太宗运用手段，轻而易举地使夏州节度留后李继捧举家来朝，喜出望外，赐白金千两，帛千匹，钱百万。身不由己的李继捧只好"自陈诸父昆弟多相怨怼，愿留京师，遂献其所管四州八县"[1]。太宗乃授继捧为彰武军节度使（虚衔），随后遣使押解拓跋李氏缌麻以上亲族全部赴阙，包括权知夏州李克文与绥

宋代开封繁塔李光文捐施题刻

李光文即党项夏州定难军节度使李克睿之弟李克文，避太宗讳改"光"为"克"。曾历任银州刺史、绥州刺史、丰州刺史、麟州防御使等职，并在李继捧入朝后权知夏州事两年多时间。在李克文紧逼李继捧率族人入朝，宋太宗以李克文权知夏州，作坊副使尹宪同知州事。随即派遣使者前往夏州遣发夏州李氏族人赴汴京开封。这一举措却引起了李继捧族弟李继迁的反对，引发了李继迁联合族人逃入夏州东北三百多里处的地斤泽，开启抗宋自立、恢复故土的斗争之路。

州刺史李克宪。李克文见大势所趋，挈其家眷入京，"以唐僖宗所赐其祖思恭铁券及朱书御札来上"。[2] 太宗宴之崇德殿，嘉奖备至，授澧州刺史，赏赐无算。李克宪接到诏书后，"偃蹇不奉诏"，太宗又遣通事舍人袁继忠持诏晓以利害。克宪迟疑久之，乃随袁继忠入京。[3] 太宗授克宪单州刺史，与克文并赐第京师。至此，夏州拓跋李氏政权一度中断。

---

① 《续资治通鉴长编》卷二三，太平兴国七年五月己酉。
② 《宋史》卷四八五《夏国传上》。
③ 《续资治通鉴长编》卷二三，太平兴国七年十一月己酉。

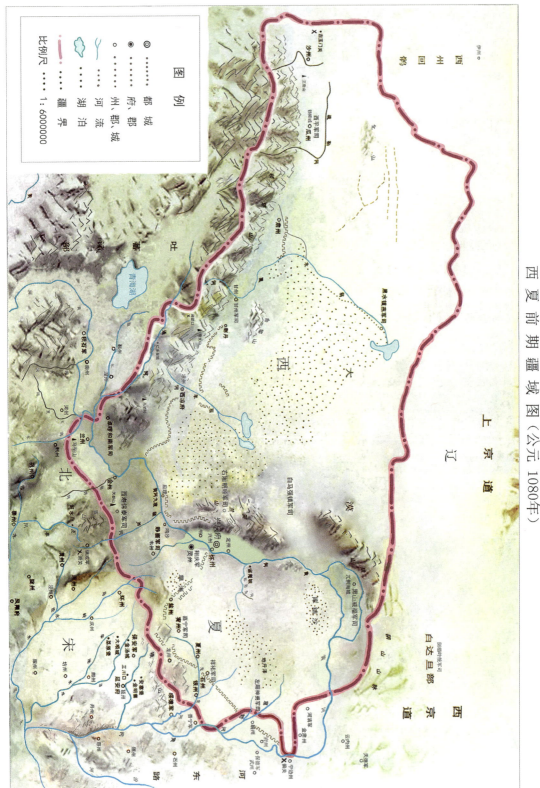

西 夏 前 期 疆 域 图（公元 1080年）

第二章　夏初的内政与外交

西夏的建立由李继迁、李德明、李元昊祖孙三代完成，可分为两个阶段，第一阶段的方略是联络豪族、结好契丹，恢复拓跋李氏世居的四州八县"故土"；第二阶段是在恢复"故土"的基础上，进一步对外扩张，占据河套平原与河西走廊，并将政治中心由鄂尔多斯台地迁往河套平原。这一方略由李继迁谋划并付诸实施，但他在攻取灵州，继续向西发展的过程中，被凉州吐蕃大首领潘罗支射中，奔还灵州三十九井，数月后因伤重而亡。其子孙李德明、李元昊继承他的遗愿，北收回鹘锐兵，西掠吐蕃健马，最终征服凉州吐蕃和甘州回鹘，夺取河西，奠定西夏立国的疆域基础。

李继迁、李德明在位时只封授王号，其帝号为后世追封。宋大中祥符五年（1012 年），李德明追尊李继迁孝光皇帝，李元昊追谥神武皇帝，庙号太祖，墓号裕陵。李德明卒后，元昊追谥光圣皇帝，庙号太宗，墓号嘉陵。[①]

第一节　拓跋李氏立国方略

一、联络豪族大姓

李继捧举家入朝后，定难军都知蕃落使李继迁因与权知夏州李克文意见不合，率部离开夏州，回到故地银州。不久，宋朝持诏使节来押送李氏缌麻以上亲族赴阙，李继迁得知"五州地尽归朝廷"，他反对献出领地，认为"吾祖宗服食兹土逾三百年，父兄子弟，列居州郡，雄视一方"，岂能轻易离开，应诏入京受人摆布！因此与其弟李继冲、亲信张浦商定，决计走避漠北。当时宋朝大兵压境，为了摆脱宋军的控制，李继迁诈称乳母病亡，出葬郊外，将兵器藏在棺中，与数十人出城后往东北方向奔去，到达离夏州三百里左右

---

① 《宋史》卷四八五《夏国传上》。

的地斥泽。①"收部曲散亡者，劫西羌种落"②，起兵抗宋。

此时摆在李继迁面前的关键性问题是，如何同宋朝抗争，以实现其政治野心？拓跋李氏贵族在银夏地区有着深厚的根基，特别是拓跋思恭获得夏州定难节度使以来，拓跋部大首领成为党项族独一无二的共主，在平夏党项中有着深厚的影响。李继迁在漠北安顿好家室后，利用其祖先的影响号召党项族，"出其祖彝兴像以示戎人，戎人皆拜泣"，③纷纷归附李继迁。李继迁集团清楚地认识到，迫使宋朝让步，恢复世居的故土，重建夏州拓跋政权，

党项骑士像，出土于黑水城遗址

不是拓跋一个部落所能完成的，必须得到银夏地区豪族大姓的支持。所谓"联络豪右，卷甲重来"。"联络豪右"就是联络党项豪族大姓，党项东迁后，依然保留原来的氏族部落，这些大大小小的部落首领往往领几十、几百甚至几千个族帐（一个族帐为一户），每个宗族部落都有自己的武装力量，成为一个个独立实体。"联络豪右"就是把这些分散的强宗大族，集合在拓跋氏贵族的周围，形成党项贵族政权，同宋政权对抗。如果作更深层次的考察，

① 《东都事略》卷一二七《西夏传》。
② 曾巩：《隆平集》卷二〇《夏国赵保吉传》。
③ 《续资治通鉴长编》卷二五，雍熙元年九月记事。

就可以看到，党项社会由分散的部落社会向统一的宗法封建社会过渡的趋势，需要一个强有力的政权为之催生。党项的氏族贵族（亦即强宗大族的首领）渴望建立政权，由此来扩展自己的政治经济力量。正是这样的社会历史条件下，李继迁便和党项的"豪右"结合起来了。紧密地依靠党项的"豪右"，以"豪右"作为党项贵族统治的根基。

史称"继迁复连娶豪族，转迁无常，渐以强大，而西人以李氏世著恩德，往往多归之"。① 李继迁的后嗣也是以联姻的方式联络豪右，"德明娶三姓，卫慕氏生元昊，咩迷氏生成遇，讹藏屈怀氏生成嵬。"② 李德明子李元昊共七娶，除契丹兴平公主外，其余六娶为米母氏（又作卫慕）、索氏、都罗氏（早死）、咩迷氏、野利氏和没嘄氏，③ 也都是大族。李继迁及其后嗣联姻豪右强化党项贵族专政，也强化了拓跋氏族系在党项贵族中的统治地位。

用通婚的办法联络豪右，实质是给豪右以相应的政治地位，使其在建立党项的新政权中发挥作用。宋雍熙二年（985年）二月，李继迁设伏诱杀夏州都巡检使曹光实，假借其旗帜，袭破银州，获取大量军械物资，于是部落族帐纷纷投附。当时有人建议李继迁自称定难节度、西平王，以"号令蕃众"。李继迁的汉人谋士张浦则认为："自夏州入觐，无复尺疆。今甫得一州，遽尔自尊，恐乖众志。宜先设官授职，以定尊卑，预署酋豪，各领州郡，使人自为战，则中国疲于备御，我得尽力于西土矣！"④

张浦的建策非常高明，要李继迁不要称王"自尊"，以乖众志。而要"设官授职，以定尊卑"，在抗宋过程中建立新的等级制度和秩序。酋豪首领"各领州郡"，把他们推到反宋斗争的第一线，为党项新政权拼死卖命。李继迁采纳了张浦的建策，自称定难军留后，以张浦、刘仁谦为都押牙，李大信、破丑重遇贵为蕃部指挥使，李光祐、李光允为团练使，折八军为并州刺史，折御也为丰州刺史，折罗遇为代州刺史，嵬悉咩为麟州刺史，"其余除授有差"，初步建立起政权。

---

① 《宋史》卷四八五《夏国传上》。
② 《宋史》卷四八五《夏国传上》。
③ 《续资治通鉴长编》卷一六二，庆历八年春正月辛未。
④ 《西夏书事》卷四。

二、结好契丹辽国

李继迁重建夏州拓跋政权第二个策略是依辽为援。李继迁逃往地斤泽，经过几年地对宋作战，虽偶获小胜，但屡遭重创，甚至一度濒临全军覆没。李继迁在屡屡失败后，自感势孤力单，要夺回银夏绥宥四州八县，就必须取得辽朝的支持。而当时辽宋战争正为激烈，辽朝也希望通过党项政权牵制宋。太平兴国四年（979 年）六月，北宋灭北汉，随后挥师北伐，试图收复燕云十六州。宋雍熙三年（986 年），又第二次北伐辽朝。虽然两次北伐都失败了，但和五代相比，强大的宋朝出现对辽朝是一个极大的威胁。宋雍熙三年（986 年）正月到四月间，宋军第二次北伐节节胜利，连克沿途州县，于是夏辽结盟一拍即合。

宋雍熙三年（986 年）二月，李继迁遣张浦持重币至契丹请附。辽圣宗犹豫不决，西南招讨使韩德威认为，向年府州折氏与银夏共衡刘汉，致大兵援应无功，今李氏来归，国之利也，宜从其请。辽圣宗遂决定接纳。同年四月，辽朝遣侍中萧里得持诏授李继迁为定难军节度使、银夏绥宥等州观察处置使、特进、检校太师、都督夏州诸军事，继迁弟李继冲为副使。十二月，李继迁为了进一步加深同辽朝的关系，换取辽朝更大的支持，亲自率五百骑到边境向辽朝求婚，声称"愿婚大国，永作藩辅"。适逢辽将耶律盼与宋军作战失利，辽圣宗"欲使继迁牵制宋兵"，丁是答应以公主下嫁。

有辽一代将公主下嫁藩邦邻族为数寥寥，而刚刚与辽朝结盟交好的李继迁首次提出"请婚"，辽圣宗立即应允，可见夏辽利益的高度一致性，三年后即辽统和七年（989 年）三月，辽圣宗兑现诺言，将宗室耶律襄的女儿封为义成公主，下嫁李继迁，并赐马三千匹作为陪嫁。[①]

李继迁从辽统和四年（986 年）与辽朝结盟，到辽统和二十一年（1003 年）中流矢身亡，掌权的十七年中，为了赢得抗宋战争的胜利，谨事辽朝，每年向辽朝派出的进奉、贺正旦、贺生辰等使节不绝于途。辽统和八年（990 年）三月，继迁向辽朝奉献的贡品有"细马二十匹，麓马二百匹，驼一百头，锦绮三百匹，织成锦被褥五合，苁蓉、砒石、井盐各一千斤，沙狐皮

---

① 《辽史》卷一一五《西夏外纪》。

《辽契丹人与汉人侍从图》，现藏辽宁朝阳博物馆

一千张，兔鹘五只，犬子十只。"① 自此以后，"每岁八节贡献"，平均一个半月就贡献一次，其纳贡次数之勤，终夏一世少有。辽朝对李继迁每次例赐金腰带、细衣、马、羊、弓箭、马具、酒果等物品。《契丹国志》卷二十一载：西夏进奉时，"契丹回赐除羊外，余并与新罗国同。惟玉带改为金带，劳赐人使亦同"。表明辽朝对西夏的重视程度也略高于其他奉邻邦。

作为辽朝的藩属，李继迁每对宋作战，都要遣使向辽朝禀报、告捷。如辽统和八年（990 年）九月，"李继迁献宋俘"，十一月"献捷契丹"，十二月"下宋麟、鄜等州，遣使来告。"② 这种频繁的遣使献捷，除了表示亲密外，还带有向辽朝显示胜利，得到辽朝的重视，以巩固夏辽联盟。即使献捷纯属谎言，辽圣宗也不加追究。如上述下麟、鄜等州一事，实际上这一时期的李继迁主要在平夏和宋朝周旋，从未深入到宋朝的鄜延和麟府地区。辽统和十九年（1001 年）七月，李继迁"奏下宋恒、环、庆三州"，③ 亦属伪妄之词。有意思的是辽朝不追究李继迁献捷的真假，也是利用李继迁的报捷来壮大自己的声威。

总之，终李继迁一代，夏辽结盟、交聘、朝贡以及相互缔结婚姻，都带有明显的政治意图和权衡利弊得失。④ 在某种意义上，双方都围绕对宋和战展开，西夏假辽以抗宋，辽朝联夏以制宋。李继迁自结好辽朝则"兵势稍振"，和辽公主结婚后，部落慑服。对于辽朝来说，李继迁的归附，不仅使

① （宋）叶隆礼：《契丹国志》卷二一。
② 《辽史》卷一三《圣宗纪四》。
③ 《辽史》卷一一五《西夏外纪》。
④ 白滨：《论西夏与辽的关系》，载《中国民族史研究》第一辑，中央民族学院出版社1987 年版，第 176 页。

"诸夷皆从"，而且也达到了牵制宋朝的目的。辽朝在统和十七年（999 年）、统和十九年（1001 年）、统和二十年（1002 年）、统和二十一年（1003 年）、统和二十二年（1004 年）连续向宋朝发动大举进攻，固然与宋雍熙三年（986年）歧关沟大败后"积弱"之势形成有关，但也与这一时期李继迁连年攻掠边郡，牵制住宋朝部分兵力，解除其南下后顾之忧有很大关系。

辽朝"联夏制宋"的目的还表现在想方设法把李继迁引向对宋战场，这与宋朝利用吐蕃大首领潘罗支以制夏的方略如出一辙。如辽统和十八年（1000 年）九月，李继迁出兵夺取宋朝运往灵州的粮饷，辽圣宗闻知，即于十一月授李继迁的儿子李德明为朔方节度使。朔方的中心在灵州，是宋廷控制下的西北的军事重镇，辽朝的封授表面上支持李继迁尽快攻取灵州，其实质是把西夏引向对宋主战场，激化宋夏矛盾，自己从中渔利。

正因为李继迁与辽朝结盟友好是出于共同对付宋朝的目的，辽圣宗也担心其怀有二心，投靠宋朝。宋端拱元年、辽统和六年（988 年）五月，宋太宗采用宰相赵普"以夷制夷"方略，授李继捧为定难军节度使，赐名赵保忠，使攻李继迁。继捧至边后，上言继迁悔过归款，请宋朝授以官职。李继迁也上书辽朝，言与李继捧有怨，"乞与通好"。① 这件事发生后，辽圣宗认为有必要采取切实的措施笼络住李继迁，因此两个月后义成公主与继迁成婚。

宋淳化二年、辽统和九年（991 年）七月，李继迁经不住李继捧和宋军的攻讨，同时也为了取得经济上的利益，投附宋朝，被授以银州观察使，赐姓名赵保吉。十二月，辽圣宗闻李继迁降附宋朝，遣招讨使韩德威"持诏谕之"。② 韩德威到银州后，李继迁托言西征不见，遂纵兵大掠而还。李继迁就此遣使向辽圣宗申诉，圣宗赐诏抚慰。③ 宋至道三年、辽统和十五年（997年），宋朝归还四州八县之地，授继迁为定难军节度使、夏绥银宥等州观察处置押蕃落使。次年二月继迁以得银夏绥宥诸州告于辽朝，辽圣宗对继迁降宋受抚十分不悦，但因为有过教训，没有遣使问责。

李继迁虽投宋，但劫掠如故，夏辽在共同对付宋朝的基础上，仍保持着贡使往来，但不再亲密无间。不久李继迁被吐蕃大首领潘罗支射死，宋辽也

① 《辽史》卷一二《圣宗纪三》。
② 《辽史》卷一一五《西夏外纪》。
③ 《辽史》卷一三《圣宗纪四》。

结盟于澶州城下，夏辽结盟抗宋进入了新的历史阶段。

第二节　奠定立国基础

一、攻取河套灵州

宋至道二年（996 年）正月，李继迁于浦洛河击溃押运宋军，俘获四十万粮草。五月，又进围灵州，屯兵不去。宋太宗大为震怒，决定大规模讨伐，亲自部署诸将，李继隆出环州、丁罕出庆州、范廷召出延州、王超出夏州、张守恩出麟州，五路进攻，直抵平夏。李继迁利用宋朝粮运艰难，各路步调不一，采取灵活机动的游击战术，使宋军找不到主力作战，被拖得疲惫不堪，无功而还。

宋至道三年（997 年）宋太宗驾崩，子真宗赵恒即位后，"方在谅暗，姑务宁静"，一些大臣也要求"屈己含垢，以安万人"。[①] 李继迁趁机再次遣牙校李光祚修贡，表求夏州，于是宋真宗答应了李继迁的要求，命内侍押班张崇贵为册封使，授李继迁为夏州刺史、充定难军节度使、夏绥银宥静等州观察处置押蕃落使，复赐姓名。加食邑千户，实封三百户。[②] 在李继迁的不懈努力下，归属宋朝长达十五年之久的夏绥银宥静等州领土，重新回到拓跋李氏手中。但这时的李继迁已不满足对"故土"的恢复，而是在此基础上又进一步对外扩张，把矛头直接对准宋朝西北重镇灵州。

李继迁之所以图谋灵州，与当时拓跋政权周边环境密切相关。银夏地区的南面是鄜延和关中，五代以来中原王朝为了固潼关之势，确保京师的安全，屯驻重兵，夏州拓跋势力很难进入这一地区，即使进入，也难以立足。唐朝末年，拓跋思恭的弟弟保大节度使（领鄜、坊、丹、延）拓跋思孝被调往武定军，以及李继迁不愿接受鄜州节度使一职，就清楚地说明了这一点。银夏东北与辽朝接壤，李继迁采取联辽抗宋方略，无力也不愿意和辽朝发生正面冲突。此外，李继迁虽有吞并麟、府之志，由于受到亲宋的折氏、杨氏

---

①　《续资治通鉴长编》卷四二，至道三年十二月辛丑。

②　《宋史》卷四八五《夏国传上》。

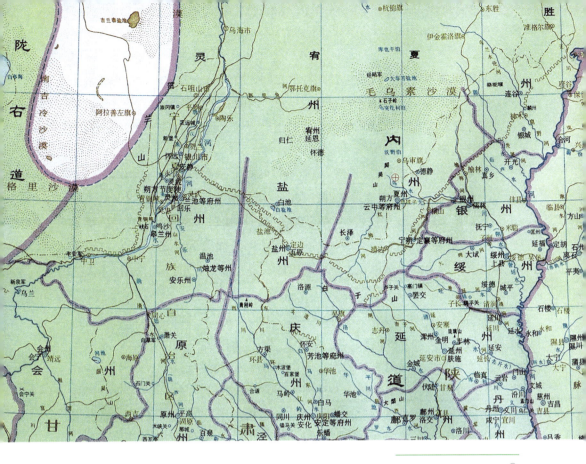

唐宋灵夏地区行政建制图^①

坚决抵御，也很难得手。

这样，李继迁只能向西发展，攻取灵州（今宁夏吴忠市利通区）。一方面，灵州与银夏相连，散处着大量的党项、吐蕃族帐，不相统一，易于用兵；另一方面，唐、宋立国的形势大不相同。唐朝国力强盛，河西走廊、西域以及中亚的一部分均在其版图。灵州是唐朝的腹地，兵强马壮，粮草充足，安史之乱后，唐肃宗就是依托灵州登上皇位。中唐以后随着经济中心的东南移，宋朝定都汴京开封，唐朝的京畿关中成为次边，灵州就更为边远，夏州拓跋部李继迁进攻灵州时，宋廷内部甚至出现弃守争议。主守的理由有四：一是灵州"地方千里，表里山河，水深土厚，草木茂盛，真放牧耕战之地"，如果被李继迁攻占，就会据富饶之地而坐大，不能控制；二是灵州介

① 引自谭其骧：《中国历史地图集》第五册，中国地图出版社1982年版，第40—41页。

于夏州拓跋势力和凉州吐蕃、甘州回鹘之间，将戎狄一分为二，如果放弃灵州，戎狄合二为一，其患未可量也；三是河西陇右是宋朝沿边市马之地，一旦被李继迁势力控制，就无法保证战马供给；[1] 四是灵州乃军事重镇，"苟失之，则缘边诸州亦不可保"。[2]

主弃的理由主要有二：一是"灵武居绝塞之外，宜废之以休中国飞挽之费"；[3] 二是河外五镇相继被李继迁夺取，灵州孤绝，"但缮完而自保，未尝出一兵，驰一骑，敢与寇校"，存之无益而劳民伤财。知制诰杨亿明确提出"弃去灵武，退守环、庆，卒免戍于绝域"。[4] 兵部尚书张齐贤上言，"取灵州军民置于萧关、武延以来，据险就水建一寨，侨置灵州，羁系蕃汉土人之心"。[5]

正当赵宋君臣举棋不定之时，李继迁大集蕃部，一举攻克灵州，易名西严府。他认为灵州北控河朔，南引庆凉，据诸路上游，扼西陲要害。若缮城浚壕，练兵积粟，一旦纵横四出，关中将莫知所备。"遂都于灵州"，[6] 将政治中心由平夏地区的夏州统万城迁到河套平原的灵州。但作为都城，灵州有致命的弱点，即"地居四塞，我可以往，彼可以来"，利战不利守。而灵州西北面怀远镇西北有贺兰之固，黄河绕其东南，灵州为其障蔽，形势利便。故宋天圣元年（1023年）李德明升灵州怀远镇为兴州，又将都城由灵州西平府迁往兴州，元昊时更名兴庆府。迁都河套平原，并最终定都兴州兴庆府（今宁夏银川兴庆区），在西夏立国史上意义重大。这不仅考虑到当时的政治形势和经济发展状况，而且还考虑到军事防御能力以及交通条件等各个方面，为西夏立国奠定了坚实基础。

首先，从政治上来看，西夏自李继迁起兵抗宋到李元昊称帝立国，是封建社会制度确立的关键时期，而在这一时期，把都城由社会经济发展相对落后的银夏地区迁到封建文明程度较高的河套平原，无疑对封建制度的确立与社会的进步有着重要的推动作用。李继迁曾明确指出："其人习华风，尚礼

---

① 《续资治通鉴长编》卷四四，咸平二年六月戊午，何亮《安边书》。
② 《续资治通鉴长编》卷五〇，咸平四年十二月丁卯。
③ 《续资治通鉴长编》卷四四，咸平二年六月戊午，何亮《安边书》。
④ 《续资治通鉴长编》卷五〇，咸平四年十二月丁卯。
⑤ 《续资治通鉴长编》卷五〇，咸平四年十二月丁卯。
⑥ 《宋史》卷四八五《夏国传上》。

好学，我将借此为进取之资，成霸王之业。"[1]

其次，将政治中心进一步由河东灵州迁到河西兴州，加快了向西发展，占据河西走廊的步伐。河西对宋夏双方都极为重要，宋朝若失去河西，西夏就会联合西凉吐蕃与甘州回鹘，对宋造成西、北两面夹击之势，使其顾此失彼，难以应付。若归属宋朝，一方面可形成掎角之势，从南、北两面夹击西夏；另一方面，"西蕃既已禀命，缘边兵势自雄，则鄜、延、环、庆之浅蕃，原、渭、镇戎之熟户，自然齐心讨贼，竭力圣朝"。[2]特别是宋真宗咸平年间确立"以夷制夷"方略，授西凉吐蕃大首领潘罗支为盐州防御使兼灵州西面都巡检使，使攻李继迁，直接威胁到西夏在兴灵平原的统治。因而，李继迁占据灵州后，立即发兵西凉府。宋咸平六年（1003 年），李继迁虽然被潘罗支射杀，但德明承袭其父战略意图，继续经略河西，毕世经营，精神全注于此，到李元昊立国前最终攻取整个河西走廊。

最后，从军事角度来看，都城不仅是军事指挥中枢，而且是国防保卫中心。兴庆府西北有贺兰之固，黄河绕其东南，灵州为其障蔽。这种优越的军事地理形势，使兴庆府的安全得到了较为可靠的保障。夏大安七年、宋元丰四年（1081 年），宋朝发动规模空前的五路大进攻，计划经灵州直捣兴庆府，一举消灭西夏，但被阻在灵州城下，没能再前进一步。夏天祐垂圣元年、辽重熙十九年（1050 年），辽朝发大军攻夏，在兴庆府周围遭到顽强抵抗，大败而还。夏应天四年（1209 年），蒙古大军围中兴府（兴庆府），筑堤引水灌城，终未能破。随后又数次发兵围城，直到夏宝义二年（1227 年）才攻克中兴府，灭亡西夏。

宋朝大军不能深入到兴庆府城下，所向披靡的蒙古铁骑数次用兵不下，显然与兴庆府"易守难攻"的地理形胜有关系。也正因为兴庆府"易守难攻"，安全有保障，才可能使西夏将更多的兵力投入前线。在全国约五十万军队中，"自河北至午腊蒻山七万人，以备契丹，河南洪州、白豹、安盐州、罗落、天都、惟精山等五万人，以备环、庆、镇戎、原州；左厢宥州路五万人，以备鄜、延、麟、府；右厢甘州路三万人，以备西蕃、回纥；贺兰驻兵

---

① 《西夏纪》卷三。
② 《续资治通鉴长编》卷四九，咸平四年十月丁未。

五万、灵州五万人、兴州兴庆府七万人为镇守"。[①]都城兴庆府只驻七万军队，占总兵力的七分之一，即使加上贺兰、灵州驻军，也不过是三分之一。这种攻防比较合理的兵力部署，使西夏有能力频频南下，取得对宋战争的主动权。

二、占据河西走廊

唐末吐蕃王朝衰落，已无力控制进入内地的吐蕃部落，他们散处西北沿边。其中进入河西走廊的吐蕃以凉州为中心，建立潘罗支政权；另有一部在河湟流域建立唃厮啰政权。李继迁占据灵州之前就开始试探性地进攻河西吐蕃，攻占灵州后，与河西吐蕃的战争升级为大规模征服。宋朝为了制服李继迁，采取"以夷制夷"方略，授河西吐蕃大首领潘罗支为盐州防御使兼灵州西面都巡检使，使攻李继迁。在宋朝的册封与支持下，河西吐蕃潘罗支政权一时名声大震，多次遣使宋朝，约定出兵攻讨继迁日期。形势对李继迁十分不利，为了改变这种状况，李继迁于占据灵州的当年十月，遣使携带官告、印信诱降潘罗支。潘罗支斩一使，执一使，奏闻宋朝。次年（1003 年）二月，李继迁又遣使送铁箭给潘罗支，表示愿意结好，再次遭到潘罗支的坚决拒绝。[②]

李继迁见诱降不成，又采取偷袭手段。宋咸平六年（1003 年）十二月，李继迁尽发五州兵丁，大会诸族于盐州。同时扬言：我与西凉向来无事，只因万山等族才与其结怨。今河西六谷吐蕃众盛，难以用兵，不再进取。河西吐蕃闻后，乃放松戒备，李继迁遂暗中发起突袭，迅速攻占西凉府，宋朝知凉州丁惟清战死。朔方节度使、河西六谷吐蕃大首领潘罗支见势不妙，伪降李继迁。继迁谋士张浦认为潘罗支诈降，不若乘其不备，一战擒之。李继迁不听浦言，受降不疑。未几，潘罗支暗集六谷诸豪及者龙族数万人，合击李继迁，"继迁大败，中流矢遁死"。[③]

李继迁身亡后，西夏征服河西吐蕃的战争并没有中止，其子德明继续推行向西发展、吞并河西的方略，毕世经营，精神全注于此。宋景德元年

① 《宋史》卷四八五《夏国传上》。
② 《宋史》卷四九二《吐蕃传》。
③ 《宋史》卷四九二《吐蕃传》。

（1004 年）六月，李德明利用李继迁溃败时，投附吐蕃者龙族的迷丹嘱、日布结罗丹二族为内应，突然向者龙族发起大举进攻。潘罗支闻讯后，急忙率百余骑驰援，正准备合击时，李德明的内应反戈，杀潘罗支于帐下。众豪酋共同商议立潘罗支弟厮铎督为六谷都首领，从此河西吐蕃势力大为削弱。

宋大中祥符元年（1008 年）三月，李德明再遣万子等四军主进攻西凉府。西夏兵到达西凉后，见六谷吐蕃势力强盛，未贸然进攻，而转攻甘州回鹘，也未得手。宋大中祥符四年（1011 年）九月，德明遣军校苏守信攻西凉样丹族，又被六谷大首领厮铎督打败。德明虽屡屡失利，仍坚持不懈地对西凉用兵，直到宋大中祥符八年（1015 年），才击败六谷大首领厮铎督，攻占西凉府，派西凉人苏守信领兵七千、马五千戍守。至此西夏正式占据西凉地区，河西吐蕃大首领厮铎督率残部投靠河湟吐蕃唃厮啰，一度作为唃厮啰的部属和宗哥蕃部首领，同西夏作战并向宋朝贡奉，后来可能和唃厮啰发生矛盾，厮铎督又率者龙族分离出来。宋天圣四年（1026 年）元月，还以者龙族首领的身份与捨钦波遣使贡马宋朝，此后不久被西夏彻底征服。①

在进攻凉州吐蕃的同时，李继迁也开始和甘州回鹘争夺丝路贸易的控制权。为了争取主动，宋咸平四年（1001 年）四月，甘州回鹘遣枢密使曹万通向宋朝贡奉玉勒名马、独峰及无峰骆驼、宾铁剑甲、琉璃器等名贵物品。曹万通自言"本国东至黄河，西至雪山，有小郡数百，甲马甚

回鹘天公主李氏供养人像，出自甘肃敦煌莫高窟第 61 窟东壁

甘州回鹘天公主为曹氏归义军政权建立者曹议金回鹘夫人，甘州回鹘可汗之女。914 年，敦煌王张承奉（张议潮孙）去世，后继无人，众人推曹议金（张议潮外孙婿）主持州事。曹议金就任后，取消敦煌国号，恢复归义军名号，归附中原王朝，复称归义军节度使、沙州刺史，执掌瓜、沙二州军政权。曹氏归义军政权，东有回鹘，西有于阗，凡七代，至 1002 年为西夏所灭，维持了近九十年，其努力改善与周边民族的关系，通过联姻等与甘州回鹘、西州回鹘、于阗等建立起友好关系。

---

① 杜建录：《潘罗支与河西吐蕃》，《宁夏大学学报》1991 年第 1 期。

回鹘天公主供养人像，出自甘肃敦煌莫高窟第108窟东壁南侧

唐文宗开成五年（840年），回鹘被黠戛斯攻破，政权覆亡，诸部南下或西迁，其一支迁到河西走廊，牙帐设在甘州，史称甘州回鹘。10世纪30年代甘州回鹘和西夏就有接触。1002年党项占领灵州后，始与甘州回鹘交锋，此后两个政权之间的战乱不断。在与西夏的战争中，回鹘虽多次战胜，但综合实力远不如西夏。1032年，李德明命元昊攻凉州，元昊用计吸引宋兵于环庆，趁回鹘放松警惕，一举攻破凉州，至此回鹘灭亡。

精习，愿朝廷命使统领，使得缚继迁以献"。宋真宗遂降诏书，说"贼迁凶悖，人神所弃。卿世济忠烈，义笃舅甥。继上奏封，备陈方略，且欲大举精甲，就覆残妖，拓土西陲，献俘北阙。可汗功业，其可胜言！嘉叹所深，不忘朕意。今更不遣使臣，一切委卿统制。"①并特授曹万通为左神武大将军。按此为回鹘联宋攻夏之始。

甘州回鹘与宋朝达成联合讨击李继迁的协议后，由于西夏把进攻的重点放在宋朝西北重镇灵州与河西吐蕃统治中心西凉，故双方没有立即发生大规模争战，直到宋景德元年（1004年）李德明杀死西凉六谷吐蕃大首领潘罗支后，甘州回鹘才成为西夏斗争的前沿。潘罗支死后，其弟厮铎督袭位，李德明继续发兵西凉六谷吐蕃，厮铎督援结回鹘为备，李德明无功而还。

为了报复甘州回鹘联结吐蕃抗夏，宋大中祥符元年（1008年）正月，李德明截留回鹘贡宋物品，又遣张浦率数千骑侵扰回鹘，夜落纥可汗出兵迎战，张浦败还。三月，德明又遣万子等四军主率族兵再攻甘州回鹘，又被回鹘大败。《宋史·回鹘传》有生动的记述："回鹘设伏要路，示弱不与斗。俟其过，奋起击之，剿戮殆尽。其生擒者，回鹘驱坐于野，悉以所获资粮示之，曰：'尔辈狐鼠，规求小利，我则不然。'遂尽焚而杀之，唯万子军主挺身走。"击败万子等四军主后，甘州回鹘夜落纥可汗遣使到宋朝报捷，宋真

---

① 《宋史》卷四九〇《回鹘传》。

宗赐可汗香药、金带、弓箭，又赏可汗母宝物公主黄金器，[1] 嘉其抗夏之功。八月，"回鹘夜落纥又言赵德明来侵，率众拒战，德明屡败，乘胜追之，越黄河"。[2]

甘州回鹘联宋以抗夏，西夏德明则结辽以攻回鹘。《辽史·圣宗纪五》记载，辽统和二十六年、宋大中祥符元年（1008 年）"十二月，萧图玉奏讨甘州回鹘，降其王耶刺里，抚慰而还"。萧图玉上奏攻讨回鹘的时间，显然是在当年十一二月间，即李德明屡次用兵回鹘失败后，辽朝才应邀参战的。辽朝这次出兵，也没有攻克甘州，取得预期的目的，只是以和平的方式"抚慰而还"。次年（1009 年）四月，李德明再次遣张浦领精兵二万攻甘州，回鹘夜落纥可汗见西夏来势凶猛，壁城拒守，双方相持了十多天，夜落纥可汗乘夏人不备，遣部将符守荣发起夜袭，张浦败退。十二月，李德明又大集蕃部，准备进攻回鹘，因"恒星昼见，德明惧而还"。[3]

大中祥符初年屡次用兵回鹘失利后，西夏对攻取河西方略进行了调整，把斗争重心从甘州回鹘又转到西凉吐蕃上，以图占据西凉，隔绝甘州回鹘与宋朝交通道路。史籍没有详细记载德明再次攻占西凉府的时间，但从宋大中祥符元年（1008 年）三月，夏人至西凉，见六谷众盛，不敢攻，到宋大中祥符六年（1013 年），西夏军主苏守信固守西凉，甘州回鹘不敢过西凉到北宋朝贡[4] 的情况来看，西夏最迟在宋大中祥符五年（1012 年）底已再度攻占西凉府，并派重兵把守。甘州回鹘为了解除西夏的威胁，确保甘州安全及打通丝路，与西夏反复争夺西凉。宋大中祥符八年（1015 年），"忠顺保德甘州回鹘外生（甥）可汗王臣夜落纥言，臣在州与九宰相诸部落不住与西凉府人苏守信斗杀，见今人户平安。"[5] 既而苏守信死，其子罗麻（莽）领西凉府事，部落不服，甘州回鹘可汗夜落隔乘机出兵西凉，"攻破其族帐百余，斩级三百，夺其马牛羊甚众。"[6] 罗麻弃城逃跑，"于是凉州属于回鹘"。

---

① 《续资治通鉴长编》卷六九，大中祥符元年五月壬午。
② 《续资治通鉴长编》卷六九，大中祥符元年八月庚寅。
③ 《宋史》卷四八五《夏国传上》。
④ 《宋会要辑稿》蕃夷四载："宝物公主于大中祥符六年二月疾亡，为苏守信劫乱，奏报迟违，所贡遗物续次附进。"
⑤ 《宋会要辑稿》蕃夷四之六。
⑥ 《续资治通鉴长编》卷八八，大中祥符九年十二月辛卯。

甘州回鹘攻占西夏统治的凉州后，势力东抵黄河岸边，使李德明几乎失去了在河西立足之地，但西夏并没有因此放弃对河西的经略。宋天禧元年（1017年）八月，逃到沙漠中的罗麻派人到凉州，约投降回鹘的旧部为内应，并请求李德明出兵增援，谋取凉州，回鹘结六谷诸部拒之。此后双方都感到力竭，保持了近十年的和平相处局面。宋天圣四年（1026年）原臣属于辽朝的回鹘萨兰部叛，辽圣宗遣魏国公萧惠率兵攻讨。一直在寻找用兵回鹘机会的李德明立即"点集蕃众，遣之西出"，积极配合辽军行动。萧惠攻甘州三日不能克，部属阻卜诸族又发生倒戈，便急忙收兵，夏兵也随之撤退。夏辽联合用兵甘州失利后，李德明与回鹘又保持了一段和平关系，直到宋天圣六年、辽太平八年（1028年），李德明才再度遣子李元昊攻甘州。元昊采取突袭战术，一举攻克甘州，夜落隔归顺王仓促出奔，元昊置兵戍其地而还。

李元昊攻占甘州，西凉府仍在回鹘人手中。李德明常谋恢复，一直没能得手，至此坚守西凉府的回鹘失去了大本营。元昊采取声东击西的战术，先遣蕃部攻环庆，把北宋王朝的注意力吸引到陇右，并使西凉回鹘人放松戒备，然后发起突袭，回鹘戍军一战即溃，弃城逃跑。

西夏占据甘、凉二州后，并没有立即向西推进，一举攻占瓜、沙、肃诸州，而是把向西进攻的重点放在唃厮啰政权上，直到宋景祐三年、夏大庆元年（1036年）打败河湟吐蕃，才乘势攻占瓜、沙、肃三州。从此，西夏控制了整个河西地区，完成了李继迁北收回鹘锐兵，西掠吐蕃健马的夙愿。这时西夏的境土，东据黄河，西至玉门，南临萧关，北抵大漠，奠定了西夏立国的疆域版图。诚如清人吴广成所说的，"盖平夏以绥、宥为首，灵州为腹，西凉为尾。有灵州则绥、宥之势张，得西凉则灵州之根固"。[1]

三、和好宋朝

李继迁攻河西吐蕃时中流矢，伤势日重，自度生命垂危，便召来儿子李德明和心腹安排后事。他先对德明说："尔当倾心内属，如一两表未蒙听纳，但连表上祈，得请而已。"[2]接着对张浦等心腹说：公等一起征战，谊同兄弟，

① 《西夏书事》卷七，吴广成评语。
② 《续资治通鉴长编》卷六四，景德三年九月丁卯载张崇贵奏语。

孺子幼长兵间，备尝艰苦。今付以灵、夏之众，虽不能与南北两朝争衡，公等尽力辅佐，识时审务，是能够负荷旧业，为先人光，吾死而无憾！

李继迁为何在临终前一反常态，要德明依附宋朝，确立对宋和好的基本国策呢？一是他定下向西发展方略，"西掠吐蕃健马"，"北收回鹘锐兵"，只有同宋朝和好，才能集中精力向西用兵。二是他认识到党项政权羽翼还没有丰满，其势力还不足以和宋、辽争雄，暂时称臣讲和，以屈求伸。三是当时西夏境内灾荒，拓跋政权内部出现不安定的因素。宋咸平六年（1003年）九月，夏州教练使安晏与其子安守正归降宋朝，且言夏境艰难，惟劫掠以济。又将夏、银、宥州等丁壮者徙于河外，"众益咨怨，常不聊生。"[1] 在这种情况下，和好宋朝能取得经济上的利益，以度过灾荒。

北宋同样需要同德明和睦相处。宋真宗即位不久，贯彻太宗时已开始实行的"守内虚外"政策，以安定国内统治秩序为主要任务。宋景德元年（1004年），宋辽"澶渊之盟"订立，两国关系出现重大转折。在赵宋统治者看来，每年用三十万两匹银绢交换来的和平是廉价的。[2] 这不能不对宋夏关系产生影响。为了进一步推行"姑务羁縻，以缓争战"[3] 的政策，便迫不及待地对西夏进行招抚。以上种种因素，构成了宋夏讲和的基础。

经过一年多的谈判，宋朝正式命鄜延钤辖张崇贵向西夏提出议和条件：一是归还李继迁时占据的灵州疆土；二是居地必须限于平夏范围之内，换言之，西夏政权不准向外扩张领土；三是遣子弟宿卫京师，即送亲属作为人质；四是送还被俘的宋朝官吏；五是解散蕃汉军队；六是释放被俘的宋朝兵民；七是如果边境上发生纠纷，要服从宋政府的处理。[4] 德明答应履行上述七项条件后，宋朝满足德明要求的五件事：一是授德明为定难军节度使，封西平王；二是赐金帛缗钱四万贯匹两，茶二万斤；三是发给德明内地节度使薪俸；四是允许西夏进入内地贸易往来；五是宋朝撤销禁止青白盐内销的禁令。

李德明认为如果全部答应宋朝的议和条件，等于将西夏政权局限在平夏范围，完不成李继迁向西拓展疆土的遗愿。因此，又遣使人张浦和张崇贵面

① 《续资治通鉴长编》卷五五，咸平六年九月壬辰。
② 吴天墀：《西夏史稿》，四川人民出版社1983年增订本，第27页。
③ 《续资治通鉴长编》卷六三，景德三年五月庚申。
④ 《续资治通鉴长编》卷六〇，景德三年六月辛卯。

议，表示不同意归还灵州和送子弟入质，宋朝则坚持先归还灵州疆土及遣子弟入质，方能议和。双方谈判一度出现僵持局面，宋朝"以赵德明誓约未定，即命向敏中自知永兴军府改为鄜延都部署、兼知延州，使经略之"。① 边界气氛骤然紧张起来。

尽管谈判出现僵局，但双方的努力并没有中断。李德明频频向宋朝遣使，既表示对和谈的诚意，又取得了经济上的实惠。在德明的反复请求下，宋真宗再次令向敏中招谕李德明。既而向敏中等建议："候其亲弟到阙，并得誓章，则先许五事悉愿与之，姑务羁縻，以缓争战可也。"② 即放弃归还灵州疆土的条件。宋真宗也考虑到"德明空接续进奉，肆其徼求，在彼固无亏损，而我渐失机会，复赐敏中等诏，令亟图之"。③

李德明则抓住宋朝急于约和的心理，在宋朝做了较大让步，放弃归还灵州疆土的情况下，还不满足，多次遣人转告向敏中，"遣亲弟宿卫，上世未有此例，其他则愿遵承"。④ 并说准备以良马、骆驼千计入贡，辞意恳切。宋真宗本着"远方之俗，本贵羁縻"，下诏向敏中等，"如德明再遣人至，果不欲令亲弟宿卫，则所乞回图往来及放行青盐之禁，朝廷并不许，然不阻其归顺之志也"。⑤ 至此，议和有所转机。《续资治通鉴长编》卷六三载李焘对这件事的按语："五月十九日诏，以要约三事付敏中，令与德明议，至此月（八月）十九日，敏中始复奏，首尾凡九十日。盖此事必再三往返。故非一时可决耳。"

宋景德三年（1006年）九月初，西夏接受宋朝最后的方案，宋真宗则以"德明累表归顺，词意精确"，⑥ 降诏抚慰之。中旬，鄜延钤辖张崇贵入开封面见真宗，说德明遣牙校刘仁勖来进誓表，请藏盟府。"又言所乞回图及放青盐之禁，虽宣命未许，然誓立功效，冀为异日赏典也。"⑦ 十月，宋朝以内侍左右班都知、鄜延钤辖张崇贵为德明旌节官告使，太常博士赵湘为副

① 《续资治通鉴长编》卷六一，景德二年九月丁未。
② 《续资治通鉴长编》卷六三，景德三年五月庚子。
③ 《续资治通鉴长编》卷六三，景德三年五月庚子。
④ 《续资治通鉴长编》卷六三，景德三年八月戊子。
⑤ 《续资治通鉴长编》卷六三，景德三年八月戊子。
⑥ 《续资治通鉴长编》卷六四，景德三年九月癸卯。
⑦ 《续资治通鉴长编》卷六四，景德三年九月丁卯。

使，前往西夏封李德明为定难军节度使、夏绥银宥静等州管内观察处置押蕃落使、西平王，食邑六千户，实封二千户，薪俸和内地节度使相同。同时赐德明袭衣、金带、金勒鞍马，银万两，绢万匹，钱两万贯，茶两万斤。经过一年多的讨价还价，双方终于就部分议和条款达成一致，"景德约和"后，李德明一直对北宋保持友好关系，"每岁旦、圣节、冬至皆遣牙校来献不绝"。①"贡奉之使，道路相属"。②宋景德三年（1006 年）十一月，遣使贡御马二十五匹，散马七百匹，骆驼三百头，以谢朝命。次年三月，献马五百匹，骆驼二百头，谢给俸廪。宋制，贡物谢恩只给来使缯帛，宋真宗因德明贡奉频繁，特加赐德明袭衣、金带、器币。五月，德明嫡母罔氏卒，遣都押牙贺承珍至汴京告哀，真宗命殿中丞赵稹为吊赠兼起复官告使。六月，贡马五百匹，助修章穆皇后陵园。德明为了迎接宋使，整修境内驿路馆舍，以待宋使，宋朝因此提高押赐德明冬服使人的级别。③宋大中祥符元年（1008 年），真宗东封泰山，德明遣使来献。宋大中祥符四年（1011 年）二月，遣使入贡。四月，贡马贺祀汾阴。诸如此类，不胜列举。

　　李德明频频遣使，与宋朝保持亲密友好关系，一是集中精力用兵西凉吐蕃和甘州回鹘，避免两面受敌；二是获得和平发展环境，取得经济上的利益。德明每次派往宋朝的使者，不仅能得到大量的赏赐，而且可进行贸易。

① 《宋史》卷四八五《夏国传上》。
② 《续资治通鉴长编》卷六五，景德四年三月庚申。
③ 《续资治通鉴长编》卷六七，景德四年十月庚申。

婴戏莲花绢，出土于西夏陵

"景德约和"刚订立，他就请求"进奉使赴京，市所须物"，① 真宗答应其要求。这些贡奉使节入京后，"纵其为市"，②"出入民间如家"，③ 任其交易所需之物。大中祥符年间（1008—1016 年），为了进一步羁縻李德明，宋政府还规定"夏州进奉外，有以私物贸易，久而不售者，自今官为收市。"④ 这都促使西夏接连不断地遣使前来做保本生意。⑤ 元祐年间苏轼曾说："（西夏）每一使至，赐予、贸易，无虑得绢五万余匹，归鬻之其民，匹五六千，民大悦。一使所获，率不下二十万缗。"⑥ 实际不限于元祐年间（1086—1094 年），其他时期的贡使贸易亦大抵如此。

宋景德四年（1007 年），宋朝应赵德明的请求，在保安军设置榷场，以缯帛、罗绮易驼马、牛羊、玉、毡毯、甘草，以香药、瓷漆器、姜桂等物易蜜蜡、麝脐、毛褐、羱羚角、硇砂、柴胡、苁蓉、红花、翎毛。非官市者，还"听与民交易"。⑦ 除政府在边境设置榷场进行大宗贸易外，还有未经政府许可，民间私设榷场贸易，

---

① 《续资治通鉴长编》卷六五，景德四年三月癸丑。
② 《宋史》卷一八六《食货志下八·互市舶法》。
③ （宋）苏舜钦：《苏子美集·赠太子太保韩公行状》。
④ 《续资治通鉴长编》卷七二，大中祥符二年十月庚戌。
⑤ 《续资治通鉴长编》卷四〇五，元祐二年九月丁巳，宋人苏轼说："西夏每一使至，赐予、贸易无虑得绢五万余匹，归鬻之其民，匹五六千，民大悦。一使所获率不下二十万缗钱。"这虽然是说夏崇宗年间的事，但从一个侧面反映出德明时期的盛况。
⑥ 《续资治通鉴长编》卷四〇五，元祐二年九月丁巳。
⑦ 《宋史》卷一八六《食货志下八·互市舶法》。

所谓"边鄙小民，窃相交易"。① 宋政府尽力维护和平，对此采取宽容态度，"量加觉察可也"。②

和平的环境使西夏社会生产得到了飞速的发展，大片荒地变成良田，当时的盛况恰如边帅范仲淹所描述的，"朝聘之使，往来如家。牛马驼羊之产，金银缯帛之货，交受其利，不可胜计。塞垣之下，逾三十年，有耕无战。禾黍云合，甲胄尘委。养生葬死，各终天年"。③ 呈现出一派和平友好、欣欣向荣的局面。

四、用兵河湟吐蕃

河湟吐蕃首领唃厮啰(996—1065 年)系吐蕃赞普后裔④，本名欺南陵温篯逋，篯逋即赞普也。史载其出生于高昌，被客居高昌的哈喇额森(即何郎业圣)携至多僧城，豪族耸昌斯均又把他带到移公城，以其为旗帜，在河州建立政权。"河州人谓佛'唃'，谓儿子'厮啰'，自此名唃厮啰。"⑤

嗣后，吐蕃的豪族李立遵、温逋哥二人将唃厮啰劫往廓州，拥为赞普，李立遵自立为相，挟唃厮啰以令诸部。后双方失和，唃厮啰徙居邈川(今青海乐都)，以温逋哥为相。温逋哥谋叛被诛后，唃厮啰又转至青唐(今青海西宁)，以青唐为大本营，据有汉陇西、南安、金成三郡之地，东西二千余里，正北及东北至夏国界，西过青海(今青海湖)，南至成、阶等州，成为割据一方的强部。

河湟吐蕃唃厮啰政权兴起，正值西夏开国之主李元昊继位初期，元昊为了称帝立国，解除对宋用兵的后顾之忧，便发动了对河湟吐蕃的大规模进攻。夏广运二年、宋景祐二年(1035 年)，元昊遣苏奴儿将兵二万五千攻唃厮啰，乘唃厮啰新迁青唐之机，企图一举消灭。面对西夏的猛烈攻势，唃厮啰在青唐北部的猫牛城(又作牦牛城，宋夺取后改为宣威城)迎击夏兵，西夏大败，主将苏奴儿被俘。元昊惊闻苏奴儿战败，亲率大军进入湟水流域，再度攻打猫牛城。唃厮啰将士枕戈待旦，坚守城池达一个月之久，元昊见强

---

① 《续资治通鉴长编》卷三六五，元祐元年二月壬戌。

② 《续资治通鉴长编》卷七二，大中祥符二年十一月乙卯。

③ (宋)范仲淹：《范文正公集·文集》卷一〇《答赵元昊书》。

④ 吴天墀：《唃厮啰与河湟吐蕃》，载《宋史研究论文集》，河南人民出版社1984年版。

⑤ 《宋史》卷四九二《吐蕃传》。

攻不下，诈和诱其开城，纵兵大肆杀掳。接着乘胜攻打青唐、安二、宗哥、带星岭诸城。唃厮啰知寡不敌众，坚守鄯州不出，并派部将安子罗率众截断夏兵的退路。元昊率大军渡过宗哥河（今湟水）时，"插旗帜识其浅"，准备撤退时从浅处过河。唃厮啰派人将旗帜移到深水处，以误夏人。既而夏兵溃退，"士视帜渡，溺死十八九，所卤（掳）获甚众"。[①] 此役元昊出兵河湟流域二百余日，劳师袭远，供应不给，士卒饥溺而死者大半，被迫撤出河湟流域。

元昊在宗哥河溃败后，对唃厮啰实力有了新的认识，对河湟吐蕃由过去单方面用武力征服转变为恩威兼施，分化瓦解，伺机而动。夏大庆元年、宋景祐三年（1036 年），元昊"复举兵攻兰州诸羌，侵至马衔山，筑城凡川"[②]，留兵镇守，以绝吐蕃与宋朝相通道路。同时采取离间的办法，招诱唃厮啰家族成员背叛。唃厮啰凡三娶，前两个妻子均为李立遵之女，生子瞎毡、磨毡（即磨角毡），又娶乔氏，生子董毡。李立遵死后，李氏失宠，被斥为尼，安置在廓州。其子瞎毡也遭囚禁，后来瞎毡结母党暗中携母出逃。瞎毡据河州，磨毡据邈川，各抚其众，"厮啰不能制"。元昊侦知二子怨父，便用重金贿赂离间，又引诱吐蕃诸豪酋叛附，原来因叛乱被唃厮啰杀死的温逋哥之子伊实洛鲁拥众万余人叛归西夏，并结为婚姻。唃厮啰因此势蹙，只好率亲信部属从宗哥西迁历精城，元昊分化瓦解吐蕃的策略初见成效。

夏天授礼法延祚元年、宋宝元元年（1038 年），景宗李元昊称帝立国。宋夏关系顿趋紧张，宋朝任命唃厮啰为保顺军节度使，仍兼邈川大首领，派左侍禁鲁经抄小道出使唃厮啰，要求其出兵背击西夏。同时赠帛二万匹，许其攻下西夏后授银、夏等州节度使。唃厮啰承诺出兵西凉，因西凉有备而止。[③] 夏天授礼法延祚三年、宋康定元年（1040 年），宋夏战争正为激烈，宋朝又派刘涣出使青唐。当时西夏势力已深入河州以北，刘涣只得"出古渭州（今甘肃陇西），循末邦山至河州国门寺，绝河，逾廓州至青堂"。[④] 唃厮啰对刘涣热情接待，表示要"得其誓书与西州地图以献"。[⑤] 但西夏国力强盛，

① 《宋史》卷四九二《吐蕃传》。

② 《宋史》卷四八五《夏国传上》。

③ 《续资治通鉴长编》卷一二三，宝元二年六月丙寅。

④ （宋）沈括：《梦溪笔谈》卷二五。

⑤ 《宋史》卷三二四《刘涣传》。

黑水城遗址外古塔

戒备甚严，唃厮啰虽有联宋攻夏之心，"终不能有大功"。

第三节 西夏立国与宋夏战和

一、元昊立国

宋天圣九年（1031 年），李德明卒，子李元昊继位后，外倚契丹，内申号令，以兵法勒诸都，加速称帝立国的步伐。为了使建设中的国家机构能够对内统治和对外战争发挥最大的功效，他一方面有意继承和发扬传统习俗，"每举兵，必率部长与猎，有获，则下马环坐饮，割鲜而食，各问所见，择取其长"。[①] 另一方面模仿宋朝在政治、经济、军事、文化等方面进行了一系列的改革。

---

① 《宋史》卷四八五《夏国传上》。

1. 政治方面：废除唐、宋两朝所赐的李、赵姓氏，改姓嵬名氏，自号嵬名吾祖。[①] 吾祖，党项语称，又作兀卒，"华言青天子也，谓中国为黄天子"。元昊在正式称帝前"自称兀卒已数年"，[②] 兀卒（青天子）虽然等同于皇帝，但在文化上接近北方民族的可汗或单于，元昊君臣清楚，贸然称帝，肯定得不到宋朝的支持，于是在正式称帝前先称青天子（兀卒），并且和宋朝皇帝的"黄天子"相对应，为正式称帝制造舆论。宋明道二年（1033 年），李元昊以避德明名讳为由，改"明道"为"显道"，开始使用自己的年号。宋景祐元年（1034 年），改年号开运，有人建议开运是"石晋败亡年号也，乃改广运元年"。[③]

2. 文化方面：秃发易服。秃发是鲜卑族系的习俗，党项早期居地和鲜卑吐谷浑相交叉，吐谷浑的文化对党项产生了很大影响。拓跋部内徙后，构造了其先出自鲜卑的传说。元昊下令党项人秃发，耳戴重环，"三日不从令，许众杀之"，并且自己带头秃发。[④] 太子任上的元昊喜穿绯衣，袭位后"始衣白窄衫，毡冠红裹，顶冠后垂红结绶"。文武官员服饰有别，文官头裹幞头，身穿紫衣或绯衣，手执笏板；武官按照等级分别头戴金帖起云镂冠、银帖间金镂冠、黑漆冠，身穿紫色左掩大襟衫，腰束金涂银带，垂蹀躞，佩解结锥、短刀、箭袋，便服为绣团花的紫黑色掩襟衫，束腰带。"民庶青绿，以别贵贱"。[⑤]

创立文字。夏大庆元年（1036 年），李元昊命令大臣野利仁荣仿汉字创制党项文字，后人称西夏文字，设立蕃学，教授西夏文，将《论语》《孝经》《尔雅》《四言杂字》译成西夏文，令国人学习。西夏文（党项文）创制后，原来使用的汉文继续使用，和西夏文（党项文）一样，为法定的通用文字。

改革礼乐。早期党项附唐受后，就开始接触到中原地区的礼乐制度，受限于青藏高原的物质条件，制度简单，击缶为节。党项内迁后特别是拓跋思恭受封夏州节度使后，情况大为改观，唐朝按照节度使等级赐赠全套鼓吹，共有三驾，全部使用金钲、节鼓、大鼓、小鼓、铙鼓、羽葆鼓、中鸣、大横

---

① 《宋史》卷四八五《夏国传上》。
② 《续资治通鉴长编》卷一二二，宝元元年九月己酉。
③ 《宋史》卷四八五《夏国传上》。
④ 《续资治通鉴长编》卷一一五，景祐元年十月丁卯。
⑤ 《宋史》卷四八五《夏国传上》。

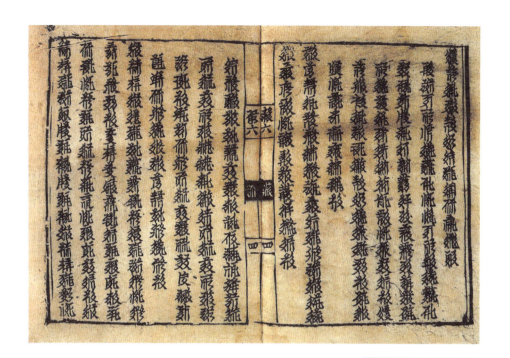

西夏文《论语全解》第六

吹、小横吹、觱篥、桃皮筚、笛等乐器。入宋以后，李德明又尊崇宋朝的礼乐制度。李元昊以为建立新政权首先需要的是忠实为先，战斗为务。为此，裁礼之九拜为三拜，革乐之五音为一音。

3.职官方面：仿照唐宋设中书省、枢密院、三司、御史台、开封府、翊卫司、官计司、受纳司、农田司、群牧司、飞龙院、磨勘司、文思院、蕃学、汉学。《宋史·夏国传》记载："自中书令、宰相、枢使、大夫、侍中、太尉已下，皆分命蕃汉人为之"。应是自中书令、宰相、大夫、侍中、太尉及以下，皆命蕃汉人为之，汉人也可身居高位。李继迁时的汉人谋士张浦，李元昊时的张元，都担任过中书令之类的职务，为西夏国的建立和巩固作出了重要的贡献。[①]

4.军事方面：将全国划分为左厢神勇、石州祥祐、宥州嘉宁、韦州静

---

① 《续资治通鉴长编》卷一五〇，庆历四年六月戊午记载宋人富弼上言："自契丹侵取燕、蓟以北，拓跋自得灵、夏以西，其间所生豪英，皆为其用。得中国土地，役中国人力，称中国位号，仿中国官属，任中国贤才，读中国书籍，用中国车服，行中国法令，是二敌所为，皆与中国等。"

塞、西寿保泰、卓啰和南、右厢朝顺、甘州甘肃、爪州西平、黑水镇燕、白马强镇、黑山威福十二个监军司，共有兵力二十万（后增为三十多万）。具体布防情况是："自河北至午腊蒻山七万人，以备契丹；河南洪州、白豹、安盐州、罗落、天都、惟精山等五万人，以备环、庆、镇戎、原州；左厢宥州路五万人，以备鄜、延、麟、府；右厢甘州路三万人，以备西蕃、回纥。贺兰驻兵五万、灵州五万人、兴州兴庆府七万人为镇守。"①

宋宝元元年（1038年）十月，李元昊认为称帝立国条件已经成熟，遂于兴庆府筑坛受册，即皇帝位，国号大夏，史称西夏，西夏文译作大白高国或白高大夏国。改大庆二年为天授礼法延祚元年。元昊自称大夏始文英武兴法建礼仁孝皇帝，改名曩霄，身后庙号为景宗。元昊清楚宋朝不会承认他称帝立国的，但还是很有策略地以臣子身份向宋仁宗奉上表章。次年遣使上表宋朝：

> 臣祖宗本出帝胄，当东晋之末运，创后魏之初基。远祖思恭，当唐季率兵拯难，受封赐姓。祖继迁，心知兵要，手握乾符，大举义旗，悉降诸部。临河五郡，不旋踵而归；沿边七州，悉差肩而克。父德明，嗣奉世基，勉从朝命。真王之号，夙感于颁宣；尺土之封，显蒙于割裂。臣偶以狂斐，制小蕃文字，改大汉衣冠。衣冠既就，文字既行，礼乐既张，器用既备，吐蕃、塔塔、张掖、交河，莫不从伏。称王则不喜，朝帝则是从，辐辏屡期，山呼齐举，伏愿一垧之土地，建为万乘之邦家。于时再让靡遑，群集又迫，事不得已，显而行之。遂以十月十一日郊坛备礼，为世祖始文本武兴法建礼仁孝皇帝，国称大夏，年号天授礼法延祚。伏忘皇帝陛下，睿哲成人，宽慈及物，许以西郊之地，册为南面之君。敢竭愚庸，常敦欢好。鱼来雁往，任传邻国之音；地久天长，永镇边方之患。至诚沥恳，仰俟帝俞。谨遣弩涉俄疾、你斯囧、卧普令济、嵬崖妳奉表以闻。②

表章追述了他的祖先出于帝室，现在称帝立国是合法的，请求宋朝予以

---

① 《宋史》卷四八五《夏国传上》。
② 《宋史》卷四八五《夏国传上》。

承认，"许以西郊之地，册为南面之君"。元昊称帝，给宋朝统治集团以极大的刺激，立即引起了强烈的愤懑，"朝廷即议出兵，群臣争言小丑，可即诛灭"。唯右正言吴育的头脑清楚，他上言"元昊虽名藩臣，其尺赋斗租不入县官，穷漠之外，服叛不常，宜外置之，以示不足责。且彼已僭舆服，夸示酋豪，势不能自削，宜援国初江南故事，稍易其名，可以顺抚而收之"。宰相张士逊扣下吴育的奏折，对同僚笑道："人言吴正言心疯，果然"。① 为此，吴育再次上奏：圣人统御四方，夷夏不同，远方夷狄向化臣附，当待以外臣之礼，羁縻而已。奏上，再次被宰相张士逊扣压。

在一片讨伐声中，宋仁宗下诏削夺赐给李元昊的姓名、官爵，关闭榷场，中断和市。同时在边界张贴布告，募能捕杀元昊者，即授定难军节度使。元昊部落首领"能帅族归顺者，等第推恩"。②

面对宋朝的讨伐，为了争取主动，元昊又派人"赍嫚书，纳旌节，及以所授敕告并所得敕榜，置神明匣"，送到宋朝延州边境上。"嫚书"指责宋朝背信弃义，"持命之使未还，南界之兵噪动，于鄜延、麟府、环庆、泾原九处入界"。又指责对夏国两面三刀，"既先违誓约，又别降制命，诱导边情，潜谋害主"，且使者带回的诏书，"乃与界首张悬敕旨不同"。谴责宋朝不承认元昊称帝是毫无道理的，"蕃汉各异，国土迥殊，幸非僭逆，嫉妒何深！况元昊为众所推，盖循拓跋之远裔，为帝图皇，又何不可！""嫚书"还借辽朝的势力威胁宋朝，"元昊与契丹联亲通使，积有岁年，炎宋亦与契丹玉帛交驰，傥契丹闻中朝违信示赏，妄乱蕃族，谅为不可"。最后表明，夏国愿意同宋朝和好，"伏冀再览菲言，深详微恳，回赐通和之礼，洊行结好之恩"。③ 显然，元昊送"嫚书"的目的是把战争责任推到宋朝头上，争取本国统治集团和党项人民的支持，也争取辽朝的同情和支持。

二、宋夏战争

元昊上书宋朝，要求承认其称帝立国，不过是外交手腕而已，西夏的建立是以强大的军事力量和战争胜利为基础的。在政治、军事、外交上的准备

---

① 《续资治通鉴长编》卷一二三，宝元二年三月丙午。
② 《续资治通鉴长编》卷一二三，宝元二年六月壬午。
③ 《续资治通鉴长编》卷一二五，宝元二年十二月壬子。

京剧电影《穆桂英挂帅》剧照

该剧是梅兰芳先生代表作，1959 年庆祝新中国成立十周年，根据同名豫剧改编。该剧主要讲述北宋时期西夏进犯，宋王通过校场比武挑选元帅领兵抵抗，杨家小将杨文广在校场刀劈王伦夺得帅印归来，其母穆桂英深感朝廷刻薄寡恩，不愿再为其效力。佘太君动之以情、晓之以理，最终穆桂英念及国家、百姓之安危，受印出征。宋代杨家将主要是在抗辽前线，后来逐渐演义到宋夏战争，反映出宋与辽夏冲突，对其政治、经济、文化、社会诸方面的深刻影响。

工作做好后，元昊不失时机地向宋朝发动了一系列大规模的进攻。

　　元昊立国前，就开始对宋朝西北边境作了一些试探性的进攻。夏开运元年、宋景祐元年（1034 年）二月，元昊领兵进攻宋朝府州，揭开了对宋战争的序幕。七月，以庆州马岭寨党项杀牛族为前锋，至环庆一带大肆杀掠。十月，再攻庆州，俘宋环庆路都监齐宗矩。此后又多次发兵进攻环庆、泾原，但均被宋军打退。经过几年试探性的进攻，元昊基本上摸清了宋朝沿边各地的防御情况。麟府路有坚决向宋的折氏家族捍御，备御完固；环庆路边寨排密，列据要害，宿将刘平、赵振等为之守御；泾原路有镇戎军、渭州两城，壁垒坚固，屯兵亦众，蕃落弓箭手甲骑精强；熙河一带有吐蕃瞎毡牵制兵势。相比之下，唯有鄜延路地阔砦疏，士兵寡弱，又无宿将。元昊选定鄜延路为进攻宋朝的突破口。

夏天授礼法延祚二年、宋宝元二年（1039 年）十一月，宋保安军诸族巡检刘怀忠拒绝元昊诱降，"毁印斩使"。元昊遂"点其军作五头项，每头项作八溜，共四十溜"，对保安军作报复性进攻。沿途胁迫熟户，毁坏蕃落，"七百里中兵烽不绝"。保安军诸族巡检刘怀忠战死，鄜延钤辖卢守勤急忙派巡检指挥使狄青领兵出战。狄青"临阵披发，带铜面具，往来奋击"，元昊见形势不妙，忙撤兵退回。元昊从保安军撤退后不久，又进攻延州东北的承平砦，双方相持了六天。因宋环庆兵破后桥堡，元昊怕失去退路，这才从承平撤围。

景宗李元昊初战不利，但进攻延州的决心不变。夏天授礼法延祚三年、宋康定元年（1040 年）正月，声称将攻延州，宋知延州兼鄜延环庆路经略安抚使范雍闻之甚惧，上书朝廷要求增兵。为麻痹宋军，元昊又派使者前来通和，范雍信以为真，不再为备。待宋军防守松懈，元昊率大军突袭，一举攻克延州北面要塞金明寨，俘获寨主李士彬父子及所属蕃兵数万人，随后乘胜南下，包围了延州。范雍慌惧，一面下令闭城固守，一面派人调发驻守庆州的鄜延环庆路副都部署刘平和驻守保安军的鄜延副都部署石元孙等合兵增援。刘平、石元孙与驻守保安军附近的鄜延都监黄德和、巡检万俟政、郭遵等合兵万余，向延州方向进发。行至三川口（今陕西安塞东，即延川、宜川、洛川三条河流的汇合处），便陷入元昊埋伏。黄德和临阵脱逃，致使宋军全线崩溃，主帅刘平、石元孙等力竭被俘。延州城被围困七天，适逢天降大雪，元昊粮尽，这才引兵退回。

三川口战败，使骄矜轻敌的宋朝统治集团认识到战争的严重性，不得不积极备战，修筑城寨，加强防御，并联络唃厮啰，以牵制西夏。参知政事宋庠坚请于潼关别添使臣兵甲，严设守备，遂诏兴版筑，置楼橹战具。既而"关中士民嗟怨，谓朝廷弃之矣"。统治者认识到此举无益于备，且徒失民心，"悉命撤毁之"。[①] 与此同时，"诏唃厮啰速领军马，乘元昊空国入寇，径往拔去根本，若成功，当授银夏节度"。另赐袭衣金带与两万绢帛，仍密令以起兵日报缘边经略安抚司，以便出师接应。"唃厮啰虽被诏，然卒不能

---

① （宋）田况：《儒林公议》卷上。

西夏铜头盔

行也"。①

宋朝另一备战措施是调整边帅，撤销范雍知延州兼鄜延、环庆安抚使职务，任命户部尚书夏竦为陕西都部署兼经略安抚使，韩琦与范仲淹为副使，韩琦驻泾州，负责泾原路，范仲淹驻延州，负责鄜延路。范仲淹到延州后，积极整顿防务，招抚缘属熟户，修复残破城寨，分州兵为六将，每将三千人，分部教之，量敌众寡出兵抵御，夏人相戒说："无以延州为意，今小范老子腹中自有数万兵甲，不比大范老子（范雍）可欺也"。②元昊乃把进攻重点从鄜延路转向泾原路。

在制服西夏方略上，韩琦与范仲淹的主张不尽相同，韩琦主张集中兵力，深入进攻，寻找西夏主力进行决战。范仲淹则反对深入夏境的进攻战，主张持久的防御战，进筑横山，蚕食西夏，在防务巩固的前提下再求进攻。两府大臣大多支持攻策，宋仁宗也认为，持久防御，屯兵运粮，人力、物力、财力耗费太大，幻想一举解决问题。遂下诏鄜延、泾原两路会师，于宋庆历元年（1041年）正月进讨。范仲淹再次上书，请求留下鄜延路，一则加紧备战，以牵制西夏东部兵马；二则"示以恩意，岁时之间，或可招纳"。③夏竦也力主两路进讨，派尹洙没能说服范仲淹，乃上奏宋仁宗，请求差近臣监督鄜延路进兵，同入夏境。宋仁宗"诏以竦奏示仲淹"。④就在赵宋君臣议论纷纷，不知如何进讨时，元昊又向宋朝发动了第二次大规模攻势。

夏天授礼法延祚四年、宋庆历元年（1041年）春天，元昊于折姜会点兵，准备攻渭州。正在巡边的韩琦闻讯后，急忙赶往镇戎军，集合军队一万八千，令行营总管任福统领出击。韩琦的作战计划是，任福自怀远城趋

① 《续资治通鉴长编》卷一二六，康定元年二月庚寅。
② 《续资治通鉴长编》卷一二八，康定元年八月庚戌。
③ 《续资治通鉴长编》卷一三〇，庆历元年正月丁巳。
④ 《续资治通鉴长编》卷一三一，庆历元年二月辛巳。

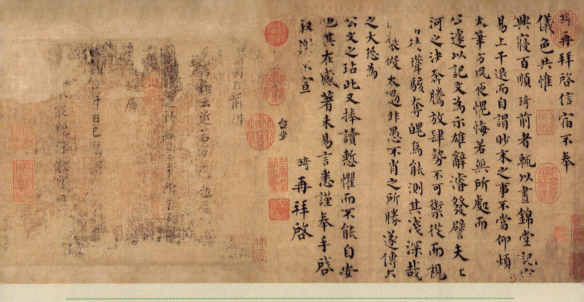

北宋韩琦楷书信札，现藏贵州省博物馆

此书为北宋名臣韩琦手书的两帖楷书墨迹，即《信宿帖》和《旬日帖》。韩琦（1008—1075年），字稚圭，相州安阳（今河南安阳）人。北宋名相，历仕仁宗、英宗、神宗三朝，封魏国公，谥号"忠献"。宋宝元三年（1040年）出任陕西安抚使，与范仲淹共同防御西夏，时人称为"韩范"。宋庆历三年（1043年）西夏请和，被任为枢密副使，与范仲淹、富弼等同时登用。支持庆历新政。两年后以范仲淹等罢政，自请出外，知扬州，改知定州、并州。在并州时收回契丹冒占的土地，立石为界，并加强防御。嘉祐年间复入朝，迭任枢密使、宰相。王安石变法，屡次上书反对，与司马光、富弼等同为保守派首脑。封魏国公。著有《安阳集》。

德胜寨，再向南到羊牧隆城，迂回敌后，可战则战，不可战则据险设伏，以逸待劳，等夏军退兵时进行伏击，可保全胜。临行前韩琦再三叮嘱，"苟违节制，有功亦斩"。

元昊这次大举进攻，营造出直下渭州（今甘肃平凉）的势头，但目的并不在于夺取渭州，而是欲消灭主战派韩琦统帅的泾原路主力。元昊到怀远砦稍做停留，打听到任福带兵西来，遂命大军星夜向西南方向的羊牧隆城开拔，在羊牧隆城以南、瓦亭川以东摆好阵势，等待宋军。又派偏将带数千骑越过六盘山，做直趋渭州的迹象，以引诱宋军。

任福出镇戎军后，带领轻骑数千直奔怀远城捺龙川，遇镇戎军西路巡检常鼎等与夏兵战于张家堡，乃挥兵参战，杀夏兵数百人。夏兵佯败，抛弃羊马骆驼，沿好水川北岸向西逃去。任福闻夏兵人数不多，更加轻敌，"诸将及士卒贪房获，分道争进"，沿好水川猛追，遂投入了元昊十万伏兵的包围

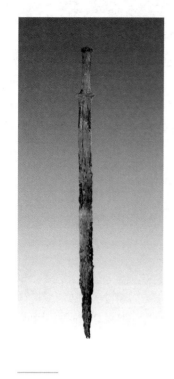

西夏铁剑

圈。夏兵左右夹击，宋军一战即溃，任福阵亡，将校士卒死者万余人。[1] 好水川战后，元昊谋士张元于界上寺壁题诗一首："夏竦何曾耸，韩琦未是奇。满川龙虎辇，犹自说兵机。"[2] 可见西夏是何等的藐视宋朝！

宋朝在两次大败的震撼下，下令"陕西诸路总管司严边备，毋辄入贼界，贼至则御之"。[3] 从此，在战略上采取守势，不敢轻言向西夏发动进攻了。同时陕西前线的人事与体制也作出调整。四月，韩琦因好水川之败，降官一级，改知秦州，范仲淹因擅自与元昊通书招纳而贬知耀州。朝廷派资政殿学士陈执中为同陕西经略安抚招讨使、知永兴军，陕西经略安抚使招讨使夏竦仍判永兴军，共同负责陕西边事。但二人意见不合，于边事无补。十月，宋廷解除夏竦、陈执中边帅职务，分陕西为秦凤、泾原、鄜延、环庆四路，以韩琦知秦州，王沿知渭州，范仲淹知庆州，庞籍知延州，各兼本路马步军都部署和经略安抚招讨使。

元昊从好水川退回后，经过几个月的休整，转攻麟府路。七月，围麟州（今陕西神木），不克。又攻府州（今陕西府谷），又不能破，乃"纵兵四掠，刈禾稼，发窖藏"。[4] 接着转攻丰州（今陕西府谷西北），知州王余庆，兵马监押孙吉战死，城遂陷。

在陕西沿边四路中，泾原路自镇戎军至渭州，沿泾河大川直抵泾、邠二州，"略无险阻，虽有城寨，多居平地"，[5] 利于骑兵奔冲。加之泾帅王沿不习边事，缺乏军事才能。因此，用兵麟府失利后，夏景宗把下一个大规模进攻的目标锁定在泾原路。

---

① 《宋史》卷四八五《夏国传上》。
② （宋）周辉：《清波杂志》卷二。
③ 《宋史》卷一一《仁宗纪三》。
④ 《续资治通鉴长编》卷一三三，庆历元年八月戊子。
⑤ 《续资治通鉴长编》卷一三九，庆历三年正月丙子。

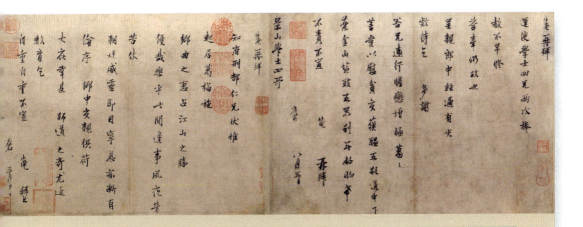

范仲淹行书二札帖，现藏北京故宫博物院

二札即边事（左）、远行（右）二帖，为两通书札。范仲淹（989—1052年），北宋政治家、文学家，中祥符进士。少时贫困力学，出仕后有敢言之名。宋宝元三年（1040年）西夏攻延州，与韩琦同任陕西经略副使，改革军制，巩固边防。宋庆历三年（1043年）任参知政事，建议十事，主张建立严密的任官制度，注意农桑，整顿武备，推行法制，减轻徭役。因为保守派反对，罢去执政，出任陕西四路宣抚使。后在赴颍州途中病死。著有《范文正公集》。

夏天授礼法延祚五年、宋庆历二年（1042年）闰九月，元昊于天都山点集左右厢兵马十万，分作东西两路，一路出刘璠堡（今宁夏海原西南），一路出彭阳城（今宁夏彭阳），向镇戎军（今宁夏固原）合围而来。泾原路安抚招讨使兼知渭州王沿派本路副总管葛怀敏领兵抵抗。元昊仍采取诱敌深入、聚而歼之的战术，将宋军主力吸引到定川砦（今宁夏固原西北），然后迂回到定川砦后，烧毁定川河上木桥，截断宋军退路，围困宋军于定川砦及其外围。葛怀敏发觉中计，准备结阵向镇戎军转移，行至古长城边，过壕道路已被夏兵截断。元昊发起猛攻，葛怀敏以下九千余名将士及六百余匹战马全部覆没。

定川砦战后，元昊乘胜挥师南下，直抵渭州，在幅员六七百里地面上，"焚荡庐舍，屠掠居民而去"。[1] 他以诏书的形式告谕关中百姓，内有"朕今亲临渭水，直据长安"之语，[2] 得意之情跃然纸上。

---

① 《续资治通鉴长编》卷一三七，庆历元年十一月癸巳。

② 《西夏书事》卷一六。

三、宋夏议和

西夏一面对宋用兵，一面又派出和谈使者。一是战争给新建立的西夏带来了经济上的困难，元昊欲乘战胜之机，向富裕的宋王朝进行勒索，攫取经济上的利益；二是缓兵之计，通过派遣使人，放出和谈信息，以麻痹宋军，争取更大的军事胜利。

三川口之战后，宋朝新任边帅韩琦主战，范仲淹主和，宋仁宗想尽快结束战争，下令泾原路进讨，鄜延路负责牵制。元昊听说泾原师出有期，为了麻痹宋军，于夏天授礼法延祚三年、宋康定元年（1040年）正月，遣番骨被等四人向泾原路都监桑怿提出，于本月二十八日设誓归顺。① 泾原统帅韩琦认为，"无故请和，诈也"，下令沿边戒严。与此同时，元昊在鄜延路释放被俘的塞门寨主高延德，让他面见鄜延路统帅范仲淹，表达"休兵息民之意"。② 范仲淹"察元昊未肯顺事，且无表章"，不便向仁宗皇帝呈报，便写了一封长达数千言的书信，遣监押韩周、张宗承和高延德一起送给元昊。信中回顾了德明时双方"逾三十年，有耕无战"的友好历史，接着晓以恩威利害，规劝元昊停止战争，取消帝号。③

韩周三人进入夏境后，夏人态度诚恳，"礼意殊善"。④ 两天以后，传来了好水川大捷的消息，夏国官吏便傲慢起来了。韩周一行至夏州，元昊不予接见，等待了四十多天后，才让大臣野利旺荣回信给范仲淹，"共二十六纸，语极怨尤不逊"，又将"要求数事"的札子交给韩周，派人同韩周一起到延州。范仲淹看了书信，偷录了副本，当着夏使的面将书信焚毁。然后把元昊信中求通和语摘出，连同韩周带回的札子一并上报枢密院，转呈仁宗。

这件事在宋廷引起了轩然大波，"大臣皆谓仲淹不当辄与元昊通书，又不当辄焚其报"。参知政事宋庠甚至提出将范仲淹斩首，而御史中丞杜衍出面说情，说"仲淹本志，盖忠于朝廷，欲招纳叛羌尔，何可深罪！"宰相吕夷简与知谏院孙沔亦替仲淹辩解。宋仁宗"乃簿其责"，贬范仲淹知耀州，⑤

---

① 《续资治通鉴长编》卷一三一，历元年二月辛巳。

② 《续资治通鉴长编》卷一三〇，庆历元年正月。

③ 《续资治通鉴长编》卷一三〇，又见《范文正公集·答元昊书》。

④ 《续资治通鉴长编》卷一三一，庆历元年四月。

⑤ 《续资治通鉴长编》卷一三一，庆历元年四月癸未。

两国议和作罢。

范仲淹被贬后，庞籍代知延州，上言"诸路皆传元昊为西蕃所败，野利族叛。黄鼠食稼，天旱，赐遗、互市久不通，饮无茶，衣帛贵，国内疲困，思纳款。"[①]同时宋朝因陕西战争精疲力竭，希望尽快结束战争，于是两国之间展开了一场错综复杂的间谍战，互相探寻媾和途径。[②]宋知青涧城种世衡派僧人王嵩持蜡书行间野利旺荣，元昊将计就计，遣教练使李文贵以野利旺荣的名义报信给种世衡，当时种世衡已调离青涧城，庞籍疑有诈，便扣留了李文贵。几个月后元昊果然大举进攻镇戎军，葛怀敏等败于定川砦。

定川再度惨败的消息传到汴京后，宰相吕夷简感到震恐，发出了"一战不及一战"的感叹，[③]养兵百万，竭天下之财力、物力、人力，而阻挡不住西夏进攻，数年之间，"三经大战，军覆将死，财用空虚，天下嗷嗷，困于供给"。[④]沿边之兵连年不解，"所以罄天地之所生，竭万民之膏血，而用不足也"。[⑤]民族矛盾势必加重阶级矛盾，民变兵变接连不断，"一年多如一年，一火强如一火"。[⑥]欧阳修上奏指出："从来所患者外藩，今外藩叛矣……所忧者水旱，今水旱作矣；所仰者民力，今民力困矣；所急者财用，今财用乏矣。"[⑦]加深了北宋中期的社会危机，宋迫切需要对西夏妥协。

与此同时，宋朝逐渐加强对西夏的防御，修筑城寨，整顿部伍，招抚蕃部，组织蕃兵。夏天授礼法延祚四年、宋庆历元年（1041年）五月，诸路各置招抚蕃落司，以知州、通判或主兵官兼领之，开始大规模修复被元昊攻破的熟户藩篱。缘边将帅纷纷召熟户首领，称诏犒赏，籍其兵马人数，授以大小官职，使各缮堡垒，人置器甲，以备调发。仅知青涧城种世衡就募到五千蕃兵。[⑧]地处沿边的熟户，为了保卫本身的和平生活，免除经常遭受俘杀劫掠的灾难，他们积极配合正规军队作战，发挥了阻挡西夏入侵的重大作用。正如后来苏轼所说："宝元、庆历中，赵元昊反，屯兵四十余万，招

① 《续资治通鉴长编》卷一三八，庆历二年十二月。
② 白滨：《元昊传》，吉林教育出版社1988年版，第112页。
③ （宋）田况：《儒林公议》卷上。
④ 《续资治通鉴长编》卷一三九，庆历三年二月乙卯。
⑤ 《续资治通鉴长编》卷一三六，庆历二年五月甲寅。
⑥ （宋）欧阳修：《欧阳文忠公集·再论置兵御贼札子》。
⑦ 《续资治通鉴长编》卷一三六，庆历二年五月甲寅。
⑧ 《续资治通鉴长编》卷一三五，庆历二年三月丁卯。

苏轼像

苏轼（1037—1101 年）北宋文学家、书画家。字子瞻，号东坡居士，眉州眉山（今属四川）人。苏洵子。嘉祐进士。神宗时曾任职史馆，因反对王安石新法而求外职，任杭州通判，知密州、徐州、湖州。后以作诗"谤讪朝廷"罪贬谪黄州，史称"乌台诗案"。哲宗时任翰林学士，曾出知杭州、颍州等，官至礼部尚书。

刺宣毅、保捷二十五万人，皆不得其用，卒无成功。范仲淹、刘沪、种世衡等专务整辑蕃汉熟户、弓箭手，所以封殖其家、砥砺其人者非一道。藩篱既成，贼来无所得，故元昊复臣。"①

就西夏而言，虽然取得了三大战役的胜利，但战争给西夏带来的负面影响相当严重。首先，经济上受到重大的损失。陕西之战前，元昊每年可以得到银万两、绢万匹、钱两万贯的赏赐，这是西夏一项重要的经济来源。另外，沿边榷场、和市也是统治者和党项人民获得生活必需品的重要场所。战争爆发后，宋朝关闭榷场，断绝和市，停止岁赐，使西夏境内的粮食、绢帛、布匹、茶叶以及其他生活日用品奇缺，物价昂贵，"一绢之直为钱二千五百"，②人民生活困难。"元昊向得岁赐而不用，积年而后叛。今用兵数岁，虽战屡胜，而所攻不克，田里所掠，不办一日之费，向来之积费已尽矣。"③

其次，加重了西夏人民的负担，引起广泛不满，加深了国内阶级矛盾。元昊每次出征，都要驱赶党项和其他各族人民负担各种杂役，"老弱妇女，举族而行"。④农业生产荒废，沿边城堡有战无耕，满目疮痍。《宋史·夏国传》对此明确指出："元昊虽数胜，然死亡创痍者相半，人困于点集，财力不给。"民间流传"十不如"歌谣以表达对战争的不满。

最后，加深了西夏内部各种矛盾。一方面"所获器械鞍马，皆归元昊，

---

① 《宋史》卷一九〇《兵志四》。

② 《续资治通鉴长编》卷一三八，庆历二年十二月。

③ （宋）陈师道：《后山谈丛》卷一，《西夏史稿》最先引用。

④ 《续资治通鉴长编》卷一三一，庆历元年二月丙戌载韩琦语。

其下胥怨，无所厚获"；^①另一方面元昊"苦战倚山讹，山讹者，横山羌，平夏兵不及也。"^②以致"横山界蕃部点集最苦，但汉兵未胜，戎人重土，不敢背'贼'，勉为驱驰尔"。^③宋朝边将刘拯、王沿、葛怀敏、种世衡对横山羌帅野利旺荣、野利遇乞兄弟进行离间，加深了元昊对野利氏家族的猜忌和相互矛盾。统治集团内部出现裂痕和善战的横山羌厌战，必然对元昊的和战政策产生影响。

这一时期宋、辽、夏三国关系的新变化，成为推动宋夏议和的重要原因。元昊对宋用兵倚契丹为外援，契丹统治者则利用宋夏对立向宋朝进行讹诈。宋庆历二年（1042年），辽兴宗耶律宗真乘宋朝在陕西战场连年失败，制造挑衅借口，向宋朝提出割让晋阳和瓦桥关以南十县领土的要求。一身患二疾的赵宋王朝经不住辽朝的压力，被迫答应每年在三十万"岁币"的旧额之外，增加银十万两，绢十万匹，"半以代关南租赋，半以为谢弹遏西戎之意。"^④辽朝本不愿西夏力量过分强大，宋朝增加"岁币"使其由声援西夏对宋用兵转变为劝谕其停止战争。加之这一时期夏辽之间的部落纠纷愈演愈烈，两国关系急剧恶化，元昊感到处境孤立，为了避免两面受敌，选择和宋朝讲和。

夏天授礼法延祚五年、辽重熙十一年、宋庆历二年（1042年）底，辽朝派同知析津府耶律敌烈、枢密院都承旨王惟吉到西夏，谕令元昊罢兵，同宋朝讲和，元昊即请辽朝遣使到宋朝代为说项。经过辽使的斡旋，宋仁宗诏令庞籍负责招纳，条件是"元昊苟称臣，虽仍其僭号亦无害；若改称单于、可汗，则固大善"。^⑤即关键在于元昊称臣，其他都好商量。庞籍便把原先扣押的夏使李文贵召来，回复元昊，"若诚能悔过从善，称臣归款"，朝廷可以比以前更加优待。李文贵点头称是，说野利旺荣的意思是用小国事大国之礼，庞籍说"此非边帅所知也"，并强调夏主遣使奉表称臣，方敢向朝廷引见。

"元昊固欲和，而耻先言之"。^⑥当李文贵回来向他报告了庞籍之意后非常高兴，释放被囚禁的宋朝奸细王嵩，待之以礼。并以野利旺荣的名义写

---

① 《续资治通鉴长编》卷一三九，庆历三年正月乙卯。

② 《宋史》卷四八六《夏国传下》。

③ 《续资治通鉴长编》卷一三九，庆历三年正月乙卯。

④ 《续资治通鉴长编》卷五〇六，元符二年二月载章惇语。

⑤ 《续资治通鉴长编》卷一三八，庆历二年十二月。

⑥ 《续资治通鉴长编》卷一三八，庆历二年十二月。

信，让王嵩和李文贵带给庞籍。在这封书信中，元昊仍称帝号，且有"如日方中，止可顺天西行，岂可逆天东下"等语，态度十分强硬。庞籍阅后，以其言语不逊，不敢复信，特请求朝廷决定。宋仁宗认为可以复信，但在对野利旺荣的称谓上颇费了一番脑筋。野利旺荣在西夏官居太尉，庞籍说太尉是天子上公，如果称旺荣为太尉，等于承认元昊称帝，"今其书自谓宁令或谟宁（意为天大王），皆房官，中国不能知其义，称之无嫌也。"① 可见在官名称谓上，赵宋君臣颇有自欺欺人的味道。

通过王嵩与李文贵投石问路后，元昊确知"许和有绪"，乃正式遣六宅使、伊州刺史贺从勖携带国书出使宋朝。贺从勖到延州对庞籍说："契丹使人至本国，称南朝遣梁适侍郎来言：'南北修好已如旧，惟西界未宁，知北朝与彼为婚姻，请谕令早议通和。'故本国遣从勖上书，缘本国自有国号，无奉表体式，其称兀卒，盖如古单于、可汗之类。若南朝使人至本国，坐蕃宰相上。兀卒见使人时，离云床问圣躬万福。"②

庞籍听了贺从勖这番话后，明白西夏不愿以臣子身份向宋朝上表，所以先让保安军签书判官邵良佐打开元昊来信，开头称"男邦泥定国兀卒曩霄上书父大宋皇帝"，"邦泥定"为西夏自号"白上国"的党项语称，"兀卒"，乃青天子也，"曩霄"是元昊新改的名字。可见元昊对宋用的是以子事父礼，而不称臣。

宋仁宗的要求是让元昊称臣。现在元昊"奉书"不称臣，名体未正，因而庞籍表示不敢向皇帝呈报。夏使贺从勖说："子事父，犹臣事君也。使从勖得至京师，而天子不许，请归更议之。"表明在这个问题上有商量的余地。为了不却来使，使和谈能够继续下去，庞籍将情况报告朝廷。并说元昊这次遣使来，辞气稍顺，让贺从勖入京觐见，然后再派使者到西夏申谕，"彼必称臣"。③ 宋仁宗同意了庞籍的意见，让夏使贺从勖进京。同时下令夏使所过郡邑，加礼迎候，各州通判于驿站设宴款待。庞籍乃派邵良佐陪同贺从勖赴汴京开封。

贺从勖一行快到汴京时，右正言田况上言："自昊贼叛命以来，屡通书，今名分未定，若止称元昊使人，则从勖未必从，若以伪官进名，则是朝廷自

① 《续资治通鉴长编》卷一三八，庆历二年十二月。
② 《续资治通鉴长编》卷一三九，庆历三年正月。
③ 《续资治通鉴长编》卷一三九，庆历三年正月。

开不臣之礼，宜且令从勖在馆而就问之。"①仁宗遂令将贺从勖引到都亭西驿馆，让承受使前去将他带来的书信取来，呈交给中书省。资政殿学士富弼闻知后上言：元昊臣契丹而不臣我朝，"若契丹谓元昊本称臣于两朝，今既于南朝不称臣，渐为敌国，则以为独尊矣。"②仁宗认为言之有理，便令枢密院出面招谕贺从勖，提出如下议和条件：

一是书信有一字犯圣祖名讳，不能进呈皇帝。二是元昊对宋称男，虽表示情意恭顺，"然父子亦无不称臣之礼"。今后进奉表章，仍称旧名，朝廷可以考虑册封元昊为夏国主，"赐诏不名"。三是允许夏国自置官属，夏使至宋，宴坐朵殿，而宋使至夏，"一如接见契丹使人礼"。四是宋朝每年岁赐银二万两、绢二万匹、茶三万斤，逢元昊生日与十月一日赐之，可在边界指定地点承领。五是允许复开保安军榷场。六是允许西夏对宋奉正旦及贺乾元节。七是西夏在沿边修筑的寨栅可以维持原状。③

贺从勖听闻枢密院"谕令"后，不敢当面争执。随后，仁宗下令邵良佐假官著作郎，和贺从勖一起到西夏商议。邵良佐到夏国后，元昊俨然以战胜者自居，高傲地坐在殿上，对参见的宋使邵良佐责问道："朝廷既欲议和，何须往问北朝?"夏大臣也挖苦讽刺说："今兹用兵，如富者与贫者赌博，贫者只宜常胜。使富者胜，贫者必匮。"④讥讽宋朝赔款（岁赐）约和。根据宋朝提出的议和条件，元昊于夏天授礼法延祚六年、宋庆历三年（1043 年）六月派大臣如定聿舍、张延寿偕同宋使邵良佐到汴京，向宋朝"要请凡十一事，其欲称男而不为臣，犹执前议也"。⑤

面对西夏的强硬态度和要请的十一事，宋朝统治集团内部进行激烈的争论。宰相晏殊及两府大臣多厌战，"欲姑从之"。⑥韩琦则坚持不可，多次在仁宗面前相争不下。仁宗诏令两府再议，"琦持不可益坚，（晏）殊变色而起"，不欢而散。几位有影响的谏官也力主不可，尤其对元昊改称"吾祖"一事不能接受。

---

① 《续资治通鉴长编》卷一四〇，庆历三年三月乙酉。
② 《续资治通鉴长编》卷一四〇，庆历三年四月己亥。
③ 《西夏书事》卷一六。
④ （宋）龚鼎：《东原录》，文渊阁四库全书影印本，第 862 册第 575 页。
⑤ 《续资治通鉴长编》卷一四二，庆历三年七月乙酉。
⑥ 《续资治通鉴长编》卷一四二，庆历三年七月癸巳。

谏官蔡襄说："元昊始以'兀卒'之号为请，及邵良佐还，乃欲更号'吾祖'，足见羌贼悖慢之意也。'吾祖'，犹言我翁也。今纵使元昊称臣，而上书于朝廷自称曰'吾祖'，朝廷赐之诏书，亦曰'吾祖'，是何等语耶！"

谏官余靖说元昊改称"吾祖"，是在侮玩朝廷。"古外域称单于、可汗之类，皆中外共知。若从其俗，固无嫌。今昊贼无端譔此名目，且彼称陛下为父，却令陛下呼为吾祖，此非侮玩而何？"

谏官欧阳修也从文字上分析说："夫吾者，我也；祖者，俗所谓翁也。今匹夫臣庶尚不肯妄呼人为父，若欲许其称此号，则今后诏书须呼'吾祖'，是欲使朝廷呼蕃贼为我翁矣，不知何人敢开口？且蕃贼譔此号之时，故欲侮玩'中国'而已。"[1]

宋朝内部争论不休，夏使又不肯让步，邀求无厌，时间一拖近两个月过去了。元昊见信使迟迟不归，怀疑被宋朝羁留，便暗中点集兵马，并遣使请求辽朝出兵南伐，恰此时如定聿舍和宋使张子奭、王正伦返回，出兵之事遂罢。这次宋使张子奭提高议和条件，要西夏称臣，归还"前所侵延州地"，[2]岁赐之数不超过十万。元昊对张子奭也很不客气，强要他"应许给赐至二十五万，始放还"。经过双方激烈的讨价还价，到了十一月，元昊基本上同意称臣及将"吾祖"名号改为"兀卒"，张子奭也原则上答应岁给二十万。元昊才将他放还，同时附表要求每年向宋朝出售十万石青盐。

尽管双方都有些妥协，但离正式签约还有较大的距离。一是元昊不肯归还攻占的延州堡寨；二是宋朝嫌元昊要求太多，尤其在青盐入境上不肯让步。如欧阳修上言："昨如定等回，但闻许与之数，不过十万，今子奭所许，乃二十万，仍闻'贼'意未已，更有过求。先朝与契丹通和，只用三十万，及刘六符辈来，又添二十万。今昊贼一口已许二十万，则他日更来，又须二三十万。"[3]谏官孙甫说："西盐五、七万石，其直不下钱十余万贯，况朝廷已许岁给之物二十万。今又许卖盐，则与遗北敌物数相当"，恐引起契丹的贪欲。再说盐是宋朝的大利，"西戎之盐，味胜解池所出，而其产无穷。既开其禁，则流于民间，无以堤防矣。"[4]

---

① 《续资治通鉴长编》卷一四二，庆历三年七月癸巳。

② 《西夏纪》卷一〇，引《韩魏公家传》。

③ 《续资治通鉴长编》卷一四五，庆历三年十一月辛卯。

④ 《续资治通鉴长编》卷一四五，庆历三年十一月辛卯。

宋使张子奭归后一月，即夏天授礼法延祚六年、宋庆历三年（1043年）十二月，李元昊又派张延寿使宋，"虽肯上表称臣，而书中年用甲子，国号止易一字"。[①] 同时仍要求市青盐、贸易，又变本加厉地将岁赐数额提高到三十万。宋朝押伴使任颛一一据理批驳，张延寿也不甘示弱，屡向押伴任颛要索。后任颛报请仁宗皇帝批准，只答应开设榷场和增加五万岁赐，其余一概不许。元昊见目的没有达到，发兵攻秦州，一千多属户族帐被"焚掠殆尽"，企图以武力迫使宋朝让步。

正当宋夏议和相持不下时，夏辽关系发生了重大变化。西夏怨辽朝接受北宋二十万贿赂，不助其讹诈宋廷，同时两国因边境党项问题，矛盾越来越尖锐，最终兵戎相见。辽朝向西夏宣战，使宋夏两国一年多议而不决的和谈，立刻有了转机。元昊既得罪辽朝，不敢再同宋朝闹僵，便于夏天授礼法延祚七年、宋庆历四年（1044年）五月，遣大臣尹与则和杨守素入宋上誓表。

> 两失和好，遂历七年，立誓自今，愿藏盟府。其前日所掠将校民户，各不复还。自此有边人逃亡，亦无得袭逐，悉以归之。臣近以本国城寨进纳朝廷，其栲栳、镰刀、南安、承平故地及它边境蕃汉所居，乞画中央为界，于界内听筑城堡。朝廷岁赐绢十三万匹，银五万两，茶二万斤；进奉乾元节回赐银一万两，绢一万匹，茶五千斤；贺正贡献回赐银五千两，绢五千匹，茶五千斤；仲冬赐时服银五千两，绢五千匹，及赐臣生日礼物银器二千两，细衣著一千匹，杂帛二千匹。乞如常数，无致改更，臣更不以它事干朝廷。今本国自独进誓文，而辄乞俯颁誓诏，盖欲世世遵承，永以为好。倘君亲之义不存，或臣子之心渝变，使宗祀不永，子孙罹殃。[②]

从表章可以看出，元昊以对宋称臣来换取土地、岁赐。此时宋仁宗颇为犹豫，先以誓表"言辞不顺"为由，留夏使不遣，后经谏官余靖劝说，才将他们放回。不久（七月），辽朝遣使以伐西夏告宋，并提出如果"元昊乞称臣，幸无亟许"。宋廷面对夏辽之争的难题反复商讨，决定暂不册封元昊，派余

---

① 《西夏书事》卷一七。
② 《续资治通鉴长编》卷一五二，庆历四年十月己丑。

靖出使辽朝，进行外交周旋，既不得罪辽朝，又不沮元昊归款。坐山观虎斗，使两败俱伤，从中渔利。谏官吴育就说得很清楚，"今二蕃自斗，斗久不解，可观形势，乘机立功"。① 富弼也说："若二寇自相杀伐，两有所损，此朝廷之福，天所假也。"②

元昊急于和宋朝和好。九月，再遣杨守素至宋请颁誓诏。同时宋使余靖自辽返回，说契丹并"无龃龉之意"，建议朝廷赶快册封，"使元昊得以专力东向，与契丹争锋"。又详细分析各种利害关系，认为"封册元昊在二敌胜负未分以前，则元昊有以为恩，契丹无以为词"。③ 在这种情况下，宋仁宗决定先赐元昊誓诏："朕临制四海，廓地万里，西夏之土，世以为胙。今乃纳忠悔咎，表于信誓，质之日月，要之鬼神，及诸子孙，无有渝变。申复恳至，朕甚嘉之，俯阅来誓，一皆如约。所宜明谕国人，藏书祖庙。"④ 从此，两国议和有了文字依据。

夏辽河曲之战，元昊获得全胜，并以胜向辽请和。辽朝害怕宋朝得知实情，乃出榜幽州，妄称"躬驱锐旅，往复危巢，方迮贼庭，乞修觐礼"。⑤ 宋仁宗探知实情，认为不能再耽误机会，立即对元昊进行册封。

宋庆历四年、夏天授礼法延祚七年（1044 年）十二月，宋遣祠部员外郎张子奭等人为册封使前往夏国，但这中间又出现了一段小插曲。张子奭一行出发不久，宋仁宗听说辽使将至，立即下令张子奭等停止前进，"候契丹使至别议"。富弼得知后，立即上奏，深言其不便。"若敌使未至而子奭先去，则天下共知事由我出，不待契丹许而后行也。今若候敌使至，别无难意，而后方令子奭遂行，则是自以讲和之功归于契丹。直待得契丹许意，方敢遣使封册，'中国'衰弱，绝无振起之势，可为痛惜。万一敌使知我尚未封册，词稍不顺，不可却拒元昊而曲就契丹。如此，则是朝廷不敢举动，坐受契丹制伏，而又前后反覆，大为元昊所薄矣。"⑥ 接着富弼又分析契丹新被元昊打败，"山前、山后，非常困弊，必不敢止我此行"，请求仁宗"不候敌使到

① 《宋史》卷二九一《吴育传》。
② 《续资治通鉴长编》卷一五一，庆历四年八月。
③ 《续资治通鉴长编》卷一五二，庆历四年九月。
④ 《续资治通鉴长编》卷一五二，庆历四年十月庚寅。
⑤ （宋）田况：《儒林公议》卷下。
⑥ 《续资治通鉴长编》卷一五三，庆历四年十二月乙未。

阙，速令子奭行封册之恩"。[1] 仁宗采纳富弼进言，遂命张子奭火速赶往西夏，正式册封元昊为夏国主。其册文曰：

> 咨尔曩霄，抚爱有众，保于右壤。惟尔考服勤王事，光启乃邦，洎尔承嗣，率循旧物。向以称谓非正，疆候有言，鄙民未孚，师兵劳戍。而能追念前眚，自归本朝，腾章累请，遣使系道，忠悃内奋，誓言外昭，要质天地，暴情日月。朕嘉尔自新，故遣尚书祠部员外郎张子奭充册礼使，东头供奉官、閤门祇候张士元充副使，持节册命尔为夏国主，永为宋藩辅，光膺宠命，可不谨欤！[2]

宋使张子奭宣读册文之后，又向元昊颁赐礼物：计有银二万两，绢二万匹，茶三万斤；御衣、黄金带、银鞍勒马；"天下乐"晕锦装饰的漆书竹简册；镀金银印，方二寸一分，文曰"夏国主印"；镀金银牌等。

册赐的同时，双方还就一些问题达成协议，包括：元昊对宋称臣，奉行宋朝的历法；宋称元昊为夏国主，颁赐书改为诏书；允许西夏自置官属；西夏使者到汴京，可以在驿舍进行贸易，宴请时坐朵殿；宋朝使者到西夏，元昊以宾客礼相待；置榷场于保安军及镇戎军高平砦；不许青白盐贸易；等等。但部分条款徒具空名，如宋使入夏，被拦在宥州馆舍，不允许前往都城兴庆府，"元昊帝其国中自若也"。[3]

第四节　夏初对辽关系

一、夏辽结盟

宋景德元年、辽统和二十二年（1004 年），"澶渊之盟"订立，宋辽关系缓和，也为李德明同时结好宋、辽创造了条件。辽统和二十三年（1005

---

① 《续资治通鉴长编》卷一五三，庆历四年十二月乙未。
② 《续资治通鉴长编》卷一五三，庆历四年十二月乙未。
③ 《宋史》卷四八五《夏国传上》。

年），李德明已袭位一年了，没有得到辽朝册封，党项部族多怀观望，甚至有的投附宋朝。在这种情况下，李德明和亲信部下认为，自先王李继迁被西凉吐蕃所害，蕃众惊疑，若不假借契丹威慑，恐人心不能安定，于是遣使向辽朝贡献方物，请求册封。辽圣宗虽表示"此吾甥也，封册当时至"。但德明准备同时向辽、宋请封，宋夏议和正紧锣密鼓地进行，为了免除辽朝的疑虑，又伪称下宋朝青城，遣使向辽"告捷"。辽圣宗尽管对德明"持首鼠之两端"的做法大为不满，但出于传统的"联夏制宋"政策，还是许德明封册，以为臂使之需。同年七月遣使持节封德明为西平王，并赐车骑衣币等物。[①]十月，德明遣使谢册封，圣宗"谕以善事公主，克光先烈"。辽圣宗所以有此言，不仅因义成公主没有生育，更是警示李德明要像李继迁时代，保持对辽朝的臣附和友好。

李德明在位期间，为图自身的发展，谨慎处理同辽朝的关系。在诸如沿边党项归属等敏感问题上，尽量照顾辽朝的利益，以免事态进一步扩大。辽开泰二年（1013 年）五月，居于辽朝西南地区的党项部落因不堪繁重的赋役，纷纷逃亡到黄河北岸的模郝山，只有曷党、乌迷两部尚居故地，遣使约归西夏，德明不敢纳。但由于地理民族方面的缘故，仍有不少党项人以各种方式流入西夏，圣宗为了阻断辽境党项部落和西夏私相联结的道路，下诏谕德明："今党项叛，我欲西伐，尔当东击，毋失犄角之势。"[②]德明遵诏出兵境上应之。为此，辽圣宗于八月遣引进使李延弘来赐德明及义成公主车马。

西掠吐蕃健马，北收回鹘锐兵，是李继迁晚年就定下的方针。李德明袭位后，频频发兵西蕃。辽太平六年（1026 年）六月，回鹘阿萨兰部叛辽，圣宗派魏国公萧惠征诸路兵讨伐。李德明对此表现出极大的热心，主动点集蕃众，"遣之西出"，帮助辽朝讨伐。后因萧惠攻甘州三日不克，所部阻卜又发生叛乱，夏辽联军相继撤回。

李德明时期，夏辽两国相继与宋朝达成"澶渊之盟"与"景德和约"，特别是李德明奉行和好宋朝的外交政策，这就使得夏辽关系失去了共同对付宋朝的基础，因此，李德明对辽朝不再唯命是从，双边不愉快的事情时有发生。

辽开泰七年（1018 年）七月，吐蕃可汗并里尊向辽朝提出朝贡时路途

---

① 《辽史》卷一四《圣宗纪五》。
② 《辽史》卷一五《圣宗纪六》。

迁远，圣宗让其假道西夏，并里尊遣使转告李德明，但德明不应，并里尊借此为由停止向辽朝贡奉。辽圣宗本就怨恨李德明结好宋朝，由是更加不满。辽开泰九年（1020年）五月以狩猎为名，亲统五十万大军攻凉州（甘肃武威）。李德明也不示弱，竟"帅众逆拒"，打败了辽朝的大规模进攻。[1]辽圣宗本想教训一下西夏，却无功而返。西夏击败了辽朝大军后，谨封堠，严点集，同时又停止向辽朝贡奉。辽朝"恐为边患"，主动表示愿同西夏讲和，李德明同意与辽和好如初。通过这一事件，辽圣宗认识到对李德明完全进行压服已行不通了，便采取竭力笼络的政策。辽统和二十八年（1010年）封李德明为夏国王，又于辽太平元年（1021年），遣金吾卫上将萧孝诚赍玉册金印，授李德明为尚书令，晋大夏国王。[2]

夏辽凉州之役，是两国关系史上的重要转折，正如清代学者吴广成指出的："自继迁跳梁，德明款附，虽有逆顺之分，然其心总易视'中国'，畏视契丹，非惟资其援助，抑亦惮其兵威也。契丹知其然，一切不稍假借，故其势常尊。今一战不胜而愿与之平，且称为大夏，是其竟直与宋同。"[3]尽管西夏在对辽关系上，并没有取得吴广成所说的与宋朝对辽相同的地位，但两国关系确实发生了前所未有的变化。两年后即辽太平二年（1022年）九月，辽朝遣堂后官张克恭贺大夏国王李德明生辰，这是以前没有过的事情。辽太平五年（1025年）十一月，西夏遣使贡于辽，辽圣宗以德明势渐强盛，厚赐使者遣还。从这些交往及礼仪中，可以窥见夏辽关系变化之实质。

辽太平八年（1028年），李德明立子元昊为太子，加快了立国的步伐。德明深知若要称帝立国，必须得到辽朝支持。辽太平九年（1029年）二月，遣使辽朝为元昊请婚，辽圣宗欣然允诺。两年后圣宗故去，其子耶律宗真即位，是为兴宗。兴宗继续推行圣宗时制定的"联夏制宋"方针，原许给元昊的婚事很快付诸实施。辽景福元年（1031年）十二月，封宗族女子为兴平公主，"下嫁夏国王李德昭（明）子元昊，以元昊为夏国公、驸马都尉"。[4]成婚时兴宗遣大军隆重护送公主，元昊也派军数万迎接，场面十分隆重。辽景福二年（1032年）十月，夏国王李德明卒，元昊遣使至辽报哀，辽兴宗

---

① 《宋史》卷四八五《夏国传上》。
② 《宋史》卷四八五《夏国传上》。
③ 《西夏书事》卷一〇，吴广成评语。
④ 《辽史》卷一八《兴宗纪一》。

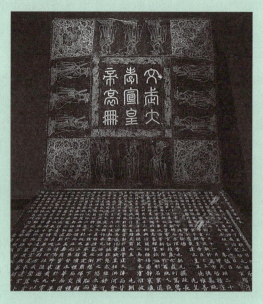

辽圣宗皇帝哀册，出土于内蒙古白塔子，现藏辽宁省博物馆

辽圣宗（971—1031年）耶律隆绪，景宗长子。即位时年十二岁，由母承天太后摄政。统和元年（983年）复国号为"契丹"。四年使耶律斜轸、耶律休哥等击败宋军。后连年攻宋，统和二十二年在澶州遭到宋军强烈抵抗，与宋缔结澶渊之盟，开启双方和平共处局面。统和二十七年承天太后卒，始亲政。他在位长久，曾西败鞑靼，使甘州及西州回鹘臣服，东攻高丽，创辽朝的全盛时期。

以婚好之谊，遣宣徽南院使、朔方节度使萧从顺、潘州观察使郑文囿持诏册封元昊为夏国王，并赐良马三十匹，精甲二具。

兴平公主下嫁元昊，为夏辽第二次和亲，是自李继迁以来夏辽盟好关系发展的必然结果。辽朝再次远嫁公主的主观目的，是想借婚姻关系进一步巩固夏辽联盟，继续联夏制宋。但由于宋、辽、夏三国对峙形势的变化，这次联姻没有达到预期的目的，反而为以后夏辽破盟留下隐患。元昊与兴平公主的联姻，是夏辽第一次联盟中的最后辉煌，此后两国之间不断出现摩擦，以致发展到兵戎相见。

二、夏辽破盟

从1032年夏景宗李元昊即位到1044年宋夏"庆历和约"成立，是夏辽第一次联盟的最后阶段，十余年间双方逐渐破盟。在这一阶段中，夏辽往来比较冷清，一方面是夏景宗李元昊忙于立国大计和对宋作战，另一方面是由于双方利益日益相悖。但两国有共同对付宋朝的这个基础，双边关系并没有马上转坏，仍保持着稀疏的贡使往来，特别是在宋夏交战上，辽朝站在偏向西夏的"中立"立场。每当夏景宗李元昊以伐宋所获来献时，辽朝均依例接受，或集兵于幽州，以声援西夏。

辽朝更是默许夏景宗李元昊假其声威以讪宋，如夏天授礼法延祚二年（1039 年），西夏在给宋朝的"嫚书"中声称："元昊与契丹联亲、通使，积有岁年，炎宋亦与契丹玉帛交驰，倘契丹闻'中朝'违信示赏，妄乱蕃族，谅为不可。"① 对此辽朝没有表示任何异议。宋夏陕西之战期间，宋廷一直担心"元昊潜结契丹，互为犄角"，使一身患二疾，不可并治，这除了受夏辽历来结盟抗宋的影响外，也与当时辽朝的态度有密切的关系。

在夏辽互为声援的背后，双方关系日益微妙，两国时刻都在提防对方。辽朝于云中路置西南两招讨司、西京兵马都部署司、南北大王府、乙室王府、山金司，② 以控制西夏，惮其强也。西夏自夏景宗李元昊立国之初，便加强了对辽防御，"自河北至午腊蒻山七万人，以备契丹"，③ 所设的兵力与首都兴庆府相等，为诸路布防人数之冠。

在军事上防范的同时，辽在经济上对西夏进行限制。夏辽自结盟以来，双方通过各种渠道进行商品交换，其中便有贡使贸易，即西夏政府利用频繁使辽在沿途交易。李继迁、李德明时期，辽朝以此来维系和西夏的友好关系。夏景宗李元昊即位以后，夏显道二年、辽重熙二年（1033 年）十二月，辽兴宗下诏禁夏使在沿途私市金铁。④ 西夏缺乏铁矿又急于锻造兵器，这引起了李元昊的极大不满，积怨就此开始。到夏天授礼法延祚五年、辽重熙十一年（1042 年），"契丹主虑其盛"，除禁止私市金铁外，甚至禁止西夏派人到吐谷浑、党项羌居住的地方买马，并在"沿边筑障塞以防之"。⑤

这一时期，兴平公主的早死加深了夏辽矛盾。兴平公主 1031 年和李元昊成婚，1038 年死去，在西夏仅生活七年。这桩由德明和辽兴宗为加强两国关系而包办的婚姻，一开始就注定是苦涩的。史载"李元昊与兴平公主不谐，公主薨，遣北院承旨耶律庶成持诏问之"。⑥ 李元昊也感到于心有愧，所以当宋朝向辽朝宣告要讨伐西夏时，担心宋辽南北合兵，专门伏击了宋朝

---

① 《续资治通鉴长编》卷一二五，宝元二年十二月壬子。
② 《辽史》卷四六《百官志二》。
③ 《宋史》卷四八五《夏国传上》。
④ 《辽史》卷一一五《西夏外纪》。
⑤ 《辽史》卷一一五《西夏外纪》。
⑥ 《辽史》卷一一五《西夏外纪》。

府州折继闵护送冬服的队伍，将缴获的衣物与战俘献给辽朝，以求得辽朝的谅解与支持。

这一时期促使夏辽交恶并导致战争还有两个重要的直接因素：一是夏景宗对辽朝背信弃义，坐受宋朝增加岁币的做法大为不满，并使辽兴宗在宋辽交涉中与西夏相关的许诺不能兑现，使兴宗威信扫地；二是西夏诱纳辽朝境内的岱尔（又作"呆儿"，即鞑靼）族及党项部落，急剧恶化了夏辽关系。

夏景宗李元昊立国后接连对宋朝发动了一系列攻势，宋朝屡遭失败，疲于应付，西夏也困于点集，双方都有停战的愿望。辽兴宗则利用当时的形势，借机向宋朝敲诈。夏天授礼法延祚五年、辽重熙十一年（1042 年）初，辽兴宗乘宋朝对西夏作战不利，聚兵幽州，然后派南院宣徽使萧英、翰林学士刘六符携国书到汴京，向宋朝索取晋阳及瓦桥关以南十县之地，同时责问宋朝伐夏、疏浚水泽以及增加戍兵之故。其国书还写道："李元昊于北朝久已称藩，累曾尚主，克保君臣之道，实为甥舅之亲，设罪合加诛，亦宜垂报。"① 实际上宋朝早就遣使将伐夏之事告知辽朝。但懦弱的赵宋王朝唯恐"一身患二疾"，急派知制诰富弼携带国书出使辽朝，提出联姻或增加岁币的条件，辽兴宗选定增加岁币。随后富弼报请宋仁宗同意，又向辽朝提出"若契丹能令夏国复纳款，则岁增金帛二十万，否则十万"。② 经辽朝君臣商议，接受宋朝在三十万岁币旧额之外，每年新增加二十万，一半是代替瓦桥关以南十县地的租赋，另一半是用来"弹遏"西夏。

辽朝应允宋朝"弹遏"西夏，一则考虑到西夏急于和宋朝约和，夏景宗会识时务地向宋朝纳款称藩；二则对宋朝包揽夏事，可以显示大辽权威。如在回宋朝国书中说："梁适口陈夏台之事，已差右金吾卫上将军耶律祥、彰武军节度使王惟吉，赍诏谕元昊令息兵。况其先臣德昭（明），北朝曾封夏国主，仍许自置官属，至元昊亦容袭爵。自来遣人进奉，每辞见燕会，并升坐于矮殿。今两朝事同一家，若元昊请罪，其封册礼待，亦宜一如北朝。"③ 辽兴宗看来"指呼之间，便令元昊依旧称臣"。④

夏景宗李元昊虽然对辽朝背信弃义，未征求西夏意见，干涉宋夏关系非

① 《续资治通鉴长编》卷一三五，庆历二年三月己巳。
② 《续资治通鉴长编》卷一三七，庆历二年七月癸亥。
③ 《续资治通鉴长编》卷一四二，庆历三年七月癸巳。
④ 《续资治通鉴长编》卷一三九，庆历三年二月乙卯载余靖语。

富弼书：《儿子帖》，现藏北京故宫博物院

富弼（1004—1083 年）。北宋大臣。宋天圣八年（1030 年）举茂才异等。宋庆历二年（1042 年）出使契丹，以增加岁币为条件，拒绝割地的要求。次年任枢密副使，与范仲淹建议改革朝政，史称"庆历新政"。其间条上所拟河北守御十二策。旋被排挤居外。宋至和二年（1055 年）与文彦博同拜相，在位七年，无所兴革。神宗即位，他劝帝"二十年口不言兵"。反对王安石变法，后退居洛阳，上书要求废新法。封郑国公。著有《富郑公诗集》。

常愤怒，但还是借此向宋约和。天授礼法延祚六年（1043 年）四月，派六宅使、伊州刺史贺从勖到宋朝议和。贺从勖表示，"契丹使人至本国，称南朝遣梁适侍郎来言，南北修好已如旧，惟西界未宁，知北朝与彼为婚姻，请谕令早议通和，故本国遣从勖上书。"但国书中，称男邦泥定国兀卒曩霄上书父大宋皇帝，而不称臣。辽兴宗得知夏景宗不肯臣宋，十分恼火，"既以强盛夸于'中国'，深耻之。"①

七月，夏景宗李元昊不仅不肯对宋称臣，反而遣使请辽朝出兵南伐。辽朝收受了宋朝的岁币，满足经济利益，自然不会出兵的，这又更加深了相互的不满与怨恨。据宋使富弼后来回忆说："契丹始与元昊相约，以困'中国'，前年契丹背约，与'中国'复和，元昊怒契丹坐受'中国'所益之币，因此有隙，屡出怨辞。契丹恐其侵轶，于是压元昊境筑威塞州以备之。而呆儿族累杀威塞役兵，契丹又疑元昊使来，遂举兵西伐。"②

① （宋）田况：《儒林公议》卷下。
② 《续资治通鉴长编》卷一五一，庆历四年八月甲午。

夏辽关系中，始终潜藏着一个不安定的因素，即毗邻西夏的辽朝西部边境内居住着众多的党项及其他部族，随着西夏的崛起与强盛，他们经常举族投附夏国，即所谓的党项叛逃问题。夏辽关系恶化前，西夏对此采取非常慎重的态度，基本上不予接纳。天授礼法延祚六年、辽重熙十二年（1043 年）八月，居住在辽朝境内夹山一带的岱尔族不服约束，辽兴宗发兵讨伐，但没有结果，于是命夏景宗出兵合击。当时夏辽关系已经很紧张，西夏未与宋朝达成和约，国内财力困乏，希望攻掠岱尔族来捞取好处，遂发兵响应。夏辽联军打败岱尔族，"掳获颇多"，然而辽兴宗却独吞胜利果实，不与西夏，使夏景宗大失所望，给本来就急剧恶化的夏辽关系加了一把火。为了报复辽朝的背信食言和贪婪不公，夏景宗派兵侵掠辽朝境内的党项羌，辽朝遣延昌宫使高家奴前去交涉，夏景宗置之不理。①

夏天授礼法延祚七年、辽重熙十三年（1044 年）正月，夏景宗李元昊因辽朝大肆备战，遣使入贡，借以探听辽朝态度。四月，在西夏的多次招诱下，辽山西部族节度使屈烈等率五大部族投夏。辽兴宗立即遣使责还，而夏景宗拒不遣还。五月，辽兴宗以其西境党项部落叛，遣南面招讨使罗汉奴率部讨击。党项向西夏求援，景宗元昊即发兵助战，杀死辽招讨使萧普达等。辽兴宗大怒，"诏征诸道兵会西南边以讨元昊"。夏景宗李元昊闻辽朝集兵讨伐，遣使到阻卜求援，而阻卜酋长乌八将夏使执送于辽，并提出愿助辽讨夏。这时辽兴宗已进驻永安山，遣延昌宫使高家奴以伐夏告于宋朝。② 夏辽大战已不可避免。六月，夏景宗为了避免两面受敌，遣尹与则、杨守素二人到汴京向宋朝贡献，并上誓表，久拖不决的宋夏和谈画上了句号。

三、河曲之战

夏天授礼法延祚七年、辽重熙十三年（1044 年）七八月间，辽兴宗完成了征讨西夏的准备。九月，在夹山之侧的九十九泉（今内蒙古卓资县北）集合大军，以皇太弟重元、北院枢密使韩国王萧惠为先锋，东京留守赵王萧孝友殿后。大战在即，辽国内发生骚动，夏景宗为了阻止辽军，遣人入辽境，将过冬粮草"焚之殆尽"，使辽军惊恐万状，大军集而不发。十月，经

---

① 《辽史》卷一一五《西夏外纪》。
② 《辽史》卷一九《兴宗纪二》；同书卷一一五《西夏外纪》。

过整顿，辽兴宗亲率十万大军出金肃城（今内蒙古准噶尔旗西北），遣皇太弟天齐王重元为骑军大元帅，领兵七千出南路；北院枢密使韩国王萧惠统兵六万出北路；仍以东京留守赵王肃孝友殿后。辽朝三路大军渡过黄河，长驱四百里，没有遇到任何阻击。辽兴宗遂据得胜寺南壁，以捕捉战机。西夏左厢主力埋伏于贺兰山北侧，辽北路统帅萧惠侦知，即遣殿前副检点萧迭里得、护卫经宿直古迭率部掩袭。夏景宗率大军迎战，将辽军重重围住，辽将直古迭英勇无比，"左右驰射，跃马直击中坚，夏众不能挡，大溃而退"。①

夏景宗伏击失败后，率残部退守贺兰山，见辽军势人难敌，便以退为进，遣使向辽兴宗请降。兴宗恐其有诈，遣右夷离堇萧滴冽前去"觇其诚伪"。萧滴冽向夏景宗晓以祸福，夏景宗请求"退师十里，俟收叛党以献，且进方物"。辽兴宗得到回报后，便命北院枢密使萧革率部纳降，契丹大军随之进驻河曲。夏景宗亲率党项诸部待罪，萧革奉兴宗的旨意，先责夏景宗"纳叛背盟之故"，随后赐夏景宗酒，许以悔过自新。在鼓乐声中，夏景宗折箭为誓。纳降礼毕，夏景宗李元昊与辽北院枢密使萧革各还营帐。②

辽兴宗与夏景宗约和后，准备班师回国。辽韩国王萧惠则进言："元昊忘奕世恩，萌奸计，车驾亲临，不尽归所掠。天诱其衷，使彼来迎，天与不图，后悔何及？"③辽兴宗从其请。次日凌晨，萧惠便向西夏不宣而战，夏景宗后退三十里以避其锐，萧惠则穷追不舍，夏军连退三舍，"每退必赭其地，辽马无所食，因许和"。④夏景宗又故意拖延数日，估计辽军马饥士疲，不堪战斗，突然向其发起猛攻。萧惠督军迎战，夏景宗寡不敌众，被辽军重重包围，正在危急之时，忽然狂风大作，不善沙漠作战的辽军阵形大乱。夏景宗乘机纵兵急攻，辽军大败，"蹂践而死者不可胜计"。⑤夏景宗乘胜挥师得胜寺南壁的辽军大本营，辽军再败，兴宗"单骑突出，几不得脱"。⑥此役西夏共俘辽朝近臣数十人，获辎重器物如山。

河曲之战后，夏景宗李元昊立即遣使同辽朝讲和。夏景宗以胜求和出于

---

① 《西夏书事》卷一七。
② 《辽史》卷一九《兴宗纪二》。
③ 《辽史》卷九三《萧惠传》。
④ 《宋史》卷四八五《夏国传上》。
⑤ 《辽史》卷九三《萧惠传》。
⑥ 《辽史》卷一〇九《罗衣轻传》。

几点原因：其一，西夏连续同宋朝进行了五六年的战争，国内财力匮乏，百姓疲于点集，需要有一个相对安定的外部环境，致力于休养生息，发展生产。其二，河曲之战的胜利，既有必然性也有偶然性，就综合国力来说，西夏远弱于辽朝，而辽兴宗自来狂妄自大，很有可能再次发兵来报复。其三，在夏、辽、宋三维关系中，西夏的力量最为弱小，只有联辽才能抗宋和讹宋，取得经济上的利益。其四，乘战胜求和，更能显示和提高西夏的地位。

辽兴宗也因长途出击，兵覆将死，供给困难，无力短期发起大规模的进攻，于是答应和西夏讲和。然而讳败为胜，在幽州地区吹嘘对夏大胜："元昊曩自先朝求为钜援，据一方之裂壤，迨二世以袭封"。又说"鸮音易变，犬态多端，忘牢养之深恩，恃狂悖之凶性，擅诱边俗，巧谋欢邻。罪既贯盈，理当难赦，是用躬锐旅，往覆危巢，方尔贼庭，乞修觐礼。"[1]而宋朝早已探知辽军大败，"其舆尸重伤者，自西相继而至"，可谓欲盖弥彰。

清人吴广成对夏景宗战胜请和一事评论曰：

> 曩霄此举，直以待宋者待契丹矣！是时辽主以十万众直逼贺兰，志吞平夏，而曩霄乞降以骄其师，退兵以示之弱，直待契丹士困马疲，成功一战，而乘其全胜之势，即作请和之举，使契丹不得不从，与前之款宋者若出一辙，岂非玩二国于股掌上乎？然宋之许和，尚有契丹为之先容，若契丹之和，直自与和耳，其不竞更出宋下矣噫！[2]

第五节　政治斗争与景宗之死

一、野利集团覆灭

夏景宗李元昊继承其祖李继迁确定的联络党项豪族大姓的立国方略，设十二监军司，"委豪右分统其众"。"每举兵，必率部长与猎，有获，则下马

---

[1] 《西夏纪事本末》卷一八《南壁偾军》。
[2] 《西夏书事》卷一七，吴广成按语。

环坐饮，割鲜而食，各问所见，择取其长"。[1] 这种带有部落社会军事民主的方式，充分调动了部落大姓的积极性，为西夏立国后对宋、辽战争的胜利发挥了重要的作用，特别是野利部功勋最为显著。野利部落是早期党项八大部落之一，和拓跋部一起迁入陇右，羁縻野利部的芳池州都督府就侨置在庆州怀安县境内，管"党项野利氏种落"。[2] 安史之乱后，唐朝将芳池州野利部迁往绥、延二州，野利部进入横山地区，逐渐形成了著名的六州党项。[3] 入宋以后，野利部落发展更迅速，成为宋夏沿边最强大的部落，其势力东起横山，西至天都山，是夏景宗李元昊对宋朝战争的重要力量。"（元昊）苦战倚山讹，山讹者，横山羌，平夏兵不及也"。[4]

夏景宗李元昊联姻野利部，内则封野利氏为宪成皇后，外则委任野利旺荣、野利遇乞分掌左右厢兵，负责对宋和战。左厢主帅野利旺荣，又作野利刚浪凌，号野利大王，统东部横山地区人马；右厢主帅野利遇乞，号天都大王，统西部天都山地区人马。西夏立国初期攻陷延州金明寨，生擒"铁壁相公"李士彬；设伏三川口，大败宋朝援兵，主将刘平、石元孙力竭被俘；攻取塞门寨，执寨主高延德；伏兵好水川，主将任福阵亡，"将校士卒死者万三百人"。[5] 定川砦再败宋军，主将葛怀敏等九千余将士全部覆没，随后直抵渭州，"幅员六七百里，焚荡庐舍，屠掠居民而去"。[6] 这些胜利都离不开野利部将士的冲锋陷阵。

在宋人看来，如果能使夏景宗君臣猜忌，是制服西夏的最好手段。[7] 夏天授礼法延祚五年、宋庆历二年（1042 年），知延州范仲淹因为和夏景宗李元昊私相通信一事被罢官，继任者庞籍征得朝廷同意，令知保安军刘拯招附西夏边帅野利旺荣，提出如果能率所部人马投宋，即封授灵夏疆土。在

---

① 《宋史》卷四八五《夏国传上》。
② 《旧唐书》卷二八《地理志一》。
③ 《新唐书》卷二二一《党项传》："六州部落曰：野利越诗、野利龙儿、野利厥律、儿黄、野海、野窜等。"
④ 《宋史》卷四八五《夏国传上》。
⑤ 《宋史》卷四八五《夏国传上》。
⑥ 《续资治通鉴长编》卷一三七，庆历二年闰九月癸巳。
⑦ 《宋史》卷三三五《种世衡传》："世衡在青涧城，元昊未臣，其贵人野利刚浪唛、遇乞兄弟有材谋，皆号大王。亲信用事，边臣欲以谋间之"。

西夏文雍宁丁酉四年首领印

泾原路，主帅王沿等遣僧人持书及金宝面见野利遇乞，[①] 均无结果。种世衡则遣王嵩携蜡书入夏，再次离间野利旺荣。王嵩向野利旺荣说："朝廷知王有向汉心，命为夏州节度使，俸钱月万缗，旌节已至"。并在蜡书上画枣及龟，寓意早归。野利旺荣见蜡书后大为震惊，为了表明自己清白，亲自押解王嵩见夏景宗李元昊，"元昊颇疑刚浪凌贰己"，留在兴庆府不遣，[②] 后找借口将其处死。处死野利旺荣后，夏景宗李元昊又找借口处死天都大王野利遇乞。[③]

　　宋朝的离间计扑朔迷离，文献记载不一，但似乎起了作用，夏景宗李元昊确实诛杀了两位能征善战的野利部大首领。从表面上看，这是宋朝边将巧施离间计的结果，但实质是元昊巩固统治的手段。元昊建立的是君主专制国，而不是部落酋长国，创业阶段需要联络豪族共同作战，一旦战争取得胜利，新建的封建政权稳固，就必然加强以君权为中心的中央集权，削弱部落首领特别是豪族大姓首领的权力，功名显赫的野利部自然首当其冲。只是夏景宗加强中央集权的手段，通过血腥杀戮的方式，而不同于宋朝"杯酒释兵权"的温和方式。此外，国主和部落大姓的斗争，往往表现为帝后之间的斗

① 《续资治通鉴长编》卷一三八，庆历二年十二月。《宋史》卷四八五《夏国传上》："公方持灵、夏兵，倘内附，当以西平茅土分册之"。
② 《续资治通鉴长编》卷一三八，庆历二年十二月。
③ 《续资治通鉴长编》卷一六二，庆历八年正月辛未。

争，皇帝为了加强中央集权，往往重用汉人，采用汉礼，后族为了维护特权，往往重用部族首领，采用蕃礼，形成了西夏历史上的蕃汉礼之争。

二、李元昊被弑

夏景宗李元昊凡七娶，一曰米母氏，又作卫慕氏，元昊舅女，夏广运元年（1034 年）有人告其舅卫慕山喜谋反，被李元昊族灭。二曰索氏，传闻夏景宗李元昊攻吐蕃牦牛城战死，索氏不悲反喜，李元昊战胜归来，索氏惧而自杀。三曰都罗氏，早死。四曰咩迷氏，生子阿理，被李元昊冷落，出居王亭镇，后传阿理谋反，和母咩迷氏一并处死。五曰野利氏，野利遇乞侄女，身材修长，足智多谋，李元昊敬畏之，封宪成皇后。野利皇后生三子，长子宁明，性格温和，喜好方术，修炼辟谷术走火入魔，气忤而死。次子宁令哥，性格相貌和夏景宗李元昊类似，深受其父元昊的喜爱，宁明哥死后，被立为太子。三子薛埋，早死。六曰耶律氏，辽朝兴平公主，这是一桩政治联姻，两人关系不和谐，公主没有生育。七曰没㖫氏，没㖫皆山女，李元昊于天都山修离宫居之。① 另外，还有外室没藏氏。

夏景宗李元昊诛杀野利旺荣和野利遇乞后，感到愧对开国功臣，下令访问遗口，找到野利遇乞妻，后来野利皇后发现二人私通，乃令遇乞妻出家为尼，号没藏大师。当时没藏氏已有身孕，夏天授礼法延祚十年、宋庆历七年（1047 年）二月，夏景宗李元昊携没藏氏外出巡游，到达两岔河行营，没藏氏产子，② 元昊大喜，乃起名宁令两岔，又作宁令谅祚。宁令，党项语欢喜意。③ 元昊将谅祚寄养其舅没藏讹庞家，由汉人毛惟昌、高怀正二人妻哺乳之。没藏部落是党项大族，讹庞为其长，没藏氏生产皇子后，元昊以其兄讹庞为国相。利欲熏心的没藏讹庞为了攫取更大的权力，阴谋废掉太子宁令哥，将自己的外甥宁令谅祚立为太子。

太子宁令哥和母后野利氏，因受到野利旺荣和野利遇乞事件的牵连，已被夏景宗李元昊冷落，没藏讹庞抓住机会，经常借关心之名挑拨太子和李元昊的关系。太子宁令哥感到继承皇位无望，悲愤之下，闯进皇宫，一剑削去

---

① 《续资治通鉴长编》卷一六二，庆历八年正月辛未；《宋史》卷四八五《夏国传上》记载五娶。

② 《宋史》卷四八五《夏国传上》。

③ 宁令，又有"大王"意，如"谟宁令"即"天大王"。

李元昊的鼻子，然后仓惶逃入没藏讹庞家。没藏讹庞以弑父罪名处死太子宁令哥。①

不久，夏景宗李元昊因伤势过重而亡，享年46岁。夏景宗在位十七年，②改元开运一年，广运二年，大庆二年，天授礼法延祚十一年。谥曰武烈皇帝，庙号景宗，墓号泰陵。

夏景宗李元昊临终前遗言立其弟委哥宁令为帝。党项豪族首领和国相没藏讹庞共议继位，众人准备按景宗的遗嘱，立其弟委哥宁令。唯独没藏讹庞不同意，他提出拓跋氏自考祖以来，父死子继，今没藏氏为先帝育有一子，方期周岁，③理当承袭。于是乃立李谅祚为帝，尊没藏氏为宣穆惠文皇太后。

---

① 《续资治通鉴长编》卷一六二，庆历八年正月辛未。
② 《宋史》卷四八五《夏国传上》记载元昊在位十七年，显然是从1031年李德明薨，元昊继位开始，而不是从1038年正式称帝立国开始。
③ 《续资治通鉴长编》卷一六二，庆历八年正月辛未记载谅祚是遗腹子；《宋史》卷四八五《夏国传上》记载，谅祚"庆历七年丁亥二月六日生，八年戊子正月，方期岁即位"。

第三章　西夏的巩固与发展

夏天授礼法延祚十一年（1048 年）正月，夏景宗李元昊被弑身亡，年仅周岁的幼子李谅祚即位，是为夏毅宗，尊谅祚母没藏氏为太后。西夏开启了国主年幼，母后听政，外戚专权的时期。没藏家族之后，接连是大小梁太后听政，外戚梁氏家族专权。毅宗李谅祚享年 21 岁，惠宗李秉常享年 26 岁，是两位短命的国主，亲政时间都不长。夏崇宗李乾顺（1086—1139 年）和夏仁宗李仁孝（1140—1193 年）共计在位 107 年，占西夏立国时间的一半以上，是西夏历史的中期。

崇宗在位期间，北宋蚕食西夏领土的战争最为激烈，西夏遣往辽朝求援的信使道路相继。夏大德五年（1139 年）仁宗李仁孝即位时，周边形势发生了很大的变化。和西夏争战百年的宋室早已南迁；辽朝灭亡后，耶律大石在中亚建立的西辽安居西土，不愿东返故里；金宋之间的相持局面逐渐形成，不再对外发动大规模战争。夏仁宗李仁孝利用和平安定的外部环境，对内大兴教育、发展经济，是西夏社会最繁盛的时期。夏仁宗在位期间既是西夏社会经济发展的顶峰，也是西夏走向衰败的开始，特别是法律保护土地买卖，使大批自耕农失去赖以生存的土地，为西夏晚期社会矛盾的激化埋下了种子。

第一节　夏毅宗的内政与外交

一、没藏讹庞擅权

夏天授礼法延祚十一年（1048 年）正月，夏景宗李元昊被弑身亡，年仅周岁的毅宗李谅祚即位，外戚没藏讹庞以专权，对内排除异己，对外挑衅宋、辽，政局一度动荡。宋仁宗天圣（1023—1032 年）初，麟州屈野河西因职田官司，久不能决断，转运司乃奏河西田为禁地，官私不得耕种。时有宋边民偷耕河西之地，夏人则夺其耕牛，扬言"汝州官犹不敢耕，汝何为至此?"从此屈野河西地成为闲田，但当地老百姓还要纳税，"谓之草头税"。① 后来夏人反而逐渐到这里来耕种，起初还不敢深入，夏景宗李元昊即位后，开始在屈野河西插木桩，置小寨三十余所，并盗种寨旁田土，到宋夏庆历议和时，已侵入宋境十余里。夏延嗣宁国元年（1049年），权相没藏讹庞看中屈野河西田膄利厚，令民播种，"岁东侵不已"，② 由景宗时侵耕十里发展到侵耕四十余里，距屈野河仅二十里，离麟州城只四十里。宋朝麟州长吏为了"岁满得迁官"，欺下瞒上，夏人如此肆意侵耕，却不上报朝廷。

宋仁宗像

宋仁宗（1010—1063年）"赵祯"，北宋皇帝，真宗之子。1022—1063年在位。即位之初，刘太后听政。明道二年（1033年）太后死，始亲政。其时西夏强盛，宋兵屡遭失败；以"岁赐"为名，向西夏输送银、绢、茶等。辽亦乘机索取关南之地，他屈辱求和，于宋庆历二年（1042年）增加"纳"辽的岁币。在位期间官员、士兵大增，形成冗费、冗官、冗兵之积贫积弱局面。虽曾起用范仲淹等进行改革，但遭反对派攻击，旋即废罢。

宋至和二年（1055年），宋河东管勾军马司贾逵巡边，发现夏人严重过界侵耕，问责知麟州王亮。王亮赶忙上奏朝廷，朝廷以殿直张安世、贾恩为同巡检，专门负责处理屈野河西地界纠纷。宋朝边将多次要求归还侵地，没藏讹庞置之不理，"迫之则格斗，缓之则归耕"③。张安世等迫于无奈，与河东经略使庞籍向西夏发出一道措辞严厉的公牒，听政的没藏太后见公牒后，

---

① 《续资治通鉴长编》卷一八五，嘉祐二年二月壬戌。
② 《宋史》卷四八五《夏国传上》。
③ 《宋史》卷四八五《夏国传上》。

认为事态严重，乃遣宠臣李文贵到屈野河视察。李文贵经过实地勘察，上言讹庞所耕皆汉土。太后"乃召还讹庞，欲还所侵地"。但其懿旨尚未贯彻，西夏国内发生政变，没藏太后宠信的李文贵和吃多已两人争宠，李文贵先下手杀死吃多已和没藏太后，没藏讹庞接着族灭李文贵。归还侵耕宋朝疆土之事便不了了之。

太后和其近臣死亡后，没藏讹庞更加有恃无恐，他除了调发数万军队屯聚屈野河西外，"又自鄜延以北发民耕牛，计欲尽耕屈野河西之田"。① 河东经略使兼知并州庞籍命并州通判司马光处理侵耕事。司马光到达麟州，约当地长吏商议，知州武戡、通判夏倚等建议，屈野河以西直抵界首五六十里，没有堡障斥堠，因此夏人才肆意侵耕，游骑往往直抵城下，或过城东。去年他们在河西筑一小堡，又上报河东经略司，请求于河西再筑二堡，因今年春天以来，夏骑遍满河西，经略司说等夏兵散退后再议。现在夏兵已经退去，如果乘机于州西二十里左右增筑二堡，"敌来耕则驱之，已种则蹂践之；敌众盛则入堡以避。如是，则堡外三十里之田敌必不敢种矣，是州西五十里之内无患也"。②

司马光认为"果能成此二堡，以为麟州耳目藩蔽，于事诚便"。庞籍也赞成这个意见，因筑堡时间紧迫，没有"取旨俟报"，即令麟州修筑二堡。夏奲都元年、宋嘉祐二年（1057年）五月五日深夜，宋朝管勾麟府军马公事郭恩、知麟州武戡以及走马承受公事黄道元等带领步骑一千四百余人悄悄出了麟州城，直奔屈野河西。这支"前无探候，后无策应，中无部伍，但赉酒食，不为战备"的筑堡大军，③ 半道陷入夏人埋伏，宋军溃败，郭恩、黄道元及府州宁府寨兵马都监刘庆等被俘，使臣、军卒死者三百九十二人，主将郭恩不肯投降，自杀身亡。④

此前没藏讹庞侵耕四十余里，距屈野河"犹余二十里为闲田"，到断道坞战胜，无复顾忌，干脆"明指屈野河中央为界，或白昼逐人，或夜过州东，

---

① 《续资治通鉴长编》卷一八五，嘉祐二年五月庚辰。
② 《续资治通鉴长编》卷一八五，嘉祐二年五月庚辰；《司马光奏议》卷二《论屈野河西修堡状》。
③ （宋）司马光：《司马光奏议》卷二《论屈野河西修堡状》。
④ 《续资治通鉴长编》卷一八五，嘉祐二年五月庚辰；《宋史》卷四八五《夏国传上》；《宋史》卷三二六《郭恩传》。

剽窃赀畜，见逻者则逸去，既渡水，人不敢追也"。① 至此，宋朝屈野河以西至西夏边境六十余里田土，全部被没藏讹庞占据侵耕。

面对没藏讹庞侵耕不已，宋兵覆将死，举手无措，只好采取传统的经济制裁措施。早在宋嘉祐元年（1056 年）二月，因讹庞不肯定屈野河西地界，知并州兼河东经略使庞籍说："若非禁绝市易，窃恐内侵不已，请权停陕西缘边和市，使其国归罪讹庞，则年岁间可与定议"。② 遂报请朝廷同意，悬榜于边，禁绝宁星和市。但由于当时法禁疏阔，公开的和市贸易虽被禁止，而"夏人与边民窃相贸易，日夕公行"，边禁的效果不是很明显。

司马光像

司马光（1019—1086 年），北宋名臣、史学家。字君实，号迂叟，陕州夏县（今属山西）涑水乡人，世称涑水先生。仁宗朝，出任河东并州通判。时西夏权臣没藏讹庞侵耕不已，司马光建议采取强硬政策，断绝沿边和市。神宗朝司马光竭力反对王安石新政。哲宗朝，司马光当政，废除绝大部分新法，罢黜新党，对西夏采取妥协政策，把已收复的安疆、葭芦、浮图、米脂四寨割让给西夏。

次年八月，即断道坞之败不久，庞籍再次派殿中丞孙兆到沿边商议屈野河西划界，孙兆按照庆历旧例，提出以横阳河为府州界，然后三分，许一分给夏国。随后庞籍将孙兆的方案上奏朝廷，并主张如西夏不接受，"即绝之，请严禁陕西和市"。仁宗诏从之，并下令定新立封堠里数，绘图上报。按孙兆议定的三分许一，"盖当时夏人侵界六十里，只令退四十里也"。③ 宋朝

---

① 《续资治通鉴长编》卷一八五，嘉祐二年二月壬戌。

② 《续资治通鉴长编》卷一八五，嘉祐二年二月甲戌。

③ 《续资治通鉴长编》卷一八六，嘉祐二年八月壬申引《吕海疏》第七卷。

是作了很大的让步，然而利令智昏的没藏讹庞新取得断道坞胜利，不愿退出侵耕之地，宋仁宗遂下诏"西人如驱牛马于沿边私籴民谷，令所在禁绝之"。当时有蕃部属户犯禁，庞籍"斩于犯处，妻孥皆送淮南编管，一境凛然，无敢犯者"。①

不久，庞籍因屈野河西筑堡致败一事，被宋仁宗贬知青州，由梁适接任知并州兼河东经略使职务，梁适至边，仍禁绝官私贸易。自陕西、河东禁绝私市，给西夏国内带来了严重的经济困难，一绢之直数千，官民怨声载道。宋嘉祐六年（1061 年），宋夏屈野河西地界纠纷出现了重大转折。宋朝的经济制裁取得了明显的效果，讹庞的专权统治难以为继。夏毅宗李谅祚私通没藏讹庞的儿媳梁氏，讹庞父子患之，准备于密室暗杀谅祚，被梁氏告密，夏毅宗李谅祚举兵族灭讹庞，开始亲政。

毅宗亲政后，希望恢复和市，以缓解经济困难，派大臣辄移吕宁、拽浪獠黎和宋太原府代州钤辖苏安静再次商议屈野河西划界，这次西夏的态度比较积极，基本上答应退出讹庞所侵耕的田土。当年六月，双方达成协议，明确两国在沿边设置的堡寨、封堠地望，并约定"自今西界人户，毋得过所筑堠东耕种"，"麟州界人户，更不耕屈野河西。其麟府州不耕之地，亦许两界人户就近樵牧，即不得插立梢圈，起盖庵屋，违者并捉搦赴官及勒住和市。两界巡捉人员，各毋得带衣甲器械过三十人骑"。② 此外，宋朝划界代表苏安静还向西夏提出了如果"违约则罢和市"。③ 自此长达几十年宋夏屈野河西地界纠纷，才算平息下来。

二、夏辽再度交恶

夏天授礼法延祚十一年（1048 年）正月，夏景宗李元昊被刺身亡，国内政局动荡。一直准备对西夏进行报复的辽兴宗认为是难得的机会。次年七月，再度三路伐夏，以韩国王萧惠为南路行军都统，以耶律敌鲁古④为北路行军都统，辽兴宗自己亲率中路。八月，中路辽军渡过黄河，袭取西夏东部要塞唐龙镇。南路大军战舰粮船绵亘数百里，主帅萧惠认为西夏主力迎战辽

---

① （宋）司马光：《司马光奏议》卷三五《论西夏札子》。
② 《续资治通鉴长编》卷一九三，嘉祐六年六月庚辰。
③ 《宋史》卷四八五《夏国传上》。
④ 《辽史》卷一一五《西夏外纪》作"耶律敌古"。

西夏文庚戌四年首领印

兴宗统帅的中路军，无暇顾及南路。因此，既入夏境，"侦候不远，铠甲载于车，军士不得乘马"，[1] 空手徒步而行。数日后，夏兵从天而降，辽军乱作一团，士卒来不及披甲就落荒而逃，主帅萧惠被夏兵追射，几不得脱身。北路行军都统耶律敌鲁古率阻卜军直趋贺兰山，与扼守险要的三千夏军相遇，辽军首战失利，乌古敌烈部都详稳萧慈氏奴等战死。主帅耶律敌鲁古大呼奋击，才反败为胜，"获李元昊妻及其官僚家属"。[2]

这次战役，夏辽双方互有胜负，战后没藏太后与外戚没藏讹庞自不量力，不但未主动与辽朝讲和，反而向辽朝发起反攻。夏天祐垂圣元年（1050年）二月，遣大将浼普等攻辽金肃城（今内蒙古东胜东），被辽南面林牙耶律高家奴打败。三月，又派兵进屯三角川，准备偷袭辽朝，却反被辽军所图，丧失辎重器械无数。五月，辽兴宗再次发兵西夏，萧蒲奴等长驱直入，夏人闭城不战，辽军大肆俘掠而还。[3]

在辽军接连不断的打击下，没藏太后于同年八月"遣使乞依旧称臣"，辽兴宗不允。十二月，又以夏毅宗的名义再次上表，辽兴宗仍不理睬。夏天祐垂圣二年（1051年）二月，辽朝遣使索党项降户，西夏则"乞代党项权进马驼牛羊等物，又求唐隆镇，仍乞罢所建城邑"。辽兴宗诏答之。[4] 夏辽

---

① 《辽史》卷九三《萧惠传》。
② 《辽史》卷二〇《兴宗纪》。
③ 《辽史》卷一一五《西夏外纪》。
④ 《辽史》卷一一五《西夏外纪》。

之间这种若即若离的交涉，大致持续了两年多时间，直到夏福圣承道元年（1053 年），两国关系才恢复正常。

三、夏毅宗亲政

夏福圣承道四年（1056 年）十一月，没藏讹庞将年仅九岁的女儿许配给毅宗谅祚，没藏一门二后，讹庞既是国舅又是国丈，专权擅政，轻视幼帝谅祚。毛惟昌、高怀正二人妻子是毅宗谅祚的乳母，引起讹庞的猜忌，以高怀正放高利贷、毛惟昌偷穿盘龙服为借口，将二人族灭。[①] 为了掌握没藏讹庞的动静，毅宗和其儿媳梁氏私通，讹庞父子十分恼怒，密谋除掉毅宗。夏奲都五年（1061 年）四月，梁氏密告讹庞谋反，夏毅宗先下手为强，密伏兵厅后，召没藏讹庞前来议事，然后一举拿下，族灭其全家。随后赐死皇后小没藏氏，立梁氏为后，以梁氏弟梁乙埋为家相。[②] 至此，没藏家族专政结束，夏毅宗李谅祚亲政。

夏毅宗亲政后，清除没藏讹庞党羽，起用汉族谋士景询等人，变革政治制度。一是改胡服为汉服，易蕃礼为汉礼。夏奲都五年（1061 年），上书宋朝，"自言慕中国衣冠，明年当以此迎使者"，宋仁宗诏许之。[③] 这是对景宗元昊以来否定华夏衣冠之否定，是西夏社会螺旋式发展的表现。

二是读宋朝书籍，学中原文化。景宗元昊时就引进中原地区的图书，并将其中的《孝经》《尔雅》《四言杂字》等译成西夏文。毅宗谅祚时这些图书已不能满足学习中原汉文化的需要，多次上书宋朝，或求太宗御制诗章、隶书石本，或"进马五十匹，求《九经》《唐史》《册府元龟》及宋正至朝贺仪"。宋仁宗"诏赐《九经》，还其马"。[④]

三是更监军司名。夏奲都六年（1062 年），西夏宥州向宋延州递送公牒，称"改西市监军司为保泰军，威州监军司为静塞军，绥州监军司为祥祐军，左厢监军司为神勇军"。[⑤] 这四个监军司对接的是宋朝边面，夏毅宗李谅祚

---

① 《续资治通鉴长编》卷一六二，庆历八年正月辛未。

② 《梦溪笔谈》卷二五。

③ 《宋史》卷四八五《夏国传上》。

④ 《续资治通鉴长编》卷一九六，嘉祐七年四月己丑。

⑤ 《续资治通鉴长编》卷一九六，嘉祐七年六月癸未。《宋史》卷四八五《夏国传上》将"绥州"记作"石州"，西夏绥州失守后，将监军司移到石州，《宋史》记载在时间上有误。

即位后，将临接宋朝的监军司改为保泰、静塞、祥祐、神勇等传统祥和的名称，改蕃礼为汉礼，是向宋朝示好的表现。宋朝地方州一级大体分府、州、军、监四种类型，军设在军事重地，如对准西夏天都山边面设镇戎军（今宁夏固原原州区）。毅宗改监军司为军虽然在名称上借鉴了宋朝，但其既理军政又理民政的军民合一性质没有变。

四是不用宋赐赵姓，改用唐赐李姓。夏奲都六年（1062年），毅宗上书宋朝，请求下嫁公主，仁宗"诏答以昔尝赐姓，不许"。[1] 次年（夏拱化元年），宋仁宗驾崩，夏毅宗李谅祚遣使吊唁，"表辄改姓李"，[2] 宋赐诏诘问，令守旧约。[3] 毅宗既不用嵬名姓氏，也不用宋赐赵姓，而是用唐赐李姓，不仅是对宋朝不愿下嫁公主的回应，更重要的是表达和赵宋对等交聘的立场。宋承唐五代而来，西夏也是自唐五代而来。宋夏庆历议和，西夏答应在交聘中称臣，国主李元昊称兀卒（青天子）而不称吾祖，和宋朝使人相见用宾客礼。由此换取宋朝每年十五万三千匹丝绸、七万二千两银、三万斤茶，共计二十五万五千的岁赐。但宋使每至西夏，都被"馆于宥州，终不复至兴、灵，而元昊帝其国中自若也"。[4]

景宗元昊避而不以宾客礼接见宋使，向国人传递宋夏是兄弟之国，而不是宗主国和附属国。毅宗谅祚亲政后，试图把这种理念传递到宋朝，挑战宋人底线。夏拱化元年（1063年）正月，西夏进奉使人不称蕃号，而直接称宣徽南院使。[5] 宋朝君臣认为这是天子上公，不能直白地用汉语称呼，而用西夏语称，这样就形成了西夏职官制度史上的"蕃官名号"。

宋人的担忧还表现在对西夏改制的认识，鄜延路接到谅祚改监军司为军后，向朝廷报告，"谅祚举措，近岁多不循旧规，恐更僭拟朝廷名号，渐不可长。乞择一才臣下诏诘问，以杜奸萌"。朝廷采纳了鄜延路的建议，以赐赠西夏国主谅祚生日礼物的名义，遣供备库副使张宗道出使西夏。张宗道进入夏境后，西夏陪同官要在他前面行马，入座时，陪同官又要居东。张宗道据理力争，陪同官说："主人居左，礼之常也，天使何疑焉？"张道宗说："宗

---

① 《续资治通鉴长编》卷一九六，嘉祐七年四月己丑。

② 《续资治通鉴长编》卷一九九，嘉祐八年七月壬子。

③ 《宋大诏令集》卷二三四《赐夏国主今后表章如旧制称赐姓诏》。

④ 《宋史》卷四八五《夏国传上》。

⑤ 《续资治通鉴长编》卷一九八，嘉祐八年正月己酉。

道与夏主比肩以事天子，夏主若自来，当为宾主。尔陪臣也，安得为主人！当循故事，宗道居上位。"在宗道坚决要求下，西夏陪同官乃让其居上位。西夏陪同官又说："二国之欢，有如鱼水。"宗道说："然。天朝，水也；夏国，鱼也。水可无鱼，鱼不可无水。"[1] 一语道破了西夏在经济上对宋朝的依赖，宋朝是用二十五万五千岁赐，换取了两国交聘中的宗主国地位。

夏毅宗李谅祚亲政后，起用投附西夏的汉族士人、尊崇汉文化、改革政治制度，最终目的是加强封建皇权，而不是和好宋朝。因此，对外仍奉行侵宋政策。夏拱化二年（1064年），以宋朝侮辱夏国使节为由，集兵十万攻掠秦凤等路，驱胁熟户八十余族，杀弓箭手数千，掠人畜以万计。夏拱化三年（1065年）正月，又派兵深入庆州（今甘肃庆阳），攻王官城。三月，遣右枢密党移赏粮出兵保安军（今陕西志丹），围顺宁寨（陕西志丹北），相持半月而还。十一月，发兵德顺军（今甘肃静宁），杀属户数千，掠牛羊数万。夏拱化四年（1066年），大举进攻大顺城（今甘肃庆阳北），夏毅宗亲临城下督战，被宋军射伤后乃引兵退回。

夏拱化五年（1067年），宋知青涧城种世衡对西夏发起突袭，一举攻占绥州（今陕西绥德），俘获右厢监军嵬名山。夏毅宗为了报复，以会议为名，诱杀知保安军杨定、都巡检侍其臻，[2] 宋夏边界气氛骤然紧张。一个月后，夏毅宗李谅祚卒，西夏进入了新的历史阶段。

毅宗谅祚年仅21岁去世，在位二十年，其中亲政七年。改元延嗣宁国一年，天祐垂圣三年，福圣承道四年，䂵都六年，拱化五年。谥昭英皇帝，庙号毅宗，墓号安陵。

第二节　梁太后专权与宋夏战争

一、梁太后擅权

夏拱化五年（1067年）毅宗谅祚病故，年仅七岁的秉常即位，是为惠

---

① 《续资治通鉴长编》卷一九六，嘉祐七年六月癸未。

② 《宋史》卷四八五《夏国传上》。

宗。母后梁氏以恭肃章宪太后的身份摄政，太后弟梁乙埋为国相，形成以梁太后为首的母党集团，开启西夏历史上第二次母后听政、外戚专权的时期。梁氏集团为了取得党项贵族的支持，一改毅宗李谅祚时期的汉礼，恢复蕃礼；对宋连续发动战争，以转移统治集团内部矛盾、提高自己的威信；重用佞臣都罗马尾和罔萌讹，[1] 排除异己，国相嵬名浪遇，精通兵法，"老于军事，以不附诸梁，迁下治而死"。[2]

夏大安二年（1076 年）正月，年仅 16 岁的惠宗李秉常亲政，但实权仍操在太后与梁乙埋手中。惠宗十分喜好汉族儒家文化，经常向俘获的汉人访询宋朝礼仪制度，招诱宋朝乐人倡妇。[3] 夏大安六年（1080 年）正月，下令废除蕃仪，复行汉礼，遭到梁太后和梁乙埋的竭力反对。为了寻找支持，借以削弱梁氏母党势力，秦人李清劝惠宗秉常以河南地归宋。[4] 梁太后得知后，与罔萌讹等人以饮宴为名，诱杀李清，诛其妻子和亲从近百人，将惠宗秉常囚禁在宫城五里外的木寨。同时发银牌点集诸路兵马，控制河梁要塞，断绝都城兴庆府与外界的联系。"诸大酋数十，各拥兵汹乱"，[5] 北宋趁机发动了规模空前的五路大进讨。大敌当前，统治集团内部在一致对外的旗帜下又团结起来，挫败宋军进攻。

夏大安九年（1083 年）闰六月，梁太后与梁乙埋虽恢复夏惠宗的帝位，但实际权力仍掌握在太后手中。夏大安十一年（1085 年）二月，梁乙埋死，其子梁乙通继立为相，梁氏家族继续把持朝政，同年十月梁太后去世，梁乙

① 《梦溪笔谈》卷二五《杂志二》。

② 《梦溪笔谈》卷二五《杂志二》。

③ 《续资治通鉴长编》卷三一二，元丰四年四月庚辰记鄜延路上言。

④ 《宋史》卷四八六《夏国传下》。

⑤ 苏轼：《经进东坡文集事略》卷四《代滕甫论西夏书》，四部丛刊本。

逋地位开始动摇。但软弱的惠宗却不能团结皇族力量诛灭梁氏，而是在皇族与后族的激烈矛盾中，终日忧愤，难以自拔，夏天安礼定元年（1086年）七月故去，终年26岁。

惠宗秉常在位二十年里，朝政由母后梁氏集团把控，郁郁寡欢，一无所成。改元乾道二年，天赐礼盛国庆五年，大安十一年，天安礼定一年。谥康靖皇帝，庙号惠宗，墓号献陵。

二、宋夏战争再起

西夏惠宗李秉常在位（1068—1086年）与北宋神宗在位（1067—1085年）时间基本一致。宋神宗力图"富国强兵"，改革内政的同时，积极对外用兵，大力推行英宗治平年间就确立的进筑山界，蚕食西夏领土的方略。而西夏一方面为了保住沿边山界要害之地，另一方面摄政的梁太后与梁乙埋穷兵黩武，不断以对外战争转移统治阶级内部矛盾。因此，冲突成为这一时期宋夏关系的主要内容。

夏天赐礼盛国庆二年（1070年）四月，西夏发兵围绥德城，十日不克。又在离绥德城四里处筑八堡，各留二三百人戍守。知延州郭逵遣燕达等一天之内攻克两个大堡，其他堡的戍兵见状皆逃去。在庆州荔原堡北筑闹讹堡的夏人闻败，亦停工不筑。但宋庆州蕃部巡检李宗谅因闹讹堡地近其地，恐"害其细作"，乃率千余众与夏人战于闹讹。知庆州李复圭命李信等前去助战，李信则按兵不动，李宗谅寡不敌众，以致全军覆没。随后，李信在李复圭的督责下，领兵三千出战，又被夏兵打败。

李宗谅和李信相继战败后，李复圭为了推卸责任，"复出兵邛州堡，夜入栏浪、和市，掠老幼数百。又袭金汤，而夏人已去，惟杀其老幼一二百人，以功告捷，而边怨大起矣。"[1] 八月，西夏起倾国之师，围大顺、柔远、荔原、淮安、东谷、西谷、业乐等城寨，"兵多者号三十万，少者二十万，围或六、七，或一、二日"。[2] 游骑直抵庆州城下，九天后才退去，一度造成陕右大震。

宋政府派韩绛宣抚陕西，韩绛与种谔谋取横山，以断西夏右臂。知延州

---

① 《宋史》卷四八六《夏国传下》。
② 《续资治通鉴长编》卷二一四，熙宁三年八月。

宋夏啰兀城（今陕西横山）之战故址

郭逵力言不可，他说"此举不惟无功，恐别生他变，贻朝廷忧"，但未被采纳。韩绛乃命种谔为鄜延钤辖，节制四路将领，率兵二万出无定河进筑啰兀。种谔出兵前，下令制青巾二万，以备横山降羌之用。①

夏天赐礼盛国庆三年（1071年）正月，西夏都枢密使哆腊听说种谔将至，引兵屯啰兀城北马户川以阻扼，种谔派部将高永能迎战，击败哆腊，"遂城啰兀，凡二十九日而毕。大小四战，斩首一千二百，降口一千四百。"②种谔在筑啰兀城的同时，又派兵进筑永乐川、赏捕岭，分遣都监赵璞、燕达筑抚宁故城以及荒堆三泉、吐浑川、开光岭、葫芦川，各相距四十余里。啰兀位于故抚宁县北之滴水崖，崖石峭拔，高十余丈，下临无定河，扼横山冲要，自种谔筑城后，西夏"日聚兵为报复计"。③

---

① 《续资治通鉴长编》卷二一八，熙宁三年十二月丙子。

② 《续资治通鉴长编》卷二一九，熙宁四年元月己丑。

③ 《宋史》卷一五《神宗纪》。

同年二月，梁乙埋点集十二监军司兵，发起声势浩大的反攻。当时种谔在绥州节制诸军，欲修书召大将燕达增援，竟"战悸不能下笔，顾转运判官李南公等涕泗不已。"[1]议还未定，西夏已攻陷抚宁堡，随后又围顺宁寨，克啰兀城。于是宋朝"新筑诸堡悉陷，将士千余人皆没"，[2]神宗乃下诏班师。

西夏虽取得啰兀之役的胜利，但横山沿边数百里之地，庐舍焚弃，老少流离。春耕既废，宋朝又绝岁赐、互市，国内财力匮乏，西夏乃遣人至延州议和，同时再次提出以塞门、安远二寨换绥州。宋神宗答诏："所言绥州，前已降诏，更不令夏国交割塞门、安远二寨，绥州更不给还，今复何议！止令鄜延路经略司定立绥德城界至外，其余及诸路，并依见今汉蕃住坐，耕作界至，立封堠，掘壕堑，内外各认地分樵牧耕种，贵彼此更无侵轶。俟定界毕，别进誓表，迥班誓诏，恩赐如旧。"[3]随后两国经过多次商议，原则上就沿边界至达成一致。夏天赐礼盛国庆四年（1072年）八月，西夏上誓表，宋朝恢复和市，同时下诏陕西、河东经略司，自令约束当职官吏等各守疆场，无令侵掠及不得收接逃来人口。自此到夏大安七年（1081年）十年间，宋夏两国基本上保持着和平关系。

宋夏之间的和平是不稳定的，宋廷派王韶经营熙河，从宋熙宁四年（1071年）至宋熙宁七年（1074年）三年间，收复了熙、河、洮、岷、叠、宕等州，幅员两千余里，受抚吐蕃三十余万帐。在此基础上设置熙河路，于西夏右厢地区建立了一道攻守兼备的战略防线，使西夏统治者处于高度紧张状态。如夏天赐礼盛国庆五年（1073年），西夏以宋朝城武胜，又复河州洮西地，恐兵从西蕃入，修凉州城及旁近诸寨为守计。至于双方互派间谍刺探军情以及小规模的武装冲突更是不绝于书。

夏大安七年、宋元丰四年（1081年），西夏国内发生政变，惠宗秉常被梁氏所囚，宋神宗认为是进取之机，立即发动了规模空前的五路大进攻。任命熙河经制使李宪（宦官）为五路统帅，从熙河路出发，种谔从鄜延出发，高遵裕从环庆出发，王中正从麟府出发，刘昌祚从泾原出发。宋军的作战方略是：泾原、环庆两路先会师攻取灵州，然后直捣西夏都城兴庆府；麟府、

---

① 《续资治通鉴长编》卷二二一，熙宁四年三月丁亥。

② 《宋史》卷四八六《夏国传下》。

③ 《续资治通鉴长编》卷二二六，熙宁四年九月庚子。

鄜延两路会师夏州，再取怀州，最终也以进攻兴庆府为目的；河湟吐蕃大首领董毡遣部进攻凉州，牵制一部分西夏兵力。[1] 企图一举消灭西夏，"图人百年一国"。[2]

泾原路刘昌祚受环庆经略使高遵裕的节制，大军出发前，西夏认为"环庆阻横山，必从泾原取葫芦河大川出塞"，[3] 因此，将河南主力调往泾原前线。但是高遵裕的环庆兵未至泾原，只有刘昌祚的五万泾原兵北上，在到达离堪哥平十五里的磨脐隘，与扼守隘口的三万夏兵狭路相逢。主帅刘昌祚亲自冲杀，夏兵大败，追奔二十余里。是役共斩西夏监军梁格嵬等大首领十五级，首领二百一十九级。自是宋军一路畅通无阻，经鸣沙直抵灵城下。[4] 高遵裕的环庆兵由环州洪德寨、白马川出发，攻占清远军后便"留连兵马，为苟止之计"，经宋神宗督促，才继续前进，但行军速度相当缓慢。泾原军到达灵州城下时，高遵裕又嫉妒刘昌祚独揽头功，派李临、安鼎到前线谎报刘昌祚，已派人入城招安，先不要攻城。等高遵裕的环庆兵到达时，西夏已做好防御准备，以致围城十八天却无法攻下。[5] 夏人决黄河七级渠水，淹灌宋军营垒，又抄绝宋军粮道，士卒因冻溺饥饿而死者极多，高遵裕的八万七千环庆兵，溃退返回只剩一万三千多人。

种谔统领的九万三千余鄜延兵从绥德出发，沿无定河西进，最初进展比较顺利，连破银、石、夏诸州，到达夏州麻家平时，军粮逾期不至，"三军无食，皆号泣不行"，[6] 士卒逃散者达三万余人。适逢天降大雪，死者又十之二三，其余士卒不战而全线溃退。

六万麟府兵渡过无定河，循水西行，沿途全是沙湿地区，士马多遭陷没。主帅王中正是宦官，既不习军事，又生性怯懦，"所至逗留，恐贼知其营栅之处，每夜二更辄令军中灭火，后军饭尚未熟，士卒食之多病，又禁军中驴鸣。"[7] 进抵宥州奈王井，军粮告竭，士卒死者达两万余人，遂带兵退到

---

① 《宋会要辑稿》兵八之二四。

② 《续资治通鉴长编》卷三一五，元丰四年八月丁丑。

③ 《续资治通鉴长编》卷三一七，元丰四年十月乙丑。

④ 《续资治通鉴长编》卷三一八，元丰四年十月辛巳。

⑤ 《续资治通鉴长编》卷三一九，元丰四年十一月乙酉。

⑥ 《续资治通鉴长编》卷三二○，元丰四年十一月癸卯。

⑦ 《续资治通鉴长编》卷三一九，元丰四年十一月甲申。

保安军顺宁寨。

李宪统帅的熙河军攻占西夏重镇西市城后，又直趋兰州，在汝遮谷打败西夏数万阻兵，遂克兰州。然后东进占领龛谷，于十月"营于天都山下，焚夏之南牟内殿并其馆库，追袭其统军仁多唛丁"。[①] 随着获知其他各路失利的消息，便于十一月撤回熙河路。

西夏初闻宋朝将大举进攻，"梁太后问策于廷，诸将少者尽请战，一老将独曰：'不须拒之，但坚壁清野，纵其深入，聚劲兵于灵、夏而遣轻骑抄绝其馈运，大兵无食，可不战而困也'。"[②] 梁太后采纳了纵敌深入，抄绝粮运的战术，击败宋朝大军。但贯彻坚壁清野、退保兴灵的策略，前线空虚，使宋军得以顺利占据银、夏、宥、石诸州及大量堡寨，以致"横山之地，沿边七八百里中，不敢耕者至二百余里"。[③]

五路进讨失利后，李宪奏请再发大军，集中主力于泾原一路，"自熙宁寨进置保（堡）障，直抵鸣沙城，以为驻兵之地，如此，则灵州不攻自拔，河外贼巢必可扑灭。"[④] 种谔则主张经营横山，巩固与扩大在这一地区的占领，将其作为进攻西夏的前沿阵地。知延州沈括也请"城古乌延城，以包横山，使夏人不得绝沙漠"。[⑤] 由于当时宋朝"师老民困"，[⑥] 宋神宗没有采纳李宪大规模进筑的主张，但对经营横山却颇感兴趣。宋元丰五年（1082 年）七月，他遣给事中徐禧和内侍押班李舜举到陕西与沈括、种谔具体商议。徐禧至边后，和沈括商定先筑银、夏、宥三州交界处的永乐城，经神宗批准后，即发蕃汉兵民版筑，凡十四天而成，诏赐名"银川砦"。

"永乐接宥州，附横山，夏人必争之地"。城刚筑就，西夏就起倾国之师来攻。夏兵号称三十万，弥天漫野。徐禧以兵七万阵于城外，当时夏兵还没有布好阵，部将高永能请求乘机出击，徐禧则说"王师不鼓不成列"。既而西夏铁骑渡河，有人建议乘其"半济击之"，徐禧又不听。夏兵渡过无定河，宋军一战即溃，大将曲珍领残兵逃入永乐城内，夏人遂将城团团围住，游骑

① 《宋史》卷四八六《夏国传下》。

② 《宋史》卷四八六《夏国传下》。

③ 《宋文鉴》卷五五，苏轼：《因擒鬼章论西羌夏人事宜》。

④ 《续资治通鉴长编》卷三二一，元丰四年十二月戊寅。

⑤ 《宋史》卷四八六《夏国传下》。

⑥ 《宋史》卷四六七《李宪传》。

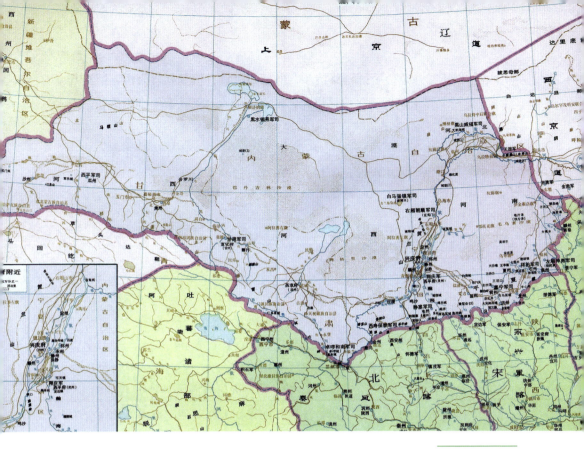

西夏前期疆域图①

掠米脂，又占据水寨。曲珍与士卒昼夜血战，"城中乏水已数日，凿井不得泉，渴死者大半"。②沈括派出的援军及馈饷全被夏军所阻隔，既而天降大雨，夏兵乘夜急攻，永乐城乃陷，自徐禧以下将校死者数百人，士卒死者万余人。

自熙宁用兵以来，宋凡得葭芦、吴保（堡）、义合、米脂、浮图、塞门六堡，而灵州、永乐之役，官军、熟羌、义保死者六十万人，钱、粟、银、绢以万数者不可胜计。宋神宗临朝痛悼，而夏人亦困弊。③双方都有恢复和平的愿望。夏大安八年（1082年）十月，西夏都统军昂星嵬名济移书泾原路请和，刘昌祚将其书上报朝廷，神宗谕令按惯例于鄜延路通话。次年

---

① 引自谭其骧：《中国历史地图集》第六册，中国地图出版社1982年版，第36—37页。

② 《宋史》卷四八六《夏国传下》。

③ 《宋史》卷四八六《夏国传下》。

（1083年）正月乃遣使至鄜延路请和，但延州以没有接到朝旨为由，拒绝其要求。此后又多次经保安军传话讲和，最终于闰六月正式遣使携表请和，宋神宗欣然嘉许，随即下诏陕西、河东经略司，"夏国奉表，辞礼恭顺，朝廷已降回诏，许通常贡，可诚约边吏，无辄出兵。除自来边界依旧守外，其新收复城寨，止于二三里内巡绰防拓，毋得深入。"[1]

第三节　夏崇宗的统治

一、梁氏专权的结束

夏天安礼定元年（1086年）七月，夏惠宗李秉常卒，年仅3岁的李乾顺即位，是为崇宗。国政落入母后梁氏与国舅梁乙逋手中，崇宗尊母梁氏为昭简文穆太后（小梁太后）。西夏第三次进入母后听政、外戚专权的时期。十月，西夏遣使宋朝告哀，宋遣金部员外郎穆衍为祭奠使，供备库使张懋为吊慰使，赴西夏祭奠和吊慰。次年正月，又遣枢密院都承旨公事刘奉世为册礼使，册封乾顺为夏国主。见到宋朝使人接踵而来，西夏"国中部落老幼无不欢跃，知朝廷更无征伐，从此可保无事"。[2]但小梁太后和梁乙逋擅权自威，对内"凡故主近亲及旧来任事之人，多为所害"；对外接连挑起边衅，两国边境烽火不断。

梁乙逋依仗"一门二后"的威势，不把年幼皇帝与皇族放在眼中，更把宋朝宣仁太后和反对派废除熙丰新法，对西夏采取妥协让步看作是自己的功劳。梁乙逋的独断专行也引起了太后的不满，夏天祐民安五年（1094年），分掌兵权的嵬名阿吴和仁多保忠趁机诛杀梁乙逋及全家，国政由小梁太后一人独掌。小梁太后执掌国政期间，正是宋朝绍圣（1094—1098年）、元符（1098—1100年）年间进筑西北边面，蚕食西夏疆土最激烈的时间，在宋朝接连不断的蚕食下，西夏疆土日蹙，国力日衰，部落困顿，疲于奔命。夏

---

① 《续资治通鉴长编》卷三三六，元丰六年闰六月戊寅。
② 《续资治通鉴长编》卷四〇四，元祐二年八月癸巳。

永安二年（1099 年）正月，小梁太后在内外交困中去世，[①] 夏崇宗乾顺亲政。

二、崇宗李乾顺为政

在宋朝步步为营、稳扎稳打的情况下，梁氏统治集团强硬政策很难为继，夏崇宗李乾顺亲政后，亟须改变以武立国的方针，和好宋朝，为巩固封建统治创造和平的外部环境。夏永安二年（1099 年）二月，遣使到宋朝告哀，并谢罪。鄜延经略使吕惠卿按照宋哲宗旨意，指挥保安军顺宁寨面谕夏使，告哀谢罪，只是一纸空文，没有实质性内容，不敢上报朝廷。若将嵬保没、凌结讹遇等主谋作过之人先行拘押，进

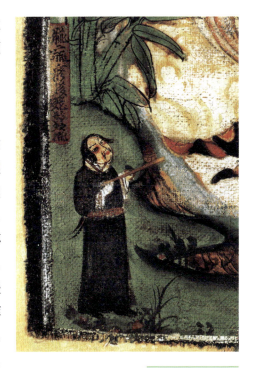

西夏《月孛》供养人

献朝廷谢罪，本路方敢上报朝廷。崇宗李乾顺借口二人害死太后，下令将他们处死。随后又连续遣使到宋朝鄜延路协商，词意恭顺。

在此前后，辽朝泛使萧德崇携国书到宋都汴京为西夏说情，"辽之于宋也，情重祖孙；夏之于辽也，义隆甥舅。必欲两全于保合，岂宜一失于绥存"。[②] 要求宋朝停止对西夏用兵。在乾顺的不懈努力和辽朝的斡旋下，宋朝乃答应和西夏讲和。同年九月，夏国使人至京谢罪，宋朝赐诏夏国主乾顺。哲宗皇帝对执政大臣曾布说："'西人未尝如此逊顺'。布曰：'诚如圣谕。元祐中固不论，元丰中表章极不逊，未尝如今日屈服也。'"[③] 这种局面的出现，除赵宋君臣进筑西夏疆土，迫使西夏屈服外，关键是崇宗乾顺改变立国方针，创造和平安定的外部环境，以发展社会经济，巩固统治。不过，崇宗

---

① 《宋史》卷四八六《夏国传下》。《续资治通鉴长编》卷五〇六，元符二年甲申注引《吕惠卿家传》："谍言梁氏之死，乃北敌遣人鸩杀之，使乾顺自管国事。"

② 《续资治通鉴长编》卷五〇七，元符二年三月壬戌。

③ 《续资治通鉴长编》卷五一五，元符二年九月丁未。

亲政后的外部环境并不安定，宋元符三年（1100 年），宋哲宗崩，徽宗即位后继续推行绍圣以来蚕食西夏领土的政策，西夏真正专注经济社会发展是夏仁宗李仁孝时代。

三、巩固内政的措施

1. 加强对地方的控制

西夏立国后始终存在中央和地方的博弈，有时表现为皇族和后族的矛盾，有时表现为中央和地方的关系，总的趋势是中央或皇权在加强，地方或部落势力在削弱。解除统兵贵胄兵权是加强和巩固封建皇权的重要手段，大酋嵬保没、凌结讹遇积极追随梁太后东征西讨，最为宋人所痛恨，崇宗乾顺借宋朝要求，处死二人，既解除了心腹之患，又博得了宋朝的欢心。夏贞观三年（1103 年），以右厢监军仁多保忠欲叛降宋朝为借口，将他诱到衙帐后解除兵权。仁多氏与嵬名氏、梁氏为当时的三大强族，梁氏败亡，仁多氏被解除了兵权，皇族嵬名氏的权力大大加强，夏崇宗的皇权也因此得到了进一步的巩固。

西夏红陶妙音鸟，出土于西夏陵

从朝廷选派亲信到地方任职，是崇宗李乾顺控制地方的重要手段，宋元符二年（1099 年），鄜延路经略使吕惠卿向宋哲宗报告，发兵深入西夏境内讨荡，俘虏一名叫王固策的西夏官员，自称在"西界衙头服事小大王，王差往宥州统领处充走马"。[①]"衙头"是西夏人对都城兴庆府的称谓，"小大王"是指崇宗李乾顺，时年 15 岁，故称"小大王"。刚亲政的崇宗乾顺，将自己身边人派到宥州前线，其目的不言而喻。

2. 分封皇族宗亲

利用皇族宗亲对抗后族，是加强

---

① 《续资治通鉴长编》卷五〇七，元符二年三月丁巳。

皇权的另一手段，夏贞观三年（1103 年）九月，崇宗乾顺封皇弟嵬名察哥为晋王，使掌兵权。夏元德二年（1120 年）十一月，又封宗室嵬名仁忠为濮王，嵬名仁礼为舒王。察哥长于谋略，敢于战斗，分封晋王后，深受崇宗乾顺的器重，在抵抗宋朝的进攻中，屡立战功。宋将刘法号称能战，屠西夏古骨龙、仁多泉等城。夏元德元年（1119 年），刘法等统兵攻西夏统安城（今甘肃永登县西），嵬名察哥借助有利地形，和刘法大军正面对阵，同时遣精骑登山迂回到敌后，两面夹击，宋军大败，主帅刘法乘夜奔逃七十里，天亮抵达盍朱（崄），被西夏守兵发现，仓惶之际坠崖折足，被一哨卒斩首。察哥见到刘法首级，怆然对部下说："刘将军前败我于古骨龙、仁多泉，吾常避其锋，谓天生神将，岂料今为一小卒枭首哉！其失在恃胜轻出，不可不戒。"此役后夏兵乘胜围震武，城将破，察哥不让破此城，"留作南朝病块"。乃领兵退回。①《宋史》卷四八六《夏国传下》记载："诸路所筑城砦皆不毛，夏所不争之地，而关辅为之萧条，果如察哥之言"。濮王嵬名仁忠为官严肃，不畏强权，晋王察哥广起宅第，横征诛求，蕃、汉民众怨声载道，仁忠上言弹劾晋王，乃罢百姓无偿劳役。夏大德元年（1135 年），崇宗李乾顺以仁忠为中书令，委以重任。

3. 建立国学，培养人才

夏景宗李元昊立国时设蕃学、汉学，培养蕃汉人才。元昊以后，连续出现国主年幼，母族重视蕃礼的局面，虽然蕃汉文化并存，但以母族为代表的蕃文化占上风。崇宗李乾顺要巩固以皇权为核心的封建统治，所以重视汉学教育，于夏贞观元年（1101 年），"始建国学，设弟子员三百，立养贤务以廪食之"。②

4. 建章立制，以法治军

西夏一开始就重视以法治军，景宗元昊袭位初就"明号令，以兵法勒诸部"。③ 初创阶段，缺少成文的条令，大多是"歃血为盟"，按照部落社会的习惯治军。崇宗李乾顺贞观年间（1101—1113 年），西夏立国 80 余年，逐渐走向成熟。立国方针由"尚武重法"向"尚文重法"转变，既隆文治，又

---

① 《宋史》卷四八六《夏国传下》。
② 《宋史》卷四八六《夏国传下》。
③ 《宋史》卷四八五《夏国传上》。

修武备，打破以往流动作战的习惯，仿效宋朝在沿边修起防御性城寨。[①] 制定和颁布西夏第一部军法典《贞观玉镜将》，该军法典共四篇，除小部分讲军事机构外，大量的是赏罚律。俘获越多奖赏越高，损失越多惩罚越重，如作战中俘获人马甲胄一千五百以下，不算挫敌锋，按俘获数量、种类领取奖赏；俘获人马甲胄一千五百以上，按大败敌军计，升七官，奖励百两银碗，五十两金碗，缂丝衣服一袭十带，十两金腰带一条，银鞍鞯一副，银一锭，茶绢一千。其下副将、行将、佐将、大小首领乃至军卒都有数量可观的奖品和升官奖励。如果战败则要处于重罚，如主将损失兵马一半以上、将军虚报军功三千件以上、察军战斗中擅离职守、主将丢失旗鼓金而逃回等，均处斩首。另外，主将战死，护卫也要处死，等等。

夏大德五年（1139 年）六月，夏崇宗李乾顺病故，享年 57 岁，在位 54 年，其中亲政 38 年。改元天仪治平四年，天祐民安八年，永安三年，贞观十三年，雍宁五年，元德八年，正德八年。谥圣文皇帝，庙号崇宗，墓号显陵。

四、从倚辽抗宋到援辽抗金

崇宗李乾顺在位期间，正是女真崛起，辽朝灭亡，宋室南迁的大动荡、大变迁时期。西夏适时地改变对外方针，由依辽抗宋到援辽抗金，最后臣附于金朝。夏大安九年、宋元丰六年（1083 年）闰六月，宋夏讲和。十月，崇宗李乾顺遣使上表宋朝，请求归还被侵占的横山疆土。以开边拓地为己任的宋神宗自然不会同意，[②] 西夏停止遣使贺正旦，并不断出兵攻掠宋朝边境，宋朝则停止岁赐，禁绝和市。两年后即宋元丰八年（1085 年），宋神宗崩，不满十岁的哲宗即位，实际权力落到神宗的母亲宣仁太后高氏的手中，她打着以母改子的旗号，废除熙丰以来的新法，对西夏采取绥靖政策，拟归还米脂、葭芦、浮图、安疆四寨。但这种妥协退让并没有换来和平，反而助长了西夏国相梁乙逋的穷兵黩武。夏天仪治平二年（1087 年）四月，梁乙逋纵兵入泾原，抄蔺家堡，焚掠庐舍殆尽。五月，联合吐蕃攻掠定西，相约得地

① 《宋史》卷三五四《何常传》。
② 《续资治通鉴长编》卷三四〇，元丰六年十月癸酉。

后，以熙、河、洮三州归吐蕃，兰州、定西城归西夏。[1]六月，以数千骑入秦州，抵甘谷城，围拢诸堡，被宋朝守将姚雄击退。七月遣卓罗监军仁多保忠攻镇戎军，九月复攻镇戎军。与此同时，梁乙埋还点集十二监军司兵于天都山，又约吐蕃大首领鬼章驻兵常家山，企图合击兰州。被宋将姚兕、种谊所破，生俘鬼章等吐蕃首领。

面对西夏凶猛攻势，北宋朝廷不敢反击，反而下诏"夏国久乱，新主孤幼，其辄敢犯边及不遣使贺谢，皆缘强臣梁乙逋等擅权逆命，阴有异图，即非其主与国人之罪，岂可遽欲兴师，深入讨伐。将使无罪向化之人，例遭诛戮。宜令诸路帅臣，各严兵备，无得先起事端，其所发兵马，权屯次边，如乙逋等能幡然改图，忠事其国，效顺朝廷，本国上表章，通贡奉，特仰收接，许其自新。"[2]此后两国虽约和，但梁乙逋仍然不断寇掠。夏天仪治平三年、宋元祐三年（1088年）三月，攻德靖等寨。六月攻塞门寨。次年（1089年）六月攻质孤堡。夏天祐民安二年（1091年）四月攻熙、河、兰、岷。九月攻麟、府二州，焚荡庐舍，蹂践禾稼而去。宋朝因此停止岁赐，断绝和市，用浅攻之策，进扰西夏，[3]沿边诸路接连出击。梁乙逋于夏天祐民安三年（1092年）六月，遣使向辽朝求援，辽涿州移牒雄州，"称奉辽主旨，夏使告乞应援。缘南北两朝通好年深，难便允从，委涿州牒雄州，闻达南朝，相度施行"。宋哲宗"诏雄州回牒涿州，具夏国犯边事状闻达照会"。[4]显然，辽朝不认为西夏受到了宋朝的巨大

西夏鎏金佛像，现藏内蒙古博物院

---

① 《续资治通鉴长编》卷四〇〇，元祐二年五月癸丑。
② 《续资治通鉴长编》卷四〇四，元祐二年八月壬辰。
③ 《续资治通鉴长编》卷四六七，元祐六年十月辛酉。
④ 《续资治通鉴长编》卷四七六，元祐七年八月己巳。

威胁，没有认真对待求援之事。

同年十月，西夏国母梁太后亲自统兵十万进攻环州，围城七日不克。宋朝边帅章楶令折可适领军一万，于洪德寨截断夏兵退路，夏兵大败，梁太后尽弃帷帐首饰，易服而逃。十一月，西夏复遣使辽朝求援。道宗因西夏接连派人求援，准备遣使到宋朝诘问，既而有人建议，梁氏穷兵黩武，不得人心，岂可因此抛弃旧盟。遂罢遣使，只令涿州移牒雄州诘之。①

宋元祐八年（1093 年），宣仁太后病死，16 岁的宋哲宗亲政，变法派重新登台，并以"绍述先帝"为由，恢复宋神宗时的内政与外交政策，停止与西夏划分地界，中断岁赐。夏天祐民安八年（1097 年），章楶以泾原、熙河、环庆、秦凤四路之师出瓠芦河川，筑二城于石门峡，诏赐名平夏城。"既而环庆、鄜延、河东、熙河皆筑城"。②宋元符二年（1099 年），河东路报告说："自前年复葭芦，去年筑神泉，今年筑乌龙，通接鄜延，稍相屏蔽。今又北自银城，南自神泉，幅员数百里间，楼橹相望，鸡犬相闻。横山之腴，尽复汉土，斥堠所及，深入不毛，秦、晋士马，更为声援；自此岚、石遂为次边，麟、府不为孤绝。"③

在宋朝步步进逼的情况下，梁氏于夏天祐民安八年（1097 年）五月遣使辽朝，请其出面劝宋朝停止进筑，归还疆土。八月再遣使辽朝乞援。十月辽朝牒宋称："西夏本当朝建立，两曾尚主，近累遣使奏告被南朝侵夺地土，及于当朝侧近要害处修城寨，显有害和好。请追还兵马，毁废城寨，尽归所侵地土，如尚稽违，当遣人别有所议。"④虽然言辞激烈，但宋对辽牒文已习以为常，不但没有归还攻占的城堡，仍进筑不已。夏永安元年（1098 年）七月，西夏又乞兵于辽，辽道宗"点集兵马，谋助西人"。⑤但只是声援而已，并未真正出兵。

同年十月，小梁太后携夏崇宗李乾顺起倾国之师，号称三十万，由没烟峡直趋平夏城。宋将郭成坚守孤城，夏人不能克，乃制造一种名曰"对垒"的战车，高十余丈，可载数百人临城作战。但适逢大风，吹折"对垒"战车，

---

① 《续资治通鉴长编》卷四八二，元祐八年三月乙未附注。

② 《东都事略》卷一二八《西夏传》。

③ 《续资治通鉴长编》卷五一四，元符二年八月甲午。

④ 《续资治通鉴长编》卷四九二，绍圣四年十月壬辰。

⑤ 《续资治通鉴长编》卷五○○，元符元年七月戊辰。

元昊天都山离宫遗址

也摧毁了夏人的信心，小梁太后悔恨交加，劖面而还。① 十二月，章楶又派部将折可适率轻骑两千人，乘虚潜入天都山，一举擒获西夏西寿统军嵬名阿埋和监军妹勒都逋，尽得其家属部众三千余人，牛羊十多万。宋朝乃于秋苇川建临羌、天都二寨，于南牟会建西安州，以折可适知州事。天都山为夏景宗李元昊离宫所在，形势险要，"介五路间，羌人入寇，必先至彼点集，然后议所向，每一至则五路皆竦"。② 自章楶进筑后，这种形势为宋所有，从此接通了泾原、熙河两路边面，把秦州（今甘肃天水）变为内地，大大加强了宋朝的边防。相反，西夏因失去了天都山到横山有利地形，与宋以沙漠为界，"无聚兵就粮之地，其欲犯塞难矣"。③

在宋朝强大的军事压力下，西夏的处境日益艰难，夏永安二年（1099

---

① 《续资治通鉴长编》卷五〇三，元符元年十月己亥。

② 《宋史》卷三五三《张叔夜传》。

③ 《续资治通鉴长编》卷五〇〇，元符元年七月甲子。

年）正月，小梁太后卒。二月，西夏遣使至宋报哀，又附谢罪表章，请求和好，宋朝不予接受。崇宗李乾顺乃请辽朝出面说情，在辽使萧德崇的斡旋下，宋哲宗这才同意讲和，这是对西夏用兵以来不曾有过的。

宋夏虽约和，但相互争战并未停止。宋元符三年（1100年），宋哲宗崩，弟端王赵佶即位，是为徽宗。徽宗好大喜功，继续推行绍圣以来蚕食西夏疆土的政策。为了取得辽朝的支持，夏崇宗从1101—1103年连续三次遣使辽朝，卑辞厚礼，请求联姻。夏贞观三年、辽乾统三年（1103年）辽天祚帝允婚，两年后正式封宗女南仙为成安公主，下嫁夏崇宗李乾顺，[1] 完成了夏辽自李继迁、李元昊以来的第三次和亲。

辽朝答应与西夏和亲，出于辽宋夏三维关系稳定不破的考虑。从夏贞观三年（1103年）起，西夏每当对宋作战失利或边界纠纷向辽朝求援时，辽朝几乎是有求必应。夏贞观五年（1105年）正月，崇宗李乾顺遣李造福等来求援，且乞伐宋。辽"遣枢密直学士高端礼等讽宋罢伐夏兵"。[2] 同年十二月，西夏复遣使辽朝求援，辽朝派枢密副使萧艮到宋朝交涉。宋遣龙图阁直学士林摅回报，宰相蔡京密谕林摅激怒辽人，以绝其请。林摅乃盛气而见契丹国主，跪上宋朝国书后，仰首直言："夏人数寇边，朝廷兴师问罪，以北朝屡遣讲和之使，故务含容。今逾年不进誓表，不遣使贺天宁节，又筑虎径岭、马练川两堡，入寇不已。北朝若不穷诘，非所以践劝和之意也！"[3] 辽朝并没有因宋使无礼而放弃为西夏说和。接着又遣北院枢密使萧得里底、知南院枢密使牛温舒使宋，再次"讽归所侵夏地"。[4]

在辽朝的不懈努力下，宋朝答应归还崇宁（1102—1106年）以来所侵疆土，废银州为银城，罢五路经制司，与西夏讲和。夏崇宗李乾顺遣使辽朝以表谢意。对此，清人吴广成评论说："辽之于夏，世为婚姻，尝为之乞和、请地、求退兵，无足异者。而宋自绍圣中，章楶戍平夏，拓寨五十余所，又经陶节夫日肆进筑，夏之削弱甚矣。于此而扶其衰，排其难，恤邻之谊，谁曰不宜？况受林摅之侮，绝不与中国较，辽之此举，事出至公。"[5] 吴氏将此

---

① 《辽史》卷一一五《西夏外纪》。

② 《辽史》卷二七《天祚皇帝纪》。

③ 《续资治通鉴长编拾补》卷二五附注，第285页。

④ 《辽史》卷二七《天祚帝纪》。

⑤ 《西夏书事》卷三二，吴广成按语。

归结为辽之"至公"，岂不知唇亡齿寒，夏国愈衰，辽朝愈加扶持也。

宋夏之间的和平大致维持了六七年，夏雍宁元年（1114年）冬，原来从西夏逃往宋朝的环州定远党项大首领李讹哆写信给夏国统军梁哆唉，说他

西夏文防守待命牌

居宋二十多年，见沿边守备空虚，如发兵而来，则定远"唾手可取，定远既得，则旁十余城不攻而下矣"。并说他"储谷累岁，阙地而藏之，所在如是，大兵之来，斗粮无赍，可坐而饱也"。[1] 梁哆唉遂发兵万人来迎。由于宋朝事先侦知，尽发窖藏，夏人因乏食而退，李讹哆随之率部属万余众投夏。

李讹哆叛逃事件后，宋徽宗即命河东节度使童贯为陕西经略使，总领永兴、鄜延、环庆、泾原、熙河、秦凤六路军事，对西夏发起全面进攻。夏雍宁二年、宋政和五年（1115年）正月，童贯令熙河路经略使刘法率步骑十五万出湟州（今青海乐都），秦凤路经略使刘仲武率兵五万出会州（今甘肃靖远），自己以中军居兰州，为两路声援，向西夏卓啰军司发起了猛烈攻势。刘仲武至清水河（今甘肃靖远西南）筑城而还。刘法出界后，于古骨龙（今青海互助）大败夏军，斩首三千余级。八月，刘仲武、王厚又合泾原、鄜延、环庆、秦凤四路军队攻西夏藏底河城（今陕西志丹北），被夏兵打败，宋军死亡相半，秦凤路第三将万余人全部覆没。[2]

次年（1116年）正月，童贯令诸路继续出击，刘法、刘仲武合熙、秦军十万屠仁多泉城（今青海门源），斩首三千级。种师道率十万鄜延、河东军克藏底河城。西夏为报屠城掠地之仇，于十一月大举进攻泾原路靖夏城，当时天气久旱无雪，夏兵先以数万骑绕城，践起弥天尘雾，使宋军视线遮

---

① 《宋史》卷四八六《夏国传下》。

② 《宋史》卷四八六《夏国传下》。

蔽，然后暗中挖地道至城中，城遂陷，屠之而去。夏元德元年、宋宣和元年（1119年）三月，宋夏战于统安城，宋军大败，死亡十万人，主将刘法战死。童贯"隐其败而以捷闻"。[1] 在接连失利的情况下，童贯仍穷兵黩武，四月以刘仲武、种师道为将，率鄜延、环庆兵出萧关，"取永和砦、割踏砦、鸣沙会，大败夏人而还"。[2]

自童贯主持陕西军务六七年来，进筑军垒，建立堡寨，"遂得横山之地，夏人失所恃"，乃遣使讲和。[3] 宋徽宗也因关陕困弊以及准备和金人相约夹攻辽朝，答应西夏求和，下令六路罢兵。自此，宋朝将精力转向收复燕云十六州上。

宋宣和二年（1120年），宋金达成联合攻辽的"海上之盟"。夏崇宗李乾顺闻之，"遂与辽国书"，约夹攻宋朝，辽天祚帝不许。[4] 辽保大二年、夏元德四年（1122年）三月，金兵攻破辽中京（今辽宁宁城西），又转攻西京（今山西大同），崇宗李乾顺发兵五千赴援，但大军刚出境，便得到西京被攻破的消息，只好退回。五月，辽山西城邑尽失，崇宗李乾顺听说天祚帝逃往阴山，遣大将李良辅领兵三万前去救援。李良辅设伏打败金兵，乘胜进军宜水，由于轻敌，被金兵打败，"追至野谷，杀数千人。夏人渡涧水，水暴至，漂溺者不可胜计。"[5] 七月，崇宗李乾顺又派大臣曹价向天祚帝问候起居，并馈赠粮饷。

夏元德五年、辽保大三年（1123年）正月，崇宗李乾顺再次出兵救辽，又被金兵所阻。同年五月，天祚帝在阴山遭到金兵袭击，"诸王、妃、女悉被掳"，天祚帝只带部分随从逃往云内（今内蒙古土默特左旗），崇宗李乾顺遣使请他到西夏避难。天祚帝为表示感谢，同时也为了使夏崇宗再次发兵来救，于六月派人册李乾顺为夏国皇帝。[6] 按此为西夏自景宗李元昊称帝立国以来，第一次得到大国的承认。与此同时，金朝也派人来诱降夏崇宗李乾顺，乾顺权衡利害得失，最终决定对金奉表称臣，请以事辽之礼事金。既而

① 《宋史》卷四八六《夏国传下》。
② 《东都事略》卷一二八《西夏传》。
③ 《东都事略》卷一二八《西夏传》。
④ 《东都事略》卷一二八《西夏传》。
⑤ 《金史》卷七一《斡鲁传》。
⑥ 《辽史》卷一一五《西夏外纪》。

天祚帝在应州成了金兵的俘虏，大辽帝国灭亡，夏辽关系随之终结。

第四节　西夏和平环境的建立

一、夏与金朝关系

西夏和金朝发生关系，是在辽朝灭亡前夕。金收国元年（1115 年）元旦，女真杰出领袖完颜阿骨打称帝立国后，立即向已经衰败的辽朝发起更猛烈的进攻。二月，攻占军事重镇黄龙府，接着克上京临潢府。辽军连连败北，天祚帝被迫逃入天德、云中一带的夹山地区。这时，作为辽朝的盟友西夏，仍然承认辽朝宗主国的地位，多次出兵援辽，或派人向天祚帝致以问候，馈赠粮饷，于是原来一直隔绝的夏金两国开始在辽金战场上有了初步的接触。

金灭辽，首先采取联宋的外交策略，达成了所谓的"海上之盟"，同时对辽的西部盟友西夏并未忽视，迫使西夏臣服，有利于彻底消灭辽军残部。金人显然对此非常清楚，在处理西夏援辽问题上十分谨慎。如夏元德四年、金天辅六年（1122 年）初，金兵逼近夏境，西夏也集结军队屯于境上，并声称奉辽天祚帝之命，"军州及土地人民，权令守护招集"。[1] 金人采取克制忍让的态度，不直接与西夏交锋，主动撤退以图后举。[2]

然而，西夏以为金人示弱，为了表示对辽国的情谊，也为了将领土扩张到黄河以东，遂于同年五月遣大将李良辅率兵三万援辽，在天德军境内和金将斡鲁、娄室接战，夏军先胜后败。野谷一战，三万大军伤亡殆尽，主帅李良辅被俘。这次战败，使西夏认识到了金朝的强大，也认识到了辽朝灭亡是大势所趋。为了保存和发展，一贯善于应变的西夏决心改变外交政策，弃辽附金。

野谷打败西夏后，完颜阿骨打抓住时机，派皇子完颜宗望至阴山招抚。宗望遣使西夏游说，晓以利害，并提出具体议和条件：一是西夏以事辽之礼事金，即对金称臣纳贡；二是如果辽天祚帝逃到西夏，立即扣押献给金朝；

---

① 《大金吊伐录校补》卷二一《白札子》，中华书局整理本。
② 刘建丽、汤开建：《金夏关系述评》，载《西北师院学报》1986 年第 2 期。

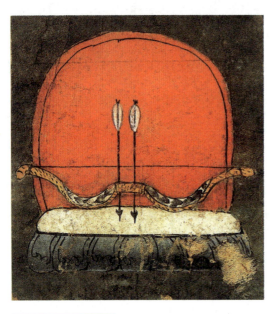

俄藏黑水城出土弓箭图

三是如果西夏答应上述两项条件，金朝则"割地酬勋"。①

夏金很快就有关议和条件达成一致，夏元德六年、金天会二年（1124年）初，西夏"以事辽之礼称藩"，金西北、西南两路都统宗翰奉金主之命，割下寨以北、阴山以南、乙室耶刮部吐禄泺以西之地给西夏。三月，西夏得到金人所割之地后，崇宗李乾顺立即遣把里公亮向金朝上誓表，表示愿以奉辽之礼奉金，如辽主奔窜西夏，当执献金朝。② 当时金太祖完颜阿骨打已卒，太宗完颜晟即位，闰三月派王阿海、杨天吉到西夏颁赐誓诏，史称"天会议和"。从此，夏金两国正式建立了以君臣相称的政治关系。

从1124年夏金议和到1139年夏崇宗卒，共十六年，夏金关系极其微妙复杂。从表面上看，双方以君臣相称，四时八节聘使往来不断，似乎处于一片友好的气氛中。但实际上并非如此，夏金双方均不以诚相待，各有盘算，相互提防。金朝对西夏不信任的原因主要是担心夏辽旧盟重燃，金廷与宋交涉文书中称"夏国素号狡狯，唯务诈诞，与昏主（辽天祚帝）实甥舅唇齿之国。"③ 从李继迁时代起，夏辽关系极为密切，西夏立国与辽朝的大力支持是分不开的。夏辽世代姻亲，在位的夏崇宗李乾顺之妻就是辽国的成安公主，且崇宗李乾顺在辽朝的扶持下亲政，又出兵援辽抗金。

当时西辽"军势日盛，锐气百倍"，并多次扬言要"翦我仇敌，复我疆宇"。④ 因此，金人十分担心西辽和西夏联合犯边。如金天会三年（1125年）

---

① 《金史》卷一三四《西夏传》。

② 《金史》卷一三四《西夏传》。

③ 《大金吊伐录校补》卷二一《白札子》，中华书局整理本。

④ 《辽史》卷三〇《天祚帝纪四》。

都统完颜希尹奏曰："闻夏使人约大石取山西诸郡，以臣观之，夏盟不可信也。"金太宗也认为西夏与耶律大石合谋，"不可不察，其严备之"。①

西夏还暗中和宋朝进行联系。金灭辽后，约西夏共同伐宋，西夏一方面派军队向宋朝陕西五路进攻，另一方面继续遣使向宋进贡，如夏元德六年（1124 年）入贡于宋，次年宋钦宗即位，西夏亦遣使表贺。宋夏之间的国书也接连不断，据宋帅吴玠讲，"夏国数通书，有不忘本朝意。"② 西夏这种游刃于两个大国之间的外交手腕，是为金人所不能容忍的。

同样，西夏对金也不信任，西夏向金称臣，完全是屈服于金朝强人的军事压力，并非诚心投附，正如宇文懋昭所说的，"是时，金国方盛，胁而从之"。③ 随着金朝势力深入关陕，西夏越来越感受到金人的威胁，娄室入陕前，金河东诸将就主张先削弱西夏，再追击宋室。④ 娄室入陕后，迫降府州折氏，"欲因折氏以并夏境"。⑤ 由于夏金双方互不信任，发生了一系列摩擦事件。

金朝灭辽后，把对外军事斗争的矛头对准宋朝。夏元德六年、金天会二年（1124 年）底，金帅粘罕遣撒拇出使夏国，约西夏出兵攻麟州，以牵制河东地区的宋军，条件是金朝将割让天德、云内、金肃、河清四军及武州八馆之地。夏元德八年、金天会四年（1126 年），西夏发兵由金肃、河清渡过黄河，攻取天德等四州八馆之地。既而金人背约，"兀室以数万骑阳为出猎，掩至天德，逼逐夏人，悉夺有其地。夏人请和，金人执其使"。⑥

金人曾屡令西夏不得纳降契丹人，西夏却阳奉阴违。夏正德六年、金天会十年（1132 年），辽河东八馆五百户、山金司、乙室王府、南北王府、四部族衙、诸契丹相温、酋首率众蜂起，亡入夏国。⑦ 夏崇宗全部予以安置，并立监军司统之。夏大德四年、金天眷元年（1138 年），伪齐知同州李世辅（李显忠）谋杀金帅撒里曷不果，被金兵追杀，乃投奔西夏。西夏不仅接纳

① 《金史》卷七三《完颜希尹传》。
② 《宋史》卷四八五《夏国传上》。
③ 《大金国志》卷五《太宗文烈皇帝》。
④ 《金史》卷七四《宗翰传》。
⑤ 熊克：《中兴小纪》卷四，文渊阁四库全书影印本，第 313 册第 829 页。
⑥ 《宋史》卷四八六《夏国传下》。
⑦ 《大金国志》卷七《太宗文烈皇帝》，文渊阁四库全书影印本，第 383 册第 870 页。

了李世辅的投降，而且还发兵助其复仇。次年，宋朝降将、金熙河路经略使慕洧叛金投夏，夏崇宗立即接纳，并授其为"山讹首领"。①

金帅粘罕假称需要一万匹战马，要求西夏支援，扬言如西夏拒绝将对西夏用兵。西夏亦假意允许，当金人来取马时，夏军设伏将金军一举全歼，大挫金人的锐气。②

西夏对土地的争夺更是寸步不让。夏正德元年、金天会五年（1127年）三月，西夏拒绝承认金朝单方面的划界方案。夏正德六年、金天会十年（1132年），金人将陕西地划给刘豫伪齐政权，夏崇宗李乾顺遣使入金贺正旦，"请环、庆二州，金主不许"。李乾顺为此愤愤不平。夏大德二年、金天会十四年（1136年），西夏攻取西宁等州，次年（1137年）正月间，"陕西帅司申报夏国大军压境，并密封夏国榜来。时四太子方在东京，虑背腹受敌，几于失措。大急，先发割界文字前往陕西，方解其事。"③在夏金交好初期，尽管双方明和暗斗，但金人利用西夏对付辽宋，而西夏为了在夹缝中求得生存和发展，双方在争斗中都有所让步，并没有使矛盾激化到双边关系破裂的程度。如1126年（夏元德八年、金天会四年），金人背约，从西夏手中夺取四州八馆之地后，又向西夏征兵，崇宗李乾顺许之。近代史家戴锡章指出："金尝渝盟于西夏矣，而乾顺许之者，盖畏其威，亦欲从而掳掠耳。"④又如，夏正德元年、金天会五年（1127年），夏崇宗李乾顺遣大将李遇率兵攻威戎城，但金人已先占领该城。李遇给金帅娄室送了一封书信，称"夏国既以天德、云内归大国，大国许我陕西北鄙之地，是以至此"。⑤娄室遂命金兵退出威戎城。还有上述夏大德三年、金天会十五年（1137年），西夏得西宁州后，表乞河外诸州，金主以积石、乐、廓三州与之。时三州的数千秦人不愿归夏，金主一时拿不定主意。权枢密院事刘筈说，"三小州不足为轻重，恐失朝廷大信"，遂以三州归夏。⑥

从1139年夏仁宗即位到1209年蒙古第一次兵围中兴府，长达七十余年

① 《金史》卷一三四《西夏传》。
② （宋）王明清：《挥麈后录》卷四，文渊阁四库全书影印本，第1038册第463页。
③ 《建炎以来系年要录》卷一二五，引《金中杂书》，第2042页。
④ 《西夏纪》卷二三。
⑤ 《金史》卷一三四《西夏传》。
⑥ 《金史》卷七八《刘筈传》。

间，夏金两国仅在海陵王正隆末年（1161 年）和金章宗明昌元年（1190 年）发生过两次局部冲突外，基本保持了友好关系。

夏大德五年（1139 年），仁宗李仁孝即位时，此时形势发生了很大的变化。辽朝早已灭亡，耶律大石在中亚建立西辽，已安居西土开拓与经营中亚统治区，东返故里已不可能。金朝的心腹之患基本消除。宋金之间的关系也发生了新的变化，金朝由强转弱，南宋由弱转强，形成新的对峙局面。加之金人进入中原后，受汉族文明的影响，女真奴隶制内部也急剧变化，亟须加强皇权和巩固对新占领地区的统治。因此，金熙宗将太祖、太宗朝的对外扩张政策，转变为对内整顿与改革，铲除守旧势力，加强以皇权为中心的中央集权，需要一个相对安定的外部环境。

与此同时，西夏经历了几十年的战争，内乱频生，叛党纷起，夏仁宗需要平息叛乱，巩固和加强政权。夏金两国的友好关系正是在这样的历史背景下出现的。

夏大庆二年、金皇统元年（1141 年），金熙宗答应西夏的请求，第一次在兰州、保安、绥德三处开设与西夏贸易的榷场。[1] 同年七月，又开始遣使贺夏主生日。早在夏元德六年（1124 年），金太宗遣王阿海以誓诏赐夏国，双方因受赐礼仪产生不快，为此金朝不遣赐生日使，"至是始遣使赐之"。[2] 金皇统二年（1142 年），金朝制定西夏使节入见及朝辞礼仪，凡入见先宋使，次夏使，朝辞则西夏使在宋使之前，[3] 把西夏放在同南宋同等重要的位置上。麟、府折氏与西夏世仇，金人原利用府州折氏以并夏国，西夏为了保证东部边境的安全，多次出兵麟、府二州。金皇统二年（1142 年），金太原尹张奕上言，"徙折氏他郡，则夏人自安"。熙宗遂命折氏移守青州。[4] 这一切都大大地促进了夏金关系的友好发展。

正当夏金关系处于友好发展时，金朝统治集团内部发生政变，金天德元年（1149 年）十二月，右丞相完颜亮弑金熙宗，自立为帝，是为海陵炀王。当时西夏贺正旦使到达广宁，听说金熙宗被弑，国中大乱，乃持仪物而回。随后海陵王完颜亮遣使到西夏告哀，并谕废立之事。夏仁宗使人止之境上，

---

① 《金史》卷一三四《西夏传》。
② 《金史》卷一三四《西夏传》。
③ 《金史》卷三八《礼志》。
④ 《金史》卷一二八《张奕传》。

责问金使"圣德皇帝何为见废",不予接纳。① 完颜亮为了争取外援,稳定国内政局,不仅容忍了作为臣属国西夏的诘责,而且主动在云中西北过腰带上石椤坡、天德、云内、银瓮口数处设市场,开放对西夏铁器的出口。② 善于以自身利益调整对外政策的西夏,立即对海陵王表示友好。

夏天盛二年、金天德二年(1150年)七月,西夏遣御史中丞杂辣公济、中书舍人李崇德贺海陵王登基,又遣开封府尹苏执义、秘书监王举至金贺受尊号。次年(1151年)九月,海陵王以上年十二月白虹贯日,诏去尊号,夏仁宗即上表请求不要去尊号。③ 夏天盛八年、金正隆元年(1156年),金朝又主动派兵部尚书肖恭经划夏国边界,并于边上立划界碑。④ 此后直到夏天盛十二年(1160年),夏金聘使来往异常地亲密。

然而,海陵王图谋统一中国,政局稍安便开始经略四方,营建汴京,签发丁壮民夫,修造战船,打制兵器,大括天下骡马,积极为攻宋战争做准备。金正隆五年(1160年)九月,他不顾统治集团内部的不满和北方人民起义浪潮的高涨,南下攻宋。海陵王咄咄逼人,也使夏仁宗深感不安。同年十月,宋朝大将刘锜、吴璘遣使要求西夏出兵夹击金人时,西夏一反对宋朝来书终不回的态度,分别给刘锜、吴璘回复国书,对金朝大加口诛笔伐,欲联宋伐金。但西夏口惠而实不至,慑于金军势大,不敢大举出击,只是"乘隙攻取荡羌、通峡、九羊、会川等城寨"。⑤

金正隆五年(1160年)底,海陵王完颜亮兵败身死。金世宗即位,宋金关系趋于缓和,西夏立刻改变外交政策,归还侵占金朝的城寨,又说南宋侵占夏国领土,请金朝出面帮助收复。金世宗下诏予以嘉奖,并派吏部郎中完颜达吉"体究陕西利害"。⑥

夏天盛十四年、金大定二年(1162年),西夏遣武功大夫贺义忠、宣德郎高慎言贺万春节,金世宗在贞元殿设宴款待夏使,席间世宗发现菜肴不精,认为不足以服夏使之心,下令击杖掌食官。贺义忠等朝辞时求互市,世

---

① 《金史》卷一三四《西夏传》。
② 《西夏纪》卷二四,引《西夏事略》。
③ 《金史》卷六○《交聘表》。
④ 姬乃军:《陕西吴旗出土金与西夏划界碑》,载《文物》1994年第9期。
⑤ 《金史》卷一三四《西夏传》。
⑥ 《金史》卷一三四《西夏传》。

南宋、西夏、金时期全图①

宗许之。②

　　金世宗的友好政策，使夏金关系很快得到恢复和发展，至金大定二十九年（1189年）世宗去世的二十多年间，是夏金关系最友好的时期。据不完全统计，其间，西夏共向金遣贺正旦、贺万春节、谢横赐及奏告使节多达七十余次，频繁的聘使往来大大地加强了两国政治、经济、文化联系。

　　夏金友好还表现在金世宗慎重处理与西夏关系。当时西夏权臣任得敬专国政，欲分裂夏国，诬杀宗亲大臣，其势渐逼，仁宗李仁孝不能制。夏乾祐元年（1170年），夏仁宗被迫分西南路及灵州啰庞岭地予任得敬，自为一国，并上表金朝，为任得敬求封。金世宗就此事问宰相，尚书令李石等以不干预别国内政为由，主张允许。金世宗认为，"有国之主岂肯无故分国与人，此必权臣逼夺，非夏王本意。况夏国称藩岁久，一旦迫于贼臣，朕为四海

①　引自谭其骧：《中国历史地图集》第六册，中国地图出版社1982年版，第42—43页。
②　《金史》卷六《世宗纪》。

主，宁容此邪！若彼不能自正，则当以兵诛之，不可许也。"①在金世宗的支持下，夏仁宗得以诛灭任得敬及其党羽。事后夏仁宗非常感激，"深念世宗恩厚"，献本国所造百头帐。又上谢表说："得敬所分之地，与大朝熙秦路接境，恐自分地以来别有生事，已根勘禁约，乞朝廷亦行禁约"。②夏金两国由相互贪图对方领土，转向相互尊重和维护对方领土完整、统一，反映出两国友好关系发展到一定的深度。

夏乾祐二十一年、金明昌元年（1190 年），因新即位的金章宗禁断夏金贡使贸易，西夏发兵侵岚、石等州，次年（1191 年）又接连向金朝鄜、坊、保安州及镇戎军发起了进攻，掠取牲畜无算，还袭杀金将阿鲁带。面对双边贸易纠纷引发的战争，金章宗保持了冷静处理地态度，一方面诏令夏金贡使贸易"复旧"，另一方面向西夏诏索杀阿鲁带者。西夏起初将肇事者处以徒刑，后因金人"索之不已，夏人乃杀明契等"。③夏乾祐二十四年（1193 年），仁宗李仁孝去世，李纯祐即位，夏金关系又恢复和好。

和海陵王正隆末夏金局部冲突一样，这次西夏虽向金发动了进攻，但双方贡使往来并没中断。史载金朝"自天会议和，八十余年与夏人未尝有兵革之事"。④确切地说，应是八十余年没有断绝过关系。

二、夏与南宋关系

1.南宋初年宋夏关系

南宋初年，宋朝一度把"联夏制金"作为中兴的重大方略。高宗赵构即位，大臣唐重就提出"通夏国之好，继青唐之后，使相掎角，以缓敌势"。⑤赵子崧还进一步指出："其熙河五路进筑州军堡寨，欲望将不系紧要控扼去处并罢，明谕夏人，以示德意。"⑥即通过改变宋神宗以来对西夏进逼政策换取同西夏的和好。夏正德元年、宋建炎元年（1127 年）正月，高宗以主客员外郎谢亮假官陕西抚谕使兼宣谕使，从事郎何洋假官太学博士，持诏出使

---

① 《金史》卷一三四《西夏传》。
② 《金史》卷一三四《西夏传》。
③ 《金史》卷一三四《西夏传》。
④ 《金史》卷一三四《西夏传》。
⑤ 《宋史》卷四四七《唐重传》。
⑥ 《建炎以来系年要录》卷五，建炎元年五月庚寅。

西夏，谕夏崇宗李乾顺约和。

　　自庆历议和以来，宋使一般只到宥州，有时至兴庆府，夏国皇帝以宾客礼相见。这次夏崇宗利用宋朝处境艰难，不循旧规，"倨然见之"，[①] 又将谢亮留而不遣，数月后勉强答应罢兵约和。夏兵却踵其后，袭取定边军。南宋对西夏的傲慢无礼和失信，采取了极其宽容的态度，不但不予诘责，同年五月东京留守宗泽仍请求高宗赵构派"知几辩博之士，西使夏，东使高丽，喻以祸福，两国素蒙我宋厚恩，必出助兵，同加扫荡"。[②]

　　夏正德三年、南宋建炎三年（1129 年）二月，金帅娄宿接连攻取长安、凤翔，陇右大震。夏崇宗"谍知关陕无备"，便令宥州监军司移檄延安府，说"大金割鄜延以隶本国，须当理索，敢违拒者，发兵诛讨之"。[③] 鄜延路

①　《宋史》卷四八六《夏国传下》。
②　（宋）宗泽：《宗忠简集》卷一《奏请回銮第二十四疏》。文渊阁四库全书影印本，第 1125 册第 26 页。
③　《宋史》卷四八六《夏国传下》。

经略使王庶回檄西夏，以金朝许其四州八馆之地又夺取，以及宋朝贪图燕幽十六州疆土导致社稷倾覆的事实晓谕西夏，指出"金人欲自泾、原径捣兴、灵"，西夏也存在着灭顶之灾。同时，遣人间离西夏权臣李遇和夏崇宗。由于王庶处置得当，西夏没有贸然出兵鄜延。

同年五月，宋知枢密院事张浚宣抚川陕，谋北伐以复中原。张浚"欲通夏国为援"，奏请两封国书，一如常式，一用敌国礼。七月，高宗命主客员外郎谢亮假官太常卿、权宣抚司参议官司，随张浚西巡，准备再度出使夏国。次年（1130 年）正月，张浚正式令谢亮前往西夏，但西夏拒绝宋使入境，谢亮"不得其要领而还"。[①] 不久宋金决战于富平，宋军大败，尽失关陕地利及精兵良将。绍兴元年（1131 年）八月高宗下诏，"夏本敌国，毋复颁历日"。[②] 实际上宣布放弃"联夏制金"方略。

夏正德六年、金天会十年（1132 年）初，金朝以陕西地赐刘豫，夏崇宗遣使求赐环、庆二州，但金人不允，由是夏人怨金。加之金帅粘没喝聚兵云中，谋取川陕，夏崇宗恐其图己，举国屯境上备之，并遣使至吴玠、关师古军中请通好。宋朝宰臣吕颐浩得知后上言："闻金夏交恶，夏国屡遣人来吴玠、关师古军中，宜令张浚通问，以撢其情。"[③] 但高宗赵构没有采纳，此后吴玠仍与西夏保持联系。夏正德八年、宋绍兴四年（1134 年）七月，宋高宗似乎又欲联络西夏"命吴玠通信夏国"，[④] 十二月吴玠上奏说："夏国数通书，有不忘本朝意。"[⑤] 尽管两国信使不断，但西夏缺乏诚意，双方没有达成实质性协议。

金天会十五年（1137 年）冬，金朝废掉刘豫伪齐政权，与南宋进行和谈。金天眷二年（1139 年）春，又归还宋朝河南、陕西之地，宋夏又一次接壤。因陕西隶属关系的变化，宋夏之间又有了交往。慕洧原是宋朝统制官，富平之战后投附西夏，金人攻庆阳，又献城降金，官至熙河路经略使。金朝将陕西归宋时，规定陕西现任官吏不变，慕洧惧归宋被诛，再次投奔西夏，西夏授以山讹（横山羌）首领，命其图关陕地。慕洧领兵攻会州，被宋

①　《宋史》卷四八六《夏国传下》。
②　《宋史》卷四八六《夏国传下》。
③　《宋史》卷四八六《夏国传下》。
④　《宋史》卷二七《高宗纪四》。
⑤　《宋史》卷四八六《夏国传下》。

将朱勇打败，于是请西夏发兵大举进攻，宋陕西宣抚使胡世将"遗书勉以忠义"，才停止对陕西的进攻。[1]

这一时期西夏利用李世辅（李显忠）图陕西，对宋夏关系影响最大。李世辅本宋朝青涧蕃部属户，世代忠宋捍边。金人取延州，授李世辅官，不久又将其徙知同州。金元帅撒里曷来同州，李世辅谋擒撒里曷归宋，事发后遭到金兵追杀，被迫走投西夏，金人遂捕杀其家属二百余口。李世辅痛心疾首，向西夏请兵生擒撒里曷，取陕西五路归西夏。夏大德五年（1139 年）正月，西夏乃以文官王枢、武将㗩讹为陕西招抚使，李世辅为延安招抚使，领兵二十万取陕西。

李世辅到延安后，得知陕西已经归宋，便率旧部八百余骑见王枢、㗩讹，劝二人投宋，遭到拒绝后，乃将王枢绑缚，㗩讹逃脱。紧接着夏人以铁鹞子来争，被李世辅打败，"杀死蹂践无虑万人，获马四万匹"。然后押解王枢南下，在河池县见到了四川宣抚使吴玠。吴玠犒以银绢，称其"忠义归朝，唯君第一"。至行在，高宗赐名显忠，抚慰再三。[2] 当时宋朝欲恢复同西夏的关系，宋高宗召见王枢，将他和一百余俘虏遣还夏国。[3]

次年（1140 年）三月，陕西宣抚使胡世将又奉诏，命知保安军杨顺和西夏商议交聘事，西夏再三拖延，最后答复杨顺，"吴玠七请和于我，我不之许，今诚结好，汝国家势非前日，约我兄弟可也。"[4] 要求和宋朝取得平等的外交地位。五月，金朝撕毁和宋朝的约定，派兵复取陕西、河南，宋夏交往也由此中断。

南宋初年的宋夏交往，是以共同对付金朝威逼为目的，之所以没有达成南宋政府所期望的反金联盟，关键在于南宋势力远弱于金，西夏只有表面上顺乎金朝以求生存。李心传将宋夏议和不成的原因归于夏人"悖慢"，是对当时局势缺乏正确认识所致，是南宋狃于大国之威，对夏政策的失败所在。[5]

---

[1] 《西夏书事》卷三五。

[2] 《宋史》卷三六七《李显忠传》及卷四八六《夏国传下》。

[3] 《宋史》卷二九《高宗纪》。

[4] 《建炎以来系年要录》卷一三四，绍兴十年三月。

[5] 蔡东洲、唐禄祥：《论南宋同西夏的关系》，载《四川师院学报》1992 年第 2 期。

2. 仁孝时期南宋与西夏的三次往来

宋绍兴十二年（1142年），宋金"绍兴议和"成立，南北对峙局面正式形成，两国以淮水至大散关为界，陕西遂为金有。交战百年之久的宋夏两国被隔离开来。此后五十多年间，宋夏关系几乎断绝，只有在"正隆南伐""西蕃之叛""西辽假道"三次事件中发生过短暂的交往。

宋高宗末年，海陵王完颜亮企图发动大规模南征，一举消灭南宋。夏天盛十二年、金正隆五年（1160年）正月，西夏遣使至金贺正旦及生辰，完颜亮透露即将对宋开战的意图，要求西夏加强战备以配合金朝的行动。① 当时夏金关系已经很紧张，西夏意识到金人灭南宋后有可能回师陕西灭夏。因此，宋朝大将刘锜、吴璘等遣人出使西夏，要求与西夏合兵讨金时，一反对南宋不理睬的态度，作出了较为积极的响应。夏仁宗在回刘锜国书中对金朝大加挞伐："顾惟雄贼，来寇吾疆，始长驱急骑以争先，终救杀扶伤而不暇，使彼望风而遁，败衄而归，岂知敢犯于皇威，遘辱率兵而大举。"② 在回吴璘的国书中，也从道义上谴责金人"不安于微分，鼠窃一隅之地，狼贪万乘之觊，天地所不容，神明为咸愤"。并信誓旦旦说："尔众土既造于南土，我小国当应于西偏。前冲而九野生欢，左顾而千军振色。从兹歃血，动有余威，誓将灭其众而犁其庭，相与寝其皮而食其肉。成大功于不日，守中夏于历年，不取必有天殃。"③

尽管西夏书辞慷慨，但在具体行动上仍采取守疆自保、伺机扩张的外交政策，并没有发大军响应吴璘，而是乘宋金无暇顾及陕西之机，出兵攻掠两国边鄙，夺取金朝的荡羌、通峡、九羊、会川，南宋的秃头岭、蔡园川、会州等地。四川宣抚使吴璘为此专门派镇戎军守将秦弼晓以利害，直到"金兵败，夏人乃还"。④

夏天盛十五年、宋隆兴元年（1163年）正月，宋孝宗令宰相陈伯康等致书夏仁宗，重申北宋与西夏世修盟好，欲再度结为友邦，并送上厚礼。⑤ 但这时的西夏已不存在亡国的威胁，对宋朝的卑词厚礼不予理睬，从此宋夏

---

① 《金史》卷五《海陵要纪》。
② 《三朝北盟会编》卷一三三《西夏答刘锜等檄书》。
③ 《西夏书事》卷三六。
④ 《宋史》卷四八六《夏国传下》及《建炎以来朝野杂记》乙集卷二〇《西夏扣关》。
⑤ 陆游：《渭南集》卷一三。

关系再度断绝。

宋夏绝交数年后，西夏发生了西蕃之叛，使中断的宋夏关系一度恢复。西夏正德年间（1127—1134 年），金人将积石划归西夏，夏人谓之祈安城，该地大族名叫庄浪，分为吹折、密藏、陇逋、庞拜四门（族）。夏天盛十六年、宋隆兴二年（1164 年），隆兴北伐破洮州，吐蕃把羊族首领结什角（董毡的曾孙）携其母走避乔家族，乔家族首领与邻近的木波、陇逋、庞拜、丙离四族共立结什角为长，号为王子。既而结什角率四族叛夏投金，金主厚加赏赐，陇逋、庞拜二族"因诱吹折、密藏二门潜附"。为了确保西部边境的安全，西夏权臣任得敬于夏天盛二十年（1168 年）五月，遣使至四川宣抚司，"约发兵攻西番（结什角）"。① 宣抚使虞允文以蜡书报之。

夏乾祐元年、宋乾道六年（1170 年），四川宣抚司再以"蜡书遗德（得）敬，约以夹攻，会德（得）敬伏诛"。② 夏仁宗为感谢金世宗帮助诛灭任得敬，将宋使及蜡书一并献给金朝。同年九月，南宋范成大使金，金世宗出示蜡书以责之。西夏之举，使宋朝得出"其反覆不可信"的结论，③ 导致此后十几年双方断绝了一切往来。

夏乾祐十六年、宋淳熙十二年（1185 年），宋朝谍知耶律大石（西辽）假道西夏伐金的消息，锐意恢复的宋孝宗又想借此机会联合西夏，密诏四川制置使留正与利州路都统吴挺商议对策。孝宗对大臣说："契丹欲兴兵，不如所传则已，有之则在我岂得漠然。"次年四月，复诏吴挺遣使结好西夏，"当时论议可否及夏人从违，史皆失书"。④ 由于耶律大石假道西夏伐金之事没有结果，宋朝由此认定所传果妄。⑤ 无论这一事件是妄传还是确有其事，但却为宋夏再一次交往提供了契机。

3. 夏末年五次约宋攻金

十三世纪初，蒙古帝国崛起，开始了漫长的征战。南宋、西夏、金三角

---

① 《宋史》卷三四《孝宗纪二》。

② 《建炎以来朝野杂记》乙集卷二〇《西夏扣关》，文渊阁四库全书影印本，第 608 册第 633 页。

③ 《建炎以来朝野杂记》乙集卷二〇《西夏扣关》，文渊阁四库全书影印本，第 608 册第 633 页。

④ 《宋史》卷四八六《夏国传下》。

⑤ 《宋代蜀文辑存》卷七五《周益国公行状》。

关系发生了深刻的变化，断绝已久的宋夏关系也恢复起来，这时的宋夏关系以联合夹击金朝为内容。

夏应天四年（1209 年）二月，蒙古兵入西夏，克兀剌海城，破克夷门，围都城中兴府。夏襄宗遣使金朝，请求发兵解围。金朝大臣都认为"西夏既亡，（蒙古）必来加我，不如与西夏首尾夹攻，可以进取而退守。"但金主卫绍王居然以为"敌人相攻，中国之福，吾何患焉？"① 拒绝派军队援夏而采取隔岸观火的态度。为了报复金朝背信弃义，西夏频频出兵，攻掠金陕西边郡，又利用宋金矛盾，多次主动遣使到四川制置司，约南宋夹攻金朝。

夏光定四年、宋嘉定七年（1214 年），西夏左枢密使兼吐蕃路招讨使万庆义勇遣蕃僧减波把波携带蜡书二丸，前往南宋西和州岩昌寨，欲与宋朝合纵犄角，恢复旧疆。这是西夏第一次主动约宋攻金，大致因为四川制置使新旧交替（董居谊代安丙），未将此事上报朝廷。②

五年后，夏光定九年（1219 年），西夏再次遣使入宋请会师攻金。此前金人在蒙古的压迫下退出河北，以汴京开封为都城。汴京乃四战之地，无险可据，故又"议徙都长安"，遣元帅赤盏以重兵宿巩州（今甘肃陇西），为迁都做准备。金朝将统治中心转移到陕西，势必对偏居西北的西夏带来极大的威胁，"夏主畏其侵逼"，③ 便决定发兵攻巩州，并命枢密使兼都招讨使甯子宁遣使赴四川制置司，请求南宋出兵助战。时宋金关系恶化，双方在蜀口、荆襄、两淮激战，因而四川制置使聂子述令利州路安抚使丁焴回书西夏，答应出师合攻秦、巩，同时下令蜀口将士做好出师的准备。恰逢四川爆发了"红巾之乱"，蜀口将士无暇出兵。

西夏见宋朝迟迟不肯出兵，十二月，又"遣使复申前说"，④ 并责问宋朝何以失期。四川宣抚使安丙再次答应会师，同时下令由利州路副统制程信负责和西夏联系。次年（1220 年）八月，西夏以具体出师日期来告，安丙决意出师，并上报朝廷。九月，宋宁宗的批复未至，宋夏就按约定的日期同时出兵陕西。西夏枢密使甯子宁亲率二十万大军攻巩州；宋四川宣抚司命诸将分道进兵，沔州都统张威出天水，利州副都统程信出长道，兴元副都统陈立

---

① 《大金国志》卷二一，文渊阁四库全书影印本，第 383 册第 949 页。
② 《宋史》卷四八六《夏国传下》。
③ 《宋史》卷四八六《夏国传下》。
④ 《宋史》卷四八六《夏国传下》。

出大散关，金州副都统陈昱出上津，宣抚司帐前都统田胄出子午谷。程信等引兵与夏人会于巩州城下，双方约定"夏兵野战，宋师攻城"。但巩州城久攻不下，程信便引宋师趋秦州，夏兵则自安远寨退师。十月，程信约夏人共攻秦州，夏人不从，遂于伏羌城引军退回，其他诸路也相继罢兵，震动川陕的宋夏夹攻金朝之役收兵。[①] 夏光定十一年、宋嘉定十四年(1221 年) 十月，"夏人复以书来四川趣会兵"。[②] 适逢四川宣抚使安丙病故，崔与之继任，他鉴于宋围秦州，夏师不至，以致无功而还，徒耗实力，便改变安丙的"联夏攻金"方略，"饬边将不得轻纳"。

次年(1222 年)西夏又遣百余骑入凤州，邀宋军援助攻金，崔与之派都统李冲正告夏骑，"通问当遣介持书，不当遣兵径入。若边民不相悉，或有相伤，则失两国之好，宜敛兵退屯。"[③]夏骑见宋朝持消极态度，不言而返。此时蒙古大将木华黎假道西夏征陕右，夏神宗心怀恐惧，奉承不暇。此后再也没有遣使约宋攻金，不久西夏亡于蒙古铁骑之下，宋夏关系宣告终结。

西夏末年先后五次约宋攻金，其中四次没有结果，仅有的一次夹击秦、巩，也是无功而还。这种结局主要是双方都在相互利用，缺乏合作的诚意。西夏欲利用宋金世仇以逞自己的报复之志，夺取陇西十二州，从而打破其西迁长安的计划。南宋则利用夏金矛盾，以攻为守，减轻金兵对自己的压力。这表现在战争中，夏兵只攻巩州而不赴秦州，宋朝也以夏人反复，"未敢深然之"，姑遣师应之。[④] 由此可见这一时期西夏与南宋关系的实质。

第五节　夏仁宗的统治

一、任得敬之乱与仁宗亲政

夏大德五年(1139 年)六月，崇宗李乾顺病故，子李仁孝即位，时年

---

① 《宋史》卷四○《宁宗纪四》；卷四○二《安丙传》；卷四八六《夏国传》。

② 《宋史》卷四○《宁宗纪四》。

③ 《宋史》卷四○六《崔与之传》。

④ (宋)魏了翁：《鹤山集》卷七五《安蕃墓志铭》，文渊阁四库全书影印本，第 1173 册第 181 页。

16 岁，是为夏仁宗。夏仁宗即位之初，西夏发生了萧合达叛乱。萧合达本辽朝将领，扈从成安公主来到西夏，有口才，善骑射，为崇宗留用，因征战有功，赐国姓李，升夏州都统。西夏背辽附金，成安公主及世子李仁爱忧愤而死，萧合达遣人到西域寻访耶律大石，不得而返。遂乘仁宗新立，联络阴山与河东契丹部族，图谋恢复辽朝。夏大庆元年（1139 年）六七月间围灵州（今宁夏吴忠），克盐州（今陕西定边）直逼都城兴庆府。八月，夏仁宗命静州（今宁夏灵武）都统任得敬率部镇压。十月，任得敬平定叛乱。

夏大庆三年（1141 年），西夏发生饥荒，物价飞涨，升米高至百钱。次年（1142 年）三月又发生强烈地震，"逾月不止，地裂，泉涌出黑沙"。① 接着又是严重的大饥荒，统治者虽"立井里以分振之"，但不济于事，衣食无靠的饥民纷纷起义，规模大者万余人，小者也有数千人，攻打州城，杀掠贵富，形成燎原之势。这次大规模的蕃汉人民反抗斗争，最终被任得敬镇压。

平定萧合达叛乱和镇压蕃汉人民反抗斗争的任得敬，本是宋朝西安州州判，夏元德八年、宋靖康元年、金天会四年（1126 年），西夏乘金人攻宋之际，发兵围宋朝西安州。② 州判任得敬率部出城投降，崇宗李乾顺以其献城有功，命权知西安州事。由于没有豪族大姓背景，任得敬边州任上十余年。直到夏大德三年（1137 年），任得敬将十七岁的女儿献给崇宗乾顺为妃，情况才有所变化。任氏庄重寡言，深得崇宗的宠爱，次年和曹妃并立为后，任得敬也由西安知州提升为静州都统。夏大庆元年（1139 年），扈从成安公主留夏的辽将萧合达叛乱，由夏州西进，攻取盐州，直逼都城兴庆府，一时人心不稳。时任静州都统的任得敬主动请缨，率部收复夏、盐等州，萧合达战败身死。任得敬因平叛有功，升翔庆军都统，封西平公。

夏人庆四年（1147 年），任得敬羽翼丰满，提出入朝任职。遭到御史大夫热辣公济和濮王嵬名仁忠坚决反对。次年（1148 年）濮王仁忠卒，任得敬贿赂晋王嵬名察哥，在察哥的保举下，仁宗李仁孝诏任得敬入朝，授尚书令。夏天盛八年（1156 年），晋王嵬名察哥卒，任得敬接任尚书令，从此大权独揽，专横跋扈，政从己出。夏天盛九年（1157 年）授其弟任得聪为殿

---

① 《宋史》卷四八六《夏国传下》。
② 《宋史》卷八七《地理志三·陕西路》记载：西安州，本西夏南牟会，宋元符二年攻取，"以南牟会新城建为西安州"。

前太尉，任得恭为兴庆尹。二人倚仗权势，贿赂公行，秘书监王举上表弹劾，竟被罢官。

夏天盛十二年（1160年），仁宗"封其相任得敬为楚王"。[①] 西夏自立国以来，王爵只封皇族，元昊时的野利部大首领野利旺荣和野利遇乞，只是号称"野利王"和"天都王"，并没有真正封王。仁宗李仁孝封异族任得敬为楚王，可见其权势已非同一般，其出入仪从，几与国主相同。夏天盛十七年（1165年）五月，任得敬图谋篡权分治，役民夫十万大筑灵州，准备将仁宗李仁孝安置到河西瓜沙，而自己窃据兴灵地区。

夏乾祐元年（1170年），仁宗被迫"分西南路及灵州啰庞岭地

金刚座佛画，出土于黑水城遗址

与得敬，自为国"。[②] 同时上书金世宗，为任得敬求封。金世宗认为："有国之主岂肯无故分国与人，此必权臣逼夺，非夏王本意。况夏国称藩岁久，一旦迫于贼臣，朕为四海主，宁容此耶？若彼不能自正，则当以兵诛之，不可许也。"[③] 在金朝的支持下，夏仁宗平定任得敬之乱，任命著名学者斡道冲为宰相，使西夏的政局恢复了正常，为仁宗时期经济社会发展奠定了基础。

二、文化教育的发展

西夏自开国皇帝李元昊之后，仁宗李仁孝是唯一成年即位的皇帝，没有母党的干预，也是唯一处于和平稳定局面的皇帝。夏仁宗在位时，和西夏并

---

① 《宋史》卷四八六《夏国传下》。

② 《金史》卷一三四《西夏传》。

③ 《金史》卷一三四《西夏传》。

西夏竹笔

立百年的辽、北宋相继灭亡，夏金两国建立起友好关系，八十年间没有发生大规模的冲突和战争。和平稳定的外部环境，使得夏仁宗即位后就能将精力放在内政改革和经济建设上。仁宗李仁孝初年，发生萧合达叛乱和蕃汉人民的反抗斗争，直到夏大庆四年（1142年），内部事件平息后，李仁孝下诏在全国设立学校，并在宫禁内建小学，招收宗室子弟入学教育，仁宗"亲为训导"，以示对教育的关心和重视。

夏人庆二年（1145年）八月，"重大汉太学，亲释奠，弟子员赐予有差"。[1] 太学是我国古代最高教育机构，北宋王安石变法期间推行太学"三舍法"，上舍生完成学业后，可不经过科举考试，直接入仕为官。夏仁宗将太学作为培养治国理政的地方，亲临释奠，赏赐生员，培养国主门生。

夏人庆三年（1146年），"尊孔子为文宣帝"，[2] 令境内所有学校立庙祭祀。在中国历史上，第一次也是唯一尊孔为帝的政权，宋代也只是封孔子为文宣王。可见西夏统治者认识到儒家思想对巩固政权的重要性。

夏人庆五年（1148年），"复建内学，选名儒主之"。[3] 内学是为皇室宗亲开办的学校，1143年在宫禁内建立的小学当属于内学的一种。由名儒主持内学以及在各级各类学校设立孔庙，在西夏历史发展上是一件大事。夏景宗李元昊以后，西夏长期处于国主年幼、母族专权的局面，出于笼络党项贵族的需要，统治者往往重视蕃学，采用蕃礼。至此，以儒家思想为指导的汉学、汉礼占据西夏教育的主导地位。[4]

仁宗李仁孝时期选拔的儒学教授以斡道冲最为著名，他八岁中童子举，

---

① 《宋史》卷四八六《夏国传下》。

② 《宋史》卷四八六《夏国传下》。

③ 《宋史》卷四八六《夏国传下》。

④ 《天盛改旧新定律令》卷一〇《司序行文门》记有"番汉大学院"，说明在发展汉学的同时，还发展番学。

成年后通五经，将《论语》等儒经译成西夏文，另著《论语解义》二十卷。儒学的兴盛，现有的图书不能满足需求，夏天盛六年（1154 年），仁宗李仁孝遣使金朝，"市儒、释书"。[①] 当然，西夏儒学成就主要表现在儒学教育上，其儒学的学术水平远不及两宋。

儒学教育必然推动选官制度的变革，1149 年西夏"改元天盛，策举人，始立唱名法"。[②] 选官从过去的世袭、议功议亲，发展到科举考试，对脱胎部落社会的西夏政权是非常大的进步，有利于发展社会经济，抑制豪族大酋特权。当然，科举取士只是西夏选官制度的一部分，首领世袭和议功议亲始终贯穿西夏历史全过程。

三、典章制度的修订

和同时代辽、金族政权相比较，西夏有两个显著的特点：一是注重对本民族文字研究和推广使用，先后编纂出版《蕃汉合时掌中珠》《文海》《同音》《义同一类》《文海同音合编》《杂字》等多种字词书，而辽朝对契丹文、金朝对女真文没有如此重视。二是注重编纂法律，早在崇宗李乾顺贞观年间（1101—1113 年），适应军事战争的需要，制定和颁布了西夏历史上第一部军法典《贞观玉镜将》。仁宗李仁孝对外部缓和，把精力专注于内政，由北王兼中书令嵬名地暴领衔，修订完成《天盛改旧新定律令》，并批准颁布。当时印行的有夏、汉两种文本。[③] 汉文本已失传，西夏文本在黑水城外的古塔中发现，该律令是我国历史上第一部用少数民族文字印行的法典，全书二十卷，一百五十门，一千四百六十一条，没有注释和案例，全部是律令条文，包括刑法、诉讼法、行政法、民法、经济法、军事法，是研究西夏社会和中国法制史的重要资料。

四、职官制度的成熟

西夏职官制度肇始于太祖李继迁和太宗李德明，确立于景宗李元昊，发

① 《金史》卷六〇《交聘表上》。
② 《宋史》卷四八六《夏国传下》。
③ 《天盛改旧新定律令》"颁律表"记载："合汉文者奏副中兴府正汉大学院博士杨时中；译汉文者西京尹汉学士讹名□□；译汉文纂定律令者汉学士大都督府通判芭里居地；译汉文者番大学院博士磨勘司承旨学士苏悟力"。

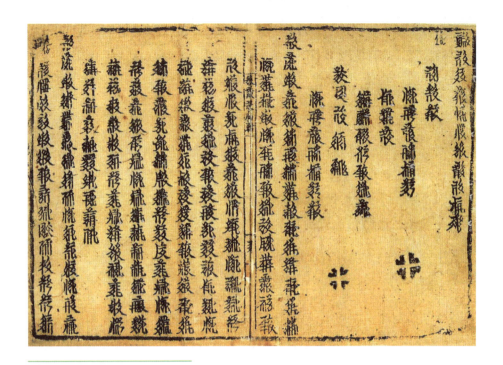

展于毅宗李谅祚、惠宗李秉常、崇宗李乾顺，成熟于仁宗李仁孝。仁宗李仁孝时西夏职官制度趋于成熟，主要表现在以下方面。

一是将政权机构分为上、次、中、下、末五等，并根据不同机构的级别和性质确定官吏职数，如中书省、枢密院六大人、六承旨；中兴府、殿前司八正、八承旨；御史、大都督府、西凉府六正、六承旨；宣徽院、皇城司四正、四承旨；韦州、大都督府、肃州、瓜州、沙州等一律一刺史；石州、韦州、卓啰等十二种监军司二正、一副、二同判、四习判；肃州、瓜州、黑水、北地中、南地中五种监军司一正、一副、二同判、三习判；虎控军、威地军、大通军、宣威军四种军一安抚、一同判、二习判、一行主；定远县、怀远县、临河县、保静县、灵武郡二城主、二通判、二经判；绥远寨、西明寨、宣德堡等一寨主、一寨副、一行主。此外，对各机构的都案、案头等吏员职数也有明确规定，"当依所定遣之，不许超遣"。①

---

① 《天盛改旧新定律令》卷一〇《司序行文门》。

二是建立官吏的铨选和考核制度。仁宗李仁孝时，西夏的官吏的选任有世袭、恩荫、科举以及铨选四种，其中铨选涉及面最广、数量最多。中央各机构中官员到地方任监军、习判、城主、通判、城守时，如果是权且监临，保留原职位；如果正式任职，则免去现任职务，全职到地方任职。地方长官，亦可铨选到中央机构任职。宋代禁止他官转入中书门下两省及御史台，而由皇帝特别恩授。①《天盛改旧新定律令》中没有他官通过铨选任中书令、枢密使的规定，中书令、枢密使三年任期满后，也不进入迁转流程，② 而其他官员三年期满后，则根据不同情况确定是否留任或迁转。③ 说明西夏的中书令、枢密使等重要的职位是皇帝特授。

三是官、职功能清晰明确，西夏的"职"相当于宋朝的"差遣"，是具体负责的职事官，诸如中书令、枢密使、监察御史、三司使、刺史、知州、通判、城主、寨主、头监等；"官"相当于品或爵，有"官"不一定有"职"，但通过"职"可以授"官"，也可以世袭"官"位。"诸人袭官、求官、由官家赐官等，文官经报中书，武官经报枢密，分别奏而得之。"④ 景宗李元昊开国时就已经存在"官"，有官者衣紫衣绯，"民庶青绿，以别贵贱"。经过几代发展，到仁宗李仁孝时基本完备，大致有"十乘"至"胜监"、"暗监"至"戏监"、"头主"至"柱趣"、"语抵"至"真舍"、"调伏"至"拒邪"等层级，每个层级之间还有未列出的官名。⑤ 诸人犯罪时，庶人处以罚、杖、徒乃至死刑，有官人可以以官品当。⑥ 一般西夏官员按照官的高低排序，如果出现番人（党项人）、汉人、吐蕃人、回鹘人的职务相当，"不论官高低，当以番人为大"；节亲主（亲王）、和党项官员职务相同，排序时以节亲主（亲王）为大；两番人（党项人）排座次时，官高者为大；文武官员"官"平级，"当以文官为大"。⑦

四是西夏和取得正统地位的金朝交聘时不再忌讳用汉官名。夏仁宗李仁

① 张晋藩主编：《中国法制通史》（宋代卷），法律出版社 1991 年版，第 108 页。

② 《天盛改旧新定律令》卷一〇《续转赏门》。

③ 杜建录：《天盛律令与西夏法制研究》，宁夏人民出版社 2005 年版，第 192 页。

④ 《天盛改旧新定律令》卷一〇《官军敕门》。

⑤ 史金波：《西夏的职官制度》，《历史研究》1994 年第 2 期。

⑥ 《天盛改旧新定律令》卷二《罪情与官品当门》。

⑦ 《天盛改旧新定律令》卷一〇《司序行文门》。

孝时，宋室南迁，失去了和西夏的联系。金朝入主中原，取代宋朝的地位。金人认为西夏官员自称"天子上公"，并不影响自己"四海盟主"的地位。[1]因此，西夏派往金朝的使节中，不再忌讳汉官名称。据《金史·交聘表》记载，西夏遣往金朝使节的职官有参知政事、枢密使、左枢密使、枢密都承旨、枢密副都承旨、枢密直学士、南院宣徽使、翰林学士、观文殿大学士、御史大夫、御史中丞、中书舍人、吏部尚书、中书省左司郎、开封府尹、知中兴府、中兴府尹、金吾卫上将军、左金吾卫上将军、左金吾卫正将军、瓯匣使、殿前太尉、殿前马步军太尉、东经略使、祕书少监、武功大夫、武节大夫、光禄大夫、宣德郎等。从此，西夏的"蕃官名号"成为历史名词了。[2]

五、社会经济的繁荣

夏仁宗李仁孝在位 55 年（1139—1193 年），和平安定的生产生活环境使西夏社会经济逐步走向繁荣，无论传统的畜牧业，还是农业、手工业和商业交换，都达到了新的高度。以马驼为主的官畜生产日益繁盛，为官府生产的牧人按照百大母骆驼一年三十仔，百大母马一年五十驹，百大母牛一年六十犊，百大母羊一年六十羔，百大母牦牛一年五十犊的繁殖率，向官府缴纳幼畜，如果"不足者当令偿之，所超数年年当予牧人"。[3]这种经营机制调动了生产者的积极性，促进了畜牧业的快速发展。

夏仁宗李仁孝重视农田水利，建立起一套系统的管理机制，并以法律的形式巩固下来。[4]国家机构中设置农田司和地方机构中的水利局分，专司农田水利建设，水利局分设司吏、大人、承旨，专门负责一州一县农田水利工

---

① 《金史》卷一三四《西夏传》：西夏权臣任得敬逼迫仁宗李仁孝分国，金世宗认为，"有国之主岂肯无故分国与人，此必权臣逼夺，非夏王本意。况夏国称藩岁久，一旦迫于贼臣，朕为四海主，宁容次邪？若彼不能自正，则当以兵诛之，不可许也"。

② 《金史》卷六二《交聘表下》：1126 年（夏乾定四年、金正大三年），"夏遣精鼎瓯匣使武绍德、副仪增、御史中丞咩元礼贺正旦"。次年（1227 年），"夏遣精方瓯匣使王立之来，未复命，国亡"。精鼎、精方是否瓯匣使的西夏语称、仪增是否御史中丞的西夏语称，需进一步考证。

③ 《天盛律令》卷一九《畜利限门》。

④ 《天盛改旧新定律令》专门列有《春开渠事门》《园地苗圃灌溉法门》《灌渠门》《桥道门》《地水杂罪门》，尽管有的内容已残缺，如《园地苗圃灌溉法门》只保留了条文名称，但仍不失是迄今所见我国古代最丰富的农田水利法规。

程的维修、保护及用水分配。一年一度的大规模"开渠"和全灌区的用水管理，由国家或地方官府出面主持。挖渠的人工按沿渠干受益田亩的多寡来摊派，"自一亩至十亩开五日，自十一亩至四十亩十五日，自四十一亩至七十五亩二十日，七十五亩以上至一百亩三十日，一百亩以上至一顷二十亩三十五日，一顷二十亩以上至一顷五十亩一整幅四十日，当依顷亩数计日，先完毕当先遣之"，最多"勿过四十日"。① 地主和农民在新开垦的田地开挖渠道时，必须报告转运司和相关人员，确定新开渠不影响原来的官私熟地，且位置走向合理，才能获准实施。发达的水利灌溉，为西夏的农业生产奠定了坚实的基础。《宋史·夏国传》所说："其地饶五谷，尤宜稻麦。甘、凉之间，则以诸河为溉，兴、灵则有古渠曰唐来，曰汉源，皆支引黄河。故灌溉之利，岁无旱涝之虞。"

伴随着农牧业的发展，手工业也迅速发展起来。至少在夏仁宗天盛年间（1149—1169年），就专门设置铁工院、木工院、砖瓦院、织绢院、首饰院、纸工院、出车院、刻字司、作房司、制药司等专门手工业生产管理机构，② 负责冶金、锻造、建筑、陶瓷、纺织、造纸、印刷等行业的生产和管理。官营手工业生产主要满足封建国家和皇室贵族的需要，民间手工生产主要满足普通百姓的生活。与之相对应的手工工匠大致分为依附匠和自由匠，依附匠主要来源于服苦役的罪犯和招诱、掳掠来的"生口"。

夏仁宗在位时宋室南迁，西夏对外交换的对象是入主中原的金朝，交换的形式仍以传统的贡使和榷场贸易为主。起初金朝允许夏使在京城市场上自由买卖，大定中（1161—1189年），以使者辄市禁物为由，金世宗下令夏使只能在使馆贸易，不能到

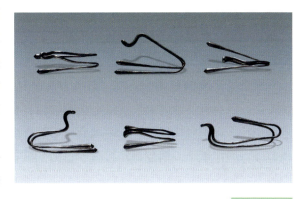

西夏曲角银钗

---

① 《天盛改旧新定律令》卷一五《春开渠事门》。
② 《天盛改旧新定律令》卷一〇《司序行文门》。

市场自由买卖。① 夏乾祐二十一年、金明昌元年（1190 年），新即位的金章宗禁止使馆贸易。② 遭到了西夏的坚决反对，第二年金朝又恢复了使馆贸易，不过交易时间限定三天。

夏金榷场贸易的规模比较大，金皇统元年、夏大庆二年（1140 年），应夏仁宗的请求，金熙宗首先在云中西北过腰带上石楞坡、天德、云内、银瓮诸处置场互市。这一地区曾是夏辽贸易点，金朝在夏辽榷场的基础上，恢复和扩大了贸易。更难能可贵的是，熙宗还在榷场上放宽了对铜铁出口的限制，③ 这是宋、辽两国都始终没能做到的。随后金朝又相继在东胜、环州、庆州、兰州、绥德、保安等沿边州军设置了贸易榷场，其中还恢复北宋对西夏贸易的旧榷场。

黑水城出土的夏大庆三年（1141 年）南边榷场文书，记录了来自西夏镇夷郡、西凉府等地的商户携带毛褐等货物，和金朝商户交换丝织品及其他生活用品。和宋夏榷场一样，两国商户不能直接交易，而是由替头④ 评定货色等级，兜揽承交。西夏派出银牌安排所的安排官监管榷场交易，⑤ 榷场使

---

① 《金史》卷一三四《西夏传》。

② 《金史》卷一三四《西夏传》。

③ （宋）宇文懋昭：《大金国志》卷一三《熙宗孝成皇帝》四。

④ 替头，相当于宋夏榷场交易中的"牙人"。

⑤ 西夏在战争和重要事务中，派出持银牌官员，宋夏战争中，宋朝曾多次俘获西夏银牌天使。

依据银牌安排官的公文"头子",对商户携带货物搜检,确定没有违禁物品,然后交由替头兜揽承交。川绢与河北绢在榷场交易中,充当等价物的职能。交易税也以川绢与河北绢计算的,税率大体在 2% 左右,下限 1.5%,上限 2.5%。[①] 这个税率是比较低的,和西夏早期对回鹘商人 10% 的重税不能同日而语。[②]

天盛十年(1158 年),西夏"始立通济监铸钱"。[③] 实际上从毅宗李谅祚开始就铸造钱币,但铸造量很小,主要是象征改朝换代,而不是用于市场流通。直到天盛年间铸钱才广泛用于通货流通,故有"始立通济监铸钱"之说。但西夏主要仍流通宋钱。[④] 由于铜铁资源的缺乏,货币交换在西夏并不占主导地位,主流是"比物交换",羊马、绢帛往往充当交换的等价物。宋景德四年(1007 年),宋朝在保安军设置榷场,以缯帛、罗绮易驼马、牛羊、玉、毡毯、甘草,以香药、瓷漆器、姜桂等物易蜜蜡、麝脐、毛褐、羱羚角、硇砂、柴胡、苁蓉、红花、翎毛。[⑤] 夏天赐礼盛国庆三年(1071 年)宋朝关闭榷场,断绝宋朝境内和市,西夏在境内的辣浪和市,用青盐、羊货、乳香交

① 许会玲:《西夏榷场使文书所见西夏尺度关系研究》,《西夏研究》2011 年第 2 期。

② (宋)洪皓:《松漠纪闻》卷一,文渊阁四库全书影印本,第 407 册第 696 页。

③ 《宋史》卷四八六《夏国传下》。

④ 牛达生:《从出土西夏窖藏货币看西夏货币经济》,《宁夏社会科学》1986 年第 2 期。

⑤ 《宋史》卷一八六《食货志下八·互市舶法》。

换取宋朝大顺城蕃部携带的绢帛、腊茶等日用品。① 夏天盛廿二年（1170 年），黑水地区耶和女人用四峰骆驼，换取耶和氏宝引的二十二亩土地以及土地上的三间茅舍两棵树。②

夏仁宗时期社会生产的发展还表现在经济关系上，从法律允许土地自由买卖之日起，③ 土地迅速向大地主手中集中。失去土地的自耕农多以租佃形式耕种地主的土地，变成地主的佃农。和世俗地主一样，寺院地主土地也主要采取租佃的方式，在世俗地主和寺院地主的盘剥下，大量小农迅速破产。

西夏法律保护雇工关系，"双方乐意又言明工价，可立文书"。④ 地主人和佃农之间是租佃契约关系，黑水城出土租地契约只是一年租佃，从法律上讲，佃户有自由选择的权利，即一年期满后离开或续租。但这种自由租佃的权利是有限的，一是部落社会下，贵族首领（大地主、大牧主）对失去土地的个体族帐有相当程度的控制权。例如，寺院地主把梁老房西撒 15 石种子地兼并后，当即又向他出租了一块撒 8 石种子的土地。二是部落兵制下，有严格的兵役登记制度，男孩年 10—14 岁登记为预备役，15—70 岁登记为现役，然后以族帐为基础组织军抄，一人为正军，一人为负担，还有一人为辅主。⑤ 这种兵役制度，限制了家族成员的流动，即使流动，也主要在本部落内部。没有人口的自由流动，就没有真正意义上的自由租佃。这样一来，佃户身受贵族地主和封建国家双重剥削。⑥

夏乾祐二十四年（1193 年）九月，仁宗李仁孝病故，享年 70 岁，谥圣

---

① 《宋会要辑稿》食货三八之三一。

② 黄振华：《西夏天盛廿二年卖地文契考释》，白滨编：《西夏史论文集》。

③ 《天盛改旧新定律令》卷一五《租地门》："诸人卖自属私地时，当卖情愿处，不许他边相接者谓我边背而强买之"；"僧人、道士、诸大小臣僚等，因公索求农田司所属耕地及寺院中地、节亲主所属地等，诸人买时，自买日始一年之内当告转运司，于地册上注册，依法为租庸草事"。

④ 《天盛改旧新定律令》卷六《军人使亲礼门》。

⑤ 《宋史》卷四八六《夏国传下》；《天盛改旧新定律令》卷六《抄分合除籍门》规定"年十五当及丁，年至七十入老人中"；《隆平集》卷二〇《夏国赵保吉传》记载：其民"年六十以下，十五以上，皆自备介胄弓矢以行"。

⑥ 《天盛改旧新定律令》卷一五《地水杂罪门》："租户家主（占有土地的宗族首领）有种种地租庸草，催促中不速纳而住滞时，当捕种地者及门下人，当令其速纳。"这里的种地者和门下人，当是依附贵族地主的租户，他们不仅要向土地主人缴纳地租，还要承担封建国家的赋税和徭役。

德皇帝，庙号仁宗，陵号寿陵。夏仁宗对内发展经济，对外和好金朝，从金人手中取得威德城（今甘肃靖远西）、定边军等沿边土地，加上崇宗李乾顺时占据的乐州（今青海乐都南）、西宁州（今青海西宁）等地，直接统辖"州郡凡二十有二"，[①] 为西夏历史上版图最盛、经济最繁盛的时期。同时，夏仁宗也是西夏逐渐走向衰败的开始，特别是法律保护土地买卖，使西夏土地迅速向大土地占有者集中，为西夏晚期的社会矛盾的激化留下伏笔。

---

① 《宋史》卷四八六《夏国传下》。

水月观音菩萨图，出土于黑水城遗址

第四章　西夏的衰落和灭亡

从 1193 年仁宗李仁孝病故，桓宗李纯佑即位，到 1227 年末主李晛献城投降，西夏亡国，总共 34 年，西夏社会进入晚期。期间发生过两次政变，五易国主，西夏从繁荣发展迅速走向衰落。晚期的西夏社会，土地兼并激烈，高利贷猖獗，阶级矛盾尖锐。与此同时，蒙古帝国从草原上崛起，开始了漫长的征战。随着蒙古铁骑的南下，夏金关系也发生了剧烈的变化。1209 年，成吉思汗兵入西夏，金主卫绍王拒绝西夏求援，采取隔岸观火的态度，使夏金关系破裂。两国争战"十年不解，一胜一负，精锐皆尽，而两国俱弊。"[①] 螳螂捕蝉，黄雀在后，蒙古帝国乘其弊，先后将两国攻灭。

蒙古用兵西夏目的是迫使其屈服，解除攻打金朝的后顾之忧，并利用西夏的人力、物力支持对外战争，因此，只有部分西夏人被屠杀，但更多的则是被蒙古编入唐兀军，随蒙古铁骑西征南讨，为蒙古的征服战争做出了贡献。特别是进入内地的西夏人，发挥熟悉儒家治国思想的特长，积极建言献策，兴办教育，发展生产，为元朝初年制度建设和社会经济发展作出了积极贡献。

第一节　西夏末期的社会矛盾

一、统治集团内乱

夏乾祐二十四年（1193 年）九月，仁宗李仁孝病故，17 岁的长子纯佑即位，尊母章献钦慈皇后罗氏为太后，次年改元天庆。天庆十三年（1206

---

① 《金史》卷一三四《西夏传》。

年）三月，镇夷郡王李安全发动政变，谋杀国主李纯佑，自立为帝。[①] 李纯佑卒年 30 岁，在位 14 年，谥昭简皇帝，庙号桓宗，陵号庄陵。

桓宗李纯佑在位期间，依然奉行仁宗附金和宋政策，夏金聘使往来不绝。对内颇重文教，朝内多俊逸之士。夏天庆十年（1203 年）三月开科取士，宗室子李遵顼为进士第一，诏嗣齐王爵，不久擢大督府主，他便是后来的夏神宗。桓宗在位期间，恢复兰州、保安榷场。遣使金朝为其母罗太后求医，金章宗遣太医判官时德元及王利贞入夏治病，并赐御药。随后金章宗再遣使赐西夏太后医药。[②] 大赦境内，夏天庆十二年（1205 年）三月，蒙古用兵西夏，经力吉思寨，掠瓜、沙等州。四月，成吉思汗领兵返回，经落思城，大掠人员、骆驼而去。六月，桓宗李纯佑大赦境内。

由此看来，桓宗李纯佑无论是外交还是内政都遵守故事，并无明显过失。其遇变被废成为一桩疑案。《金史·西夏传》记载："泰和六年三月，仁孝弟仁友子安全，废纯佑自立，再阅月死于废所。七月，使纯佑母罗氏为表，言纯佑不能嗣守，与大臣定议立安全为王，遣使奏告。"表面上看镇夷郡王李安全联合罗太后将桓宗皇帝废黜，实际上是李安全发动政变，囚杀桓宗李纯佑。为了给政变披上合法的外衣，李安全胁迫罗太后上表金朝，或者以罗太后的名义，借口桓宗李纯佑不能嗣守，将其废黜。

史载西夏报信使人进入金朝后非常紧张，私下向金朝馆伴官打听章宗的态度。馆伴官拒绝道："明日当问诸客省，若又不答，则升殿奏请"。金章宗闻听后，原则上同意西夏的请求，并赐诏罗氏询问她的意见。李安全及其党羽"复以罗氏表来，乃封安全为夏国王"。[③] 金章宗处理西夏政变问题显然过于草率，纯佑在位无失德弊政而骤然被废，且罗太后处境不明，就承认新君合法性。相比之下，金世宗在位时，任得敬胁迫国主李仁孝上表金朝，分疆与国。金世宗接到奏表后认为："有国之主岂肯无故分国与人，此必权臣逼夺，非夏王本意。况夏国称藩岁久，一旦迫于贼臣，朕为四海主，宁容此耶？若彼不能自正，则当以兵诛之，不可许也。"[④] 桓宗李纯佑未得到金国支持，最终被废身死。

---

① 《宋史》卷四八六《夏国传下》记载是天庆十三年（宋开禧二年）正月二十日被废。

② 《金史》卷一三四《西夏传》。

③ 《金史》卷一三四《西夏传》。

④ 《金史》卷一三四《西夏传》。

当然，这只是外因，问题的关键是统治集团内部的斗争，从崇宗李乾顺开始分封同姓王，亲王大权在握，往往结党营私，以致谋上作乱，才是这次政变的症结所在。

李安全是崇宗李乾顺之孙、仁宗李仁孝弟李仁友之子，夏天庆三年（1196年）越王李仁友卒，其子李安全欲袭封。桓宗纯佑因其阴险奸诈，不许袭越王位，降封为镇夷郡王。夏天庆十三年（1206年）李安全发动政变，自立为帝，改年号应天元年。夏应天二年（1207年）秋，蒙古伐夏，克斡罗孩城。夏应天四年（1209年），蒙古再次伐夏，破克夷门，围都城中兴府。李安全遣使金朝求援，金主卫绍王不许，从此两国交恶。李安全被迫向蒙古纳女称臣，蒙古乃退兵。夏光定元年（1211年）七月，李安全在内外交困中被废，八月卒，享年43岁。其在位六年，改元应天四年、皇建二年，谥敬穆皇帝，庙号襄宗，陵号康陵。

史不载襄宗李安全被废之由，然从不立太子承桢，而立宗室子弟李遵顼来看，这应是又一场政变，通过篡权上位的李安全，最终又被废黜。

李遵顼是齐王李严宗子，受恩于桓宗李纯佑，天庆十年（1203年）三月，桓宗开科取士李遵顼为进士第一，得到桓宗李纯佑的欣赏，诏嗣齐王爵，不久又擢大督府主。夏光定元年（1211年），废襄宗李安全，立李遵顼为帝。李遵顼在位期间，夏金交恶十年不解，一胜一负，两国俱弊。蒙古乘机发起攻势。夏乾定元年（1223年），疲惫不堪的李遵顼传位太子德旺，自称太上皇，三年后离世，享年64岁，谥英文皇帝，庙号神宗。

夏宝义元年（1226年）七月，李德旺卒，享年46岁，在位四年，改元乾定，庙号献宗。献宗李德旺卒后，末主李睍即位。李睍为清平郡王子，封南平王，一年后被蒙古军所杀，西夏国亡，史不载末主李睍的谥号和庙号。

二、阶级矛盾尖锐

夏仁宗李仁孝在位时土地兼并就十分激烈，贫富差距迅速拉大，但经济还在发展，社会比较稳定，阶级矛盾还不尖锐。仁宗以后时局的动荡，蒙古进攻和十年夏金战争，使西夏深深地陷入内忧外患的困境。广大农民夏秋收成后，除去官府的公粮、地主的地租、借贷的本利以及来年的种子外，所剩口粮无几，勉强度过冬天。大部分农户开春后就要靠野菜充饥，[①] 很多农户靠借贷维持，黑水城出土的贷粮契约主要集中在西夏晚期，借贷的时间大都是青黄不接的季节，最早在腊月，也有正月，最多是二月至五月。贷粮利率一般按照每月 10% 计算，如果年初借贷，八九月偿还，往往是百分之七八十的利率，有时会更高，超过 100%。[②]

高利借贷是饮鸩止渴，贫困的农牧民一旦借贷，就永无翻身之日，若遇到灾荒年景，只能卖掉仅有的田产，沦为租种地主土地的佃农。西夏晚期兼并土地和高利放贷相伴，普渡寺就是其中的典型，黑水城出土的贷粮文契中，大量是天庆寅年（1194 年）普渡寺梁喇嘛经手的，而同年的土地买卖契约中，有 10 件买主是普渡寺。

现存的 8 件比较完整的西夏租地文契，全部是普渡寺土地出租，其中天庆寅年（1194 年）正月二十九日，农民梁老房西把自己撒 15 石种子地卖给普渡寺，得到 6 石小麦、10 石杂粮。当天他又从普渡寺包租了一块撒 8 石种子的土地，秋收后交 2 石 8 斗小麦、3 石 6 斗杂粮地租，从自耕农变成佃户。如此高的地租，相当于地价的一半。地主将兼并的土地连续出租，两年就能收回成本。[③] 可见仁宗李仁孝晚年寺院地主翻手为云，覆手为雨，贫困农牧民一旦掉进它的"铁桶"里，[④] 就永无翻身之日。

第二节　蒙古征讨与西夏灭亡

1205 年蒙古铁木真率军第一次对西夏用兵，到 1227 年蒙古第六次出征西夏。二十二年中，夏蒙关系大致可以划分为三个阶段。

---

① 《隆平集》卷二〇《西夏传》也有大致相同的记载："西北少五谷，军兴，粮馈止于大麦、荜豆、青麻子之类。其民则春食羖子蔓、碱蓬子，夏食苁蓉苗、小芜荑，秋食席鸡子、地黄叶、登厢草，冬则畜沙葱、野韭、拒霜、灰条子、白蒿、碱松子，以为岁计。"
② 史金波：《西夏经济文书研究》，社会科学文献出版社 2017 年版，第 216—231 页。
③ 史金波：《西夏经济文书研究》，社会科学文献出版社 2017 年版，第 343 页。
④ 业师漆侠先生把宋代高利借贷行径形象地比喻为铁桶。《宋代经济史》下册，上海人民出版社 1988 年版，第 1116—1117 页。

一、蒙古用兵与西夏屈服

夏天庆十二年（1205 年）三月，铁木真打败乃蛮部后，亲率蒙古骑兵出征西夏，破边城力吉里寨，纵兵掠瓜、沙诸州。四月又进至落思城，大掠人民及骆驼而还。拉施特《史集》对此做了较详细的记载：

> 成吉思汗整集军队去征讨被称作唐兀惕的合申地区。[他们进入该地区后，] 先到了力卜勒乞寨，该寨修筑得非常牢固。他们包围了它，在短时期内攻了下来，将寨墙和基础全部平毁。他们从那里进到克邻—罗失城，这是座很大的城，他们攻下了它，进行了洗劫。[接着，] 他们又占领了唐兀惕若干其他地区，进行了洗劫，并将那些地区找到的牲畜全部驱走。[然后] 他们带着许多战利品和无数骆驼、牲畜回来，以奴隶顺服之礼来见成吉思汗。①

夏应天元年（1206 年），铁木真在斡难河畔举行库里台大会，建立大蒙古汗国，铁木真即大汗位，称成吉思汗。次年秋，成吉思汗以西夏不肯称臣为由，第二次率兵侵入西夏，克斡罗孩城。西夏调集右厢诸路军队进行抵抗，蒙古主见夏国兵势尚盛，不敢骤进，逾五月粮匮，乃退兵。② 夏应天四年（1209 年）春，成吉思汗率师第三次进军西夏，突破斡罗孩关口，长驱直抵贺兰山北侧，双方在贺兰山关口克夷门相持两个月，西夏军队防备逐渐松懈，蒙古大军遂设伏诱敌，一举攻破克夷门。九月进围西夏都城中兴府，襄宗李安全亲督将士守御，蒙古兵不能破。适逢天降大雨，黄河水暴涨，蒙古主遣将筑堤，遏水灌城，就在城墙即将淹塌时，外堤决溃，反淹蒙古兵营，"蒙古兵不能支，遂解围退。"与此同时，成吉思汗以兵临城下之势，遣太傅讹答进入中兴城招谕，夏襄宗李安全纳女请和。③

成吉思汗在立国前后的数年中，将对外征服的矛头对准西夏，连续发起三次大规模的攻势，除了在经济上进行掠夺外，更重要的是为对金战争做准

---

① 拉施特：《史集》（汉译本）第一卷第二分册，商务印书馆 1983 年版，第 207 页。
② 《元史》卷一《太祖纪》。
③ 《元史》卷一《太祖纪》。

备。蒙古帝国军事进攻的重点是金朝，这一方面历代北方游牧民族对外扩张的主攻方向是富庶的中原，统治中原的金朝自然首当其冲；另一方面金蒙是世仇。早在金太宗在位时，蒙古合不勒汗杀金朝使臣，双方就开始处于敌对状态，金朝多次出兵征讨，蒙古忽图剌汗也曾率兵攻金。金世宗时更是三年"减丁"一次，大肆剿杀。蒙古对金怀有刻骨仇恨。成吉思汗复仇心切，称帝后立即商议伐金，但终未敢轻举妄动。[1] 当时金朝经济、军事力量还比较强，西夏又为其属国，如果贸然攻金，夏金联合就使蒙古陷入腹背受敌、两线作战的困境。为了免除侧翼威胁，成吉思汗采取了先攻西夏，扫清外围的战略。[2]

夏蒙力量相差悬殊，但由于蒙古骑兵善于在草原上游动战争，缺乏攻打城池的经验，加之西夏将士一心，进行殊死抵抗，使蒙古三次进攻均未能得手。成吉思汗虽没有灭掉西夏，但却迫使西夏纳女屈服。夏蒙关系进入了下一个历史阶段。

二、夏金破裂与附蒙攻金

夏应天四年、金大安元年（1209 年），成吉思汗率兵攻入西夏，克兀剌海城，破克夷门，进围西夏都城中兴府。夏襄宗李安全请求金朝派兵增援，金廷多数大臣认为，"西夏若亡，蒙古必来加我，不如与西夏首尾夹攻。"而金主卫绍王竟然认为，"敌人相攻，吾国之福，何患焉?"[3] 拒绝增援西夏，采取隔岸观火的态度。西夏大为恼火，次年（1210 年）八月，出兵侵金葭州；夏光定元年（1211 年）正月，金朝因此削去夏使朝辞礼物，两国关系破裂，从此夏金之间爆发了长达十余年的战争。成吉思汗也感到一时灭不了西夏，于是改变策略，由军事进攻变为利用西夏人力、物力，迫夏从征，消耗其国力。

夏光定元年（1211 年）十一月，西夏配合蒙古大军进攻金朝中都，又以兵万余侵邠、泾二州，围平凉府。夏光定六年（1216 年）九月，夏神宗李遵顼因与金人战事接连失利，遣人与蒙古连兵，攻延安、代州等郡，杀经

---

① 《元史》卷一《太祖纪》。
② 陈育宁、汤晓芳：《蒙古与西夏关系略论》，《民族研究》1988 年第 5 期；穆鸿利、席岫峰：《试论蒙夏战争》，《宁夏社会科学》1991 年第 2 期。
③ 《西夏书事》卷四〇。

略使奥屯醜和尚，进犯潼关。金西安军节度使尼庞古蒲鲁虎战殁，关遂破。

夏光定七年（1217年）秋，成吉思汗把经略中原的全权交给了木华黎，自己则率师西征，并先后征服了西辽屈出律和中亚花剌子模。在蒙古的东征西讨中，西夏虽没有直接受到蒙古骑兵的攻击，但因"征发日多，不堪奔命"，对蒙古"礼意渐疏"。西夏的消极反抗，引起了成吉思汗的极大不满，下令木华黎渡过黄河，再次包围了中兴府。夏神宗李遵顼惊恐万状，命太子李德任留守都城，自己逃到西凉。在蒙古大军的威逼下，李遵顼再次请降，木华黎于是撤兵。从此以后，蒙古不时武力压服西夏，西夏则恐慌应付。

夏光定十一年（1221年）八月，木华黎由东胜渡过黄河，借道西夏征陕右。夏神宗李遵顼非常恐惧，派监府塔海于河南犒宴木华黎，并将塔哥甘普的五万军队划归木华黎指挥。十月，木华黎攻入金葭州，其左副元帅石天应建议："西戎虽降，实未可信。此州当金、夏之冲，居人健勇，仓库丰实。加以长河为限，脱为敌军所梗，缓急非便。宜命将守之，多造舟楫，以备不虞，此万世计也。"[1] 木华黎认为言之有理，便命石天应为留守，自己则率兵攻绥德，破马蹄、克戎两寨。神宗李遵顼闻之更加恐惧，又派大将迷仆拜见木华黎，迷仆问木华黎相见的礼仪，木华黎说，"汝主见我主，即其礼也。"迷仆以"未受王命，不敢即拜"为辞，领兵先行。十一月，在安塞堡被金兵大败，士卒死者不可胜计。

夏光定十二年（1222年）六月，木华黎和右都监石天应再次借道西夏，进攻金朝陕右诸道。十一月，约西夏发兵共取延州，由于石天应在河中被金兵败死，夏兵亦不出。十二月，西夏又应约由河中攻陕西，兵至质孤后，被金兰州提控唐括昉打败。夏乾定元年（1223年）正月，蒙夏两国对金发起规模最大的一次联合进攻。《西夏书事》卷四十一载："遵顼起步骑十万，合木华黎兵围凤翔，东自扶风、岐山、西连汧陇，数百里皆立营栅，攻城甚急。金行元帅府事赤盏石喜与同知临洮府事郭虾蟆登陴捍御，夏首领共据胡床，坐濠外指挥自若。虾蟆持弓矢，伺一将举肘时，一发中腋下甲不掩处，诸将大骇，知不能克，遂不告木华黎，引众先归。"夏军背约撤军，夏蒙关系也因此恶化。

从夏皇建元年（1210年）到夏乾定元年（1223年）十余年中，尽管蒙

---

[1] 《元史》卷一四九《石天应传》。

古在夏光定七年（1217 年）对西夏进行过一次报复性进攻，此后西夏以屈辱的地位战战兢兢地应奉蒙古，唯恐蒙古加祸于己。但总体而言，两国基本上和平相处，西夏作为蒙古的右臂，向金朝发动了一系列军事进攻。

西夏附蒙攻金，首先是因为夏金关系不稳定。西夏和金朝自"天会议和"后八十余年，虽无大规模的战争，但出现过两次局部冲突，尤其是金章宗时，因贸易方面的限制，西夏向金发起了一连串进攻，章宗采取忍让的态度，恢复了榷场贸易，才未使事态扩大。蒙古兵围中兴府时，金主卫绍王错误地采取背盟观战的政策，拒绝出兵援夏，仅仅是夏金关系破裂和西夏对外政策转变的起因。西夏由抗蒙到附蒙，由附金到攻金的根本原因，应该是一贯善于附强攻弱的西夏认为大金帝国已经衰落，[①] 只有依附新兴的蒙古帝国，才能扩张领土和保持割据地位。

此外，西夏外交政策的转变还与蒙古灭夏战略有关。1205—1209 年，蒙古经过三次对西夏用兵后，感到灭夏只能做长远打算，由军事进攻转变为利用西夏人力、物力，迫其从征，消耗其国力，从而使西夏不攻自破，这样就为西夏附蒙创造了外部条件。

三、联金抗蒙与蒙古灭夏

夏乾定元年（1223 年）后，西夏由附蒙攻金转向联金抗蒙。西夏对外政策的转变，一是乾定元年西夏神宗李遵顼传位于太子李德旺，金主完颜珣也于同年十二月故去，哀宗即位，为夏金重新和好创造了机会；二是蒙古已基本上将金朝赶到黄河以南，征服了西辽、畏兀儿，开始筹备灭夏，西夏急于寻求外援，抵御蒙古。

夏乾定二年（1224 年）二月，新即位的夏献宗李德旺听说"蒙古王征西域未还，遣使结漠北诸部为外援，阴图拒守计，诸部出兵应"。[②] 五月，成吉思汗从西域回军，"闻夏国有异图"，亲率大军由河外攻沙州，遭到西夏守军的顽强抵抗。九月，蒙古久围沙州不下，成吉思汗担心银、夏出兵赴援，遣大将孛鲁、黑马等攻破银州，"斩首数万级，获生口、马驼牛羊数

---

① 《金史·西夏传》曰：1223 年春，遵顼令太子德任伐金，德任谏曰："彼兵势尚强，不若与之约和。"遵顼笑曰："是非尔所知也，彼失兰州竟不能复，何强之有？"

② 《西夏书事》卷四二。

十万，俘监府塔海。"①在蒙军的打击下，联结西夏的漠北诸部分崩离析，献宗李德旺被迫表示纳子为质，成吉思汗才从沙州撤围。

蒙古大军撤退后，献宗李德旺为了表示联金抗蒙的决心，没有向蒙古遣质子。次年（1225年）三月，蒙古遣孛秃来索人质，献宗认为西夏方修好金朝，共支北敌，质子一往，受其束缚，后悔何追！枢密使李元吉以"金势寝衰，自守不支，焉能济我"，献宗不听，将蒙古使臣孛秃遣回。同时下令全国直言，并和金朝结为兄弟之国。然而，为时已晚，夏金"十年不解，一胜一负，精锐皆尽，而两国俱弊。"②当时金朝已退出黄河以北地区，正如李元吉所说"自守不支"，焉能济夏。夏献宗李德旺的努力，只能是以卵击石。

夏乾定三年（1225年）秋，成吉思汗以西夏不纳质子，拒绝蒙古征调以及二十二年前曾纳仇人为由，重新点验军马，准备兴师伐夏。③次年正月，成吉思汗亲自将兵十万，以窝阔台、拖雷二子偕行，向西夏发起了规模空前的攻势。成吉思汗集中了最精锐的部队，以65岁的高龄亲自带兵出征，其目的即吞灭西夏，以遂心愿。④

西夏的兵力部署呈东强西弱态势，成吉思汗首先分兵两路，自己亲率东路大军，以西夏兵力较薄弱的居延地区为突破口，一举攻克居延地区重镇黑水城，然后调头向西南进军。

夏宝义元年（1226年）四月，进驻浑垂山（今甘肃酒泉北）。西路军由大将阿塔赤率领，先后攻占了沙、肃二州。六月，两路大军汇合东进，攻取甘州。甘州守将曲也怯律之子嵬名察罕在十多年前被成吉思汗收为养子。成吉思汗兵临甘州城下，西夏降将察罕劝其父投降。守城副将和阿绰等三十六人闻之，合谋杀了曲也怯律全家，劝降未成。城破后察罕忍住悲痛，力谏成吉思汗不要屠城，只杀了阿绰等三十六人，使甘州人民免去了一场灾难。⑤成吉思汗破甘州后，继续挥师东进，七月，围攻西凉府，西夏守将率父老开门投降。⑥八月，又破应里州（今宁夏中卫）。

---

① 《元史》卷一一九《孛鲁传》。
② 《金史》卷一三四《西夏传》。
③ 《元史》卷一《太祖纪》。
④ ［伊朗］志费尼：《世界征服者史》上册，内蒙古人民出版社1986年版，第164页。
⑤ 《元史》卷一二〇《察罕传》。
⑥ 《西夏纪》卷二八。

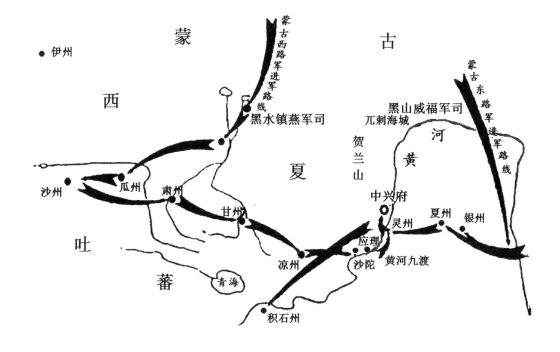

　　应里失陷后，西夏腹里洞开。十一月，蒙古铁骑包围军事重镇灵州，末主李睍遣大将嵬名令公率十万大军从中兴府赴援，双方在黄河平原决战，夏兵大败，主力被歼，只有一小部分逃回中兴府，灵州遂陷。蒙古将士在城中大肆抄掠子女、金帛，耶律楚材"独收遗书及大黄药材，既而士卒病疫，得大黄辄愈"。[1]

　　十二月，成吉思汗进驻盐州川，纵兵四面搜杀遗民。夏宝义二年（1227年）初，成吉思汗遣大将阿鲁术督军攻中兴府，自己则率将士渡过黄河攻积石，并进入金境，破临洮等州，切断了西夏与金朝联系的通道。中兴府被围困半年，末主李睍力竭出降，这时成吉思汗已经病死在六盘山，蒙古诸将遵照他的遗命，将投降的末主李睍杀死，西夏灭亡。至此，蒙古征服了中亚、西域、河西走廊以及河套地区，完成了对金朝的战略大包围。

　　在夏蒙二十二年关系中，蒙古贵族对西夏人民进行了残酷的征服与掠夺，西夏人民二百年创造的灿烂经济文化，遭到了严重的破坏，劫后的中兴

---

① 《元史》卷一四六《耶律楚材传》。

府，西夏文书档案几乎荡然无存。但从战争的客观效果上看，蒙古灭夏战争，是结束唐末以来政权分立对峙，完成新的大一统的重要一环，是带有统一性质的。因此，在否定蒙古贵族残酷掠夺与破坏的同时，也要看到这场战争在总体上是符合中华民族历史发展进程的。

第三节　西夏遗民

蒙古称西夏人为唐兀人或河西人，元代唐兀人不限于党项人，包括西夏统治下的党项人、汉人、吐蕃人、回鹘人、鲜卑人、沙陀人、契丹人、鞑靼人等，有如称金朝统治下各民族为汉人、南宋统治下各民族为南人。有时狭义上的唐兀人指西夏主体民族党项人，但更多的情况泛指所有西夏人。这里所说的唐兀人是广义的西夏遗民，包括社会各阶层，有官户、民户、屯田户、军户、站户、匠户、驱口、僧祇户、阴阳户等等。元朝统治者出于军事

战争和离散西夏遗民的目的，将他们大量签发为军或迁到各地从事农耕与手工业生产，同时又将江淮等地新归附人口迁往西夏故地。这一措施，客观上促进了南北经济文化的交流和西夏遗民的融合。

一、西夏遗民的分布

1. 宁夏故地遗民

蒙古用兵西夏过程中，遭到激烈反抗，所到之处伴随残酷的杀戮和掠夺，攻下肃州、灵州等城池时，纵兵烧杀掳掠。但也有许多地方并未屠城，如蒙古最后一次用兵西夏，都城中兴府久围不下，成吉思汗的西夏人养子察罕利用自己特殊的身份，前去"谕以祸福，众方议降，会帝崩，诸将擒夏主杀之，复议屠中兴，察罕力谏止之。驰入，安集遗民"。这些幸存者脱离民籍，或编入唐兀军，或沦为蒙古贵族的依附民，或流离失所。元朝初年，西夏故地户籍人口锐减。战局稳定后，统治者在当地招集流亡，迁移人口，兴修水利，以恢复社会生产。至元八年（1271 年），元廷将新附的一万名鄂人迁往西夏故地屯田。又根据西夏中兴等路新民安抚副使袁裕建议，从当地放良驱口中，得八千余人，官给牛具，使力田为农。①

元中统二年（1261 年），忽必烈在西夏故地设西夏中兴行省，省治中兴府（今宁夏银川兴庆），元至元二十三年（1286 年），将西夏中兴行省更名甘肃行省，徙省治甘州（今甘肃张掖甘州），在西夏故都设中兴路，归甘肃行省统辖。元至元二十五年（1288 年），中兴路更名宁夏路。在设立机构的同时，元朝选派官吏，积极发展生产，"开唐徕、汉延、秦家等渠，垦中兴、西凉、甘、肃、瓜、沙等州之土为水田若干，于是民之归者四五万户，悉授田种，颁农具；更造舟置黄河中，受诸部落及溃叛之来降者"。②四五万脱离户籍的民户接受官方的土地和农具，相当一部分在宁夏，他们为元代西北地区社会生产的恢复发展作出了重要贡献。

西夏遗民多信奉佛教。1245 年，贺兰山佛教寺院开始雕印西夏文《金光明最胜王经》，两年后完工，其记录的发愿人，既有党项人又有汉人，都是西夏故地的遗民。③元代著名学者马祖常《河西歌》云："贺兰山下河西地，女郎十八梳高髻，茜根染衣光如霞，却召瞿昙作夫婿"。④瞿昙是指佛，这里代指僧侣，可见元代西夏故都中兴府地区佛教的兴盛。

2. 内蒙古西夏遗民

内蒙古西部是西夏故土，西夏灭亡后，不少居民仍生活在当地。今天的鄂托克旗，就居住着一支自称唐古特的蒙古人，唐古特是蒙古人对西夏的称谓，归附蒙古后，逐渐演变成蒙古人。就目前资料来看，唐古特蒙古人至少有三种来源：一是游牧在大漠的党项人，逐渐融入蒙古部落，但风俗习惯和蒙古部落不完全相同，名称也保留有被征服前的痕迹。这种情况不限于被征服的唐古特，其他如塔塔儿蒙古、汪古惕蒙古、乃蛮蒙古等也有类似情况。二是西夏灭亡后，蒙古统治者将一部分西夏臣民分封给也遂夫人，在鄂

---

① 《元史》卷一七〇《袁裕传》：袁裕"又言'西夏羌浑杂居，驱良莫辨，宜验已有从良书者，则为良民'。从之，得八千余人，官给牛具，使力田为农"。

② 《元文类》卷四九。

③ 史金波：《西夏佛教史略》附录一《西夏文金光明最胜王经发愿文》，宁夏人民出版社1988 年版，第 313—315 页。

④ （元）马祖常：《石田集》卷五。

托克旗一带居住下来，成为今天的唐古特蒙古人。[1] 三是守护成吉思汗八白室的达尔扈特人中有一支唐古特人，其自称是西夏人，归附大汗后，成为唐古特蒙古，负责吹号传达军令，明清以后，他们负责保护和祭祀成吉思汗的金号，这种习俗一直延续至今。他们是蒙古族一部分，但认为其先祖是唐古特人。[2]

除鄂托克旗外，在元代黑水城周围，也居住着大量的西夏遗民，有汉人、党项人。汉人已无法从姓名上分辨，但党项人的姓名较易辨识，如黑水城文书中的嵬名、也火、吾即、吾七、罗即、麦足、叶玉、兀南、兀那、梁耳等，都是元代党项后裔的姓氏。[3]

3. 甘肃西夏遗民

1962 年，甘肃省酒泉古城墙东门洞壁内拆出一通《大元肃州路也可达鲁花赤世袭之碑》，是元至正二十一年（1361 年）立的碑石，后修城作为石料砌到城门洞的墙壁上。石碑两面刻字，正面汉文，背面回鹘文。背面裸露磨损甚残，正面镶嵌在墙内磨损较少。碑文记录成吉思汗兵围肃州，肃州党项大族举立沙献城投降，被编入唐兀军，追随大汗东征西讨，最后战死疆场。太祖皇帝论功行赏，以其子阿沙为肃州路也可达鲁花赤，宪宗皇帝赐以虎符，世祖皇帝升昭武大将军，迁甘肃等处宣慰使。阿沙有两个儿子，长子剌麻朵儿先后任甘州路治中、肃州路达鲁花赤。剌麻朵儿以后四代，先后都身居要职。举立沙应该是西夏肃州守将昔李氏，其弟是成吉思汗部将唐兀人昔立铃部，肃州城破，因昔立铃部求情，其兄 106 户幸免，归其田业，[4] 世袭肃州达鲁花赤。昔立铃部"其先系沙陀贵种"，[5] 世居西夏，故《元史》本传记为唐兀人。蒙元将西夏人称为唐兀人或河西人，包括西夏统治下的党项人、汉人、党项人、吐蕃人、回鹘人、沙陀人、鞑靼人等。

甘、凉等州没有发生残酷的屠城，人口较多，前揭至元二十五年（1288年），元朝统治者"开唐徕、汉延、秦家等渠，垦中兴、西凉、甘、肃、瓜、

---

① 《蒙古秘史》，内蒙古人民出版社 1979 年版，第 268 页。
② 陈育宁、刘杰、邓文韬：《关于鄂尔多斯唐古特的学术座谈》，《西夏学》2018 年第 1 期。
③ 《中国藏黑水城汉文文献释录》，中华书局、天津古籍出版社 2016 年版。
④ 《元史》卷一二二《昔里铃部传》。
⑤ 《昔里铃部神道碑铭》，见王恽：《秋涧先生大全文集》卷五一。

沙等州之土为水田若干，于是民之归者四、五万户，悉授田种，颁农具"。[①]
四五万脱离户籍的民户接受官方的土地和农具，相当一部分在河西走廊。西夏占据河西后，甘州回鹘依然在甘州一带居住，他们以游牧和商贩为生，入元后农耕发展起来，至元十七年（1280年），"畏吾户居河西界者，令其屯田"。[②]

甘肃西夏遗民多信奉佛教。元代高僧管主八曾施大藏经于沙州文殊舍利塔寺以及宁夏、永昌等地寺院，"永远流通供养"。[③]甘肃武威市的文庙中，也保存着一方《大元敏公请经功德碑》，记录了元初来自西凉州西夏遗僧敏公不畏艰辛，远赴江南杭州求取大藏经的事迹。元代西夏遗民佛教兴盛情况，略见一斑。

4.移居内地的西夏遗民

西夏遗民有的躲避战乱，逃往他乡；有的被编为唐兀军，随蒙古人南征北战，战争结束后就地转业；有的通过科举考试或其他途径，到各地做官，最后在当地安家落户。他们的足迹遍布黄河两岸、大江南北。

（1）北京西夏遗民。元大都汇聚来自世界各色人物，其中包括来自西夏故地的唐兀人。至元十八年（1281年），世祖忽必烈置"唐兀卫亲军都指挥使司，秩正三品。总领河西军三千人，以备征讨"。[④]至元二十四年（1287年）正月，"免唐兀卫河西地元籍徭赋"。[⑤]唐兀卫户计类型属于军户，驻扎在大都及周边地区。

北京石景山杨庄出土《元御史中丞杨襄愍公墓志铭》，记录西夏遗民杨朵儿只数代人的事迹。北京海淀出土的《大元宣政院判官耿完者秃墓志》，记载宣政院判官耿完者秃为唐兀氏。这些西夏遗民一般就地安家，死后葬于当地，杨朵儿只葬于大都郊区；耿完者秃葬在通州路青安乡窦家庄。[⑥]

①　《元文类》卷四九。

②　《元史》卷一一《世祖纪八》。

③　史金波：《西夏佛教史略》，宁夏人民出版社1988年版，第208页。

④　《元史》卷八六《百官志二》。

⑤　《元史》卷一四《世祖纪一一》。

⑥　《大元故亚中大夫宣政院判官耿完者秃墓志》，杜建录：《党项西夏碑石整理研究》，上海古籍出版社2015年版，第194页。

元代大都的西夏遗民，除了在朝为官和征调为兵外，[1] 还有商人、学子、僧侣等，他们保存了很多西夏文化传统。北京居庸关过街券门洞的墙壁上，有元至正五年（1345年）雕刻的西夏、汉、藏、梵、八思巴、回鹘六种文字的《陀罗尼经》，其中有官居中书平章政事的党项上层纳麟，还有沙门领占那征和智妙酪布。

（2）河北西夏遗民。不少唐兀人定居河北城乡，所谓"冀州管内，河西军户，间处村乡"。[2] 河北省保定市莲池书院，矗立着一通《大元顺天路达鲁花赤河西老索神道铭》。碑主人老索是党项人，世代居住于宁夏，其家族都以骁勇善战闻名，投

元居庸关云台西夏文石刻

附蒙古后，担任成吉思汗的宿卫亲兵。每逢作战，老索总是身先士卒，屡立战功，被大汗铁木真赐号"八都儿"，意思是"骁勇无双的猛士"。老索出任首任顺天路达鲁花赤，全家迁到顺天，繁衍生息。[3]

河北省大名县陈庄出土《元宣差大名路达鲁花赤小李钤部墓志》，志主小李钤部即祖籍肃州的唐兀人昔立钤部，随蒙主征战南北，后出任大名路达

---

① 《元史》卷九九《兵志二》记载：元朝在国主宿卫军序列中，专置唐兀卫亲军都指挥使司，总领河西军三千人。

② 《秋涧先生大全文集》卷九〇《约禁侵扰百姓》。

③ 《大元顺天路达鲁花赤河西老索神道铭》，《党项西夏碑石整理研究》，上海古籍出版社2015年版，第203—216页。

元小李钤部墓志

鲁花赤。碑铭两面书写，一面汉文记录墓主人的事迹，一面西夏文两行11字，意为"母田氏夫人，父小李钤部"。[1]欧阳玄《元礼仪院判昔李公墓志铭》[2]记录昔里钤部（小李钤部）卒后葬于大名县台里，后世子孙曾任江南行台监察御史、辽东道肃政廉访司事等职，"遗言归葬大名祖茔"。反映进入内地的西夏遗民已将定居地作为故里。

进入河北的西夏遗民多聚族而居，日常使用汉文，族内的重要活动则使用西夏文，在保定市莲池书院还矗立着两通立于明朝的西夏文石经幢，记载参与这次活动的西夏文人名。从人名上看，大多是党项姓氏，如折磨、昔毕、梁氏、嵬名、平尚等，说明到了明朝，迁往内地的党项人还保留本民族语言文字。

（3）河南西夏遗民。河南地近西夏，是西夏遗民内迁的中转站。西夏亡国前，遣精方甀匦使王立之出使金国，未能返回西夏已亡。金朝委任其主管西夏降户，并接来其家眷三十余口。王立之上言其先世本申州人（今河南信阳），请求辞官回申州居住。金哀宗同意他的请求，令"以本官居申州，主管唐、邓、申、裕等处夏国降户，听唐、邓总帅府节制，给上田千亩，牛具农作"。[3]设置专门管理西夏降户的机构，并由原西夏的官员负责，使河南成为西夏遗民重要的集散地。元成宗时"河西之人居鄢陵者万家，号炮

---

① 《元宣差大名路达鲁花赤小李钤部墓志》，《党项西夏碑石整理研究》，上海古籍出版社2015年版，第196—199页。
② 《正德大名府志》卷一〇。
③ 《金史》卷一三四《西夏传》。

手军"。① 值得重视的是，蒙哥汗即位后，曾把汴梁、归德、河南、怀、孟、曹、濮、太原三千户作为食邑以及诸处草地合一万四千五百余顷、户二万余赐给西夏人察罕，察罕死后又追封为河南王。② 河南等地西夏遗民数量众多，也与察罕的食邑有一定的关系。

进入中原的西夏遗民逐渐和当地居民融合，保留下来的碑石和族谱清楚地记录了这一历史进程。元至正十六年（1356 年）立于河南省濮阳县城东四十五里的柳屯镇杨什八郎村的《大元赠敦武校尉军民万户府百夫长唐兀公碑铭》，记载碑主人唐兀台世居贺兰山下，夏亡投附蒙古人，南征北战，收南宋，破金朝，病逝于军中。其子唐兀闾马成年后继承了父亲的军职，参加著名的襄樊之战，立下累累战功。战争结束后，闾马解甲归田，迁居河南濮阳柳下屯的十八郎寨，买田置地，修建祖坟，成为濮阳人。历经元、明、清、民国，迄今六百多年，传二十八代，繁衍四千多人。今柳屯镇的杨什八郎村以及西什八郎、南什八郎等十五个村庄的杨氏家族，大都是西夏唐兀氏的后裔。从《杨氏族谱》来看，杨氏家族从始祖唐兀台到第三代达海用元朝赐姓唐兀氏，第四代崇喜出现唐兀、杨氏并用，从第五代开始专用杨姓。唐兀杨氏从第三世开始与汉族婚媾，第六世已全部娶汉族女子为妻。无论从血缘上还是从文化上，都能得出他们最终融入了汉族之中的结论。③

（4）安徽西夏遗民。安徽西夏遗民人数众多，比较重要的是三大家族。一是昂吉儿家族，祖籍河西张掖，姓野蒲氏，④ 世为西夏将。其父野蒲甘卜率部归降蒙古。太祖"以其军隶蒙古军籍，仍以甘卜为千户主之"。甘卜率领这支西夏子弟兵从木华黎出征。甘卜卒后，其子昂吉儿又统率这支军队，从征诸国，多有战功。至元六年（1269 年），昂吉儿受封为本军金符千户，率领所部河西军在与南宋接境的两淮地区征战。他上言忽必烈，在河南信阳（今河南信阳南）筑城，以扼守宋军北进之道。忽必烈即命其领所部一千三百河西军筑城。至元九年（1272 年），昂吉儿因功加封为明威将军、信阳军万户侯，并将木华黎和阿术麾下的河西军划归昂吉儿统领。平宋后昂吉儿驻守庐州（今安徽合肥），战后江南调敝，建言设立屯田以给军饷，"以

---

① 苏天爵：《滋溪文稿》卷二七《元故参知政事王宪穆公行状》，民国徐世昌刻本。
② 《元史》卷一二〇《察罕传》。
③ 穆朝庆、任崇岳：《略谈河南省的西夏遗民》，载《〈述善集〉研究论集》，第 81—89 页。
④ 《元史》卷一二三《也蒲甘卜传》作"也蒲"；卷一三二《昂吉儿传》作"野蒲"。

二万兵屯之，岁得米数十万斛"。昂吉儿因屯田有功，加官行中书省左丞、行尚书省右丞，"两官皆兼淮西使"，[①] 其子弟也主要在安徽任职，安徽的西夏遗民大都与昂吉儿屯田有关系。[②]

二是余阙家族，余阙祖籍凉州（今甘肃武威），元大德七年（1303年）生于庐州（今安徽合肥），是西夏遗民的第二代，其父是唐兀军小军官，随军定居庐州。元统元年（1333年）余阙进士及第，步入仕途，历任泗州同知、监察御史、淮西同知、副都元帅、都元帅、江淮行省参知政事，戍守军事重镇安庆。至正十八年（1358年），陈友谅攻占安庆，余阙以身殉国，终年五十六岁。其妻姜子女闻余阙殉国，相继赴井、投湖或自刎而死，满门忠烈。元廷得知安庆失守，余阙全家赴难，特追封夏国公。明太祖朱元璋打败陈友谅后，在安庆为余阙建祠，号曰"忠节坊"。

余阙在世时代，西夏遗民已是第二、三代，他们中大多数人的思想观念和生活方式和当地汉族差不了多少，在第一代西夏遗民的眼中，他们的子孙失去了党项人的质朴忠厚，余阙在自己的文集中追忆河西人刚迁到合肥时，人面多黎黑，善骑射，讲义气。"平居相与，虽异姓如亲姻。凡有所得，则覃食豆羹不以自私，必召其朋友。朋友之间，有无相共，有余即以与人，无即以取诸人，亦不少以属意。百斛之粟，数千百缗之钱，可一语而致具也。岁时往来，以相劳问，少长相坐，以齿不以爵，献寿拜舞，上下之情，怡然相欢"。可两三代后，西夏人逐渐本土化。

三是王翰家族，"先世齐人，陷没于李元昊"，乃为西夏人。元朝初年王翰曾祖从河西军下江淮，因功授武德将军，领兵千户，镇守庐州（今安徽合肥），遂世代袭爵，定居庐州，祖上三代皆葬于此。[③]

（5）山东的西夏遗民。山东西夏遗民多与李恒父子有关。李恒父李惟忠，西夏国主嫡孙。成吉思汗用兵河西，李惟忠父守纳刺城，城破不屈而

---

① 《元史》卷一三二《昂吉儿传》。

② 马明达：《也谈安徽的西夏后裔》，《宁夏社会科学》1984年第4期。

③ 吴海：《王氏家谱叙》："曾祖从右丞昂吉下江淮，以功授武德将军，领兵千户，镇庐州。迄今又三世，坟墓皆在庐州。"（《闻过斋集》卷一，元人文集珍本丛刊，影印嘉业堂丛书本）吴海：《友石山人墓志铭》："王氏，先世齐人，陷没于李元昊。元初，取天下，赐姓唐兀氏。曾祖某，从下江淮，有功，授武德将军、领兵千户，镇庐州，家焉。祖某、父某，追君，袭爵三世。君讳翰，仕名那木罕。年十六，领所部，有能名。"（《闻过斋集》卷五，《元人文集珍本丛刊》影印嘉业堂丛书本）

死，年仅七岁的李惟忠求
从父死。蒙古将异之，执
献宗王合撒儿，被宗王
收为养子，成年后从征有
功，授淄川达鲁花赤，佩
金符。李惟忠子李恒生有
异质，及长从父征战，因
功授淄莱路奥鲁总管。至
元七年（1270 年），改任
益都淄莱新军万户，其子
孙均袭此职。李氏成为这
一地区的名门大族，其辖
境内有不少西夏遗民。至
元三十年（1293 年）五月
十一日，元政府下令益都

曲阜孔庙唐兀氏大都子敬林庙题名碣

路、济南府、般阳路、宁
海州、泰安州、东平府等地的河西人、汉人应依时狩猎，不得违反。[①] 说明
这一地区的西夏遗民的数量不少。

　　元代的昌邑县也生活着一支西夏人家族，祖先为赫斯，原住河西走廊，
随蒙古军征战，后定居山东昌邑。两代以后，他的长孙秃满台成为土生土长
的昌邑人，后任济宁路的达鲁花赤，家族繁衍。[②]

　　元代西夏遗民后裔还在今山东留下尊儒重教的佳话。至正三年（1343
年）六月的一天，时任山东东西道肃政廉访司佥事的唐兀人杨文书讷第三次
率僚属拜谒孔庙，曲阜县尹孔克钦为他立下了谒庙碑。[③] 杨文书讷"按部过
阙里三率，皆先拜林庙，然后视事"。每次拜谒都"瞻恋徘徊，移时不忍去"。
杨文书讷祖先曾经任职西夏，仁宗朝曾上书请设崇文阁以为贵胄之学，并建

---

① 《通制条格》卷二八《杂令·围猎》，浙江古籍出版社 1986 年版，黄时鉴点校本。
② 周峰：《元代西夏遗民秃满台家族考》，《薪火相传——史金波先生 70 寿辰西夏学国际
　　学术研讨会论文集》，中国社会科学出版社 2012 年版。
③ 《元杨文书讷三谒林庙碣》，杜建录：《党项西夏碑石整理研究》，上海古籍出版社 2015
　　年版，第 257 页。

议将大儒从祀孔庭。西夏极力推崇孔子，尊孔子为文宣帝，杨文书讷才会对孔庙有着如此深厚的感情，并先后参与到重修尼山书院和洙泗书院。还有元至正七年（1347年）六月十二日，金山东东西道肃政廉访司事、东平等处审囚司唐兀氏大都子携随从敬谒林庙，勒石而还。[1] 西夏遗民中上层文士大都尊崇儒家思想文化。

（6）浙江的西夏遗民。元代杭州西夏遗民众多，有僧侣、工匠和平民。其中唐兀人杨琏真迦，被忽必烈任命为江南释教总都统，是江南地区佛教事务的最高主管，组织在杭州灵隐寺飞来峰开窟造像；杭州大万寿寺的唐兀僧侣和工匠，历时多年，刻印出三六二〇余卷西夏文大藏经，比西夏刊印的经文还多四十余卷。迁居江南的唐兀人，也很快适应当地的生活中。元人杨维桢的《西湖竹枝词》记载："河西女儿戴罟罛（gūgū），当时生长在西湖，手弹琵琶作吴语，记得吴中吴大姑"。杭州西湖畔西夏妇女头戴河西特色的罟罛，却讲一口吴语，已经和杭州人几乎没有区别。

（7）云南西夏遗民。云南的西夏遗民因清乾隆年间修纂的《朵氏宗谱》而闻名。朵氏始祖朵儿赤是西夏宁州人，十五岁通《论语》《孟子》《尚书》，被忽必烈召试时相中，授中兴路新民总管，募民屯垦，兴修水利。三年任期后升潼川府尹，随后调任云南廉访副使，从此与云南结下不解之缘，其间调任山南廉访副使，很快升任云南廉访使，后终于任上，享年六十二岁。朵儿赤不避权贵，敢于担当，初到云南逢诸蛮叛，"僚佐悉称故而去，朵儿赤独居守"。行省丞相帖木迭儿贪暴枉法，诬杀安抚使法花鲁丁，经朵儿赤力辩，才得以幸免。[2] 朵儿赤子仁通曾任云南行省理问官，后世定居云南，据今天朵氏后人所保留的族谱统计，这支西夏后裔已繁衍二十四代，分布昆明、大理、丽江、玉溪、个旧、昭通等地。

（8）其他地区西夏遗民。除河北、河南、山东、浙江、云南等地外，山西、内蒙古、江西、江苏、浙江、福建、广东、广西、四川等地也有西夏遗民。元中统三年（1262年），元世祖忽必烈"敕河西民徙居应州（今山西应县），其不能自赡者百六十户，给牛具及粟麦种，仍赐布，人二匹"。[3] 西夏

---

① 《元唐兀氏大都子敬林庙题名碣》，杜建录：《党项西夏碑石整理研究》，上海古籍出版社 2015 年版，第 259 页。

② 《元史》卷一三四《朵儿赤传》。

③ 《元史》卷五《世祖纪二》。

人李天佑奉蒙古主命，迁居山西大同，"乐其风土旷夷，稍治资产"。^① 刘容祖上是西夏西宁人，高祖在"西夏主尚食"，蒙古平西夏后，将西宁百姓迁往云京，刘容的父亲也在迁徙中，"后遂为云京人"。^② 西夏人李世安定居龙应（今江西南昌），与江西著名文人吴澄结交甚密，李世安卒后，吴澄亲为之作墓志铭。^③ 祖籍灵武的西夏遗民后裔王翰（又名王用文），先后担任福州治中、同知，今天福州境内可以看到诸多署名为"灵武王用文"的题刻。元朝灭亡后，他隐居山林，明太祖召其出山做官。王翰"一臣不事二主"而挥刀自尽。王翰墓现仍在福建永泰县塘前乡的官烈村，村中还有一座东龙泉寺，相传为王翰隐居之所。

5. 中亚的西夏遗民

蒙古进攻西夏每次用兵都要掠夺了大量的"生口"，他们或被编入军队，或迁往各地劳作，或作为家务奴隶，只有察罕、李惟忠等少量的儿童被成吉思汗和贵族王爷收为养子。西域和中亚是成吉思汗占领较早的地方，也是早期安置西夏俘虏的地方。1221 年，长春真人邱处机奉命去中亚谒见成吉思汗，在抵达原花剌子模国都邪米思干成（今乌兹别克斯坦撒马尔罕）之后，他看到"城中常十万余户，国破而来，存者四之一，其中大率多回纥人，田园不能自主，须附汉人及契丹、河西等，其官长亦以诸色人为之"。^④ 显然，中亚的河西人就是蒙古贵族投放到这里的"生口"，他们凭借自己的才智，十多年功夫，他乡变故乡，取得了田园的经营权，连当地土著回鹘人也依附他们进行生产。有的发展成当地的统治者，西夏遗民阿波古曾从察合台之孙阿鲁忽，"实居薛迷昔干裹（撒马儿罕）之地，领番直主弓矢鹰隼之事，而治其人民焉"。^⑤

6. 西域的西夏遗民

西域自汉唐以来就纳入中原王朝版图，汉与各族杂居，至元二十四年（1287 年），元世祖忽必烈从安西王阿难答的请求，"发河西、甘肃等处富

---

① 邓文原：《巴西集》卷下《皇元赠陇西郡公李公神道碑》，文渊阁四库全书影印本。

② 《元史》卷一三四《刘容传》。

③ （元）吴澄：《吴文正公集》卷四二《李公墓志铭》。

④ 《长春真人西游记》卷上。

⑤ （元）虞集：《道园类稿》卷四二《立只理威忠惠公神道碑》。

第四章　西夏的衰落和灭亡　169

民千人往阇鄘地，与汉军、新附军杂居耕植"。[1] 上千名西夏遗民前往西域，安西王阿难答此议的关键不在西域屯田上，而是分化瓦解河西、甘肃等处西夏遗民势力，便于加强对该地的统治。

7. 党项发源地的西夏遗民

在四川省孚县以南，木里藏族自治县以北，康定以西，雅砻江以东的南北狭长地带，分布有一支神秘部族，叫作木雅人。20世纪50年代民族普查中，被列入藏族，但其文化习俗与藏族存在着明显的差异。如住房上，木雅人主要是垒石建筑，即所谓的碉楼，楼上堆物住人，楼下圈养牲畜。藏区典型的木结构"崩空"房在木雅地区几乎没有；妇女服饰上，典型藏区主要集中在头部，而木雅地区集中在颈部和腰部；宗教信仰上，藏传佛教虽然已成为木雅人的主流信仰，但他们却保留有一种"白石崇拜"的习俗，木雅地区村寨每户人家的房顶四角和主要路口都堆放着一些大小不一的白石头；语言上，木雅人对外通用藏语，在村寨则讲木雅话，被藏族人称为"土话""乡下话"，和周围地区的藏语不通。暗示木雅人的特殊身份。"木雅"一词是个比较古老的藏语词汇，藏文史籍《智者喜宴》记载，松赞干布曾迎娶木雅女子为王妃。木雅人被任命为工头，负责建造了康地的隆搪度母寺。说明早在吐蕃王朝兴盛之初，即7世纪，已有一个"木雅"的部落或政权，或称"弭药"，是吐蕃对党项人的称呼。西夏国建立后，又成了吐蕃对西夏国的代称。[2] 后西夏人也自称"弭药"（木雅）。蒙古攻灭西夏王后的近八百年，"弭药"（木雅）从史籍中消失。直到20世纪初期，西方学者在对四川康区的田野考察中，木雅又一次进入人们的视野。根据专家研究，这群木雅人操的木雅语和西夏语有很多共同的地方，应和党项人有着密切的关系。

这些生活在四川康区的"木雅人"，是唐代没有迁入内地的原始党项人的后裔，还是西夏灭亡后奔逃至此的党项后裔，至今还存在分歧。一种观点认为，木雅人是"西吴王"的后代，传说西吴王曾是北方汉地之王，所居之

---

① 《元史》卷一四《世祖纪一一》。

② 宋元丰七年（1084年），"董毡遣人以蕃书来，已回蕃书，约令引兵深入摩灭缅药家"（续资治通鉴长编》卷三四三，元丰七年二月庚辰）。次年十二月，西蕃阿里骨差首领赍到文字，译称"蕃家王子结施揽哥邦彪镞阿里骨文字，送与熙州赵龙图，探得缅药家觇点集人马，告汉家边上做大准备，早奏知东京阿舅官家著"（《续资治通鉴长编》卷三六三，元丰八年十二月丙子）。

地叫作"木雅"，后南迁此地建立新的国家。有学者据此推断木雅是西夏灭亡后，由一部分西夏王族南下建立的政权，木雅藏族就是这部分西夏人的后裔。其依据主要有：第一，木雅王称"西吴王"，"西吴王"就是西夏王，因为"夏"和"吴"在汉语中的古音相同，皆发"虎"音；第二，木雅藏族的文化，如八角碉、住房、语言、服饰等，都与西夏人有密切的联系。

同时，另传说西吴王是本地部落首领，一些学者则认为木雅藏族是由康区"原始党项"发展而来，而非"西夏遗民"。其主要依据有四：第一，"西吴王"不是西夏王，藏语中"西吴"即"西吴绒"，是康定木雅地区的一个村庄名称，因木雅王居住在"西吴"村，因而得名"西吴王"，与"西夏王"无任何关系；第二，经过现代语言学家的研究，木雅语比较接近一千五百年前的羌语，而不是一千年前的西夏语；第三，多年来一些专家学者对西夏后裔的流向做了深入的研究，西夏"遗民"到了河南、河北、山东、安徽、北京等地后，都立祠刻石，今天还留有西夏文的碑刻等遗物，木雅地方至今未发现西夏文遗存；第四，木雅地区的垒石建筑"八角碉"，西夏没有这种建筑。关于木雅人是不是西夏的后裔，虽然存在着争议，但是有一点是明确的，这就是具有独特文化、语言和习俗的木雅人是党项人的后裔。

由此来看，木雅人很可能是唐代没有迁往西北的党项人。他们自称"弭药"，吐蕃也称其为"弭药"，被吐蕃征服后，这部分党项人逐渐成为和藏区吐蕃风俗不尽相同的"吐蕃"，现在木雅人信奉的藏传佛教和藏区本土不同，就说明了这一点。他们和建立西夏国的党项人同源，但不是西夏人。这和没有进入中原的女真的情形大体相同，女真进入中原建立金国后，还有一部分留在原地的女真，后来在白山黑水间崛起，改称满洲。满族和建立金国的女真人属于同源，但他们并不是大金国的遗民。

另外，在中尼边界上有一支名叫夏尔巴的人群，他们自称来自东方，被称为东方人，即藏语夏尔巴。语言和风俗与藏族略同，但有区别，可能是唐代没有东迁的党项"董族"，而非西夏故地迁去的遗民。

二、西夏遗民的融合

1.蒙元对唐兀人的离散措施

西夏是蒙古征服较早的政权，唐兀人的地位高于金朝的汉人和南宋的南人，但蒙古人并不是完全信任，主要是西夏人以尚武著称，蒙古人历二十多年时间六征西夏，成吉思汗又病逝在最后一次征服西夏战争中。对于善战而强大的西夏人，蒙古人不能不怀有戒备之心。于是便采取了一系列"离散"措施：把西夏遗民从故土迁到全国各地。有的迁到各地从事农业和工商业生产，有的签发为军，随蒙古大军征战戍守。早在蒙夏战争时，就有不少西夏将士降附了成吉思汗。西夏平定后，蒙元王朝多次在西夏故地签军征兵，称"河西军"及"河西质子军"等，编入蒙古军和探马赤军，后来还设置唐兀卫亲军都指挥使司，管理河西军三千人。① 在蒙金战争中，西夏遗民察罕、老索、野蒲甘卜等率本部军马披坚执锐，为蒙古帝国统一北方立下功劳。蒙古贵族通过签西夏遗民子弟参军的方式，既加强了战斗力量，又削弱了西夏遗民的势力。

二是西夏遗民迁出的同时，元廷还把全国各地的居民迁往西夏故地。至元七年（1270 年）十二月，"徙怀孟新民千八百余户居河西"。② 至元八年（1271 年），"徙鄂民万余于西夏"，"计丁给地，立三屯，使耕以自养，官民便之"。③ 至元十八年（1281 年）六月，"以太原新附军五千屯田甘州"。④ 至元十九年（1282 年）三月，"发迤南新附军一千三百八十二户，往宁夏等处屯田"。⑤ 在西夏故地垦田者，不仅有汉族人，还有蒙古族。如至元三年（1266 年）五月，"浚西夏中兴汉延、唐来等渠。凡良田为僧所据者，听蒙古人分垦"。⑥

三是元廷将西夏遗民徙居内地与汉民族杂居耕种，或迁往边地屯垦，或签发充军，使之不能聚集一地，达到分而治之的目的。与此同时，又把大批汉人、蒙古人、回鹘人等迁入西夏故地，既推动了对西夏故地的开发，又稀释了西夏遗民比例，形成各民族交错杂居，相互牵制，进而加强了对西夏故地和西夏遗民的控制和管理。⑦

---

① 《元史》卷九九《兵志二》。

② 《元史》卷七《世祖纪四》。

③ 《元史》卷一七〇《袁裕传》。

④ 《元史》卷一一《世祖纪八》。

⑤ 《元史》卷一〇〇《兵志三》。

⑥ 《元史》卷六《世祖纪三》。

⑦ 孟楠：《元代西夏遗民迁徙及其与其他民族的融合》，《宁夏大学学报》1995 年第 3 期。

2. 多元文化背景下的民族融合

西夏故地的民族融合。民族融合首先是文化融合，其次才是血统，所谓"汉人与胡人之分别，在北朝时代文化较血统尤为重要。凡汉化之人即目为汉人，胡化之人即目为胡人，其血统如何，在所不论"。[①] 党项迁入内地几百年，深受中原传统文化影响，立国后推行以儒治国。元代西夏遗民与内地汉人和南人的交往，又进一步促进了以儒家文化为核心的汉文化的发展，西夏故地的汉文化并未因为蒙古人的统治而消失，而是显示出旺盛的生命力。

13 世纪，随着蒙古的西征和横跨欧亚的元帝国的建立，位于丝路交通要道西夏故地的文化更加多元，除内地新附的汉人和南人迁入，进一步发展壮大了原有的儒家文化外，蒙古的西征，中亚的伊斯兰文化传入，包括安西王阿难答在内的部分蒙古人和部分当地居民皈依伊斯兰教。阿难答甚至下令所部十五万蒙古军队全部皈依伊斯兰教。元成宗听到此消息后异常气愤，阔阔真哈敦则对成宗劝说道："阿难答有很多军队，并且唐兀惕地区所有那些军队和居民都是木速蛮（穆斯林）"，建议允许其自主选择宗教信仰。据说当时唐兀惕"国中有二十四座大城，该处居民大多数为木速蛮，但他们的地主和农民乃为偶像教徒，在外形上他们类似汉人"。[②] 这些记载未免有失实之处，但可以肯定，西夏故地上已有不少汉族和蒙古族皈依伊斯兰教。当然该地还有大量佛教徒，"河西土俗，太半僧祇"。[③] 马可波罗在其《行纪》中，对宁夏、甘肃一些主要城市的西夏遗民信仰佛教的情况也作了详尽的描述。至元二十三年（1286 年）正月，忽都鲁所部屯田新军二百人在亦集乃地修凿河渠时，"役久功大，乞以傍近民、西僧余户助其力"。[④] 僧人占有土地，有家室者还承担赋役。[⑤] 说明即使相对偏远的亦集乃路，佛教是有很大势力的，这与蒙古入主中原后，迅速接受了藏传佛教有很大关系。

蒙古族作为统治民族，在其强势政治力量裹挟下，游牧地区的西夏遗民

---

① 陈寅恪：《唐代政治史述论稿》，上海古籍出版社 1997 年版。
② 《史集》汉译本第 2 卷，第 381、379 页。
③ （元）王恽：《秋涧先生大全集》卷八六《弹西夏中兴路按察使高智耀不当状》。
④ 《元史》卷一四《世祖纪一一》。
⑤ 至元十九年冬十月"敕河西僧、道、也里可温有妻室者，同民纳税"（《元史》卷一二《世祖纪九》）。"诸河西僧人有妻子者，当差发、税粮、铺马、次舍与庶民同。其无妻子者，蠲除之"（《元史》卷一○三《刑法志二·户婚》）。

西夏彩绘描金木桌

纷纷改蒙姓，说蒙语，学蒙文，经过一两代基本上蒙古化了。《大元肃州路也可达鲁花赤世袭之碑》记载了在元朝担任官职的党项人举立沙家族相传六世一百三十多年的活动及其世系，从一世举立沙之后已不再用党项人名而改用元代蒙古人习用名字，蒙古化的现象具有一定的典型性，[①] 反映出西夏遗民的蒙古化的一般情况。

移居内地西夏遗民的民族融合。移居内地的唐兀人与汉民族错杂居住，逐渐融合。世居贺兰山下的唐兀台随蒙古征战，后病逝于军中，其子唐兀闾马成年后继承父亲的军职，参加过著名的襄樊之战。战争结束后闾马解甲归田，带着家人迁居到开州濮阳县东，买田置地，又在金堤河旁修建祖坟，栽植松柏。经过闾马几十年的艰苦经营，唐兀家族逐渐成为在当地有影响力的富户。定居后，他们保留了西夏时期崇文尚儒的传统，闾马之孙唐兀崇喜曾修建崇义书院，延请名儒唐兀彦国主持，招收远近弟子五十余名入学教育，购置田产五百亩，以供庙学支出。该家族从始祖唐兀台到第三代达海用元朝赐姓唐兀氏，第四代崇喜则改唐兀、杨氏并用，从第五代开始专用杨姓。唐兀杨氏从第三世子孙开始与汉族婚媾，从第六世起已全部娶汉族女子为妻。无论血缘上还是文化上，最终融入了汉族之中。从元初至今，唐兀杨氏共在濮阳定居超过七百余年，繁衍二十八代。今日柳屯镇的杨什八郎村及其周边十五个村庄的杨氏家族，虽是西夏唐兀人后代，[②] 但全部是汉族。

迁到安徽合肥的西夏遗民余氏家族，也和河南濮阳的西夏遗民一样，两三代就完全本土化了，失去了往昔淳朴的民风民俗，余阙曾为此而忧虑不

---

① 白滨、史金波：《〈大元肃州路也可达鲁花赤世袭之碑〉考释——论元代党项人在河西的活动》，《民族研究》1979 年第 1 期；汤开建：《大元肃州路也可达鲁花赤世袭之碑补释》，《中国史研究》1983 年第 4 期。

② 穆朝庆、任崇岳：《略谈河南省的西夏遗民》，载《〈述善集〉研究论集》，第 81—89 页。

已。① 移居到江南的西夏后裔虽然头戴"罟罛"这种河西妇女的头饰，但已经遗忘了西夏语而说起了吴语，逐渐融入江南社会。移居山西、陕西、山东、广东等地的西夏遗民，均走上了同样的发展道路。

有的地方西夏遗民相对集中，民族融合的进度较慢，如河北保定市莲池书院还矗立着两通立于明朝的西夏文石经幢，上面刻有西夏文经文，以及参与这次活动的西夏文人名。从人名上看，大多是党项西夏人的姓氏，如折磨、昔毕、梁氏、嵬名、平尚等，说明到了明朝，迁往内地的党项人还没有完全融合到汉族中去。当然，这种情况不会保持下去，明朝不许少数民族穿"胡服"、说"胡语"，不可自相婚姻，只许与汉族通婚。② 这种强制性的融合与同化政策，将唐兀人彻底融合，以至于清代文献中西夏遗民已消失不见。

移居中亚西夏遗民的民族融合。随着蒙古西征，唐兀人进入中亚，逐渐融入本地社会，和当地居民通婚，安于对西土的经营。有的凭借自己的努力，取得了田园的经营权。甚至当地土著回鹘人则依附于他们进行生产，有的成为当地的统治者，最后走上了本土化的道路，成为地道的中亚人。不只是西夏遗民，辽朝灭亡后，契丹遗民耶律大石率众进入中亚，建立西辽帝国，众多的契丹遗民最终也走上了中亚本土化的道路。民族融合是一个漫长的过程，特别是异域民族融合，时间更为漫长。1221 年，长春真人邱处机奉命去中亚谒见成吉思汗，在今乌兹别克斯坦撒马尔罕，看到"城中常十万余户，国破而来，存者四之一，其中大率多回纥人"，还有汉人、契丹人、河西人等。③ 这时距耶律大石建立西辽已经97年，这些民族还没有完全融合。西辽灭亡后，民族融合的速度进一步加快，今天中亚地区的契丹、西夏遗民早已融入历史的长河中。

---

① （元）余阙：《青阳集》卷四《送归彦温赴河西廉使序》。
② 《大明律》卷六《蒙古色目人婚姻》。
③ 《长春真人西游记》卷上。

西夏境内池盐资源丰富，盐灵二州池盐资源最为丰富，河西走廊与阿拉善高原也有丰富的池盐资源

第五章 西夏的宗法封建制

宗族部落贯穿党项及西夏社会历史，以拓跋部为代表的豪族大姓是西夏宗法封建制的代表，他们以首领乃至部落的名义占有大片农田、草场和山林，并拥有为数众多的劳动生产者。宗族内除中小地主、牧主和小土地占有者外，在贵族土地上劳动的还有佃农、种地者、门下人、牧人、私人、典押出力人、雇工和奴隶。

租佃是大土地占有者重要的经营方式，俄藏黑水城出土西夏文献有不少是租地契约，其中有的农户把土地出卖给地主后，又从地主手中包租土地，从自耕农变成佃农。部落制下的西夏佃农自由租佃权力有限，因为男丁全部以族帐为基础组成军抄，一人为正军，一人为负担，还有一人为辅主。这种兵役制度必然要限制家族成员的流动，即使流动也是在部落内部流动。没有人口的自由流动，就没有特定意义上的自由租佃。西夏的佃户不同于宋朝的佃户，他们身受贵族地主和封建国家的双重剥削，这是西夏社会的特殊性。

庶民是西夏社会阶级结构中极为重要的等级，其低于贵族地主，高于依附民阶层。贵族和庶民的区分是贵族世官世禄，庶人则无官无禄；贵族衣紫衣绯，民庶青绿，以别贵贱。

贵族画像，出土于黑水城遗址

第一节　宗族制度

一、党项宗族的演变

贯穿于党项社会与国家全过程的宗族部落，经过若干代的繁衍发展，派生出许多支系，一个强宗大族往往包括若干个乃至数十个中小家族。

党项宗族支系情况表

年代	宗族	支系数或名称	材料来源
唐至德至永泰间 （756—765 年）	破丑族	三族	《新唐书·党项传》
唐至德至永泰间 （756—765 年）	野利族	五族	《新唐书·党项传》
五代（907—959 年）	客户	三族	《五代会要·党项传》
五代（907—959 年）	阿埋	三族	《五代会要·党项传》
五代（907—959 年）	泥也	六族	《五代会要·党项传》
五代（907—959 年）	野龙	十九族	《册府元龟》卷九九九
雍熙二年（985 年）	宥州界咩兀族	十族	《宋史·党项传》
雍熙二年（985 年）	岌伽罗腻族	十四族	《宋史·党项传》
雍熙二年（985 年）	兀泥族	三族	《宋史·党项传》
宋太宗年间 （976—997 年）	野狸族	十族	《宋史》卷二七七《郑文宝传》
端拱元年（988 年）	藏才族	藏才三族、八族、 三十八族	《宋会要》方域二
至道元年（995 年）	睡泥族	二族	《宋史·党项传》
至道元年（995 年）	勒浪族	勒浪嵬女儿门、 勒浪树李儿门	《宋史·党项传》
至道二年（996 年）	女女族	女女忙族、女女 梦勒族等四族	《宋史·党项传》
咸平六年（1003 年）	原渭内附戎人八部	二十五族	《宋史·党项传》，又见《长编》卷五五
景德元年（1004 年）	熟魏族	茄罗、兀赃、成 工二族	《宋史·党项传》
天禧二年（1018 年）	樊家族	九门	《宋史·党项传》，又见《长编》卷九一
天圣四年（1026 年）	康奴族	六门	《宋会要》兵一四之一七

党项宗族有主支、大小之分，所统属的族帐有多有少，多则数百帐乃至数千帐，少则只有几十帐。

党项宗族统属族帐情况表

年代	党项宗族数	属帐及各族平均帐数	资料来源
雍熙二年（985 年）	银、麟、夏三州归附 125 族	16000 余户（帐），族均 128 户（帐）	《宋史》卷二五九《郭守文传》
淳化四年（993 年）	边人 42 族	万余骑，族均 240 骑	《宋史·夏国传》
咸平元年（998 年）	兀泥族	领族帐 1500 户	《宋史·党项传》
咸平五年（1002 年）	麟州勒厥麻等三族	1500 帐，族均 500 帐	《长编》卷五三《宋史·党项传》
咸平年间（998—1003 年）	庆州峕啤等 170 余族	4000 余户，族均 24 户（帐）	《宋史》卷二七九《张凝传》
咸平六年（1003 年）	环庆内属戎人 184 族	4080 余户，族均 22 户（帐）	《长编》卷五四
宋仁宗年间（1023—1063 年）	水令通等 17 族	11000 余帐，族均 647 帐	《宋史》卷三五〇《张守约传》
宝元二年（1039 年）	丰州藏才 38 族	10 万众，约 2 万余帐，族均 526 帐	《长编》卷一二四
元丰四年（1081 年）	黾波给家 22 族	1900 余户，族均 86 户	《长编》卷三一六

党项宗族呈树冠状分布，众多个体族帐组成中小家族，若干中小家族支撑强宗大族，所谓"每姓别自为部落，一姓中复分为小部落"。[1] 这种分化派生，既包括同一血缘氏族的繁衍发展，也有对其他部落的兼并征服，有的属自然派生，有的为统治者人为地分化瓦解。宋嘉祐六年（1061 年），贷命编管五门蕃部巡检苏恩，"仍分所管蕃部为八族，各推首领以主之"。[2] 宋熙宁四年（1071 年），俞龙珂等举族内附，"又分其本族大首领四人为族下巡检，既分为四头项，自此可令不复合为一，免点集作过"。[3] 西夏对党项家族的政策也应大抵如此。

外来族帐的入居，也是促使宗族派生与发展的重要因素，后周广顺二年（952 年）六月，"以府州党项泥也六族防御使、归化将军泥香王子又泥也、

---

① 《旧唐书》卷一九八《党项羌传》。

② 《续资治通鉴长编》卷一九五，嘉祐六年十月戊午。

③ 《续资治通鉴长编》卷戊二二八，熙宁四年十二月戊辰。

大首领拓跋山，并为归德将军"。^① 泥也族的外姓首领拓跋山，很可能就是外来入居的族帐，并取得了首领的地位。宋雍熙二年（985年），"府州女乜族首领来母崖男社正等内附，因迁居茗乜族中"。^② 宋庆历四年（1044年），范仲淹指出：唐龙镇嘉舒、克顺等七族"旧属府州，比因边臣不能存恤，逃入西界，在今府州东北缘黄河西住坐，其地面与火山军界对岸。昨西贼大掠麟府界，人户悉居于彼，遂分为十四族"。^③

　　派生与衍化出的中小族帐，起初大多留在大姓族内，但也有一开始就走上独立发展道路的。宋至道元年（995年）七月，"睡泥族首领你乜遇令男诣灵州，言族内七百余帐为李继迁劫略，首领啴逋一族奔往萧关，你乜遇一族乞赐救助，诏赐以资粮"。^④ 在李继迁攻掠下，睡泥族首领你乜遇与啴逋，各率所属分成两族，并走上了各自不同的发展道路。

二、党项宗族的首领

　　党项宗族往往称某某家族。据宋人沈括记载："昔人文章用北狄事，多言黑山，黑山在大幕之北，今谓之姚家族，有城在其西南，谓之庆州。"^⑤ 文献上还有牛家、汪家、吴家、旺家、折家、苏家、韦家、媚家、封家、樊家、王家、狸家、延家、慕家等等。他们一般由宗族首领的姓氏演变而来，慕家就相当典型。羌酋慕恩本为环州乌贵族蕃官巡检，^⑥ 种落强盛，为知环州种世衡所用，蕃族有不附者，"即命慕恩出兵诛之"。^⑦ 因而声名鹊起，所属部族遂以慕家或慕恩为名。^⑧

　　有的部族以首领的姓名为名，前引睡泥族两首领你乜遇与啴逋，在李继

---

① 《五代会要》卷二九《党项传》，中华书局1998年影印本。
② 《宋史》卷四九一《党项传》。
③ 《续资治通鉴长编》卷一五二，庆历四年十月壬子。
④ 《宋史》卷四九一《党项传》。
⑤ （宋）沈括：《梦溪笔谈》卷二四《杂志一》。
⑥ 《续资治通鉴长编》卷一三三，庆历元年九月丁未。
⑦ 《宋史》卷三三五《种世衡传》。
⑧ 《续资治通鉴长编》卷三一二，元丰四年四月丙子，"环州属羌慕家族首领迎逋数纵火杀人，官不敢问，结连诸部欲为寇"。同书卷四八二，元祐八年三月乙未注引李清臣与知定州许将小简云："夏羌围环州，劫慕恩族。"慕恩为庆历年间（1041—1048年）羌酋，至元丰（1078—1085年）、元祐（1086—1094年）时遂以慕姓为族名。

迁地攻掠下，各领所部分为你乜逋族与啤逋族。宋景德元年（1004 年），"先叛去蕃官茹罗、兀赃、成王等三族及啤移军主率属归顺"。① 宋元丰四年(1081年)，"兰州新归顺首领巴令渴等三族，领所部兵攻贼撒逋宗城。"② 茹罗、兀赃、成王、巴令渴等族均是以首领姓名为名的。

有的部族则以居地为"族名"，如庆州白马川的白马族，延州金明县的金明族，③ 庆州野鸡塞的野鸡族，④ 泾州西北大虫前后巉的大虫族，⑤ 延州荚村的荚村族，⑥ 庆历年间因荚村族首领名折马山，又称该族为折马山族。⑦

家族不仅有以居地为名，也有居地以族称命名的。《宋史》卷三二三《周美传》载：夏人来寇，"美迎击于野家店，追北至拓跋谷，大败其众"。这里的"拓跋谷"，显然与党项拓跋部有关。

党项宗族不论大小都有首领，豪族大姓一般称之为大酋长、大首领，中小部族则称之为首领。在一个豪族大姓内，往往有一个或数个大首领和若干首领、副首领。宋至道三年（997 年）二月，"泥巾族大首领名悉俄，首领皆移、尹遇、崔保罗、没佶，凡五人来贡马"。⑧ 名悉俄等五人均为泥巾族的大小首领。宋咸平二年（999 年）十一月，"藏才八族大首领皆赏罗等来献名马"。⑨ 显然，在八族大首领之下，至少还有八个首领。这些大大小小的家族首领皆世代承袭，"父死子继，兄死弟袭，家无正army，则又推其旁属之强者以为族首，多或数百，虽族首年幼，第其本门中妇女之令亦皆信服"。⑩ 宋人范纯粹也曾指出，"臣观边人之性，以种族为贵贱，故部酋之死，其后世之继袭者，虽乜稚之子，亦足以服老长之众，何哉？风俗使之然

① 《续资治通鉴长编》卷五七，景德元年九月丁亥。
② 《续资治通鉴长编》卷三一六，元丰四年九月辛丑。
③ 《宋史》卷三二三《赵振传》。
④ 《折渭州墓志铭》，载韩荫晟：《党项与西夏资料汇编》上卷第一册，宁夏人民出版社1983 年版，第 206 页。
⑤ 《续资治通鉴长编》卷一三九，庆历三年正月丙子。
⑥ 《续资治通鉴长编》卷一二五，宝元二年十一月庚子。
⑦ 《续资治通鉴长编》卷一三五，庆历二年三月壬戌："荚村族三班殿侍折马山为三班奉职。……丁卯，知青涧城种世衡请募蕃兵五千，左手虎口刺'忠勇'二字，令隶折马山族。"可见折马山族即荚村族。
⑧ 《宋史》卷四九一《党项传》。
⑨ 《宋史》卷四九一《党项传》。
⑩ 《宋史》卷一九一《兵志五》。

也"。① 西夏谚语"哥哥继承宗族，弟弟到处游宿"。②

大小首领是世袭的部族头领而非西夏职官，但在西夏社会政治经济生活中，起着非常重要的作用，对外代表本部族，对内统领所属族帐，西夏政权通过他们实现对部族的统治，蕃部族帐往往只认首领，而不认官府。这种具有特殊地位的首领一般都有"首领印"，传世的西夏"首领印"大多是二字印，印文为西夏文九叠篆书"首领"二字，印背刻受印者姓名及年款，有的则刻上"首领某某某"。如天盛四年的两方印，背款一刻"首领酩玉嵬名势"，一刻"首领罗缚勒"；天盛五年印背刻"正首领酩西兀"，天盛十八年印背刻"首领酩布小狗山"；乾祐十二年印背刻"首领哲慧成"。③ 印证了文献关于首领、大首领的记载。

三、党项宗族的武装

党项部落都有自己的武装力量，越是强宗大族，拥有和控制的武装力量越强大。"原州属羌明珠、灭藏二族，兵数万，与元昊首尾，隔绝邻道"。④ 李元昊立国前用金银招诱宋朝沿边党项，"于是东苶、金明、万刘

---

① 《续资治通鉴长编》卷三八九，元祐元年十月戊戌。

② 陈炳应：《西夏文物研究》，宁夏人民出版社 1985 年版，第 350 页。

③ 白滨：《西夏官印、钱币、铜牌考》，载《西夏文物》，文物出版社 1988 年版。

④ 《续资治通鉴长编》卷一三八，庆历二年十月戊辰。

铁蒺藜

诸族胜兵数万，悉为贼所有"。① "元丰四年秉常为母族所纂，诸大酋数十，各拥兵汹乱。"② 李德明时派万子等四军主各领族兵攻打西凉府。③

大大小小的宗族首领各领族兵，实际成为各级军事首领，元昊"置十二监军司，委豪右分统其众"。④ 监军司设都统军、副统军、监军使各一员，均由宗族大首领充任。⑤ 监军、统军等豪族大酋之下，为统领数百帐乃至上千帐的团练、观察、刺史。⑥《宋史·夏国传》曰："凡正军给长生马、驼各一。团练使以上，帐一、弓一、箭五百、马一、橐驼五，旗、鼓、枪、剑、棍楛、杪袋、披毡、浑脱、背索、锹镢、斤斧、箭牌、铁爪篱各一。刺史以下，无帐无旗鼓，人各橐驼一、箭三百、幕梁一。"团练使和刺史是西夏军职中两个基本界线，团练使以上属高级军职，由大首领担任，团练使至刺史属中层军职，刺史以下属低级军职。

西夏法典《天盛改旧新定律令》中反映的行监、溜首领、盈能，大致属于中下层军事首领。统领百余帐的中首领和统领数十帐的为小首领、舍监，律令对他们的派遣、任命有着明确的规定："盈能、副溜有应派遣时，监军司大人应亲自按所属同院溜顺序，于各首领处遴选，当派遣先后战斗有名、

---

① 《宋史》卷三二三《赵振传》。
② （宋）苏轼：《经进东坡文集事略》卷四〇《代腾甫论西夏书》，四部丛刊本。
③ 《续资治通鉴长编》卷六八，大中祥符元年三月戊辰。
④ 《宋史》卷四八五《夏国传上》。
⑤ 《宋史·夏国传上》载：元丰四年"追袭其统军仁多㖫丁"，元丰七年"杀其首领仁多㖫丁"。显然西夏统军仁多㖫丁为党项宗族大首领。
⑥ 《西夏书事》卷一五："元昊以官爵縻下，沿边逐族首领管三、五百帐，悉署观察、团练之号。"

勇健有殊功、能行军规命令"者。小首领与舍监的任命，必须经"所属首领、族父等同意，自有二十抄者设小首领一人，十抄可设舍监一人"。由境外"引领本族部来投诚，自共统摄者，若统摄十抄以上，则当为所统摄军首领"。①

豪族大酋领通过层层的军事组织，实现对所属部族的控制，并在族内享有绝对的权威与较高的威望。"首领各将种落之兵，谓之'一溜'，少长服习，盖如臂之使指，既成行列，举手掩口，然后敢食，虑酋长遥见。"② 宋元符元年（1098 年），宋将折可适俘获天都统军嵬名阿埋与监军妹勒都通，"其诸族帐首领见捕获此二人，接续扶携老幼争来投降，并欲依附都通等"。③

既然宗族有着强大的军事力量，西夏政权必然加强对豪族大姓的控制，联络豪右、结婚大族成为拓跋李氏立国的基本国策。④ 西夏立国后仍长期与豪族大姓联合专政。元昊联姻野利大族，"拽利王旺荣、天都王刚浪㖫者，皆元昊妻之昆弟也，与元昊族人嵬名山等四人为谟宁令，共掌军国之政"。⑤ 元昊之后，外戚没藏讹庞专权，"朝廷岁赐谅祚金帛，（讹庞）四族常分其半，首领入贡，辄货易图利，故四族盛强"。⑥

在党项强宗大族内部，除同姓族亲外，还有一些非同姓、同族成员。宋英

武士木俑，出土于宁夏永宁县闽宁村西夏墓

---

① 《天盛改旧新定律令》卷六《行监溜首领舍监等派遣门》。

② 《续资治通鉴长编》卷一三二，庆历元年五月甲戌。

③ 《续资治通鉴长编》卷五〇五，元符二年正月甲辰。

④ 漆侠、乔幼梅：《辽夏金经济史》，河北大学出版社 1998 年版，第 208—212 页。

⑤ （宋）司马光：《涑水记闻》卷五，中华书局标点本。

⑥ （宋）张方平：《乐全集》卷三六《谥曰康穆程公神道碑铭并序》，文渊阁四库全书影印本，第 1104 册第 408 页。

宗治平年间（1064—1067年），吕诲指出："逐部族今所存者，却有外来散户依附其间，或是连亲，或即庸力，混杂居处，例各年深。"[1]奏章中值得注意的是，依附于强宗大族的"散户"既有连亲的党项人，也有不是"连亲"而是来"庸力"的外来户，他们都是强宗大族的依附民，并且"混杂居处"，年深岁远，形成了一种依附关系。这种依附关系深刻地表明，党项族的阶级分化业已发生。

概括而言，党项的强宗大族不仅是有宗法血缘关系的社会组织，而且有"地分"或"族界"，有世世代代相承的首领和包括"庸力"者在内的依附民，形成了一个生产有机体。同时，还有武装力量维护内部秩序，反对外族掠夺，是自成体系的"独立王国"。由此可以理解，李继迁立国方略为"联络豪右"，如果不这样，就无法得到豪右的物资供应，也得不到豪右的强弓劲马，更得不到银夏的广土众民，也就无以建立政权，割据西北，与辽、宋形成鼎足之势！因此，党项的豪右也就成为西夏国的统治基础。

第二节　土地制度

西夏土地制度，大体上可分为国家所有、党项贵族大土地占有、寺院土地占有和小土地占有四种形式。

一、国有土地

西夏的国有土地主要由国有草场、农田、山林等组成。在广袤的高原丘陵和戈壁草滩上，国有草场和部落族帐的草地往往没有明确的界限，经常因地界问题发生纠纷。夏仁宗天盛年间（1149—1169年）颁行的法律明确规定，如果个体牧人既在官牧场放牧，又有自己的草场，应从官牧场迁出，"不许于官地内安家"。如果发生大旱等自然灾害，"官牧场中诸家主之寻牧草者来时，一年以内当安家，不许耕种。逾一年不去，则当告于局分而驱逐之"。[2]

---

[1]　《历代名臣奏议》卷三四三，文渊阁四库全书影印本，第442册第604页。
[2]　《天盛改旧新定律令》卷一九《牧场官地水井门》。

西夏官私农田的界线则比较清楚，法律规定"诸人有开新地，须于官私合适处开渠，则当告转运司，须区分其于官私熟地有碍无碍，有碍则不可开渠，无碍则开之"。① 除上述国有牧场、农田外，大量闲置的"闲田旷土"也属于国有土地的范畴。②

西夏国有土地主要来源于前代国有荒地、草原、山林、牧场和以屯田、营田形式存在的官田。宋淳化五年（994 年）四月四日，宋太宗为了制服李继迁，"诏夏州旧城宜令废毁，居民并迁于绥、银等州，分官地给之"。③ 西夏立国后，旧有官田被全部继承了下来。西夏国有土地第二个来源为籍没入官的田土。《天盛改旧新定律令》规定：犯谋逆、背叛等重罪，家人连坐，发配到官营农牧场服刑，"畜、谷、宝物、地、人等，所有当并皆没收入官"④。另外，户绝田在原则上也是入为官地的。

西夏国有土地大致有两种经营方式：第一为屯田。屯田是国有土地传统的经营方式，早在宋咸平四年（1001 年）李继迁进攻灵州时，就"据其山川险要，凡四旁膏腴之地，使部族万山等率蕃卒驻榆林、大定间，为屯田计，垦辟耕耘"。⑤ 立国以后，随着版图的扩大与戍边卫疆的需要，屯田垦辟制度被继承了下来。元朝在西夏故地屯田，就继承了西夏的屯田。⑥ 第二为营田，即将战争俘获的汉人与失去土地的农牧民投到国有闲田旷土上，⑦或由官府提供口粮、籽种、耕牛、农具，或自备生产工具进行生产，官府收取租课。这些营田蕃汉人，表面上与官府结成租佃关系，实际上是依附于官府的农奴，尤其是战争俘获的"驱口"，人身地位甚至比农奴还要低，但不是奴隶。

---

① 《天盛改旧新定律令》卷一五《渠水门》。

② 《续资治通鉴长编》卷四六〇，元祐六年六月丙午载，知熙州范育言："臣尝究知夏国之闲田，弥亘山谷，动数百里，未悉垦辟。"

③ 《宋会要辑稿》方域八之三二。

④ 《天盛改旧新定律令》卷一《谋逆门》。

⑤ 《西夏书事》卷七。

⑥ 《元史》卷一〇〇《兵志三·屯田》记载：元立屯田，"大抵芍陂、洪泽、甘、肃、瓜、沙，因昔人之制，其地利盖不减于旧"。

⑦ 《宋史》卷四八六《夏国传下》记载："得汉人勇者为前军，号'撞令郎'。若脆怯无他伎者，迁河外耕作，或以守肃州。"

二、贵族大土地

党项内迁后，唐王朝即授以庆、灵一带田土，令部落居住生息。后来随着生产的发展与社会的进步，原来归氏族部落公有的土地逐渐被贵族首领私人占有。因此，党项贵族大土地占有制是西夏土地制度的重要组成部分。宋神宗讨伐夏国敕榜曰："其先在夏国主左右，并鬼名诸部族同心之人，并许军前拔身自归，及其余首领能相率效顺，共诛国仇，随功大小，爵禄赏赐，各倍常科。许依旧土地住坐，子孙世世常享安荣。"[1] 敕榜许党项首领"依旧土地住坐"，明确反映出党项贵族对土地的占有。

西夏立国前党项贵族的私有土地主要从氏族部落领地转化而来，而立国后官僚贵族的巧取豪夺和土地买卖则成为贵族私有土地的重要来源。宋庆历年间（1041—1048 年），党项羌民乘景宗李元昊对宋用兵之际，在宋朝麟州窟野河西插木置小寨三十余所，"盗种寨旁之田"。元昊死后，国主谅祚年幼，外戚没藏讹庞专权。讹庞以屈野河西田膏腴利厚，令民播种，以所收入其家，"宴然以为己田"。[2] 还如晋王察哥有园宅数处，皆攘之民间者。

西夏中期以后，土地买卖频繁，成书于夏乾祐二十一年（1190 年）的《番汉合时掌中珠》有"更变田地"的记述。《天盛改旧新定律令》明确规定："诸人卖自属私地时，当卖情愿处，不许地边相接者谓'我边接'而强买之。"[3] 俄藏黑水城文献中，有 12 件西夏卖地文契，其中 10 件在青黄不接的正、二月，正是贫困农民出卖土地和贵族地主兼并土地的时节。从允许土地买卖的"那一瞬间起，大土地所有制的产生，便仅仅是一个时间问题了"。[4] 黑水城出土户籍手实，记录梁行监一户 18 口人，有撒 52 石种子地 4 块，约 520 西夏亩，218 宋亩。马 3 匹，2 大 1 小；骆驼 32 头，26 大 6 小。讹移千男一户 7 口人，有撒 27 石种子地 4 块，约 270 西夏亩，113 宋亩。骆驼 3 头，2 大 1 小；牛 10 头，4 大 6 小；羊大小 80 只。说明除贵族大地主外，还有一定

---

[1] 《续资治通鉴长编》卷三一六，元丰四年九月乙巳。
[2] 《续资治通鉴长编》卷一八五，嘉祐二年二月壬戌。
[3] 《天盛改旧新定律令》卷一五《租地门》。
[4] 恩格斯：《德国古代的历史和语言》，人民出版社 1957 年版，第 72 页。

数量的中小地主。①

租佃是地主土地的重要经营方式，宋英宗治平年间（1064—1066 年），同知谏院吕诲奏曰："逐部族今所存者，却有外来散户依附其间，或是连亲，或即庸力，混杂居处，例各年深。"②外来"庸力"与前来"连亲"的党项人，就是失去土地的农牧民，他们以租佃形式耕种地主的土地。俄藏契约文书中有 8 件租地契约，③ 这些租地的佃户，有的把土地卖给地主后，当即从地主手中包租下来。租地契约没有规定一年期满后佃户自由离开，既然是租佃契约关系，佃户有自由选择的权利，但这种权利是有限的。一是部落社会下贵族首领对失去土地的个体族帐有相当的控制权。如寺院地主把梁老房西撒15 石种子地兼并后，当即又向他出租了一块撒 8 石种子的土地。二是部落兵制下严格的兵役登记制度，男孩年 10—14 岁登记为预备役，15—70 岁登记为现役，然后以族帐单位组织军抄，一人为正军，一人为负担，还有一人为辅主。④ 这种兵役制度限制了家族成员的流动，即使流动，也主要在本部落内部。没有人口的自由流动，就没有一定意义上的自由租佃。这样一来，佃户身受贵族地主和封建国家双重剥削。⑤ 尽管如此，土地租佃契约关系在党项西夏社会发展中具有十分重要的意义，失去土地的佃户有一定的人身自由，更为重要的是地主获取的是定额地租，有利于调动佃农的生产积极性，改进生产工具，提高单位面积产量。当然，必须指出的是西夏贵族地主拥有大量大地，利用超经济的强制手段，对农民进行残酷的剥削和压迫，特别是西夏晚期，黑水地区的农牧民维持生活都很困难。

在贵族地主和部分中小地主的土地上还存在雇工生产，俄藏黑水城文献

① 史金波：《西夏经济文书研究》附录"西夏文经济文书录文、对译和意译"，社会科学文献出版社 2017 年版，第 457—463 页。

② （宋）赵汝愚：《宋朝诸臣奏议》卷一二五《吕诲〈上英宗请重造蕃部兵帐〉》。

③ 俄藏编号 5124 契约长卷包括土地买卖契 8 件、租地契 8 件、卖畜契 3 件、雇畜契 3 件、贷粮契 1 件，共 23 件。

④ 《宋史》卷四八六《夏国传下》；《天盛改旧新定律令》卷六《抄分合除籍门》规定"年十五当及丁，年至七十入老人中"；《隆平集》卷二〇《夏国赵保吉传》记载：其民"年六十以下，十五以上，皆自备介胄弓矢以行"。

⑤ 《天盛改旧新定律令》卷一五《地水杂罪门》："租户家主（占有土地的宗族首领）有种种地租庸草，催促中不速纳而住滞时，当捕种地者及门下人，依高低断以杖罪，当令其速纳。"这里的种地者和门下人，当是依附贵族地主的租户，他们不仅要向土地主人缴纳地租，还要承担封建国家的赋税和徭役。

中有一件《西夏光定卯年雇工契》。① 西夏的法律也保护地主雇工耕作，"双方乐意又言明工价，可立文书"，明确主人和雇工之间是经济雇佣关系，而不是人身依附关系。西夏完成封建制的同时，长期保留奴隶制的残余，直到天盛年间还存在奴隶市场，奴隶除承担家务劳动外，也有可能从事耕牧活动。

三、寺院土地

西夏寺院田产的来源不外乎兼并和施舍，《天盛改旧新定律令》规定："僧人、道士、诸大小臣僚等，因公索求农田司所属耕地及寺院中地、节亲主所属地等，诸人买时，自买日始一年之内当告转运司，于地册上注册，依法为租庸草事。"② 既然法律规定寺院土地可以出卖，兼并也成为必然。现存12件西夏土地买卖契约中，有8件是普渡寺梁喇嘛经手的，在天庆寅年（1194年）正月二十四日到二月六日，短短的13天时间里，普渡寺就兼并土地760亩，约合190宋亩。元至元元年（1264年），元世祖下令"禁宁夏良田为僧所据者，听蒙古人分垦。"③ 此时西夏灭亡已近40年，寺院还占有大量的土地，以致忽必烈亲自下令干预，可见西夏寺院占田之多。

和贵族大土地一样，寺院地主土地也主要采取租佃的方式，现存的8件西夏租地文契，全部是普渡寺土地出租。其中天庆寅年

西夏彩绘泥塑佛头像，出土于宁夏贺兰宏佛塔，现藏宁夏博物馆

① 史金波先生翻译俄藏编号5949《光定卯年雇工契》：光定卯年腊月五日，立契者播盃犬粪茂，今自愿到为宁离青处，自正月一日起至十月一日九个月出雇工，力价五石中二石现付，秋上三石，夏衣三丈白布。自己种五斗三升杂粮、三斗麦，明确有。犬粪茂当努力出工。其无谎诈、推诿，若任意往行，忙日旷工时，一日当还二日。工价末所遗数十月一日不给还，一石当还二石。谁反悔改口时，按官法罚交五石杂粮，不仅本心服，还依情节按文书所记实行。立契者犬粪茂（押）知人千玉吉祥酉（押）知人麻则犬男（押）知人杨那征增（押）。

② 《天盛改旧新定律令》卷一五《租地门》。

③ 《嘉靖宁夏新志》卷四《沿革考证》。

（1194 年）正月二十九日，梁老房西把自己撒 15 石种子地卖给普渡寺，得到 6 石小麦，10 石杂粮。当天他又从普渡寺包租了一块撒 8 石种子的土地，秋收后交 2 石 8 斗小麦、3 石 6 斗杂粮地租，从自耕农变成佃户。[①] 西夏晚期寺院地主对广大农民剥削残酷，除经营田产外，寺院还放高利贷。乾定申年（1224 年）二月二十五日，立文约人没水何狗狗典借瓦国师糜子一斛，于同年九月一日归还，从中获利八斗[②]。普度寺仅天庆寅年（1194 年）正月二十九日到二月二日的四天时间，共贷出 30 石 3 斗 5 升小麦，54 石杂粮。

四、小土地

西夏境内还存在为数较多的小土地占有者，《天盛改旧新定律令》中也有反映："畿内诸租户上，春开渠事大兴者，自一亩至十亩开五日，自十一亩至四十亩十五日，自四十一亩至七十五亩二十日，七十五亩以上至一百亩三十日，一百亩以上至一顷二十亩三十五日，一顷二十亩以上至一顷五十亩一整幅四十日。当依顷亩数计日，先完毕当先遣之。"[③] 上述修渠人工是按占田多少来派遣，从 1 亩至 150 亩，分别出 5 至 40 个工日。按西夏的亩，"一边各五十尺，四边二百尺"，合二十五平方丈，即百步亩制，[④] 与宋朝的二百四十步亩制不同。因而，西夏的 10 亩约合宋朝的 4.2 亩。除京畿兴灵地区外，其他地区亦存在大量的小土地占有者，内蒙古黑水古城出土的西夏缴纳税粮文书，记录农户的田亩数有 10 亩、30 亩、70 亩、139 亩、150 亩，[⑤] 折合 4.2 宋亩到 63 宋亩。

西夏方銎小铁铲，现藏宁夏博物馆

---

① 史金波：《西夏经济文书研究》，社会科学文献出版社 2017 年版，第 343 页。

② 孙寿龄：《西夏乾定申年典糜契约》，载《中国文物报》1993 年 2 月 7 日第 3 版。

③ 《天盛律令》卷一五《春开渠事门》。

④ 白滨：《从西夏文字典〈文海〉看西夏社会》，载《西夏史论文集》，宁夏人民出版社 1984 年版。

⑤ 编号 Инв.No.1755 税粮文书，见史金波：《西夏经济文书研究》附录"西夏文经济文书录文、对译和意译"，社会科学文献出版社 2017 年版，第 467—469 页。

西夏文 12 件土地买卖契约，11 件出卖的土地约为 22 亩到 200 西夏亩，折合 9.2 宋亩到 84 宋亩，大部分是一二十亩，他们都是小土地占有者。[1] 自耕农是最容易分化的阶层，有的为了度过饥荒，出卖一部分土地，变成自耕贫农；有的出卖仅有的一点土地，变成佃农或雇农。

上述可见，无论是国有土地还是贵族地主土地和寺院土地，主要出租给佃农和役使各类依附民进行生产，同时众多的小土地占有者在官府与贵族首领的双重压迫下，大量破产沦为佃农和依附民，使西夏社会沿着封建制的方向发展，而不是向奴隶制方向发展。

第三节　宗法制度

一、党项贵族的特征

西夏政权是拓跋李氏"联络豪右"共同建立起来的贵族专政体制，元昊建国初"委豪右分统其众"。[2] 李继迁"设官授职，以定尊卑，预署酋豪，各领州郡"，西夏从中央政权到地方政权，完全由党项贵族控制。作为统治集团党项贵族有以下三个特征。

第一，族强势众。拓跋李氏与之有姻亲关系的野利氏、没藏氏和梁氏组成西夏党项贵族集团的四大族。西夏立国的基本国策就建立在这些强宗大族与拓跋部的共同利益之上。

第二，权势继承。西夏立国后，虽然采取科举取士，但占主导地位的是世袭和铨选，四大族长期控制西夏政权，形成世官世禄的局面。夏贞观三年（1103 年）九月，崇宗李乾顺封皇弟嵬名察哥为晋王，使掌兵权。夏元

---

[1]　编号 5010《西夏天盛廿二年卖地文契》："天盛庚寅二十二年立文契人寡妇耶和氏宝引等，今有自用畜养牲口之闲置地一片，连同陋屋茅舍三间，树两株，情愿让与耶和女人，圆满议定地价为全齿骆驼二，双峰骆驼一，代步骆驼一，共四匹。此后他人不得过问此地，若有过问者（耶和）宝引等是问。若我等翻悔，当依法领罪，有不服者告官罚麦三十斛，决不食言。地界在院堂间，共二十二亩，北接耶和回鹘茂，东南邻耶和写，西界梁嵬名山"。（黄振华：《西夏天盛廿二年卖地文契考释》，载白滨：《西夏史论文集》，宁夏人民出版社 1984 年版，第 316 页）。耶和氏宝引就是典型的小土地占有者。

[2]　《宋史》卷四八五《夏国传上》。

德二年（1120年）十一月，宗室子弟嵬名仁忠和嵬名仁礼自陈先世功，分别被封为濮王与舒王。夏天庆三年（1196年）越王嵬名仁友卒，其子嵬名安全被封镇夷郡王。夏天庆十年（1203年）三月，宗室子弟嵬名遵项进士第一，诏嗣父爵齐王，不久又擢大督府主。夏大安十一年（1085年），国相梁乙埋死后，其子梁乙逋自立为相，从而继承权势，开始第二代外戚梁氏家族专权。

第三，控制财富。党项的社会观念是"以富为荣，以贫为丑"。[1] 富者则贵，贵者即富。为了获得更多的财富，党项贵族不惜发动战争掠夺牲畜、人口、土地等财富。每个党项贵族在"地分"之内，都有自己的大片土地，但豪族们并不满足，继续侵掠、兼并土地，甚至兼并邻国的土地，没藏讹庞侵掠宋麟州屈野河以西的土地就是典型。西夏晚期的晋王察哥"为将贪"，晚年货贿公行，威福自用，"有园宅数处，皆攘之民间者。"[2]

二、党项贵族宗法制

党项贵族是宗法封建制的代表，每个宗族部落都是经济实体，党项贵族以首领乃至部落的名义占有大片农田、草场和山林，并拥有为数众多的劳动生产者。抛开宗族内的中小地主、牧主和小土地占有者，在贵族土地上劳动者有佃农、种地者、门下人、牧人、私人、典押出力人、雇工和奴隶，他们既是西夏国家控制下的劳动生产者，又是党项贵族控制下的劳动生产者。出土西夏文书中有不少是租佃契约，[3] 涉及的佃户均为失去土地的农牧民。

认识租种贵族地主土地的佃农，厘清他们与贵族地主结成的生产关系，对认识西夏宗法封建制至为重要。宋朝佃户可自由离开地主的土地，佃农和地主是双向选择的，但西夏佃农的人身自由是非常有限的。前揭部落社会下宗族首领（大地主、大牧主）对失去土地的个体族帐有相当的控制权，寺院地主把梁老房西撒15石种子地兼并后，当即又向他出租了一块撒8石种子的土地，就透露出这样的信息。同时，西夏部落兵制下有严格的兵役登记制度，男子年10—14岁登记为预备役，15—70岁登记为现役，然后以族帐

---

① 《蕃汉合时掌中珠》第35页，《俄藏黑水城文献》本。

② 《西夏书事》卷三六。

③ 俄藏编号5124契约长卷包括土地买卖契8件、租地契8件、卖畜契3件、雇畜契3件、贷粮契1件，共23件。

（家庭）单位组织军抄，一人为正军，一人为负担，还有一人为辅主。① 这种兵役登记制度，限制了家族成员的流动，即使流动也是在本部落内部。人口无法自由流动，自由租佃就无法形成。因此，西夏社会可被视为宗法封建社会。

第四节　西夏的社会阶层

一、庶民阶层

庶民是西夏社会阶级结构中极为重要的等级，该等级低于贵族地主，高于依附民阶层。贵族和庶民的区分是贵族世官世禄，庶人则无官无禄；贵族衣紫衣绯，"民庶青绿，以别贵贱"。②"官"是区分贵族与庶人一个简单而又明显的标志，西夏文辞书《文海》"庶人"释："此者兵卒也，庶人，非是官之谓"。③ 西夏法律规定，犯较轻的罪，"有官罚马一，庶人十三杖"。④ 还有上述僧人、道士中赐黄、黑、绯、紫者犯罪时，比庶人犯罪当减一等。⑤由于经济地位不同，庶民阶层可分为庶民地主、自耕农、佃农、雇农、自牧民等。

庶民地主为占有一定土地的中小地主，西夏法律中的"地主人"就包括

---

① 《宋史》卷四八六《夏国传下》；《天盛改旧新定律令》卷六《抄分合除籍门》规定"年十五当及丁，年至七十入老人中"；《隆平集》卷二〇《夏国赵保吉传》记载：其民"年六十以下，十五以上，皆自备介胄弓矢以行"。

② 《宋史》卷四八五《夏国传上》。

③ 史金波、白滨、黄振华：《文海研究》，中国社会科学出版社 1983 年版，第 512 页。

④ 《天盛改旧新定律令》有关"有官罚马一，庶人十三杖"的规定比比皆是，如擅自去掉"黥"字，"有黥字人和去黥字者，一律有官罚马一，庶人十三杖"（卷二《黥法门》）；诸人放债，"本利相等以后，不允取超额。若违律得多利时，有官罚马一，庶人十三杖"（卷三《催索债利门》）；"诸父子有补偿马及应按畜等级烙印马等，一律当印从驹至有齿之良马。膘弱、塌脊者，齿不合格及老马等不得印验。若违律者，有官罚马一，庶人十三杖"（卷五《季校门》）；"诸院官私不用地界生长野草、野果等时，诸家主当依所出工分取，不许于地边围植标记。倘若违律时，有官罚马一，庶人十三杖"（卷一一《草果重诉门》）。

⑤ 《天盛改旧新定律令》卷二《罪情与官品当门》。

庶民地主和自耕农。①

自耕农的人身是自由的，其在西夏文献中常以"税户家主"的名义出现，②是西夏赋税的主要承担者，"诸税户家主当指挥，使各自所属种种税，于地册上登记顷亩、升斗、草之数。转运司人当予属者凭据，家主当视其上依数纳之。"③"大都督府转运司所属冬草、条椽等，京师税户家主依法当交纳入库。"④但"税户家主"不完全限于小土地占有者，还包括占有较多土地的富裕农民和庶民地主（中小地主）。

自耕农一般占田三十至五十亩（宋制），占田三十亩以下的半自耕农常佃耕或佣耕地主土地，但其人身是自由的。⑤除兴灵灌区外，周边其他地区也存在大量的自由农（牧）民。黑城出土的《西夏天盛廿二年卖地文契》，⑥记述寡妇耶和氏宝引一次出卖二十二亩（约合宋制九亩）"畜养牲口之闲置地"，就反映了黑水地区自耕农土地占有情况。

占有较少土地的自耕农是一个经常不断分化的阶层，或上升为地主，或下降为佃农或依附民。由于其身受官府和贵族首领的双重压迫，特别是在高利贷的冲击下大量破产沦为佃农。前引宋英宗治平年间（1064—1066 年），同知谏院吕海在奏章中曾说："逐部族今所存者，却有外来散户依附其间，或是连亲，或即庸力，混杂居处，例各年深。"⑦这些外来"庸力"与前来"连亲"的党项人，就是失去土地的自耕农，其以租佃形式耕种地主的土地。俄藏西夏租地契约中的佃户，或出卖一部分土地，变成自耕贫农；或出卖仅有

---

① 《天盛改旧新定律令》卷一五《催租罪功门》记载："官私地中治谷、农田监、地主人等不知，农主人随意私自卖与诸人而被举时，卖地者计地当比偷盗罪减一等。买者明知地主人，则以从犯法判断"。

② 《天盛改旧新定律令》卷一五《渠水门》记载："沿渠干察水应派渠头者，节亲、议（判）、大小（臣僚）、税户家主、诸寺庙所属及官农主等水□户，当依次每年轮番派遣，不许不续派人。"可见这里的"税户家主"既不同于贵族地主、寺观地主，也不同于国有土地上的生产者，而是一般的土地占有者。"税户家主"，原译"租户家主"，引者改，下同。

③ 《天盛改旧新定律令》卷一五《地水杂罪门》。

④ 《天盛改旧新定律令》卷一五《渠水门》。

⑤ 杜建录：《西夏土地制度研究》，《中国农史》2000 年第 3 期。

⑥ 黄振华：《西夏天盛廿二年卖地文契考释》，载白滨编：《西夏史论文集》，宁夏人民出版社 1984 年版。

⑦ （宋）赵汝愚：《宋朝诸臣奏议》卷一二五《吕海〈上英宗请重造蕃部兵帐〉》。

西夏三角形马印，现藏宁夏博物馆

的一点土地，变成佃农或雇农；或把土地过户给地主后，当即从地主手中包租下来。①

西夏佃户和宋朝自由租佃契约关系相比，自由选择租佃的权利有限，部落兵制下，严格的兵役登记制度，限制人员流动，使佃户从根本上无法进行自由租佃。佃户身受贵族地主和封建国家双重剥削②。尽管如此，佃农和农奴、奴隶仍有很大的不同，他们不属于依附民，而是庶民的下层。

党项牧民除占有较多牲畜的牧主外，大多是自给自足的个体族帐，拥有一定数量的牲畜。同时，需自备武器装备，随部落首领出兵打仗，是西夏封建政权兵役的重要承担者。一部分自牧民还承担官牧生产，相当于唐五代敦煌官营畜牧业中的"牧子"或元代亦集乃路的"责取领牧人"。由于官牧生产不力需承担赔偿责任，因此牧民只有具备一定的经济能力，方可领取"骆驼、马、牛等自十五、二十以上，杀攞羊自七十以上"的官畜，按照百大母骆驼一年限三十仔，百大母马一年五十驹，百大母牛一年六十犊，百大母羊一年六十羔，百大母牦牛一年五十犊，向官府缴纳幼畜。官府明确要求"不足者当令偿之，所超数年年当予牧人"。在保证幼畜繁殖的同时，牧民每年还要向封建政府上缴毛、绒、乳、酥等副产品。

西夏官牧中的牲畜、牧场等生产资料属于官府所有，牧民只有替官府牧

---

① 俄藏编号5124契约长卷包括土地买卖契8件、租地契8件、卖畜契3件、雇畜契3件、贷粮契1件，共23件。兹录其中一件租地契约：寅年正月二十九日立契人梁老房西等，今将普渡寺中梁喇嘛属八石撒处地一块包租，地租二石八斗麦及三石六斗杂粮等议定，日限八月一日当还。日过不还来时，一石还二石。本心服。立契人梁老房酉（押）同立契人梁老房茂（押）知人平尚讹山（押）知人梁老房（押）。

② 《天盛改旧新定律令》卷一五《地水杂罪门》："租户家主（占有土地的宗族首领）有种种地租庸草，催促中不速纳而住滞时，当捕种地者及门下人，依高低断以杖罪，当令其速纳。"这里的种地者和门下人，当是依附贵族地主的租户，他们不仅要向土地主人缴纳地租，还要承担封建国家的赋税和徭役。

养不低于 15—20 头匹骆驼、马、牛和 70 只以上山羊，才能获得他所需要的最基本生产资料，即草地牧场。牧民的身份和佃农相同，也是庶民等级的下层，其拥有自己的牲畜，有相对自由的身份，经官府同意可离开国有牧场。

二、依附民阶层

依附民是失去土地且人身依附于贵族地主与封建国家的农奴、牧奴或奴隶，其在法律上没有"良人"的身份，文献中以使军、牧助、官人、私人、典押出力人的名义出现。

1. 使军。西夏文献常常出现"使军"一词，① 结合其经济状况和社会地位看，应为依附于贵族地主的农奴，而非奴隶。因为使军虽有财产，② 并且是西夏兵役的重要承担者，③ 但人身却不自由，主要表现在两方面，一是使军对家庭成员没有买卖权和主婚权。如果不问主人，④ 不取契据，不许将子女、媳、姑、姐妹妇人等自行卖与他人。若违律卖时，当比偷盗钱财罪减一等，其中已卖妇人所生之子女当一律还主人。"使军未问主人，不取契据"，"不许送女、姐妹、姑等与诸人为婚，违律为婚时徒四年。妇人所生之子女当一律还属者"。只有在"已问主人，乐意给予契据"的情况下，才可"将子女、媳、姑、姐妹妇人等卖与他人，及与诸人为婚"。⑤ 二是使军在法律地位上和奴仆、田地、房舍一样，可任意由主人典当买卖。⑥ 黑水城曾出土 3 件西

---

① 西夏文"使军"二字，俄罗斯西夏学者克恰诺夫译为"农奴"，见《天盛改旧新定律令》(1149—1169 年)，4 卷本，苏联科学出版社 1987—1989 年版。中国学者译为"使军"，见《天盛改旧新定律令》，法律出版社 2000 年版。

② 《天盛改旧新定律令》卷三《盗赔偿返还门》记载："使军、奴仆对主人行窃，将畜物卖掉、使用、典当等时，物现属有者当还回。买主、使典当者知其畜物非私人自有，是头监之物，则与知他人盗而典当罪相同。未知，勿治罪。价钱者，使军自己有畜物，能赔偿，则当回归还，不能则当罚使典当者"。

③ 《天盛改旧新定律令》卷一五《地水杂罪门》规定配备战具，战时征人员中，除农人、牧人、大小臣僚、禁卫人员外，还包括使军。

④ 西夏文"主人"二字，译为"头监"或"主人"，本处以"主人"较贴切。

⑤ 《天盛改旧新定律令》卷一二《无理注销诈言门》。

⑥ 《天盛改旧新定律令》卷一一《出典工门》记载："诸人将使军、奴仆、田地、房舍等典当、出卖于他处时，当为契约"。

夏晚期买卖人口契，[①] 其中一件是卖使军、奴仆契。记载乾祐甲辰二十七年三月二十四日，立契人讹一吉祥宝以 450 贯铁钱价格，将自属使军、奴仆、军讹六人卖与讹移法宝。六人中三男三女，男有 60 岁成讹，39 岁嵬犬，28 岁名字不识；女有 57 岁犬母盛，35 岁犬妇宝，23 岁增犬。他们可能是一家人，由于社会地位低下，只有名没有姓，犬可译为狗，是西夏人常用的贱名称谓。

一件是天庆九年（1119 年）三月二十四日，嵬移软成以五十石杂粮价格，将自属使军五月犬等老幼两人，卖给移合讹金；另一件是皇建午年（1210 年）二月三日，地勿苏足以 100 贯价格，将自属私人九月乐、正月成等 4 人，卖给和自己同一个军抄的讹七金刚酉。上述使军被买卖都发生在青黄不接的二三月，原主人或因灾荒为得到货币和粮食，减轻自家使军口粮负担才进行的交易。

2. 牧助。牧助是具有牧奴身份的"无主贫儿"，没有自己的牲畜，牧养官畜出现损失时无力赔偿。因此，他们没有资格领取官畜牧养，只能作为牧民的牧助。[②]

3. 作人。作人又称作户、作家、官作，西夏汉文《杂字》卷六《农田部》在记载犁耧、罢磨、铁铧、碡碌、锹镢、镰刀等农业生产工具，以及持碾、锄田、耕耘、浇灌等耕作方法的同时，还载有作家、作户，[③] 其主要是指人身依附性很强的农业生产劳动者。西夏《重修护国寺感通塔碑》记载：天祐民安五年（1094 年）重修凉州护国寺塔后，国主乾顺赐给该寺"钱千缗，谷千斛，官作四户，充蕃汉僧常住"。"官作"二字非常重要，西夏文第一字为"农""耕"意，[④] 显系国有土地上的农业生产者，其被任意赐予，应是国有土地上的服苦役者。

西夏服苦役者大致有两种，一种为服徒刑者；另一种为"入牧农主"罪

① 编号 Инв.No.5949-29《乾祐甲辰二十七年买卖使军奴仆契》；编号 Инв.No.4597《天庆未年买卖使军契》；编号 Инв.No.7903《皇建午年年买卖使军契》，见史金波：《西夏经济文书研究》附录"西夏文经济文书录文、对译和意译"，社会科学文献出版社 2017 年版，第 650—658 页。

② 《天盛改旧新定律令》卷一九《贫牧逃避无续门》。

③ 史金波：《西夏汉文本〈杂字〉初探》，载《中国民族史研究》（二），中央民族学院出版社 1989 年版。

④ 陈炳应：《西夏文物研究》，宁夏人民出版社 1985 年版，第 115 页。

犯的家属，即连坐的编管人员。如"诸人议逃，已行者造意以剑斩杀，各同谋者发往不同地守边城无期徒刑，做十三年苦役。主从犯一样，自己妻子、儿子当连坐，当入牧农主中。"①无论是服徒刑者，还是连坐的编管人员，其在期满以前是没有人身自由的，官府可以任意支配。其劳动产品除了维持个人生存外，其余部分全被官府占有。但他们还不是完全意义上的奴隶，因为除少数服无期劳役外，其余多为有期劳役，人身地位处于农奴和奴隶之间。②除用于农牧业生产的"官作"，另有用于手工业生产的"官作"。

4.官人、私人。西夏文献中常常出现官人、私人。官人，即依附于官府之人。私人，即依附于贵族首领之人。西夏汉文《大方广佛华严经入不思议解脱境界普贤行愿品》发愿文记载，"皇太后宫下应有私人尽皆舍放，并作官人"。《大盛改旧新定律令》规定："诸人所属私人于他人处借债者还偿主人债时，当令好好寻执主者等。私人自能还债则当还债，自不能还债则执主

---

① 《天盛改旧新定律令》卷一《背叛门》。
② 国有农田的生产者可能还有来自于失去土地的个体族帐，他们在名义上为国有土地的"租佃人"，官府贷给口粮、籽种、农具和耕牛进行生产，然后向官府缴纳分成地租。

木碗   木壶

者当还，执主者无力，则当罚借债主，不允私人用主人畜物中还债"。① 可见，私人有自己的财产，其身份和使军及门下人相似。

《天盛改旧新定律令》还规定："大小官员诸人等不允在官人中索要私人，及求有重罪已释死罪，应送边城入农牧主中之人为私人"。② 这条法律文献可佐证三点，其一，私人与官人地位对等，即经官府同意，官人可转为私人；其二，释死罪的犯人，即"应送边城农牧主中人"的人身地位和私人是相近或对等的；其三，若违律将官人占为私人，则处以十二年徒刑，可见封建国家和官僚贵族争夺依附民的激烈性。

5. 典押出力人。西夏高利贷典押大体有两种形式，一为借债时押以妻子、使军、奴仆及其他财产；③ 二是借债者不能还时，当催促同去借者偿还，同去借者亦不能还，"可令出力典债。"④ 大致大男一日算工价七十钱，小男及大妇一日算工价五十钱，小妇一日算工价三十钱。⑤ 不论是借债时典押，还是还债时典押，一旦成为典押人，就会失去人身自由（当然使军、奴仆本

---

① 《天盛改旧新定律令》卷三《催索债利门》。
② 《天盛改旧新定律令》卷六《军人使亲礼门》。
③ 《天盛改旧新定律令》卷一一《出典工门》。
④ 《天盛改旧新定律令》卷三《催索债利门》。
⑤ 《天盛改旧新定律令》卷三《盗赔偿返还门》。

身就不自由）。如果押处主人因其"不做活业者，击打等而致打死者，徒一年。执械器而拷打逼迫致死者，徒三年"。[1] 但诸典押出力人不许殴打、对抗、辱骂押处主人。"若违律时，押处主人是庶人，则当面辱骂相争十三杖，殴打则徒一年，伤者当比他人殴打争斗相伤罪加三等，死亡则当绞杀。对有官人辱骂相争时徒一年，殴打则徒二年，伤时当比诸人殴打争斗相伤罪加五等，死则以剑斩。"[2]

典押出力人类似债务奴隶，但又不等同于奴隶。典押人偿清债务后可以离去，同时借贷方可以出钱赎回典押人，典押出力人奴隶身份是有时限的。当然，部分个体生产者及其妻儿因债务被长期卖身为奴。

6. 奴婢。西夏国建立后，仍长期保留奴隶制的残余，因此奴婢买卖是合法的行为，"诸人将使军、奴仆、田地、房舍等典当，出卖于他处时，当为契约"。[3] 黑水城西夏契约文书中就有买卖使军奴婢契和"买奴仆税六斗"的税账。[4]

西夏社会存在大量奴隶。《天盛改旧新定律令》规定："诸人所属使军、奴仆唤之不来，不肯为使者，徒一年"。[5] "诸寺庙、官堂、神帐中不许诸人住宿"，"若寺属居士、行童、奴仆等应居寺中，亦当报职管处，应居则使居之。"[6] 西夏文《杂字》也有"厮僮奴仆"的记录，《文海》中与"主"相对应的有奴、佣人、使唤、僮仆、命侍、随从、小人等，其都解释为"奴也，佣人也，奴仆也，僮仆也，奴婢也，仆隶、仆役也"。[7]

入牧农主中无期服役的使军、奴仆[8]用于农牧业生产，部分奴隶也可能用于手工业生产。不论农牧业还是手工业，奴隶劳动不占主导地位，占主导地位的仍为农牧民劳动，其决定了西夏社会形态是封建制社会，而不是奴隶制社会。

---

[1] 《天盛改旧新定律令》卷一一《出典工门》。
[2] 《天盛改旧新定律令》卷一一《出典工门》。
[3] 《天盛改旧新定律令》卷一一《出典工门》。
[4] 史金波：《国家图书馆藏西夏文社会文书残页考》，《文献》2004 年第 2 期。
[5] 《天盛改旧新定律令》卷二〇《罪则不同门》。
[6] 《天盛改旧新定律令》卷一一《为僧道修寺庙门》。
[7] 白滨：《从西夏文字典"文海"看西夏社会》，《西夏史论文集》，宁夏人民出版社 1984 年版。
[8] 《天盛改旧新定律令》卷一《背叛门》。

三、工商业阶层

1. 手工业生产者。西夏手工业主要由官府来经营，手工业生产者因其人身依附程度不同，可分为依附匠和自由匠两大类。依附匠主要来自服苦役的罪犯与破产的农牧民。《天盛改旧新定律令》规定："官私人外逃，逃窜于国境内时，当地附近举报人中，有因罪入为织褐、捆草、绣女子者，予牧农主为妻子等者，依法当得举赏"。①"国家内诸人犯种种罪，为苦役之遣送法除分明以外，守边堡、城、州、寨者正军、辅主因弃城一种而获劳役时"，遣往所属城内修造处服苦役，若城内苦役无所为，则当遣送"官方采金、熔银铁，为其他苦役处令为苦役"。②可见，无论是毛纺织业，还是建筑业、冶炼业，都有服苦役的依附匠参与，即参与手工业的官作户和从事农牧业的官作户一样，人身地位介于农奴与奴隶之间。

失去土地的农牧民与从宋朝来的工匠，为依附匠的又一重要来源。这部分人的生产技术虽比服苦役的官作户要高，但人身地位却相关无几，其一旦被黥为匠，世代不能脱籍。《天盛改旧新定律令》规定：官府织绢、纺线女等所生子女，不论其父是否为"官人"（此处当指依附官府的手工业生产者），都必须注册为"官人"。③

自由匠为民间个体工匠，其除按时轮番服役外，人身自由不受限制。也许是民间缺乏工匠的缘故，有一技之长自由工匠，往往具有较高的社会地位。如西夏选拔下级军官时，需考察"何人有功，勇健强劲及有匠作工巧"，④高超的工匠技艺成为任职的重要条件。西夏《重修护国寺感通塔碑》甚至将修寺塔的石匠和赐绯僧人、提举修寺塔的官员一同雕刻。

西夏工匠名目众多，仅《天盛改旧新定律令》卷十七《物离库门》就列有金匠、银匠、铜匠、铁匠、缫丝匠、织绢匠、染丝匠、纺丝线匠、织绢帛匠、染生毛线匠、纺毛线匠、织毛锦匠、扣丝匠、绳索匠、毡匠、毛褐匠等。以上只是在生产过程中与库藏有关的工匠。此外，还有采盐、制曲、酿造、陶瓷、砖瓦等行业的工匠与生产者，以及建筑行业的木匠、石匠、泥水

① 《天盛改旧新定律令》卷一三《逃人门》。
② 《天盛改旧新定律令》卷二〇《罪责不同门》。
③ 《天盛改旧新定律令》卷八《为婚门》。
④ 《天盛改旧新定律令》卷九《季校门》。

匠等。

2. 商人。西夏商人和地主一样，可分为大、中、小三个阶层。从某种意义上讲，大商人、大地主、大官僚是一体的，因而可把他们列入地主阶级。一般商人与官府联系较少，内蒙古黑水城出土《西夏天庆年间典当文契》，为西夏典当商人裴松寿的典当底账，据陈国灿先生的统计，裴松寿典出的大小麦已有十四石之多，需要近四百亩土地作基础来提供，何况他典出的远不止于此，[1] 可见裴松寿为经济实力比较雄厚的西夏商人。黑水城出土西夏文贷粮契中有不少其他放贷者，还有属下使军替主人放贷，[2] 自然不是一般商人。

西夏汉文《杂字》诸匠部

西夏商人积极参与对外商贸交易，其用毡毯毛褐、药材土产以及来自西域的商品，通过沿边榷场和市贩卖出去，或走私贩卖马牛驼和青白盐等违禁物，仅夏金榷场文书记录就有西凉府、镇夷郡住户酒五斤、王大成、席智□等携带黄褐、白褐、毛罗、柴胡、苁蓉、大黄，通过替头（牙人）换回押纱、川缬、小絁缬、小晕缬、大纱、小绫、中罗缬、小绢子、紫绮、梃茶、纸张、笔墨、瓷椀等。[3]

西夏小商小贩资本很少，多是摆摊设点的小本生意。《西夏光定十二年正月李春狗等扑买饼房契》，记录西夏人李春狗以每月壹石伍斗的价格，租

----

[1] 陈国灿：《西夏天庆典当残契复原》，载《中国史研究》1980 年第 1 期。

[2] 史金波：《西夏经济文书研究》附录"西夏文经济文书录文、对译和意译"，社会科学文献出版社 2017 年版，第 562—563 页。

[3] 杜建录、史金波：《西夏社会文书研究（增订本）》下篇"汉文西夏社会文书释文"，上海古籍出版社 2012 年版，第 254—271 页。

赁到一间用具齐全的烧饼作坊，包括炉鏊一个、大小铮二口、铁匙一张、鍸饼划一张、大小槛二个、大小岸三面、升房斗二面、大小口袋二个以及小麦本柒石伍斗。[①] 李春狗能够租有自己的店面，比摆摊设点的一般小商小贩好很多。

商业的兴起以城市为基础，而城市的发展以商业为条件。因此西夏比较大的城镇，既是政治中心，又是经济中心。河西"武威当四冲地，车辙马迹，辐辏交会，日有千数",[②] 就是西夏这类城市的典型。活跃在榷场上的西凉府、镇夷郡住户酒五斤、王大成等，就是定居在该府郡的城镇商户。不仅如此，西夏商人除"辐凑"于大城镇外，还深入到边远的农村牧区，前述典当商人裴松寿就是深入到黑水地区进行放贷。正因如此，西夏商人不仅带动了城市发展，更通过商贸交易推动了其他偏远地区经济与社会发展。

① 杜建录、史金波：《西夏社会文书研究（增订本）》，上海古籍出版社 2012 年版，第 42—46 页。
② 《凉州护国寺感通塔碑铭》。

第六章 西夏的农牧业和手工业

农业是古代社会的支柱产业，其发展水平不仅关系人口增减，还影响着整个社会文明的发展进程。西夏农业的进步是党项羌人从部落走向统一，并进入封建社会的关键。西夏农业最大的特点是水利灌溉发达，"岁无旱涝之虞"。西夏的畜牧生产有官、私两种，官牧实行"联产承包"，有赔偿能力的个体牧户从官府领取一定数量的马牛驼和羖䍲羊，在国有草地上生产，每年按照规定缴纳幼畜、乳酪和毛绒。除传统的毡毯毛褐制作外，西夏的手工业大部分是立国以后发展起来的，至少在天盛年间（1149—1169年）就设置专门机构，负责冶金、锻造、建筑、陶瓷、纺织、造纸、印刷、采盐、酿酒等行业的生产和管理。官营手工业生产主要满足封建国家和皇室贵族的需要，民间手工业生产主要满足普通百姓的生活。

第一节　农业

一、农田水利开发

西夏地处我国西北内陆，是典型的大陆性气候，降水量稀少且集中于夏季。该区域现代年降水量由西往东只有 39—400 毫米，而年蒸发量在 600—2000 毫米。因此，除横山至天都山山界外，[1] 其余大部分属干旱半干旱荒漠地区，地貌以干旱剥蚀和风蚀为主。这种相对恶劣的自然环境，如果没有水利灌溉就没有稳定的农业。西夏对此有深刻认知，西夏文字典《文海》明确释"农"字为"农耕灌溉之谓"。

西夏农田水利首推引黄灌溉。京畿兴灵地区，地势平坦，日照充足，为

---

① 《续资治通鉴长编》卷四六六，元祐六年九月载，秦凤路经略使吕大防言："夏国赖以为生者，河南膏腴之地。东则横山，西则天都、马衔山一带，其余多不堪耕牧。"

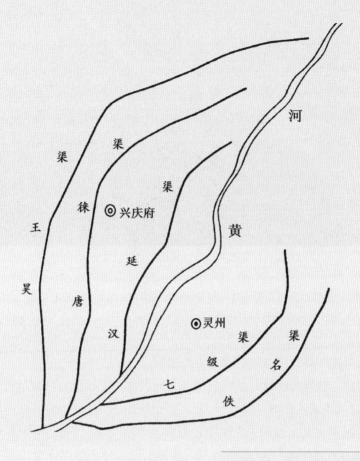

西夏时期宁夏平原引黄灌溉渠道示意图

黄河前套平原。滔滔黄河自西南向东北奔流，秦汉以来中原王朝就在此开凿
渠道，屯垦实边。1002年李继迁攻占灵州不久，因境内大旱，下令蕃汉人
民"引河水溉田"。①1038年李元昊立国后，随着政权巩固和版图扩大，经
济建设被提到重要的日程上。西夏中央政府设置农田司，专司农业生产和农
田水利建设，相传沿贺兰山山麓的昊王渠（今西干渠的前身）就是在这一时
期开凿的。不过从总体上看，西夏水利建设主要是对前代灌溉渠道的疏浚和
修整。元人记载："西夏濒河五州皆有古渠，其在中兴州者，一名唐来，长
袤四百里；一名汉延，长袤二百五十里。其余四州又有正渠十，长袤各二百

---

① 《续资治通鉴长编》卷五四，咸平六年五月壬子。

汉延渠

相传凿于汉，又称汉渠。由宁夏青铜峡水库河西总干渠分水，全长 88.6 公里，润泽了银川平原青铜峡、永宁县、兴庆区、贺兰县 50 万亩的农田与湖泊湿地。

里，支渠大小共六十八，计溉田九万余顷。"①

　　唐徕、汉延是都城兴庆府周围两条最大的干渠，也是西夏境内最大的灌溉渠道。《天盛改旧新定律令》卷一五《灌渠门》在讨论灌溉渠道时，常以此二渠概之。其余四州十个干渠以灵州西平府为多，《西夏书事》卷二〇记载："黄河环绕灵州，其古渠五。一秦家渠，一汉伯渠，一艾山渠，一七级渠，一特进渠，与夏州（当为兴州）汉源、唐梁两渠毗接。余支渠数十，相与蓄泄洪水。"这些密如蛛网的灌溉渠道除了用于农田灌溉外，还发挥着防洪和护城的作用。宋元丰四年（1081 年），宋朝发动规模空前的五路大进攻，泾原、环庆两路军直抵灵州城下，但最终"夏人决七级渠以灌遵裕师，军遂溃"。②

　　次于兴灵引黄灌溉的为祁连山雪水灌溉。河西走廊南部祁连山终年积雪，存在两千多条大小不等的冰川。每年春夏之际冰川出现融化，汇聚成石羊河、黑河、疏勒河三大内陆水系，计有大小河流 57 条。当代年出山径流量 63.7 亿立方米。祁连山雪水品质优良，宜于人畜饮用和农田灌溉。唐代

---

① （元）齐履谦：《知太史院事郭公行状》，载《元文类》卷五〇。
② 《宋史》卷三四〇《刘昌祚传》。

黑水晨曦

仅敦煌就有大小灌渠百余条，其中阳开、北府、阴安（以上前凉旧渠）、孟授（西凉旧渠）、都乡、宜秋、神农、东方为八条干渠；[①]甘州张掖、凉州武威的灌溉渠道也是纵横交错。西夏立国后对原有水利设施全面修复，西夏文百科全书《圣立义海》云："积雪大山（祁连山），山高，冬夏降雪，雪体不融，南麓化，河水势涨，夏国灌水宜农也。""焉支上山，冬夏降雪，炎夏不化，民庶灌耕。"《宋史·夏国传》也指出"甘、凉之间，则以诸河为溉。"

黑河自南向北注入东西居延海，沿岸绿洲灌溉及河水渗漏蒸发，使河流越来越小，故又称弱水。西夏的黑水地区，渠道纵横，既有官渠，又有农户自属渠。黑水城出土户籍文书记有新渠、律移渠、习判渠、阳渠、道砾渠、七户渠；灌溉水税账记有山穴渠、南山穴渠、北山穴渠、北细渠；卖地契记有左渠、自属渠、灌渠、官渠、四井坡渠、自属酩布井坡渠、南渠、自属四井坡渠、官渠等。[②]

除祁连山雪水灌溉外，西夏还继承了唐代泉泽灌溉，所谓"南边大山，夏国与藏界聚（玛）泽，树草丛生，野兽多居，荒山泉流宜耕"。[③]河西走

---

① 李并成：《唐代敦煌绿洲水系考》，《中国史研究》1986年第1期。
② 史金波：《西夏经济文书研究》附录"西夏文经济文书录文、对译和意译"，社会科学文献出版社2017年版，第458—495、590—617页。
③ 罗矛昆等：《圣立义海研究》，宁夏人民出版社1995年版，第59页。

廊东端的康古、智固、胜如(今兰州附近)也"平沃且有泉水,可以灌溉"。①

东起横山、西至天都山的宋夏沿边山界,虽是以旱地作物为主的半农半牧区,但发源于鄂尔多斯高原南缘及横山高地的屈野河、葭芦川、无定河、大理河。两岸土地肥沃,西夏也在这里因地制宜,开凿灌溉渠道,引水溉田。西夏时期天都山的自然植被茂密,"多树种竹,豹、虎、鹿、麖居,云雾不退。谷间泉水,山下耕灌也",②构成西夏又一小流域灌区。

西夏河套平原灌溉渠道依次分为干、支、斗、毛四级。干渠又称正渠,从黄河峡口直接引水。流经都城兴庆府的唐徕、汉延二渠以及其他四州的10条正渠,即直接从黄河引水。唐徕、汉延二渠是西夏最大的干渠。③支渠是从干渠引水,有大有小,文献记载西夏河套平原共有68条支渠。④斗渠是从支渠引水,《天盛改旧新定律令》称之为"小渠",以别于大渠(支渠),⑤总数达数百条。⑥毛渠是从斗渠引水,《天盛改旧新定律令》称为"供水细渠"。毛细渠水直接引入田畦,两边的田土通常分属两户乃至多户农家,因此最容易引起纠纷。从干、支渠引水口设置闸门,从斗、毛渠引水口用草木和泥土堵塞。《嘉靖宁夏新志》卷一记载汉延渠有"支流陡口大小三百六十九处",唐徕渠有"支流陡口大小八百八处",⑦这里是指从干、支、斗渠引水口总数,不包括从毛渠引水口。⑧

西夏农田水利的发展,不仅表现在灌溉渠道的数量上,更重要的是建立

---

① 《续资治通鉴长编》卷四六〇,元祐六年六月丙午。

② 罗矛昆等:《圣立义海研究》,宁夏人民出版社1995年版,第60页。

③ 《天盛改旧新定律令》以唐徕、汉延代表西夏灌渠,唐徕在前而汉延在后,反映了唐徕渠在西夏人心目中比汉延渠更显重要,因为前者比后者的渠道里程长得多,灌溉面积也大得多。

④ (元)齐履谦:《知太史院事郭公行状》,载《元文类》卷五〇。

⑤ 《天盛改旧新定律令》卷一五《桥道门》记载:"沿诸小渠有来往道处,附近家主当指挥建桥而监察之,破损时当修治"。

⑥ 按照常理,下一级渠是上一级渠的数倍乃至十多倍,目前所知西夏12条干渠68条支渠,斗渠应该数百。

⑦ 《弘治宁夏新志》记载有三百八十处。

⑧ 河套平原至少数千农户,一户的田地若分割成若干块,从毛渠引水口成千上万。

起系统的管理机制，① 并以法律的形式巩固下来。开渠灌溉是国家要政，法律规定从中书令、转运使到地方长官都要躬亲过问。专门的农田水利管理机构，在中央有农田司，在地方有水利局分。水利局分设司吏、大人、承旨，专门负责一州一县农田水利工程的维修、保护及用水分配。水利局分辖夫事小监、渠水巡检、渠主、渠头。渠水巡检、渠主为官方委任的吏员，从"大都督府至定远县沿诸渠干当为渠水巡检、渠主百五十人"。② 渠头属差役性质，从沿渠受益的大小臣僚、租户家主、诸寺庙所属及官农主中，"依次每年轮番派遣"。夫事小监具体负责灌溉渠道的维修和建设工程。渠头相当于斗门长，专司渠口管理及送水工作。供水期间，值班渠头应昼夜守护在渠口，如果渠头"放弃职事，不好好监察，渠口破而水断时"，损失一缗至五千缗，分别处以有期徒刑三个月至十二年，损失五千缗以上一律绞杀。"其中人死者，令与随意于知有人处射箭、投掷等而致人死之罪状相同。夫事小监、巡检、渠主等因指挥检校不善，依渠主为渠头之从犯，巡检为渠主之从犯，夫事小监为巡检之从犯等，依次当承罪"。③

渠水巡检巡察较大区域的水利设施，渠主专管某一支渠或某一段干渠。其日常任务为"于所属地界当沿线巡行"，若发现问题，当马上逐级上报，由局分指挥维修。如果渠主所辖渠干、闸口等不牢，"预先不告于渠水巡检，生处断破时，与渠头放弃职事而致渠口断同样判断。渠水巡检因指挥检校不善，以渠主之从犯法判断"。同时，"渠主已告于渠水巡检，曰垫版、闸口不牢，渠水巡检不听其言，不立即告于局分，不修治而水断时，渠水巡检之罪与渠主垫版不牢而不告于局分致水断同样判断"。④

为了进一步加强水利灌溉设施的维护，西夏还广泛发动灌区人民参与管理。"沿唐徕、汉延新渠诸大渠等至千步，当明其界，当置土堆，中立一碣，上书监者人之名字而埋之，两边附近租户、官私家主地方所应至处当遣之"。这些"各自记名，自相为续"的渠道监护人，其职责为"好好审视所属渠干、

---

① 《天盛改旧新定律令》专门列有《春开渠事门》《园地苗圃灌溉法门》《灌渠门》《桥道门》《地水杂罪门》，尽管有的内容已残缺，如《园地苗圃灌溉法门》只保留了条文名称，但仍不失是迄今所见我国古代最丰富的农田水利法规。

② 《天盛改旧新定律令》卷一五《渠水门》。

③ 《天盛改旧新定律令》卷一五《渠水门》。

④ 《天盛改旧新定律令》卷一五《渠水门》。

渠背、土闸、用草等，不许使诸人断抽之。若有断抽者时，当捕而告管事处"。如果"监者见而放纵时"，则要"依律令判断"，"不见者坐庶人十三杖，用草当偿，并好好修治。若疏于监视，粗心而渠断圮时，比渠头粗心大意致渠断破之罪状当减二等"。① 需要为新垦的田地开渠时，必须报告转运司和相关人员，确定新开渠不影响原有官私熟地，且位置走向合理，才能获准实施。

河套平原属沙黄土壤，渠道极易淤塞崩塌，因此每年夏灌前必须组织大批人工疏浚渠道并整修闸门水口。对于这项工程，不是一家或几家地主所能胜任完成的，必须依靠国家或地方官府出面主持推动。② 《天盛改旧新定律令》规定，每年春天例行的"开渠大事"，先由局分处提议，夫事小监、诸司及转运司大人、承旨、阁门、前宫侍等"于宰相面前定之，当派胜任人，自□局分当好好开渠，修造垫版，使之坚固"。③ 由中书令主持的会议除了确定开渠负责人员及开渠质量要求外，还要计量"沿水渠干应有何事"，"至四十日期间依高低当予以期限，令完毕"。④ 开挖渠道的具体工程由夫事小监负责，同时在二十个民夫中，抽派一和众、一支头为工长。挖渠的人工按受益田亩的多寡来摊派。"自一亩至十亩开五日，自十一亩至四十亩十五日，自四十一亩至七十五亩二十日，七十五亩以上至一百亩三十日，一百亩以上至一顷二十亩三十五日，一顷二十亩以上至一顷五十亩一整幅四十日。当依顷亩数计日，先完毕当先遣之"，最多"勿过四十日"。⑤

唐徕、汉延等干渠往往高出地平线，加之泥土含沙量大，土质松散，堤岸不易坚固。因此，西夏非常重视预防渠道决口，除每年加固堤岸外，还于干渠两侧广储冬草、枝条、条椽，以备不测。一旦大雨水涨导致渠道决口，而"附近未置官之备草，则当于附近家主中有私草处取而置之。当明其总数，草主人有田地则当计入冬草中，多于一年冬草则当依次计入冬草中。未有田地则依捆现卖法计价，官方予之"。⑥ 渠道决口后水情的报告与民工的催派，

① 《天盛改旧新定律令》卷一五《渠水门》。
② 《嘉靖宁夏新志》卷一《水利》记载："每岁春三月，发军丁修治之，所费不赀。四月初，
　　开水北流，其分灌之法，自下流而上，官为封禁。修治少不如法，则水利不行，田涸
　　而民困矣，公私无所倚。"
③ 《天盛改旧新定律令》卷一五《催租罪功门》。
④ 《天盛改旧新定律令》卷一五《春开渠事门》。
⑤ 《天盛改旧新定律令》卷一五《春开渠事门》。
⑥ 《天盛改旧新定律令》卷一五《地水杂罪门》。

"除依法派执符以外，事大小有急者，当遣神策使军、强坐骑"。①

灌溉渠道是公共设施，由于水源有大小、远近之分，得水有早晚，需水有多寡，农户有阶级、强弱之别，往往出现豪强、官僚为一己私利霸占水利灌溉设施，或渠头收受贿赂，不依次放水等情况。因此，河套平原在长期的实践中形成了一套分灌方法，明朝谓之"分灌之法，自下流而上，官为封禁"。② 西夏是否"自下流而上"，文献没有明确记载，但分灌有次序，并且受到法律保护。《天盛改旧新定律令》卷一五《园地苗圃灌溉法门》有"违章灌

宁夏平原主要灌渠示意图

溉""不依次序灌溉"等条文。③《渠水门》在规定对渠道断破责任者处罚时，也有涉及灌溉法的内容。"节亲、宰相及他有位富贵人等若殴打渠头，令其畏势力不依次放水，渠断破时，所损失畜物、财产、地苗、庸草之数，量其价，与渠头渎职不好好监察，致渠口破水断，依钱数承罪法相同。所损失畜物、财产数当偿二分之一。""诸人予渠头贿赂，未轮至而索水，致渠断时，本罪由渠头承之，未轮至而索水者以从犯法判断。""渠水巡检、渠主诸人等不时于家主无理相□，决水，损坏垫版，有官私所属地苗、家主房舍等进水损坏者"，处罚与蓄意放火罪同。④ 毛细渠灌水最容易引起纠纷，各租户家主的田地往往是隔垄相邻，下水田进水要经过上水田畦垄间，故稍不留意，

---

① 《天盛改旧新定律令》卷一三《执符铁箭显贵言等失门》。

② 《嘉靖宁夏新志》卷一《水利》。

③ 该门正文缺失，只保留目录。

④ 《天盛改旧新定律令》卷一五《渠水门》。

水便浸漫过垄，冲淹邻家的禾苗，对此《天盛改旧新定律令》也有明确规定。①

水利灌溉是一个系统工程，除纵横交错的渠道外，还有各类桥梁道路和纵横交错的防护林带。沿唐徕、汉延等干渠的大道、大桥的修治由转运司核准，官府出资修筑。沿支渠的道路和桥梁经转运司批准，农户出资出工修筑，官府派员监督。斗渠的道桥由附近家主指挥农户修治。如果出现应建桥不建、破损不维护以及大小道断毁、占道为田、道内放水等情况时，要追究渠水巡检、渠主罪责。②

防护林具有护岸、护道、护田的功能，包括护岸林、护路林和护田林。护岸林是栽种在渠道、河流两岸，减轻流水对堤岸的冲刷；护路林是栽种在道路旁，减轻风沙对道路的冲击；护田林是栽种在农户田埂或毛细渠边，改善农田小气候，创造有利于农作物生长发育的环境。这些人工林共同的特点是防风固沙，通过减轻冲刷、降低风速、固定沙丘，达到保护农田、水渠和道路的目的。当然在固沙防护的同时，以杨柳为主的速生林，还是西夏人民生产生活材植的重要来源。③西夏非常重视护岸林的建设，规定官渠两岸税户、官私家主应在所属渠段栽植柳、柏、杨、榆及其他树木，令其成材，与原林木一同监护，除按时剪枝和轮伐补植外，不准随意采伐，不准牲畜入食，不许剥皮、斫刻，违者问罪。④渠水巡检、渠主是防护林建设的直接责任人，指挥所属渠段农户依时节植树，如果他们"不紧紧指挥税户家主，沿

---

① 《天盛改旧新定律令》卷一五《地水杂罪门》记载："租户家主沿诸供水细渠田地中灌水时，未毕，此方当好好监察，不许诸人地中放水。若违律无心失误致渠破培口断，舍院、田地中进水时，放水者有官罚马一，庶人十三杖。种时未过，则当偿牛工、种籽等而再种之。种时已过，则当以所损失苗、粮食、果木等计价则偿之。舍院进水损毁者，当计价而予之一半。若无主贫儿实无力偿还工价，则依作错法判断。若人死者，与遮障中向有人处射箭投掷等而致人死之罪相同"。

② 《天盛改旧新定律令》卷一五《桥道门》。

③ 《天盛改旧新定律令》卷一五《渠水门》规定，"京师界沿诸渠干上△有处需椽，则春开渠事兴，于百夫事人做工中当减一夫，变而当纳细椽三百五十根，一根长七尺，当置渠干上"。这里的"细椽"当是较长的剪枝。

④ 《天盛改旧新定律令》卷一五《地水杂罪门》记载："沿唐徕、汉延诸官渠等租户、官私家主地方所至处，当沿所属渠段植柳、柏、杨、榆及其他种种树，令其成材，与原先所植树木一同监护。除依时节剪枝条及伐而另植以外，不许诸人伐，转运司人中间当遣胜任之监察人。"

官渠不令植树时，渠主十三杖，渠水巡检十杖，并令植树"。另设树木护林员（监护人），如果有人盗伐，许人举赏，依偷盗法判罪，护林员因监护不力，将给予一定处罚。护林员举告，因是职责所在，则不领赏。护林员监守自盗时，无论盗伐多少，"一律庶人十三杖，有官罚马一"。[①] 另外，转运司还派出专门植树监察人，巡查林木栽种与保护情况。

二、农具与耕作技术

农业生产工具和耕作技术直接反映着农业生产的发展状况。西夏文《番汉合时掌中珠》与《文海》记载的西夏农具有犁、耙、镰、锹、镐、子耧、石磙、刻叉、簸箕、扫帚等。《文海》"犁"释"犁铧也，耕用农器之谓也"。[②] "犁"字西夏文从木，"铧"字从铁，为铁铧木犁。内蒙古曾出楔形犁铧，[③] 这种木柄铁农具，如犁、耙、锹、镢在瓜州榆林窟西夏壁画中亦有形象的描绘，其形状类似近代农具，可见西夏农业生产工具已相当先进。

西夏农田耕作技术和唐宋北方地区基本相同。首先，西夏人凭借发达的畜牧业，广泛采用牛耕。《文海》"耧"释："埋籽用，汉语'耧'之谓"；"种"释："撒谷物籽种田地之谓"。[④] 说明西夏播种方式主要有耧播与撒播两种。大致糜粟、小麦耧播，荞麦撒播，因为荞麦颗粒大而呈三角形，耧播下籽不畅，加之播种时要拌以灰肥，只能撒播，时至今日仍沿袭这种传统的播种方法。西夏文献没有记载点播，但自秦汉以来就对来不及秋耕的茬地，用犁浅耕开沟，点下种子，西夏也可能存在这种播种方式。此外，《文海》"渠"释："挖掘地畴中灌水用是也"；"地畴"释："地畴也，畦也，开畦种田之谓也"；"田畴"释："田畴也，种田也，出粮处也"。[⑤] "开畦种田"是否指畦种法目前无法判断，但可以反映西夏农田耕作的精细程度。汉代赵过总结出"代田法"，把每亩地分成三畎（垄沟）、三垄（垄台），每年互换位置，以休养地力。同

---

① 见《天盛改旧新定律令》卷一五《地水杂罪门》。

② 史金波、白滨、黄振华：《文海研究》，中国社会科学出版社 1983 年版，第 479 页。

③ 《西夏文物》内蒙古卷（三），中华书局、天津古籍出版社 2014 年版，第 834—835、850—855、870—871 页。

④ 分别见史金波、白滨、黄振华：《文海研究》，中国社会科学出版社 1983 年版，第 521、504 页。

⑤ 分别见史金波、白滨、黄振华：《文海研究》，中国社会科学出版社 1983 年版，第 404、472、521 页。

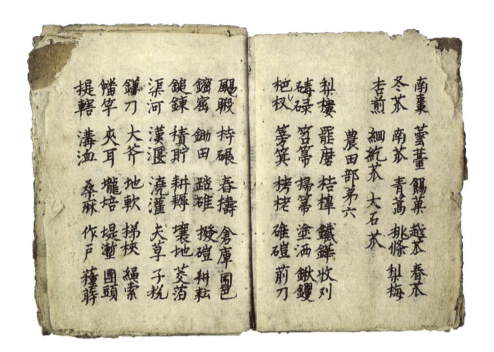

西夏汉文《杂字》农田部

时，把谷物种在垄沟，待幼苗长出后把垄背土推到沟里，这样农作物入土深、抗风旱，很适合西北干旱地区的农业耕种，故"教边郡及居延城，是后边城、河东、弘农、三辅、太常民皆便代田，用力少而得谷多"。[1] 西夏时期可能仍延续这种耕作方法。

其一，西夏农业生产工具与耕作技术继承了前代的铁农具与牛耕。额济纳河流域曾出土大量汉代铁器，其中大多数为农具，尤其在居延屯田边缘之瓦因托尼发现的铁器木器中有一件木耧车脚，原来尖端装置的铁铧已经丢失。后端有两个柄，柄的下部是一扁平托，表明汉代西北屯田中已使用最新式的播种工具——耧车。[2] 唐代西北地区牛耕十分普遍，"诸屯田应用牛之处，山原川泽土有硬软，至于耕垦用力不同，土软处每一顷五十亩配牛一头，强硬处一顷二十亩配牛一头，即当屯之内有硬有软亦准此法。其稻田每

---

[1] 《汉书》卷二四《食货志》。

[2] 陈公柔、徐苹芳：《瓦因托尼出土廪食简的整理与研究》，《文史》第13辑。

八十亩配牛一头。诸营田若五十顷外更有地剩，配丁牛者所收斛斗皆准顷亩折除。"① 汉唐农业生产工具与耕作技术，对后来的西夏产生深刻影响并得到西夏承袭。

其二，西夏农业生产工具与耕作技术深受同时代宋朝影响。宋朝是我国历史上农业高度发展的一个朝代，广大农民经过辛勤劳动，开垦大量田地，并因地制宜，创造了圩田（围田）、梯田、淤田、沙田等田制，铁耙、镢头、铡刀、锄头、镰刀等生产工具的形制亦有所改进，更加轻巧耐用。铁制犁铧出现多样化，以适合耕作不同土质田地的需要。耕作技术得到进一步发展，种粟通过"辗以辘轴，则地坚实"，科木茂盛，稼穗长而颗粒饱满。种麦则注意"屡耘而屡粪"。种稻在水田、旱田、晚田及山川原隰之地，采用不同的耕作方法。如水田种稻，耘田先要放水，不问有草无草，都要用于排摊，使稻根周围干净。稻田拔掉的杂草，作为肥料随埋在秧根底下。等到地面干裂再灌水，可使"田干水暖，草死土肥"。

宋代是我国农作物品种南北大交流的重要时期，粟、麦、豆在南方耕种增多，水稻在北方得到普遍推广，特别是生长周期短、耐旱、不择地而生的"占城稻"在北方移植成功。这些先进农业技术随着宋夏两国人民的友好往来，尤其是通过战争俘获和掳掠的汉人，源源不断地传入西夏境内，其对西夏农业生产的发展，起到了非常巨大的推动作用。

其三，冶铁业与畜牧业推动了农业生产技术的进步。文献记载与出土文物显示，内徙不久党项人就进入铁器时代，通过贸易交换，能够打制简单铁器。西夏立国后利用境内铁矿资源，设置专门机构，进行冶炼铸造。《文海》"铁"释："此者矿也，使石熔为铁也"。② 《天盛改旧新定律令》卷二〇《罪则不同门》规定将部分罪犯配往官方"熔铁"处服苦役。《圣立义海》在"山之名义"中记载：巴陵峰，"黑山郁郁溪谷长，生诸种树，熔石炼铁，民庶制器"。"兽选宝山，诸树稍长，尽皆伐。熔石炼铁，民亦制器。"汉文史籍也有这方面明确的记述，"横山亘袤，千里沃壤，人物劲悍善战，多马，且有盐铁之利，夏人恃以为生"。③ "西贼所恃，茶山铁冶、竹箭财用之府"。④

---

① 《通典》卷二《食货二·屯田》。
② 史金波、白滨、黄振华：《文海研究》，中国社会科学出版社1983年版，第487页。
③ 《续资治通鉴长编》卷三二八，元丰五年七月丙戌。
④ 《续资治通鉴长编》卷二二〇，熙宁四年二月壬戌。

西夏锻铁图，出自甘肃瓜州榆林窟第 3 号窟

　　西夏铁器种类繁多，仅《天盛改旧新定律令·物离库门》记载有镢头，斧头，钉七寸，五寸，四寸，三寸，二寸，斩刀，屠刀，铁罐，火锹，镰，城叉，推耙，铡刀，锹头，刀，剑，剪刀等。瓜州榆林窟西夏壁画有一幅《锻冶图》，描绘两人手举铁锤对着一个铁砧锻打铁器，另一人正拉动一座形体高大的竖式风箱为锻炉鼓风。这种竖式双扇风箱能够"推拉互用，将风连续吹入炼炉，使炉膛始终保持所需高温"，表明西夏的冶铁技术已相当先进。①

　　冶铁业的发展，为农业生产提供了更多的铁农具，而西夏畜牧业比较发达，不乏耕垦畜力，因此西夏在农业生产中普遍使用牛耕。《番汉合时掌中珠》与《文海》对此有着明确的记载。榆林窟西夏壁画《牛耕图》，描绘二牛挽一扛，耕者一手扶犁，一手持鞭驱牛，形象生动逼真。牛耕与铁制犁铧的推广为扩大耕地面积和深翻土地提供了条件，有效提高了劳动生产率，使

① 　王静如：《敦煌莫高窟和安西榆林窟中的西夏壁画》，见白滨编：《西夏史论文集》，宁夏人民出版社 1984 年版，第 410 页。

西夏农业生产水平跃进到一个崭新的阶段。

三、作物品种

1. 粮食作物

西夏粮食作物主要有水稻、小麦、大麦、荞麦、糜、粟、黍、青稞、大豆、小豆、豇豆、豌豆、荚豆、荜豆、红豆、黑豆、赤豆、绿豆等。

水稻作为高产作物，性喜温湿，可分为粳稻与籼稻。粳稻秆硬不易倒伏，较耐寒，耐弱光，适合于温带地区生长。籼稻耐热，耐强光，适宜于热带与亚热带气候，西夏所产稻为粳稻。《圣立义海·九月之名义》曰："粳稻、大麦，春播灌水，九月收也。"宋初郑文宝"至贺兰山下，见唐室营田旧制，建议兴复，可得秔稻万余斛，减岁运之费"。①《宋史·夏国传下》曰："其地饶五谷，尤宜稻麦。"

西夏水稻主产区在兴灵灌区。宋元丰四年（1081年），北宋五路伐夏，十一月，直抵灵州城扎营在收割后的稻田里。②除兴灵平原外，其他宜于灌溉的地方也有种植。宋朝曾在和西夏邻接的保安军设置稻田务，推广水稻种植。③宋天圣四年（1026年）监察御史请求，"自今犯罪当配者，皆从相州，教百姓水种"。④宋朝边地的水稻种植也对西夏产生了积极的影响，正如时人刘攽《熙州行》所说："岂知洮河宜种稻，此去凉州皆白麦。"⑤

小麦在西夏境内广泛种植，灵武郡人缴纳的租税就有小麦。⑥前揭《宋史·夏国传下》曰："其地饶五谷，尤宜稻麦。"刘攽《熙州行》曰："岂知洮河宜种稻，此去凉州皆白麦。"沙州"居民恃土产之麦为食"。⑦相关记载反映了东起黄河，西至玉门，均有小麦生产。

小麦分冬春两种，大致一年一熟地区，春分播种，处暑后收，名春麦；两年三熟地区，白露前种，芒种后收，名宿麦。冬麦"秋种冬长，春秀夏实，

---

① 《宋史》卷二七七《郑文宝传》。

② 《续资治通鉴长编》卷三二〇，元丰四年十一月辛丑。

③ 《续资治通鉴长编》卷七七，大中祥符五年正月癸未。

④ 《宋会要辑稿》食货七之九。

⑤ （宋）刘攽：《彭城集》卷八《熙州行》。

⑥ 《天盛改旧新定律令》卷一五《催缴租门》，法律出版社2000年版。

⑦ ［意］马可·波罗：《马可波罗行纪》第57章《唐古忒州》，冯承钧译，上海古籍出版社2014年版，第94页。

西夏牛耕图，出自甘肃瓜州榆林窟第3号窟

具四时中和之气，故为五谷之贵"。春麦春种夏收，比之冬麦者四气不足。①
西夏处于一年一收的春麦区，因而小麦的质量不是很好。《鸡肋编》卷上曰：
"陕西沿边地苦寒，种麦周岁始熟，以故粘齿不可食。如熙州斤面，则以掬
灰和之，方能捍切。"

荞麦，亦称甜荞，以别于苦荞，一年生草本。生长周期两个月左右，
在西夏高山坡谷广有种植。《圣立义海·地之名义》曰："坡谷地向柔，待雨
宜种荞麦也。"西夏文本《碎金》云："回鹘饮乳浆，山讹嗜荞饼"。② 山讹乃
横山党项，《宋史·夏国传上》曰：李元昊"苦战倚山讹，山讹者，横山羌，
平夏兵不及也"。"山讹嗜荞饼"，反映了横山地区广种荞麦以及荞麦在当地
人民饮食中的重要地位。

宋人陈师道说："胡地惟灵夏如内郡，地才可种乔豆，且多碛沙，五月
见青，七月而霜，岁才一收尔。"③ 这反映出荞麦夏种秋收的特点。"种之则

① （明）李时珍：《本草纲目》卷二二《谷部》。
② 聂鸿音、史金波：《西夏文本〈碎金〉研究》，《宁夏大学学报》1995年第2期。
③ （宋）吕祖谦：《宋文鉴》卷一一九《上曾枢密书》。

易为工力，收之则不妨农时，晚熟故也”。[①] 宋元丰六年（1083 年）六月，提点河东路刑狱黄廉言：“岚、石等州流移岢岚军民户，准诏发遣还乡。访闻流民昨为久雨，全损秋田，故暂来就种一夏苗麦，乞限一月毕田事。”[②] 此时正值六月，既不是冬麦也不是春麦的播种期，流民恳求种植的便是荞麦。北方地区荞麦播种最迟不能晚于六月，再晚因为霜冻，不能成熟。[③]

大麦，亦称“麰”，性耐干寒，较小麦生长周期略短，其中青稞为大麦的一种，故有时称青稞为大麦。党项内徙前不知稼穑，土无五谷，“求大麦于他界，酝以为酒”。[④] 这里的大麦当指青稞，内徙后党项人逐渐掌握了包括大麦在内的农作物耕种技术。前引《圣立义海·九月之名义》云：“粳稻、大麦，春播灌水，九月收也。”同书《山之名义》载：“焉支上山，冬夏降雪，

---

① （元）王桢：《农书·百谷谱集之二·荞麦》，农业出版社 1981 年版。

② 《续资治通鉴长编》卷三三五，元丰六年六月甲子。

③ 荞麦为秋田作物，最怕霜冻。（宋）朱弁：《曲洧旧闻》卷三载：“荞麦叶青、花白、茎赤、子黑、根黄，亦具五方之色。然方结实时，最畏霜，此时得雨，则于结实尤宜，且不成霜，农家呼为解霜雨。”

④ 《旧唐书》卷一九八《党项羌传》。

炎夏不化。民庶灌耕，地冻，大麦、燕麦九月熟。利养羊马，饮马奶酒也。"
《天盛改旧新定律令》卷一五《催缴租门》载："大麦一种，保静县人当交纳。"
黑水城出土有关田赋、钱粮、诉讼等类文书中，也涉及大麦等农作物。① 可
见，西夏的大麦种植比较广泛。

　　粟即谷子，去壳后叫小米，是一种耐瘠耐旱适应性极强的旱地作物，也
是西夏境内适宜种植的作物。可春播夏收，亦可夏播秋收，宋夏沿边地区的
小米最为有名。"葭芦、米脂里外良田，不啻一二万顷，夏人名为'真珠山'、
'七宝山'，言其多出禾粟也。"② 延州金明西北有浑州川，川尾桥子谷水土平
沃，宋将狄青将万人筑招安寨于谷旁，"募民耕垦，得粟甚多"。③ 崇宁年间
（1102—1106 年），钱即知庆州，筑安边城与归德堡，垦田万顷，"岁得粟数
十万"。④ 镇戎军和德顺军也有"收谷十余万"记载。⑤

　　稷，又称糜子，耐旱且生长周期短，曾广泛种植于黄河中下游干旱地
区，是西夏重要的粮食作物。《天盛改旧新定律令》卷一五《催缴租门》记载：
"糜一种，定远、怀远二县人当交纳。"宋元丰四年（1081 年），北宋五路
伐夏，河东军至宥州境，主帅王中正遣折克行等"分兵二千余人发糜窖"。⑥
除兴、灵旱地与缘边山界外，黑水地区也出产糜子。黑水城出土汉文文书
F13：W106 载："唐来渠西兀日金师官人闲荒草□，东至唐来为界，南至民
户地为界，西至草地为界，北至本地为界，四至分明，租课天雨汗种壹年，
承纳糜……叁硕，平旧方大斗刮量，不致短少"。⑦ 显然，租种人承纳的糜
子为当地生产。

　　菽即豆类，分大菽、小菽。大菽即大豆，小菽即小豆。西夏菽的种类较
多，仅西夏汉文《杂字》记载的就有赤豆、豌豆、绿豆、大豆、小豆、豇豆、
荜豆、红豆等，《天盛改旧新定律令》记载有黄豆。⑧

　　大豆，"有黑、白、黄、褐、青斑数色，黑者名乌豆，可入药及充食作

①　李逸友：《黑城出土文书》（汉文部分），科学出版社 1991 年版，第 20 页。
②　《宋史》卷一七六《食货志上四·屯田》。
③　（宋）曾巩：《隆平集》卷五《宰臣》。
④　《宋史》卷三一七《钱惟演附钱即传》。
⑤　《宋史》卷三五三《郑仪传》。
⑥　《续资治通鉴长编》卷三一八，元丰四年十月甲戌。
⑦　李逸友：《黑城出土文书》（汉文文书卷），科学出版社 1991 年版，第 186 页。
⑧　《天盛改旧新定律令》卷一五《催缴租门》。

豉，黄者可作腐、榨油、造酱，余但可作腐及炒食而已。皆以夏至前后下种，苗高三四尺，叶团有尖，秋开小白花成丛，结荚长寸余，经霜乃枯"①。

小豆，有数种，赤豆、白豆、绿豆筹"皆小豆也"。②

豌豆，又名回鹘豆、胡豆、戎菽、荜豆、青小豆、青斑豆，"其苗柔弱宛宛，故得豌名。种出胡戎，嫩时青色，老则斑麻，故有胡戎、青斑、麻累诸名"。该豆在"百谷之中，最为先登"。③

豇豆，"处春三四月种之，一种蔓长丈余，一种蔓短，其叶俱本大末尖，嫩时可茹。其花有红白二色，荚有白红紫赤斑驳数色，长者至二尺，嫩时充菜，老则收子。此豆可菜可果可谷，备用最多，乃豆中之上品"④。今豇豆以菜为主。

2.经济作物

西夏经济作物有桑麻、水果、蔬菜等。从历史上看，西夏境内种桑养蚕历史悠久，汉代陈立"徙为天水太守，劝民农桑为天下最，赐金四十斤"。⑤唐安史之乱前，"中国盛强，自安远门西尽唐境万二千里，闾阎相望，桑麻翳野，天下称富庶者无如陇右。"⑥敦煌文献《长安二年（702年）三月敦煌县录事董文彻牒》（大谷文书2836）也称："其桑麻累年劝种，百姓并足自供"。

安史之乱后，吐蕃乘虚攻占河西陇右数十州之地，但西北桑蚕业并未因此中断。豪族地主阴伯伦投降吐蕃后，新占"山庄四所，桑杏万株"。⑦在汉族影响下，吐蕃人也学会了农桑，"养蚕缫茧成匹帛"。⑧吐蕃在敦煌地区设置的十三个部落中，专有一个与桑麻有关的"丝棉部落"。

大中年间（847—859年），沙州首领张义潮归唐时，敦煌一带"水流依旧种桑麻"。⑨宋雍熙五年（988年），瓜州榆林窟第20窟发愿文有祈求"蚕

---

① 《本草纲目》卷二四《谷部》。

② 《本草纲目》卷二四《谷部》。

③ 《本草纲目》卷二四《谷部》。

④ 《本草纲目》卷二四《谷部》。

⑤ 《汉书》卷九五《西南夷传》。

⑥ 《资治通鉴》卷二一六，天宝十二年。

⑦ 《陇右金石录》卷二《阴处士修功德记》。

⑧ （唐）王建：《凉州行》，载《全唐诗》卷二九八。

⑨ 王重民辑录，刘修业整理：《〈补全唐诗〉拾遗》，载《中华文史论丛》1981年第4期。

田善熟"之语。①

除河西陇右外，宁夏地区也有悠久的植桑历史，郦道元《水经注》卷三载："河水又北薄骨律镇城（今宁夏灵武）。在河渚上，赫连果城也。桑果余林，仍列洲上。"②

西夏桑蚕业是在继承前代的基础上发展起来的。西夏汉文《杂字》"农田部"明确提到桑麻。西夏文法典《天盛改旧新定律令》卷一七《物离库门》规定："缲生丝百斤，九十八两实交中，优九十一两半，劣四两，混二两半，二两耗减。"缲丝所需的蚕茧显然是西夏自己养殖，而非从宋、辽、金境内进口。

我国古代麻类作物主要有大麻、苎麻与葛麻，其中苎麻生性喜温好湿，适宜于热带、亚热带气候生长。葛麻简称葛，产地也多在南方。因此，西夏的麻主要指大麻。大麻适应性很强，不论在干燥炎热地区还是在高寒地区都能生长。大麻皮可织麻布，籽实可榨油、制烛或入药。《天盛改旧新定律令》卷一五《催缴税门》记载：华阳县家主缴纳就有麻。

西夏盛产水果，其中桃、李、杏、梨、枣的分布范围较广。《武经总要·前集》载："怀远镇，本河外县城，西至贺兰山六十里。咸平中陷，今为伪兴州。旧管盐池三，管蕃部七族，置巡检使七员，以本族酋长为之。有水田果园，本赫连勃勃果园。"③唐代诗人韦蟾《送卢藩》诗对此有生动的描述："贺兰山下果园成，塞北江南旧有名"。西夏文类书《圣立义海·山之名义》也指出："贺兰山尊，冬夏降雪，有种种林丛、树果、芜荑及药草。"秋天是塞上水果成熟的季节。八月，"果木熟时，桃、栗、榛、蒲桃等熟"。九月，"果木尾熟，栗子、胡桃、李子熟也"。④文献没有记述河西走廊与宋夏沿边山界的果木种植情况，但随着党项定居农业生产，桑、杏、桃、李、梨等经济林是必不可少的。

葡萄，又作蒲桃、蒲陶，为西夏特色水果。一般认为张骞凿空西域，始

① 史苇湘：《丝绸路上的敦煌与莫高窟》，载《敦煌研究文集》，甘肃人民出版社1982年版，第92页。
② （北魏）郦道元：《水经注》卷三《河水三》。
③ （宋）曾公亮：《武经总要·前集》卷一八下《西蕃地界》。
④ 《圣立义海研究》，宁夏人民出版社1995年版，第53页。

得此种，在京城与河西移植成功。① 唐代葡萄被广泛种植，并用于酿酒。诗人王翰有"葡萄美酒夜光杯，欲饮琵琶马上催"的名句。② 五代宋初，敦煌出现以种植葡萄为主的园艺户与专门的葡萄园。S.1366《年代不明（980—982年）归义军衙内面油破用历》记载，归义军官府在南沙庄有葡萄园，每逢葡萄收获时节，都要举行赛神活动。西夏立国后，也有以种植葡萄等水果为主的园艺户与专门的葡萄园。

回纥瓜、大食瓜为西夏最有名的瓜。《契丹国志》记载：胡峤出使辽朝，"自上京东去四十里，至真珠寨，始食菜。明日东行，地势渐高，西望平地，松林郁然，数十里遂入平川，多草木，始食西瓜，云契丹破回纥得此种，以牛粪覆棚而种，大如中国冬瓜而味甘"。③ 西夏汉文《杂字》所载的回纥瓜应是上述的西瓜。大食瓜，可能因来自大食而得名，当属甜瓜类。《圣立义海·八月之名义》载："八月末，储干菜，瓜熟冷食。"五代宋初敦煌地区瓜果种植相当兴盛，敦煌文献《年代不明（十世纪）沙州诸渠诸人瓜园名目》详细记载了敦煌地区五六十家瓜园的名称与分布情况。④ 西夏的瓜应是从敦煌继承而来。

西夏蔬菜品种较多，见夏、汉文《杂字》与《番汉合时掌中珠》记载的有蔓菁、萝卜、胡萝卜、菠菜、香菜、芥菜、葱、韭、蒜、茄子、瓠子、笋蕨、越瓜、春瓜、冬瓜、南瓜等。这些蔬菜或为当地汉族所种，或来自西域与南方。

蔓菁，又名芜菁、九英菘、芥蓝，即大头菜。李时珍《本草纲目》曰："芜菁南北之通称也，塞北、河西种者名九英蔓菁，亦曰九英菘。根叶长大，而味不美，人以为军粮。""九英菘出河西，叶大，根亦粗长，和羊肉食甚

---

① 《本草纲目》卷三三《果部》载："《汉书》言张骞使西域还，始得此种，而《神农本草》已有葡萄，则汉前陇西旧有，但未入关耳。"

② 《全唐诗》卷一五六《王翰〈凉州词〉》；著名诗人元稹也写道："吾闻昔日西凉州，人烟扑地桑柘稠。葡萄酒熟恣行乐，红艳青旗朱粉楼。楼下当垆称卓女，楼头伴客名莫愁……"（《元氏长庆集》卷二四《西凉伎》，上海古籍出版社1994年版）

③ （宋）叶隆礼：《契丹国志》卷二五《晋胡峤陷北记》，文渊阁四库全书影印本，第383册第789页。

④ 郑炳林：《晚唐五代敦煌园圃经济研究》，载《敦煌归义军史专题研究》，兰州大学出版社1997年版。

美。"①苏颂《本草图经》曰：蔓菁"四时仍有，春食苗，夏食心，亦谓之苔子，秋食茎，冬食根。河朔尤多种，亦可以备饥岁。菜中之最有益者惟此耳"②。

萝卜，芦菔或莱菔的俗称，南北皆种，而以北方为多。"有大、小二种，大者肉坚。宜蒸食，小者白而脆，宜生啖"。③"大抵生沙壤者脆而甘，生瘠地者坚而辣，根叶皆可生可熟，可菹可酱，可豉可醋可饎，可腊可饭，乃蔬中之最有利益者"。④今谓萝卜生开熟补。

胡萝卜，性喜冷凉，较耐旱，根直圆锥或圆柱形，呈紫红、橘红、黄或白色，生熟皆可食。"元时始自胡地来，气味微似萝卜，故名"。⑤但西夏时就有胡萝卜，说明传入我国是在元朝以前。

菠菜，又名菠薐、波斯草、赤根菜。刘禹锡《嘉话录》云："菠薐种出自西国，有僧将其子来，云本是颇陵国之种，语讹为波薐耳。"《唐会要》云：太宗时"尼波维国献波稜菜"，类红蓝，实如蒺藜，火熟之能益食味，即此也，方士隐名为波斯草。八月九月种者可备冬食，正月二月种者可备春蔬。⑥

茄子，宋人苏颂云："茄子处处有之，其类有数种，紫茄、黄茄，南北有，白茄、青水茄，惟北土有之。入药多用黄茄，其余惟可作菜茹尔。"⑦

瓠子，南北均产，一年生攀援草本，或称壶卢、长瓠、匏瓜、蒲卢，虽"名状不一，其实一类各色也"。二月下种，生苗引蔓，五、六月开白花，结实大小不一，嫩时作蔬菜，熟老作壶瓢。

冬瓜，一年蔓生草本，"三月生苗引蔓，大叶团而有尖，茎叶皆有刺毛。六、七月开黄花，结实，大者径尺余，长三四尺。嫩时绿色有毛，老则苍色有粉。其皮坚厚，其肉肥白"。⑧

南瓜，一年蔓生草本，种出南番，故名。南北皆有，"二月下种，宜沙沃地，四月生苗，引蔓甚繁，一蔓可延十余丈，节节有根，近地即着"。"结

---

① 《本草纲目》卷二六《菜部一》。
② （宋）苏颂：《本草图经》卷一七《菜部》。
③ （宋）苏颂：《本草图经》卷一七《菜部》。
④ 《本草纲目》卷二六《菜部一》。
⑤ 《本草纲目》卷二六《菜部一》。
⑥ 《本草纲目》卷二七《菜部二》。
⑦ 《本草纲目》卷二八《菜部三》。
⑧ 《本草纲目》卷二八《菜部三》。

瓜正圆，大如西瓜，皮上有棱如甜瓜，一本可结数十颗，其色或绿或黄或红"，其肉色黄，蒸煮食之，可饭可菜。①

越瓜，以地名之，南人呼为菜瓜，"南北皆有，二、三月下种。生苗就地引蔓，青叶黄花，并如冬瓜花叶而小。夏秋之间结瓜，有青白二色，大如瓠子。一种长者至二尺许，俗呼羊角瓜。其子状如胡瓜子，大如麦粒，其瓜生食，可充果蔬"。②

芥菜，一二年生草本，苔茎叶有叶柄，不抱茎，为芥菜类与白菜类在形态上主要区别之一。梁人陶弘景曰："芥似菘而有毛，味辣，可生食及作菹。"宋人苏颂曰："芥处处有之，有青芥，似菘有毛，味极辣。紫芥，茎叶纯紫可爱。"此外，还有"南芥、旋芥、花芥、石芥之类，皆菜茹之美者"。③

香菜，即芫荽、胡荽的俗称，相传张骞得种于西域，故名。性喜冷凉，"八月下种，晦日尤良，初生柔茎圆叶，叶有花歧，根软而白，冬春采之，香美可食"，亦可作菹，道家五荤之一。④

3. 野菜草籽

《辽史·西夏外纪》曰：西夏"土产大麦、荜豆、青稞、床子、古子蔓、鹹地蓬实、苁蓉苗、小芜荑、席鸡草子、地黄叶、登厢草、沙葱、野韭、拒灰条、白蒿、鹹地松实"。《隆平集·西夏传》也有大致相同的记载："西北少五谷，军兴，粮馈止于大麦、荜豆、青麻子之类。其民则春食豉子蔓、碱蓬子，夏食苁蓉苗、小芜荑，秋食席鸡子、地黄叶、登厢草，冬则畜沙葱、野韭、拒霜、灰条子、白蒿、碱松子，以为岁计。"《杂字》与《番汉合时掌中珠》记载有苦苣、茵陈、半春菜、马齿菜等。这些野菜草籽是西夏老百姓不可或缺的食物。

碱蓬子，又名碱蓬，一年生藜科植物，俗称盐荒菜、荒碱菜，叶肉质，嫩茎叶既可食，是灾荒年的救命菜。生于荒漠低处的盐碱荒地上，为碱土指示植物。

苦苣菜，俗称苦苦菜、麻苣苣，是一种药食兼具的无毒野生植物，多年生草本，喜生于田间地头、盐碱地、山坡草地、林间草地、潮湿地或近水旁、

---

① 《本草纲目》卷二八《菜部三》。
② 《本草纲目》卷二八《菜部三》。
③ 《本草纲目》卷二六《菜部一》。
④ 《本草纲目》卷二六《菜部一》。

河边砾石滩等地也多有生长，是农牧民必备的菜蔬，也是灾年的救命菜。①

苁蓉，又名肉苁蓉，多年生寄生草本，全株无叶绿素，多长在盐碱地或干河沙滩。二至八月采食，具有滋补功效。《名医别录》曰："肉苁蓉生河西山谷及代郡雁门，五月五日采。"另有花苁蓉或草苁蓉，原、渭、秦、灵州皆有之。②

小芜荑，芜荑有大小两种，小芜荑俗称"榆钱"，榆树花成朵簇生，先叶开放，果实结成前采摘可生食，亦可和面蒸食，"入药皆用大芜荑"。③

地黄，多年生草本植物，根茎黄色，肉质肥厚，用根或种子繁殖。叶长椭圆形，嫩时可食，王曼《山居录》云："地黄嫩苗，摘其旁叶作菜，甚益人。"④

登厢草，又名沙蓬、沙米，一年生藜科植物，生于流动沙丘，是一种生命力极强的沙地植物。种子埋在沙地多年，只要遇透雨仍能迅速扎根发芽。一株正常生长发育的沙蓬，产子量为8000—15000粒。沙蓬籽实可加工成面粉食用，亦可炒食或煮食。宋雍熙元年（984年），王延德出使高昌，途经的乌兰布和沙地就"不育五谷，沙中生草名登相，收之以食"。⑤

沙葱，即山葱、茖葱、野葱，李时珍曰："茖葱，野葱也，山原平地皆有之，生沙地者名沙葱，生水泽者名水葱，野人皆食之。"⑥阿拉善高原的沙葱最为著名。

野韭，即山韭也，山中往往有之，形性亦与家韭相类，但根白，叶如灯心苗。⑦

灰条子，灰条又名灰菜，灾荒年可救命。一年生草本，生于田野、荒

---

① 《本草纲目》卷一八《草部七》载有蔓草鼓子花，又名旋花，"其花不作瓣状，如军中所吹鼓子，故有旋花鼓子之名"。"河北、汴西、关陕田野中甚多，最难锄艾，治之又生。四、五月开花，其根寸截，置土灌溉，涉旬苗生。"夏人所食鼓子蔓，当为鼓子花。今民间不食鼓子蔓，而食苦苦菜。

② 《本草纲目》卷一二《草部一》。

③ 《本草纲目·木二·芜荑》："芜荑有大小两种：小者即榆荚也，揉取仁，酝为酱，味尤辛。人多以外物相和，不可不择去之。入药皆用大芜荑。"

④ 《本草纲目》卷一六《草部五》。

⑤ 《宋史》卷四九〇《高昌传》。

⑥ 《本草纲目》卷二六《菜部一》。

⑦ 《本草纲目》卷二六《菜部一》。

地、路边及住宅附近，以田野最佳，春采幼苗，夏摘嫩茎叶，秋收籽实，均可食用。

白蒿，又名茵陈，俗称艾蒿，多生路旁、荒地、河滩、草原、山坡，嫩时鲜美，和面蒸食。宋人苏颂曰："此草古人以为菹，今人但食蒌蒿，不复食此，或疑白蒿即蒌蒿。"①

马齿菜，又名马齿苋，俗称胖娃娃菜。一年生草本植物，南北各地均产，性喜肥沃土壤，耐旱涝，多生于菜园、农田、路旁及庭院废墟。嫩时茎叶可食，味鲜美。

四、粮食产量

亩产量是衡量农业发展的重要依据，但西夏文献没有留下任何记载，只能从一些间接材料中了解。汉代河西屯田亩产量徘徊在 0.7—0.729 石之间，②唐代的农业生产比汉代有较大的提高，陈子昂在《上西蕃边州安危事》说，甘州"四十余屯，并为奥壤，故每收获，常不减二十万"。③40 余屯合 20 万亩（每屯按 50 顷计），亩产为 1 石。《旧唐书》载，黑齿常之在河源军"开营田五千余顷，岁收百余万石"。④推测大致亩产 1.5 石左右。唐代 1.5 石，折合今天 147.5 斤粟，或 158.4 斤麦，产量已接近近代亩产水平。⑤此后一千年，西北地区的亩产没有大的变化，因此西夏亩产量也大致在 1.5 石左右。1.5石是条件较好的水浇地产量，至于沿边山界旱地，亩产大致 1 石左右。

元朝初年水利专家郭守敬恢复宁夏水利，溉田一万余顷，⑥大致是西夏兴灵灌区的垦田数字。唐代河西屯田约 5.5 千顷，⑦西夏垦田规模不会超过此数

① 《本草纲目》卷一五《草部四》。

② 吴廷桢、郭厚安主编：《河西开发研究》，甘肃教育出版社 1993 年版，第 38 页。

③ （唐）陈子昂：《陈拾遗集》卷八《上西蕃边事安危事》。

④ 《旧唐书》卷一〇九《黑齿常之传》。

⑤ 李并成：《唐代前期河西走廊的农业开发》，《中国农史》1990 年第 1 期。

⑥ 关于元初宁夏溉田亩数，《弘治宁夏新志》卷四《沿革考证》记载为万余顷，齐履谦《郭守敬行状》与《元史》本传记载为 9 万余顷。据陈明猷先生考证，明嘉靖年间宁夏屯田超过了元代，为 1.5 万顷，清乾隆年间为 2.55 万顷，1949 年为 1.93 万顷，1988 年为 2.92 万顷，因此，元初宁夏垦田应为万余顷，考证甚是。见《贺兰集》，宁夏人民出版社 1994 年版，第 75—77 页。

⑦ 参见赵俪生主编：《古代西北屯田发展史》，第 179—182 页。其中甘州屯田 2 千顷，凉州屯田 1.8 千顷，肃州屯田 0.6 千顷，瓜、沙二州无数字记载。

字，大致在 5 千顷左右。银、夏、绥、宥诸州也大致有 5 千顷。以此计之，西夏全境垦田约 2 万 6 千顷（260 万亩），全国总人口约 200 万人，人均占田约 1.3 亩。若水旱田亩产量平均以 130 斤计，则人均占有粮食 170 斤左右。这对一个半农半牧的西北政权实属不易。但这些粮食主要集中在贵族地主和封建国家的手中，官府和贵族地主拥有大量的储粮，[①] 下层人民则挣扎在饥饿线上，"春食苋子蔓、碱蓬子，夏食苁蓉苗、小芜荑，秋食席鸡子、地黄叶、登厢草，冬则畜沙葱、野韭、拒霜、灰条子、白蒿、碱松子，以为岁计"。[②]

第二节　畜牧业

牲畜牧养是西夏主体民族党项羌族的传统产业。6 世纪后期，居住在青海东南部以及陇蜀交界的党项人，过着"牧养牦牛、羊、猪以供食"，不知稼穑的游牧生活。唐朝先后迁徙到秦陇交界的庆州与鄂尔多斯高原南部的银、夏、绥、宥诸州。这里山岳绵亘，牧场辽阔，党项人利用优越的地理环境，积极发展游牧经济，历唐末五代到北宋初年，长期过着"逐水草牧畜，无定居"的生活。西夏立国后，虽然奄有大片汉地农业区，但畜牧生产仍然是党项人的主要生计。开国皇帝李元昊曾自豪地说："衣皮毛，事畜牧，蓄性所便。"[③] 这一地区的汉族在农耕的同时，也大多兼营畜牧。

---

① 《续资治通鉴长编》卷三一八元丰四年十月丙寅载：德靖镇七里平山上，有谷窖大小百余所，藏谷约八万石。《宋史》卷三四八《陶节夫传》载：石堡城"窖粟其间，以千数"，夏人谓之"金窟坬"。《天盛改旧新定律令》也有明确的储粮记载："地边、地中纳粮食者，监军司及诸司等局分处当计之，有木料处当为库房，务需置瓦，无木料处当于干地坚实处掘窖，以火烤之，使好好干。垛囤、垫草当为密厚，顶上当撒土三尺，不使官粮食损毁。"（卷一五《纳领谷派遣计量小监门》）这是储粮仓库建设，至于粮食库的司吏、案头，则根据储粮多少来派遣："五千斛以内二司吏；五千斛以上至一万斛一案头二司吏；一万斛以上至三万斛一案头三司吏；三万斛以上至六万斛一案头四司吏；六万斛以上至十万斛一案头五司吏；十万斛以上一律一案头六司吏。"（卷一七《库局分转派门》）可见，前述藏粮"八万石"，不完全是宋人的妄言。
② （宋）曾巩：《隆平集》卷二〇，又见《辽史》卷一一五《西夏外纪》。
③ 《宋史》卷四八五《夏国传上》。

一、牲畜种类

西夏的牲畜品种主要有马、骆驼、羊、牛、驴、骡、牦牛等，对于和则为牧、战则为骑的党项人来说，马是立国之本。"党项马"的前身是著名的河西马，[①] 自汉代开始，河西陇右是历代封建王朝养马基地，唐代养马监大部分设在这里。党项

西夏石马，出土于西夏陵

人进入河西陇右后，在传统畜牧业的基础上，又继承汉唐以来的养马技术，培育出著名的"党项马"。从中唐开始"党项马"就是驰名中原的商品，唐朝诗人元稹在其作品中有生动的描述："求珠驾沧海，采玉上荆衡，北买党项马，西擒吐蕃鹦。"[②] 宋初在缘边市马，"陕右诸州最盛，河东、川陕仅居其半"。西夏频繁遣往宋、辽、金的贡使，也大量以马、骆作为贡品。因此，西夏对马的牧养尤为重视。[③]

骆驼主要产于阿拉善与鄂尔多斯的戈壁荒滩，性驯耐渴，行步稳健。沙漠中既不能行舟，又不能通车，且气候干燥，水草匮乏，故行路运货，多用骆驼。[④] 西夏人还将其用于军事，"凡正军给长生马、驼各一"。[⑤] 西夏统帅阿沙敢布曾对蒙古使臣宣称："今汝蒙古若以惯战而欲战，则我有阿剌筛（阿

---

① 《三国演义》中关羽日行千里的赤兔就是来自西凉的"河西马"。"赤兔"本名"赤菟"，即赤红色的烈马，据说为汗血宝马（中亚大宛马和河西本地马杂交品种），最早是西凉刺史董卓的坐骑，后被董卓用来收买丁原的义子吕布；吕布死后，赤兔马被曹操赏赐关羽；关羽被杀后，赤兔马思念旧主，绝食而死。但根据史书记载，赤兔马在吕布战败后，不知去向，并没有成为关羽的坐骑，《三国演义》虽是虚构情节，但反映出当时人们心目中的河西马是上好马的代表，所谓"人中吕布，马中赤兔"。

② （唐）元稹：《元氏长庆集》卷二三《估客乐》。

③ 《天盛改旧新定律令》卷一九《畜利限门》。

④ 《天盛改旧新定律令》卷一九《供给驮门》规定："旧驯之公骆驼年年当分离，当托付行宫司"，"行宫司之公骆驼中之老弱不堪骑用者，当交群牧司，入杂分用中"。可见除一般运输外，骆驼还是国主御用的重要交通工具。

⑤ 《宋史》卷四八六《夏国传下》。

山羊图，出土于黑水城遗址

拉善）之营地，有褐子之帐房，有骆驼之驮焉"。①

羊有绵羊和山羊两种。绵羊行动缓慢，性温顺，喜合群，行路涉险，尾随"头羊"，故成百上千，也不难驱赶。山羊即羧羅，②和绵羊一样具有较强的合群性，但远比绵羊敏捷，善登高涉险，绵羊群里经常混牧一部分山羊，由其中强壮者作为"头羊"，③以提高羊群行动能力，西夏多在山地草原和戈壁绿洲牧养，④且牧养的数量超过绵羊。⑤

牛分黄牛和牦牛两种，黄牛是古代农业生产的主要役畜⑥，西夏陵出土

---

① 《蒙古秘史·续集》卷二。

② 《文海》"羧羅"释："此者羊也，小羊也，山羊之谓。"（史金波、白滨、黄振华：《文海研究》，中国社会科学出版社 1983 年版，第 452 页）《豳风广义》曰："我秦中一种绵羊，头小身大，尾长多脂，最美，其毛柔软，一岁三剪，以为毡物；临渭两岸，其毛更细，可作□氆氇衣衫等物，绝佳。一种羧羅羊，俗名驹羅羊，项下有髯，毛粗长，作沙毡避湿气；性捷，善缘屋壁，其味亦美。"显然，羧羅是和绵羊有别的山羊。

③ 《松漠纪闻》卷二载："北羊皆长面多髯，有角者百无二三，大仅如指，长不过四寸。皆目为白羊，其实亦多浑黑。亦有肋如箸者，味极珍。性畏怯，不觝触，不越沟堑，善牧者每群必置羧羅羊数头［羧羅，音古力，北人讹呼羧为骨］，仗其勇狠，行必居前，遇水则先涉，群羊皆随其后。"《本草图经·禽兽部》卷一三载："羊之种类亦多，而羧羊亦有褐色、黑白色者，毛长尺余，亦谓之羧羅羊，北人引大羊，以此羊为群首。"

④ 《隋书》卷八三《党项传》载：内迁前党项人无法令文字，"织牦牛尾及羧羅毛以为屋"。元代在西夏故地黑水城周围牧养大量羧羅，黑水城出土汉文文书地 F111W67 记载："羊五十六口：大羊十三口，羧羅六口，羊羔卅七口"（《中国藏黑水城汉文文献》卷一，第171 页）。

⑤ 《天盛改旧新定律令》记载的四种官畜为马、牛、骆驼、羧羅（山羊），即使同时提到羧羅和绵羊，也是羧羅在前，绵羊在后，反映出羧羅羊在西夏畜牧生产中的地位。

⑥ 四种官畜为马、牛、驼、羧羅（山羊），不包括绵羊，说明绵羊主要在民间牧养。牛作为生产力，和军马驼一样重要，法律规定："诸人杀自属牛、骆驼、马时，不论大小，杀一头徒四年，杀二头徒五年，杀三头以上一律徒六年。"

的鎏金铜牛体态健壮，比例匀称，栩栩如生，为西夏耕牛的生动写照。牦牛是早期党项人主要役畜，跋山涉水，如履平地，毛可织披衣、帐篷、绳索，党项人内迁后仍在祁连山、贺兰山一带牧养。① 宋乾德元年（963年），"夏西平王李彝兴献牦牛一"。② 黄牛作为耕畜，主要在民间牧养，牦牛民间和官府均牧养，除了驮运外，还为官营手工业提供毛绒。③

　　驴、骡则是秦汉以来我国西北少数民族驯养的役畜，史载"驴者乃服重致远，上下山谷，野人之所用耳"。④ 西夏可能用来乘挽及驮运，但牧养量不是很大，主要在民间牧养。⑤

　　古代生产活动中，经营牧业的民族往往从事狩猎，党项人也如此，史载元昊"每欲举兵，必率酋豪与猎，有获，则下马环座饮，割鲜而食，各问所见，择取其长"。⑥ 秋天是各种动物蓄膘的季节，也是党项人狩猎的时机。⑦ 西夏境内的动物主要有狼、豹、黄羊、沙狐、鹿、野驴、野羊、野牦牛。其中沙狐是一种常见的猎物，皮毛珍贵。李继迁时，为了向契丹示好，仅一次进贡沙狐皮达一千张。⑧

---

①　《天盛改旧新定律令》卷一九《畜利限门》载："牦牛在燕支山、贺兰山两地中，燕支山土地好，因是牦牛地，年年利仔为十牛五犊，赔偿死亡时，当偿实牦牛。贺兰山有牦牛处之数，年年七、八月间，前内侍中当派一实信人往检视之，已育成之幼犊当依数注册，已死亡时当偿犊牛。"

②　《宋史》卷一《太祖纪一》。

③　《天盛改旧新定律令》卷一九《畜利限门》载："大牦牛十两、小牛八两、犊五两春毛，于纳羊绒之日缴纳"。

④　《后汉书》卷八《孝灵帝纪》注引《续汉志》。

⑤　《文海》有驼、马、牛、羊、驴、骡的记录，西夏四种官畜为马、牛、驼、羖羺（山羊），说明驴、骡主要在民间牧养。

⑥　《续资治通鉴长编》卷一一五，景祐元年十月丁卯。

⑦　《圣立义海》记载，"八月属西，国内演戏游乐，设网何鹊，捕兽"（《圣立义海研究》第52页）。西夏文《月月乐诗》记载更为详细：七月里，"安装上捕鸟的网，人们在追捕鹿群，收割稻谷，三[种]值钱的东西[鸟、鹿和稻谷]都要得到"。八月里，"赤叶戈洪地方的唐古特人和汉族人拆除障碍，拉着黑线合白线在捕鸟"。九月里，"国内开始捕鸟，黑风乍起，鹿儿悲鸣。风吹草低，鹿群如惊马般在风中狂奔"。十月里，"国内到处在捕鸟雀"。"黑风骤起，鹿儿狂鸣。风儿捧打着草丛，野山羊隐没入林中"（克恰诺夫：《关于西夏文献〈圣立义海〉研究的几个问题》，载《圣立义海研究》，第17—18页）。

⑧　（宋）叶隆礼：《契丹国志》卷二一《西夏贡进物件》。

二、畜牧方式

西夏受地理环境影响存在牧业、农业、半农半牧三种不同经济类型，在畜牧业生产上，相应有游牧、圈养、放牧三种经营方式。

鄂尔多斯高原、阿拉善高原与河西走廊的戈壁草滩，多生牧草，祁连山一带地势高寒，不宜五谷，大致均属于以游牧为主的牧业区。上述地区的党项、回鹘、吐蕃人，居无定所，长期过着逐水草而居的游牧生活。当然游牧不是漫无边际地迁徙，而是有固定的区域，按照气候变化进行游牧。高山牧场按寒暑两季转场，暑天在海拔较高的山地草原放牧，天凉后到山下草原放牧，其又可细分为秋、冬、春三季草场。荒漠半荒漠草原，根据气候情况或按寒暑两季转场，或按照四季多次转场，以恢复草地植被。若遇大旱，放牧可能不完全按照季节，而根据实际情况转场。游牧是西夏牧业的重要组成部分，逐水草而居的游牧生活，生产条件比较艰苦，生产技术相对粗放，主要依赖轮牧恢复草地生态，虽有利于保护和利用草原，但和旱地农业一样脆弱，一旦遇到全域性自然灾害，生产会遭到严重破坏。[1]

河南兴、灵一带农业区主要圈养耕畜和家禽，与牧业区和半农半牧区相比，农业区的畜牧业规模较小。农业区地狭人稠，宜耕种的土地大多被垦为农田，家畜饲料以农作物的秸秆和谷物为主，因此一般农家只饲养耕畜，是依附于农业的一项副业。但在灌溉农业区的周边，依托丰美的水草，存在有大量牲畜牧养的情况。

宋夏缘边山界，即东起横山，西至天都山一带，山岳绵亘，水草丰茂，大片草地与小块农田相杂，河西甘、凉诸州（包括黑水地区），"水草丰美，畜牧孳息"，沙漠与半沙漠中密布绿洲，是西夏半农半牧地区。这里的蕃部族帐既从事农业耕作，又进行畜牧业生产，过着定居与半定居的农耕与放牧生活。该地区有的民户农忙时种田，农闲时到草地放牧。[2] 半农半牧区畜牧

---

① 《西夏纪》卷二二载：1110年，瓜、沙诸州大旱，"水草乏绝，赤地数百里，牛羊无所食，蕃民流亡者甚众"。

② 西夏人对沿边山界坡谷地带的半农半牧生产有形象的记述："坡谷诸禾流彩，坡着艳装。野兽伏匿：九兽中，顽羊、山羊、财狼等隐处也。畜类饶逸：坡谷草、药，四畜中白羊放牧易肥，每年产羔乳汁美。向柔择种：坡谷地向柔，待雨宜种荞麦也"。（《圣立义海研究》，第57页）

业的发展有先天优势。

首先，自然条件优越。半农半牧区有大片草原草山，未开发的荒地极多，且水利资源丰富，银、绥以大里、无定等河为灌溉，"甘、凉之间，则以诸河为溉"，[①] 不仅有利于农业生产的发展，也对发展畜牧业十分有利，著名的"党项马"就出产在这里。

其次，地理位置与宋朝相毗邻，与中原地区在经济、文化诸方面的联系更为密切。北宋陕西地区的耕畜，相当一部分是通过民间贸易的形式，从西夏半农半牧地区引入。缘边政府榷场贸易，西夏也以马、牛、羊、驼出口为大宗。半农半牧区的畜牧业呈现出较高的商品率，这一点相较于纯粹的牧业区和农业区在发展上更独具优势。

最后，畜牧方式进步。牧业区以游牧为主，农业区以舍饲为主，半农半牧区与二者均有不同，其以族帐为单位进行牧养，可广泛利用天然畜牧资源。与牧业区的简单游牧不同，蕃部族帐已趋于定居，一族一帐往往选择水草丰美、适宜畜牧的地区，固定占有大片草场，便于对自然环境的改造利用，比游牧部落"逐水草迁徙"，单纯依赖于自然的畜牧方式要进步得多。

因此，半农半牧在西夏畜牧业中占有相当重要的地位，其存在发展是西夏畜牧业发达的重要基础和标志。不过，宋夏之间在半农半牧区经常发生大规模战争，北宋进筑横山几十年中，几乎每克一城一寨，西夏都要损失成千上万的牛马驼羊。蒙古攻占银州时，一次掠取西夏数十万牲畜，使这一地区的畜牧生产受到极大破坏。

三、官畜生产

秦汉政权设有管理畜牧的监养马，而鲜卑、契丹、女真等少数民族建立的政权也都有官营牧场。契丹原是以畜牧渔猎为生，辽立国前长期处于"畜牧畋渔以食，皮毛以衣，转徙随时，车马为家"[②]。辽立国后占领大片汉族居住的农业区，统治者推行农牧并举的政策，畜牧除民间私营外，国家还直接经营，即所谓的"群牧"。《辽史》卷六〇《食货志下》记载："自太祖及兴宗垂二百年，群牧之盛如一日。天祚初年，马犹有数万群，每群不下千匹。"

---

① 《宋史》卷四八六《夏国传下》。
② 《辽史》卷三二《营卫志中》。

西夏瓷骆驼，出土于宁夏灵武磁窑堡，现藏宁夏博物馆

西夏不仅有官牧生产，而且牧养的官畜不限于马匹，还包括牛、骆驼和羖羺羊。群牧司是西夏最高畜牧管理机构，负责牧场管理、官畜繁殖、调拨供给。官牧场官畜成年后，由群牧司调配给军队以及马院、行宫司、皇城司、三司。行宫司、皇城司等机构御用马驼老弱不堪后，当转拨给群牧司，"入杂分用中"，① 作为一般公务用畜和肉畜。监军司属于军事机构，除管理所部丁壮的军马，还有监管所属部落牧养官畜的职责。② 由于西夏军事指挥系统前后有所变化，初期监军司为地方最高军事机构，但在天盛（1149—1169 年）前后，又出现经略司和边地经略使的设置，地位仅次于中书、枢密，高于其他诸司，沿边重大军务、财务都要报请经略司批准。因此，监军司系统的官牧业也被称作经略司系统。③

西夏牧场草地分官、私两种。牧区的官牧场主要分布在戈壁荒滩和高山草地，半农半牧地区官私牧场草地的界限比较模糊，官私之间往往因地界发生冲突。至少在天盛年间（1149—1169 年），法律规定"官私地界当分离，当明其界划"。官牧场只许承包官畜的牧人居住放牧，不许未承担牧养官畜劳役的其他牧户放牧。④ 大致二三百户牧人组成一个生产系统，由牧盈能统

---

① 《天盛律令》卷一九《供给驮门》规定：群牧司牧场"旧驯之公骆驼年年当分离，当托付行宫司"，"行宫司之公骆驼中之老弱不堪骑用者，当交群牧司，入杂分用中"。

② 西夏实行亦兵亦民的部落兵制，沿边监军司在实施军事防务的同时，又协助群牧司管理所属部落牧养的官畜，包括派员参与群牧司对官畜的校验。

③ 《天盛改旧新定律令》卷一九《畜患病门》规定：马、牛、驼、羊四种官畜患病时，"隶属于经略者，当速告经略处，不隶属于经略者，当速告群牧司"。

④ 《天盛改旧新定律令》卷一九《牧场官地水井门》规定："官私地界当分离，当明其界划，官地之监标志者当与掌地记名，年年录于畜册之末，应纳地册，不许官私地相混，倘若违律时，徒一年"；"若天旱□，官牧场中诸家主之寻牧草者来时，一年以内当安家，不许耕种，逾一年不去，则当告于局分而驱逐之"。

领，其下有牧监、大小牧首领和末驱，[①] 具体生产则由牧人承担。如果官畜死亡，先由牧人赔偿，"倘若牧人无力，则当催促小牧监令偿之。小牧监偿之不足，则当催促牧首领、末驱令偿之"。[②] 牧人与大小牧监、牧首领、末驱共同承担官畜死亡的风险，因此牧人必须经过大小牧监、牧首领的考察，认定是有赔偿能力者，方可申请到"骆驼、马、牛等自十五、二十以上，羖䍲羊自七十以上"的官畜。至于无偿还能力的"无主贫儿"，即没有牧监、牧首领担保者，只能给胜任牧人做"牧助"，无权领取官畜牧养。如果"大小牧监以胜任入不胜任，以不胜任入胜任中"，将受到一定的惩罚。[③]

牧人领取官畜并在官牧场上进行生产，首要任务是保证官畜繁殖，按照百大母骆驼一年限三十仔，百大母马一年五十驹，百大母牛一年六十犊，百大母羊一年六十羔，百大母牦牛一年五十犊的繁殖率，向官府缴纳幼畜。如果"不足者当令偿之，所超数年年当予牧人"。在保证官畜繁殖的同时，牧人每年还要向封建政府上缴毛、绒、乳、酥等副产品。大公训骆驼每年纳腿、项绒八两，大母训骆驼纳三两，旧训骆驼公母一律纳二两。"羖䍲春毛绒七两，羊秋毛四两。羔夏毛二两，秋毛四两，羔绒不须纳。母羖䍲以羔羊计，一羊羔三两酥"。"大牦牛十两、小牛八两、犊五两春毛，于纳羊绒之日交纳"。"母骆驼应算一仔二斤酥"。[④]

官牧中的牲畜、牧场等生产资料属于官府所有，身为氏族部落首领的大小牧监、牧首领、末驱等代表政府管理生产，并从中得到封赏。[⑤] 牧人是直接生产者，其身受官府和大小牧监、牧首领的双重压迫，具有双重依附性质。所谓双重依附，一是依附于大小牧监、牧首领。宋英宗治平年间（1064—1066 年），同知谏院吕诲在一道奏章中称："逐部落令所存者，却有

---

① 《天盛改旧新定律令》卷一九《牧盈能职事管门》规定："邻近二百户至二百五十户牧首领中遣胜任人一名为盈能，当领号印检校官畜"。

② 《天盛改旧新定律令》卷一九《校畜门》。

③ 《天盛改旧新定律令》卷一九《贫牧逃避无续门》。

④ 《天盛改旧新定律令》卷一九《畜利限门》。

⑤ 《天盛改旧新定律令》卷一九《校畜磨勘门》规定："大小牧监胜任一年，当予赏赐钱绢二，常茶三坨，绫一匹。二年连续胜任者，依前述法当予赏赐，当得一官。此后又胜任，则每年当加一官，赏赐当依前述所定予之。牧首领、末驱本人胜任一年，当予赏赐银三两、杂锦一匹、钱绢五、茶五坨。二年连续胜任者，赏施当依前述所定数予之，其上当得一官。倘若彼又胜任，则每年当加一官，赏赐当依前述所定予之"。

外来散户依附其间，或是连亲，或即庸力，混杂居处，例各年深。"① 官牧生产中的牧人，实际上是"庸力"的散户，只有牧监等首领认为他们有偿还能力，同意他们成为所辖牧场的"庸力"，他们才能申请到官畜牧养。否则被视为"无主贫儿"，只能作为牧人的牧助。二是大小首领代表官府招募"庸力"牧人，因此牧人也要依附于封建官府。尽管牧人的人身具有依附性，但其仍有属于自己的财产。除牧人外，在官牧场上进行生产的还有因罪籍没的奴隶，《天盛改旧新定律令》对此有明确规定。②

　　幼畜登记号印是官畜管理中的一项重要制度，每年四月一日至十月一日，牧场将驼、马、牛、羊四种官畜所繁殖的仔、驹、犊、羔，"于盈能处置号印，盈能当面应于仔、驹等之耳上及羔羊之面颊上为号印"，③ 以示为官畜。如果达不到政府限定的繁殖率，则令牧人偿之，若"有已超者，依法当还牧人"。④ 十月一日，盈能登记号印结束，政府大校开始。一般由"群牧司及诸司大人、承旨、前内侍之空闲臣僚等中遣真能胜任之人，诸司称职之案头、司吏文字计量引导"，⑤ 前往诸牧场审校。在黑水等地区因路程遥远，"校畜者当由监军、习判中一人前往校验，完毕时，令执典册、收据种种及一局分言本送上，二月一日以内当来到京师"。校畜官吏出发时，携官印一枚，有关《律令》一卷，"由局分处借领，事毕时当依旧交还"。制畜册所用

① （明）杨士奇等编：《历代名臣奏议》卷三四三。

② 诸如盗毁帝陵、殿堂，"不分主从，以剑斩杀，自己妻子、同居子女等当连，迁往异地，当入牧农主中。畜、谷、宝物、地、人等当没收入官"（《天盛改旧新定律令》卷一《失孝德礼门》）。还有诸人议逃，已行者主犯以剑斩杀，各同谋者发往不同地服苦役，"主、从犯一样，自己妻子、儿女当连坐，当入牧农主中。其父母者，当视逃者总数，系百人以内，则不连坐；系百人以上，则同居不同居一样，当因子连坐，入牧农主中，应无期服役。……使军、奴仆者，当入牧农主中，无期服役"（《天盛改旧新定律令》卷一《背叛门》）。这些因夫、父、子犯罪而连坐入牧农主中的妻子、儿女、父母，他们的财产被籍没入官，因而没有资格领取官畜，只能充当助牧之类的角色。他们是官牧场中的奴隶，没有官府和大小牧监的允许，是不会有人身自由的。如官牧场之获罪妇人被偷卖给他人，"卖者以偷盗法判断，买者知觉，则当依盗之从犯法承罪，并罚其价，交与官方。未知，勿治罪，价当取之。妇人因自不告则十三杖，依旧当还牧场"（《天盛改旧新定律令》卷一九《贫牧逃避无续门》）。

③ 《天盛改旧新定律令》卷一九《牧盈能职事管门》。

④ 《天盛改旧新定律令》卷一九《牧盈能职事管门》。

⑤ 《天盛改旧新定律令》卷一九《牧盈能职事管门》。

的纸张，"群牧司库中当买，使分领之"。大校所需的枷索、大杖等，"当于所属盈能处取，毕时当依旧还之"。"大校处所使用人，于牧监子弟未持取畜者中，可抽出十五人使用，不许多抽使用人"。①

大校的程序大抵是："令牧场牲畜一并聚集"，然后对照畜册，一一点验齿岁、毛色、公母、瘠肥。若是赔偿之畜，更要与畜册细细校核，"不许不实齿偿还"。② 在大校过程中，外来的校畜官对牧场的具体情况不太了解，常常发生诸牧场之间相互索借官畜顶替的作弊现象，《天盛改旧新定律令》卷一九《校畜门》对此制定了严厉的处罚规定。

除大校外，官畜死亡注销、赔偿、患病验视等制度也相当严格。"四畜群公母畜混者，十中当减取一死"，③ 死畜的皮及肉价钱不须交。这是按十分之一的正常死亡比例注销。此外，对因突发性疾病死亡的官畜，如果验证属实，也予以注销。

马匹牧养在西夏官牧业中具有首要地位，如果"官牧场之马不好好养育而减食草者，计量之，比偷盗法加一等。未减食草，其时检校失误致马羸瘦者，当视肥马已瘦之数罚之，自杖罪至一年劳役，令依高低承罪"。④

诸牧场四种官畜在正常死减和确系病死以外而损失者，首先"紧紧催促牧人偿之。倘若牧人无力，则当催促小牧监令偿之。小牧监偿之不足，则当催促牧首领、末驱令偿之。其中倘若催促偿之而无所偿，实无力者，当置命"，官府根据损失数量，对责任者处以杖、徒、绞三种刑罚。⑤

古代畜牧生产具有环节多、强度高、连续性的特点。生产环节上包括游牧倒场、日牧夜守、饮畜喂畜、挤奶加工、接产喂养、幼畜盖印、阉割公畜、剪鬃搓绳、剪毛制毡、套马驯马、牧畜失寻等。劳动强度上也是农耕生

---

① 上见《天盛改旧新定律令》卷一九《校畜门》。
② 《天盛改旧新定律令》卷一九《牧盈能职事管门》。
③ 《天盛改旧新定律令》卷一九《死亡注销门》。
④ 《天盛改旧新定律令》卷一九《畜利限门》。
⑤ 《天盛改旧新定律令》卷一九《校畜门》规定：骆驼、马。牧人无一二，十杖；无三四，十三杖；尤五六，徒六个月；无七八至无二十五，徒一至十二年；二十五以上一律当绞杀。小牧监自一至三,八杖；四至六,十杖；七至九,十三杖；十至十二，徒六个月；十三至四十，徒一至十二年；四十以上一律当绞杀。牧首领、末驱自一至五勿治罪；六至八，八杖；九至十一，十杖；十二至十四，十三杖；十五至十七，徒六个月；十八至五十，徒一至十二年；五十以上一律当绞杀。牛、羊损失处罚略。

产无法比拟的，如套马驯马、阉割公畜、剪毛剪鬃、风雪护畜时，不仅强度高，而且有生命危险。从连续性来看，农耕生产冬天即为休闲时间，但畜牧生产特别是游牧生产一年四季、一天 24 小时都需要劳动。由此可以看出西夏官畜牧生产中沉重的劳役剥削。

由于文献缺乏，西夏官畜数量只能作大概估计。西夏军队一般有 60 万人左右，如果减去负担和辅军，初步估算有 20 万正军，每个"正军给长生马、驼各一"。[①] 以此计之，西夏军用驼、马一般有 20 万匹左右。其中 20 万匹战骑一般为公马和骟马，相应还应有 20 万匹母马和 10 万匹幼马（按 50%的繁殖率计算），总计为 50 万匹。若再加上马院里面在役的马匹，至少 50 万匹以上。随着军队数量增加和畜牧生产发展，官马可能达到 60 万匹左右，若加上民间养马，总量可达 100 万匹以上。军用骆驼以运输为主，不限公母，其总数应在 20 万头以上。西夏牛、羊的数量也比较可观，宋夏争夺横山期间，西夏经常一次战役就损失数万牛羊，其中有一部分是官畜。

西夏官畜生产相当发达，尤其牧养大量官马，使得国家掌握了大批战马资源，为建立一支强大的骑兵队伍奠定了雄厚物质基础。同时，官牧业的发展使西夏政府掌握了对宋出口畜产品的主动权。除了宋夏和平期间，西夏在榷场上以马、牛、羊、驼、毡毯易换缯帛、罗绮外，双方交恶期间的走私贸易，主要涉及青白盐和日用百货，很少有驼、马等大家畜。北宋骑兵建设因此受到限制，进而对宋夏关系产生深远影响。

第三节　手工业

党项人早期以游牧为生，手工生产依附于游牧经济，没有专门手工作坊。内迁以后，特别是入居城镇和建立政权后，在当地汉族原有的基础上，西夏特色鲜明的手工业才迅速发展起来。至少在天盛年间（1149—1169 年），官府机构中设有铁工院、木工院、砖瓦院、织绢院、首饰院、纸工院、出车院、刻字司、作房司、制药司等，[②] 分别负责冶金、锻造、建筑、陶瓷、纺

---

① 《宋史》卷四八六《夏国传下》。
② 《天盛改旧新定律令》卷一〇《司序行文门》。

织、造纸、印刷等行业的生产和管理。官营手工业生产主要满足封建国家和皇室贵族的需要，民间手工生产主要满足普通百姓的生活。手工业工匠大致分为依附匠和自由匠。依附匠主要来源于服苦役的罪犯和招诱、掳掠来的"生口"，自由匠为民间个体工匠。

一、冶炼业

1. 铁器

西夏统治者非常重视冶铁生产，设置"熔石为铁"[①] 的冶铁场，[②] 部分罪犯配往官方"熔铁"处服苦役。[③] 锻打作坊遍布全境，产品有刀、剑、矛、戈、甲、马镫、马衔、马掌等兵器和马具；犁壁、铧、锹、锄、镬、斧、叉等生产工具；锅、杵、铲、勺等生活用具。夏光定十二年（1222 年）正月，李春狗租赁烧饼房契，记录连同"烧饼房"一同出租的有炉鏊、铁铮、铁匙、铁铲等用具。[④] 夏显道元年、宋明道元年（1032 年），宋仁宗命工部郎中杨告为旌节官告使，前往夏国册元昊为定难节度使、西平王。杨告在会见元昊时，"闻屋后有数百人锻声"[⑤]。

古代炼铁纯度有限，需通过反复锻打去除杂质，故铁器纯度越高，损耗就越大。西夏官营锻铁坊打制刀剑、剪刀、枪下刃、黑铁等水磨铁器，"一斤耗减十一两"；打制城叉、锯、推耙、镫、铡刀、锹头等细铁器，"一斤耗减十两"；打制镬头、斧头、铁凿、斩刀、屠刀等粗铁器，"一斤耗八两"。[⑥]

西夏铁器大致四类：一是刀剑、枪下刃等兵器；二是镬头、斧头、铁凿等生产工具；三是铁匙、铁铲等生活用具；四是钉 7 寸、5 寸、3 寸等生产资

① 史金波、白滨、黄振华：《文海研究》，中国社会科学出版社 1983 年版，第 487 页。
② 《圣立义海》载："黑山郁郁溪谷长，生诸种树，熔石炼铁，民庶制器"，"兽选宝山，诸树稍长，尽皆伐。熔石炼铁，民亦制器"；《续资治通鉴长编》卷三二八，元丰五年七月丙戌："横山亘袤，丁里沃壤，人物劲悍善战，多马且有盐铁之利，夏人恃以为生"；《文海》"坩埚"释："此者坩埚也，熔用之袋是"（史金波、白滨、黄振华：《文海研究》，中国社会科学出版社 1983 年版，第 515 页）。
③ 《天盛改旧新定律令》卷二〇《罪则不同门》。
④ 《西夏光定十二年正月李春狗等扑买饼房契》，俄罗斯科学院东方文献研究所藏，俄藏编号 ДX18993。
⑤ 《续资治通鉴长编》卷一一一，明道元年十一月癸巳。
⑥ 《天盛改旧新定律令》卷一七《物离库门》。

西夏铁锅

料。相关铁制兵器和生产生活用具，在出土西夏文物中可以找到实际例证，20 世纪七十年代在西夏陵区八号陵出土的文物中，就有铁剑、铁矛以及铁钉，其中铁钉"长短不一，最长者 15 厘米，钉脚四边形，钉帽为偏头平顶，有的尖端呈直角的弯曲"，[1] 印证了《天盛改旧新定律令》关于铁钉有 7 寸、5 寸、3 寸的记载。瓜州榆林窟西夏壁画《生产工具图》形象地再现了锹、镢、犁、耙等农业生产工具以及斧、锯、钵、剪、尺、规等手工工具，其形制与近代十分相似，"惟剪为宋代流行的摺剪，非近代通常的铁剪"。[2]

　　西夏冶铁有两个显著的特点。一是竖式双扇风箱的使用。榆林窟西夏壁画《锻铁图》，描绘三个铁匠正在锻铁，一人手握火钳夹一铁件置砧上，右手举锤，另一人双手抡锤准备锻打。还有一人为坐式，推拉竖式双扇风箱，风箱之后的锻炉正冒着火焰。这种竖式双扇风箱能够"推拉互用，将风连续吹入锻炉，使炉膛始终保持所需高温"。二是掌握冷锻硬化工艺，即淬火技术。宋庆历元年（1041 年），宋朝陕西安抚判官田况在上书言边事时指出：夏人"甲皆冷锻而成，坚滑光莹，非劲弩可入"。[3] 其法与青唐吐蕃锻铁基本一致。

　　因此西夏兵器非常锋利。"夏人剑"被太平老人《袖中锦》誉为"天下第一"，晁补之曾作歌称赞。[4] 宋朝边帅沈括曾记载："镇戎军有一铁甲，匣藏之，相传以为宝器。韩魏公帅泾原，曾取试之，去之五十步，强弩射之不能入。尝有一矢贯札，乃是中其钻空，为钻空所刮，铁皆反卷，其坚如此。"[5] 据说该甲由青唐吐蕃冷锻而成，掌握冷锻技术的党项人所锻之甲，亦当大抵如此。

① 《西夏八号陵发掘简报》，《文物》1978 年第 8 期。
② 王静如：《敦煌莫高窟和安西榆林窟中的西夏壁画》，《文物》1980 年第 9 期。
③ 《续资治通鉴长编》卷一三二，庆历元年五月甲戌。
④ （宋）晁补之：《鸡肋集》卷一〇，文渊阁四库全书影印本，第 1118 册第 473 页。
⑤ （宋）沈括：《梦溪笔谈》卷二《器用》。

2. 金银器

西夏境内有金银铜矿，"西边宝山，淘水有金，熔石炼银铜"。①西夏专门将一部分罪犯遣送到"官方采金、熔银铁"处"令为苦役"。②淘金、熔炼、打制是金银矿冶炼与金银制品打制的基本程序。由于生金成色不同，熔炼时耗减不一，"生金末一两耗减一字，生金有碎石圆珠一两耗减二字"；熟金打制器时根据精细程度耗减，其中"再熔一番为熟板金时，上等一两耗减二字，次等一两耗减三字；熟打为器，百两中耗减二钱"；打制银器时亦有耗减，"上等、次等者，一律百两中可耗减五钱，中等、下等所至，一律百两中可耗减一两"。③

西夏嵌宝石透雕人物金耳坠

西夏穿镶绿松石金耳坠

文献没有记载西夏金银器的品种，但出土文物中金器有莲花盘、碗、佛像、透雕耳坠、桃形饰片、金指剔、马鞍饰、扣边及花瓣形金饰等；④银器有钵、碗、盒、鎏金银饰、圆形带钉银饰等。

西夏境内矿藏资源稀少，金、银采冶量有限，无法满足西夏皇室贵族和佛教寺院的需求，因此相当一部分金、银需靠进口来解决。"庆历议和"后从宋朝获得 25.5 万两岁赐中，白银及其制品就占了 7.2 万两。⑤

---

① 《圣立义海研究》，宁夏人民出版社 1995 年版，第 59 页。

② 《天盛改旧新定律令》卷二〇《罪则不同门》。

③ 《天盛改旧新定律令》卷一七《物离库门》。

④ 史金波、白滨、吴峰云：《西夏文物》，文物出版社 1988 年版，第 307—308 页。

⑤ 据吴天墀：《西夏史稿》第 53 页注文统计。

3. 铜器

冶铜是西夏手工业中重要的生产门类。《文海》"鍮"释："熔铜撒药为鍮也"。[1] 鍮为黄铜（俗称红铜或紫铜）与锌的化合物，这里的撒药当指炼铜过程中加入锌，反映出党项人炼铜技术已相当先进。铜器制造分打、铸两种。官营作坊打制时一两耗减三钱，铸造时一两耗减二钱。[2] 目前出土的铜器计有铜牌、铜印、铜

鎏金铜牛，出土于银川西夏陵区 101 号墓甬道
铜牛长 120 厘米，宽 38 厘米，高 45 厘米，重 188 公斤。模制浇铸成形，内空心，外表通体鎏金，造型生动，线条流畅，比例匀称，形象逼真，是西夏铜器铸造工艺的典范。

钱、铜镜、铜刀、铜牛、铜铃、铜甲片、铜门钉泡等。铜牌又分信牌、守御牌、宿卫牌、装饰牌四种。铜印有 2 字印、4 字印、6 字印三种。铜钱虽出土不多，但除开国皇帝李元昊与末帝李睍外，其他各代均有铸币。是西夏冶铜生产的突出特点。技术先进、种类繁多以及工艺高超。

二、制盐业

1. 地理分布

西夏境内池盐资源丰富，[3] 唐代池盐产地大都在西夏境内。[4] 西夏文"池"释"盐池也"；[5] "碱"释"碱池也，如盐巴是也"。[6] "碱"即"盐"，宋人记载：

---

① 史金波、白滨、黄振华：《文海研究》，中国社会科学出版社 1983 年版，第 514 页。

② 《天盛改旧新定律令》卷一七《物离库门》。

③ 我国古代食盐大致可分为五大类型，一是产于盐池的池盐，因呈颗粒状，故又名颗盐；二是煮海水而成的海盐，以其状若粉末，或曰末盐；三是汲取盐井卤水熬制成的井盐；四是自然生成于崖岸之上的崖盐，亦称岩盐；五是提自碱土中的土盐，西夏境内的盐产资源主要是池盐。

④ 参见《新唐书》卷五四《食货志四》。

⑤ 史金波、白滨、黄振华：《文海研究》，中国社会科学出版社 1983 年版，第 538 页。

⑥ 同上书，第 415 页。

"西人谓盐为碱，谓洼下处为限"。①《天盛改旧新定律令》记录了盐池、□池、文池、萨罗池、红池、贺兰池、特剋池七个大池和杂金池、大井集苇灰岬池、丑堡池、中由角、西家池、鹿□池、啰皆池、坎奴池、乙姑池九个小池。②

西夏中东部盐、灵二州是西夏池盐资源最丰富的地区，西部河西走廊与阿拉善高原也有丰富的池盐资源，南部西安州碱隈川也产盐，元符年间（1098—1100年）宋人进筑西安州后继续生产。③西南河湟地区"依西海盐池左右"，④西夏占领该地后依然利用该地丰富的池盐资源，进行池盐生产。

2. 生产方法

西夏池盐生产方法"如解池，可作畦种云"。⑤这种开畦灌水的"畦种法"早在秦汉时就已出现，⑥至隋唐五代已成为北方池盐最重要的生产方法。

畦盐对自然气候却有很高要求，雨水需适中，旱则卤水不足，同时盐易板结；涝则卤水太淡，不易结晶，只有雨水适量，才能形成咸淡适中的盐卤，并经晒制去除原池水中苦涩的芒硝。畦盐生产季节性很强，每年只有在二三月垦畦，四月开始灌种，八月乃止。

宋代畦种制盐技术更趋成熟，夜间灌畦，白天晒制，"每南风起，盐结，须以杷翻转，令风吹，则坚实"。⑦西夏池盐生产技术继承唐宋，⑧直

---

① 《续资治通鉴长编》卷五一四，元符二年八月辛巳。

② 《天盛改旧新定律令》卷一七《库局分转派门》。

③ 《泊宅编》卷中载："西安有池产颗盐，周回三十里，四旁皆山，上列劲兵屯守。池中役夫三千余，悉亡命卒也，日支铁钱四百，亦多窃盐私贸。盖绝塞难得盐，自熙、河、兰、鄯以西，仰给于此。初得此池，戎人岁入寇，其后拓地六十里，斥堠尤谨，边患遂绝。"《姑溪居士后集》卷二〇《折渭州墓志铭》载：崇宁间（1102—1106年），泾原路经略安抚使、马步军都总管、知渭州折可适"展西安州，增置定戎寨，广平夏城为怀德，安兴定戎盐池，岁得盐七十万石"。从地望上看，西夏碱隈川盐池当为唐代的河池。唐代该池在会州（今甘肃靖远县）境，宋夏时又归属西安州（今宁夏海原县境），西去会州120里，"春夏因雨水生盐，雨多盐少，雨少盐多，远望似河，故名河池"（《元和郡县图志》卷四《关内道四·会州》）。迄今海原县盐池乡仍有干盐池。

④ 《后汉书》卷八七《西羌传》。

⑤ 《续资治通鉴长编》卷五一四，元符二年八月辛巳。

⑥ 郭正忠：《中国盐业史·古代编》，人民出版社1997年版，第136页。

⑦ （宋）江休复：《江邻几杂志》，漆侠先生在《宋代经济史》中最先引用。

⑧ 张守节在《史记·正义》中明确指出盐州乌池出产畦盐，并与同池中出产的井盐、花盐作了比较。见《史记》卷一二九《货殖列传·正义》。

至明清西夏故地池盐仍然是"每年二月间，于池内开治坝畦，引水入池灌畦，风起波生，日晒成盐，用力极易。惟天旱少水，或雨水过溢，所产差少"。①

在人工畦种的同时，西夏采掘天然盐也值得称道。天然盐采掘指纯粹由风吹日晒等自然条件形成于盐池卤泽之中的池盐，然后经人工采掘获得。西夏池盐生产规模相当可观，开国皇帝李元昊曾提出每年向宋朝出售青盐10万石，②若以宋制每石50斤计之，③则合500万斤。尽管宋朝拒绝了元昊的要求，公开的青盐贸易被禁止，但走私却始终不能禁绝，青盐大半实际上通过各种走私途径流入宋朝。这只是出售到宋朝境内的青白盐，如果叠加西夏自用部分，每年产量大致在20万石，1000万斤左右。

3.征榷制度

自汉武帝确立盐铁专卖制度后，盐利在封建国家财政中占有极其重要的地位，所谓"天下之赋，盐利居半"。西夏盐利多少史籍没有确切的记载，庆历年间西夏提出"每年入中青盐十万斛"，④作为和宋朝议和的条件，谏官孙甫认为："西盐五、七万石，其直不下钱十余万贯"。⑤枢密副使韩琦、知制诰田况也指出："青盐十万斛，今只以解盐半价约之，已及二十余万贯"。⑥

由此看来，西夏青白盐利每年至少有数十万贯，是相当可观的收入。"元昊数州之地，财用所出，并仰给于青盐"。⑦宋人何亮在《安边书》中写道："乌、白盐池，夏贼洎诸戎视之犹司命也"。⑧熟悉西夏内情的李继和曾指出："蕃戎所赖，止在青盐"。⑨

西夏的池盐生产大致由官府组织，依附于封建政权的"畦户"在官府监

---

① 《雍正陕西通志》卷四一《盐法·产盐》。

② 《宋史》卷二九五《孙甫传》。

③ 《宋史》卷一八一《食货志下三》。

④ 《续资治通鉴长编》卷一四六，庆历四年二月庚子。

⑤ 《续资治通鉴长编》卷一四五，庆历三年十一月辛卯。

⑥ 《续资治通鉴长编》卷一四六，庆历四年二月庚子。

⑦ （宋）包拯：《包孝肃奏议》卷九《论杨守素》，文渊阁四库全书影印本，第427册第171页。

⑧ 《续资治通鉴长编》卷四四，咸平二年六月戊午，何亮《安边书》。

⑨ 《宋史》卷二五七《李继和传》。

督下进行生产，^①所产池盐必须由官府统一征税后方能出售，"不许随意偷税，倘若违律时，偷税几何，当计其税，所逃之税数以偷盗法判断"。^②

为控制池盐生产与征榷，西夏特设盐务使、榷税使以及巡检使之等官职。巡检使主要负责盐池安全保卫，统领诸如唐朝"防池官健"之类的兵丁，昼夜巡逻盘查。^③另外，还设小监、出纳、掌斗，其中贺兰池等"七种一律二小监、二出纳、一掌斗"，杂金池等"九种一律一小监、二出纳、一掌斗"，^④具体负责过斗榷税。征榷税率一般按品质来定，"乌池之盐者，一斗一百五十钱，其余各池一斗一百钱"。^⑤这种榷税制度，很大程度上是对五代制度的继承。^⑥

商贩向官府缴纳池盐专卖税后，运往西夏各地销售，或走私到宋朝。熙宁初"西界不稔，斛食倍贵，大段将牛、羊、青盐等物裹私博斛斗入番"。^⑦夏天赐礼盛国庆三年、宋熙宁四年（1071年）三月，"大顺城管下蕃部数持生绢、白布、杂色罗锦被褥、腊茶等物，至西界辣浪和市，复于地名黑山岭，与首领岁美泥、咩匕悖讹等交易，博过青盐、乳香、羊货不少"。^⑧诸如此类，不一而足。

西夏未开采的盐池，则由官府统一保护起来，不许诸人偷采。"倘若闭护池中盐而盗抽者，依其盗抽多寡，当依所犯地界中已开池纳税次第法量

---

① 《天盛改旧新定律令》卷七《为投诚者安置门》在规定对"逃跑重归投诚来者"的安置时，提到"织布、采金、织褐、□□、盐池出盐者"，显然"盐池出盐者"与织布、采金一样，属于依附官府的生产者。

② 《天盛改旧新定律令》卷一八《盐池开闭门》。

③ 《天盛改旧新定律令》卷一七《库局分转派门》规定："池大则派二巡检，池小则派一巡检，与池税院局分人共监护之。□池者，当就近次第总计，每三、四种当派一巡检。以下家主中不须派监池者"。

④ 《天盛改旧新定律令》卷一七《库局分转派门》。

⑤ 《大盛改旧新定律令》卷一八《盐池开闭门》。

⑥ 《五代会要》卷二六《盐》记载，后周广顺二年（952年）敕文曰："青白池务，素有定规，祇自近年，颇乖循守。比来青盐一石，抽税钱八百，盐一斗。白盐一石，抽税钱五百，盐五升。访闻改法以来，不便商贩。宜令庆州榷盐务，今后每青盐一石，依旧抽税八百，八十五陌，盐一斗。白盐一石，抽税钱五百，八十五陌，盐五升。此外，更不得别有邀求。"

⑦ （宋）文彦博：《潞公文集》卷一九《乞禁止汉人与西人私相交易》。

⑧ 《宋会要辑稿》食货三八之三一。

之，以偷盗法判断"。①

三、皮毛业

皮毛加工制作是党项人传统手工业生产门类，内徙前"织牦牛尾及羖羬
毛以为屋，服裘褐，披毡以为上饰"②。内徙后虽然转向定居的农耕生活，但
大多数仍以畜牧业为生。因此，皮毛加工既是官营手工生产业，又是党项牧
民普遍的家庭副业。

西夏的裘皮制品有皮衣、皮帽、皮褥等，其制作工序首先用硝水熟皮，
然后根据不同需要，剪裁加工成各类衣物。有的如牛皮靴之类制品，则用生
皮制成。1972 年，在甘肃省武威张义乡下西沟岘出土的西夏牛皮靴，即用
生牛皮制成，皮面牛毛尚存。③黑水城出土裴松寿典麦契中的抵押物品有袄
子裘、旧皮裘、苦皮等。④

毛制品主要有毡、褐、毯三种。毡是用牛羊及骆驼毛经弹化、浸湿、加
热、挤压等工序制成的片状材料，具有良好的保温防潮性能。在制作过程
中，还可一次性做成披毡、雨毡、毡帽、毡靴、毡袜或毡帐。元朝初年，意
大利人马可波罗在《行记》中记载，西夏古都中兴府"城中制造驼毛毡不少，
是为世界最丽之毡；亦有白毡，为世界最良之毡，盖以白骆驼毛制之也。所
制甚多，商人以之运售契丹及世界各地"。⑤黑水城出土裴松寿典麦契中的
抵押物品除皮裘外，还有白帐毡、马毯等。⑥

毛褐是用牲畜毛捻线织成的毛布，有粗细之分。绵羊线织成的较细，称
为绵毛褐，羖羬毛线织成的为粗毛褐。在牧业和半农半牧区，捻线织褐是人
们最普遍的家庭副业。⑦西夏的毛褐制品有两大类，一类是将毛线织成毛布，
然后缝制成衣物；另一类是直接用毛线编织衣、袜、帽以及盛装谷物的口袋

---

① 《天盛改旧新定律令》卷一八《盐池开闭门》。
② 《隋书》卷八三《党项传》。
③ 史金波、白滨、吴峰云：《西夏文物》，文物出版社 1988 年版，第 307—308 页。
④ 陈国灿：《西夏天庆间典当残契的复原》，《中国史研究》1980 年第 1 期。
⑤ ［意］马可·波罗：《马可波罗行纪》；《马可波罗行纪》第 72 章《额里哈牙国》，冯承钧
译，上海书店出版社 2001 年版，第 164 页。
⑥ 陈国灿：《西夏天庆间典当残契的复原》，《中国史研究》1980 年第 1 期。
⑦ 《鸡肋编》卷上记载：北宋泾州"虽小儿皆能撚茸毛为线，织方胜花。一匹重只十四两
者。宣和间，一匹铁钱至四百千"。

乃至行路驮运的褡裢。①

毛毯即罽毯，藏族人称为㲲氇。《天盛改旧新定律令》卷一七《物离库门》规定："百斤绒毛为织锦事，三斤线渣，三十斤剪头毛线，前断碎散落可耗减三十三斤"，指的就是织毯。该文献还反映了一些官营毛纺织业的情况，"百斤毛已均匀，造为毛线时可耗减四十斤"，为官家染生毛线，由库局分人监督，"十斤可耗减一斤"。官营毛纺织业生产者主要为人身依附很强的"匠户"，还有一部分为服苦役的罪犯。

四、纺织业

西夏虽地处西北边陲，但其境内也种桑养蚕。大中年间（847—859年），沙州首领张义潮归唐时，敦煌一带"水流依旧种桑麻"。② 西夏文《圣立义海》也说河西一带的西边宝山"产丝宝也"。

西夏的丝织业分官营与民营两种。官营由专门织绢院负责，其生产程序大抵是先缫生丝，次后为纺线，再后染色。染好的绢线先由仓库保管，织绢工再向仓库领取。

西夏丝织品种类繁多，据西夏汉文本《杂字》与《番汉合时掌中珠》记载：有绫罗、绣锦、绢丝、纱、紧丝、煮丝、彩帛、线罗、川锦等。

麻布是西北地区重要的土产，归义军时期麻布的产量是棉布的三至四倍。③ 西夏继续种麻织布，华阳县税户缴纳的

西夏蓝花布香袋

---

① 褡裢是我国民间曾长期使用的一种口袋，农区用粗棉麻布编织，牧区和半农半牧区用粗毛线编织。长方形，中间开口，两端各成一个口袋，口边留有绳头，可以串连系扣。有大小两种，小者搭在肩上，用来盛放干粮及其他用品；大者搭在牲畜鞍上，用来盛装货物。《三侠五义》第24回载，屈申接过银子褡裢，搭在驴鞍上面，乘上驴，竞奔万全山南。

② 王重民辑录，刘修业整理：《〈补全唐诗〉拾遗》，载《中华文史论丛》1981年第4期。

③ 郑炳林：《唐五代敦煌手工业研究》，载《敦煌归义军史专题研究》，兰州大学出版社1997年版。

就有黄麻。① 西夏汉文《杂字》农田部记有"桑麻",《番汉合时掌中珠》地用下记有"麻稗"。西夏人认为棉麻是细布,毛褐是粗布。② 西夏主要种植大麻。大麻麻秆经杖击、剥皮、沤泡等工序,制成熟麻,方可纺线织布。官营麻布生产中,十斤麻可耗减一斤。③ 个体农户生产的麻布除满足自身需要,有时还在市场上出售,黑水城出土西夏文买卖税账,就记录买布二匹,税三斗二升。④

棉花古代作白叠、白氎、白牒,纺织成的棉布称氎布或牒布。原产自印度和阿拉伯,魏晋以来在我国西域和敦煌地区就开始种棉织布。西夏占据敦煌后,当地的棉花种植和棉布生产并没有中断,如《番汉合时掌中珠》记有白氎,西夏纸含有破麻布的成分。⑤

五、制瓷和建材

制瓷是西夏立国后发展起来的新产业,根据 20 世纪 70 年代以来的考古发掘,现已探明的西夏瓷窑有宁夏灵武磁窑堡、灵武回民巷、贺兰山插旗口、银川苏峪口西夏瓷窑、银川缸瓷井以及甘肃武威古城乡六处。磁窑堡窑址在灵武市区东 35 公里处,占地面积约 24000 平方米,一二期为西夏遗存。其中一期为西夏中期,有明显宋金瓷特点;二期为西夏晚期,一期器物形制在二期依然存在,只是略显粗糙些。⑥ 回民巷窑距磁窑堡窑仅 4 公里,两窑产品基本相同,但回民巷发现较多的黄釉印花瓷。⑦ 插旗口窑位于贺兰山深

---

① 潘洁:《〈天盛改旧新定律令·催缴租门〉一段西夏文缀合》,《宁夏社会科学》2012 年第 6 期;西夏文《碎金》记载:"棉麻线袋细,毛毡褐囊粗。断树斧斤头,芟割壮工镰。烧瓦要沙著,洗麻须杖敲"。

② 西夏文辞书《文海》"麻"释:"此者麻草,可做纱布也。"(史金波、白滨、黄振华:《文海研究》,中国社会科学出版社 1983 年版,第 411 页)。

③ 《天盛改旧新定律令》卷一七《物离库门》。

④ 史金波:《西夏经济文书研究》附录"西夏经济文书录文、对译和意译",社会科学文献出版社 2017 年版,第 525—526 页。

⑤ [俄] 捷连提耶夫·卡坦斯基:《西夏书籍业》,王克孝、景永时译,宁夏人民出版社 2000 年版,第 15—16 页。

⑥ 中国社会科学院考古研究所:《宁夏灵武窑发掘报告》,中国大百科全书出版社 1995 年版,第 168—169 页。

⑦ 中国社会科学院考古研究所内蒙古队:《宁夏灵武县回民巷瓷窑址调查》,《考古》1991 年第 3 期。

处，现窑址内建有林场住房，采集到的瓷器标本质量略高于磁窑堡窑。银川市郊缸瓷井砖瓦窑，亦生产部分瓷质建材，应是供应陵区和都城使用。[1] 武威古城窑在 1992 年发现，出土大量瓷器及残片，其中一件瓮底外沿墨书"光定四年四月卅日郭善狗家瓮"。[2] 在内蒙古伊金霍洛旗、准噶尔旗也出土了不少西夏瓷，[3] 其胎质、釉色及造型均显粗糙，与灵武窑产品相比，也稍有差异。据此推测，在内蒙古后套地区可能也有西夏瓷窑存在。

西夏瓷窑不仅分布范围广，而且生产规模较大，技术较为先进。以灵武磁窑堡窑为例，在 14 个探方、700 平方米的掘面内，有西夏窑炉 3 座、作坊8 座。窑炉的形体大致与宋金窑炉相似，用煤作为燃料。西夏气候干燥，室外棚架晾坯易干裂，故在室内用火炕烘坯并施釉，和宋代耀州窑如出一辙。

西夏瓷窑有官、民之分，官窑大致归砖瓦院之类的机构管理。缸瓷井窑址距西夏王陵约三公里，出土的建筑材料与西夏陵使用的建筑材料完全相同，证明该窑是专门为修建西夏陵而设置的，应属官窑性质。灵武磁窑堡窑产品有精粗之别，如高质量的白瓷、剔花瓷精品以及大量的建筑材料，显然

① 宁夏回族自治区博物馆：《银川缸瓷井西夏窑址》，《文物》1978 年第 8 期。
② 孙寿岭：《武威新发现的西夏瓷器》，《文物天地》1993 年第 1 期。
③ 高毅、王志平：《内蒙古伊金霍洛旗发现西夏窖藏文物》，《考古》1987 年第 12 期；伊克昭盟文物工作站：《准噶尔旗发现西夏窖藏》，《文物》1987 年第 8 期。

黑釉剔刻牡丹花纹瓷钵

为官府生产，[1]其他大量的较粗器物则为民用。贺兰山为西夏皇家林苑，且插旗口窑的产品质量高于磁窑堡窑，故可能供给官府或皇室。

西夏瓷装饰技法有施化妆土、剔刻、印花、点彩、镂空等。胎体上釉前涂上化妆土（白色浆料），稍干后再涂一层透明釉，入窑烧即成白瓷。剔刻包括刻釉、剔刻釉、刻化妆土、剔刻化妆土。刻釉和剔刻釉均先在胎体上施釉（黑釉、褐釉、茶釉），待其稍干后，前者是在釉上刻划纹饰，后者是剔刻掉部分釉，形成纹饰。剔刻化妆土是在胎体上釉前涂上化妆土（白色浆料），稍干后再涂一层透明釉，然后刻划或剔刻。

印花主要在瓦当、滴水、莲花座等上单模压印而成，印花器皿仅见姜黄釉残片，灵武瓷窑堡西夏窑和回民巷西夏窑均有出土。[2]点彩多在白釉、青釉的碗、盘、盆上，用褐色颜料在胎体或化妆土上点成五点、六点或七点的梅花点纹，或点成九点菱形点纹，后再施以透明釉。镂空是在坯体干燥前，用刻刀镂空成各种纹饰。

装烧技术主要表现在，一是采用了带孔的匣钵，既保护了坯体，又便于排除加热后钵内的气体，使得空气流畅坯体受热均匀；二是采取先进的顶碗（盘）覆烧法，是一个上口小、下口大的喇叭形顶碗或顶盘，碗、盘的坯体施釉后，在内底刮掉一圈釉（俗称涩圈），然后倒扣在顶碗上，如此依次倒扣10余件，最后罩以开底式筒状匣钵。顶碗覆烧法并不是西夏独创，北方宋、金诸窑普遍使用这种方法。较之过去的单件装烧，顶碗覆烧法大大提高了装窑量，为规模化生产创造了有利条件。

---

① 《隆平集》卷二〇载：西夏"民居皆立屋，有官爵者始得覆之以瓦"。

② 中国社会科学院考古研究所内蒙古队：《宁夏灵武县回民巷瓷窑址调查》，《考古》1991年第3期。

黑釉剔刻牡丹花纹四系扁壶   素烧瓷匣钵

　　西夏瓷器种类多样，有碗、盘、盆、壶、瓶、罐、瓮、缸、钵、杯、盂、盒、炉、灯盏、器托、器盖、漏斗、铃、钩、纺轮等生活与生产用具；有砚、滴砚等文房用具；有棋子、瓷埙等娱乐工具；有人物、动物塑像；有瓷眼珠、擦擦、如意轮、金刚杵、念珠、莲花座等宗教用具；有瓦当、滴水、筒瓦、板瓦、白釉贴面、脊饰等建筑材料；还有匣钵、顶碗、顶盘、顶钵、垫条、垫饼、垫圈、模子、刮板等窑具。这些瓷器有两个显著特点，一是生活工具占绝大部分，反映西夏金属原料缺乏，日用金属品需靠瓷器来代替；二是有明显游牧民族特色，如带耳壶便于马鞍上系带，牛头埙是游牧民族喜爱的乐器，瓷纺轮、瓷铃、瓷钩是游牧民族常用的生产生活工具。[①]

　　西夏一般人民居住的是毡帐土屋，皇宫官衙、贵族宅第则金碧辉煌。20世纪70年代以来，考古工作者对西夏陵进行大规模的发掘，在采集与出土的文物中，建筑材料数量最多，比较全面地反映了西夏官式建筑材料的种类及特点。

---

① 以上参见中国社会科学院考古研究所：《宁夏灵武窑发掘报告》，中国大百科全书出版社1995年版；马文宽：《宁夏灵武窑》，紫禁城出版社1988年版。

陶质建材。陶质建材以砖瓦为大宗，砖有长方形条砖、绳纹砖、菱格纹条砖、忍冬纹条砖、素面方砖、八瓣纹方砖、莲纹方砖、菱格龟背纹方砖等。瓦有筒瓦、板瓦两种。瓦当有花卉纹与兽面纹两种，其中圆形兽面纹瓦当较为普遍。此外，还有陶质兽面纹滴水、龙头饰、兽头饰、鸱吻等。

瓷质和琉璃建筑材料多用于装饰，种类繁多，有绿釉石榴纹方砖、绿釉龙纹砖、绿釉筒瓦、板瓦、条瓦、酱釉槽心瓦、白瓷瓦、绿釉兽面纹瓦当与石榴纹滴水等。装饰品有绿釉兽头饰、龙头饰、板瓦形兽头饰、尖喙兽头饰、立鸽、龙首鱼、鸱吻等。

石质建材数量较少，主要有望柱、石螭首、石柱础、石兽头、石人、石狮等。望柱由柱头、柱身、柱座三部分组成。柱头为一束腰莲花座，座上蹲狮，柱身呈圆角方形，三面雕有缠柱龙纹，一面平素无纹，上下各有一长方形榫孔。

建材中琉璃与瓷制品占有相当比例，特别是兽形装饰品种类繁多，形制各异，不仅反映了西夏高超的陶瓷生产技术，同时也表明其建筑十分注意外部装饰。

六、造纸和印刷

西夏造纸业是一个逐渐发展的过程。早期大量使用宋纸，有时还利用宋朝文书背面书写，西夏中期后基本不再使用宋纸。西夏官府设立纸工院，[①]专门负责官营纸业生产。西夏纸薄厚、颜色、质量、纹路不尽相同，但纸浆成分却是一致的：破亚麻布和棉布纸浆；含有大麻纤维质的亚麻破布纸浆；破棉布纸浆。西夏纸与我国古代敦煌纸有着明显的承袭关系。[②]除麻布、绳头外，西夏还存在用树皮制造皮纸。北京图书馆藏西夏文《瓜州审案记》用纸原料为"木本韧皮纤维，粗帘纹，纸较薄，透眼较多"。[③]但西夏干旱，木料和木本纤维比较缺乏，用木本韧皮造纸并不普遍。

西夏印刷业可能源于印施宗教文献，现存最早的西夏汉文刊本为夏天赐礼盛国庆五年（1073 年）刻印的《夹颂心经》，该刊本为经折装，系佛教徒陆文政私人发愿刻印。西夏印刷方式有活字与雕版两种。1991 年宁夏贺兰山拜寺口方塔出土一批珍贵西夏文物，内有 9 册西夏文佛经《吉祥遍至口和本续》，形制为蝴蝶装，共 200 余页，约 10 万字。据研究，该刊本版框栏线四角不衔接，留有大小不等空隙；墨色浓淡不匀，背面透墨深浅有别。字形大小不一，笔法风格各异。个别版心线漏排。《本续》卷五汉字页码"二十二""二十九"中的"二"字，《解补》第七页的"七"字均倒置。此外字行间还有隔行夹片印痕等现象，以上均是活字印刷的显著特征。隔行夹片印痕说明印制模具不仅是活字，而且还是木活字。[④]俄藏黑水城西夏文献中，也有字行排列不均匀，字体出现歪斜，这种字体歪斜不可能归咎于刻工的粗心或手艺不高，很可能是活字印刷本。[⑤]

近年来，甘肃省武威新华乡出土的西夏文《维摩诘所说经》，"印墨有轻有重，经背透印深浅有别，有的字高于平面，有的字体肥大，所以印墨厚重，并有晕染现象，经背透墨也很明显。有的字体歪斜，还有的因字模放置

① 《天盛改旧新定律令》卷一〇《司序行文门》。

② 唐五代敦煌地区有许多纸坊，从事造纸的工匠称为纸匠。S.542《壬戌年六月沙州诸寺丁口车牛役簿》：灵图寺寺户"癸曹八，纸匠"。4640 页号："十四日，支与纸匠造洗麻补粗布壹疋。"S.5845《己亥年二月十七日某寺贷油面麻布》，"付纸匠"，"纸匠张留住贷面叁斗"。

③ 潘吉星：《中国造纸技术史稿》，第 141 页。

④ 牛达生：《我国最早的木活字印本——西夏文佛经〈吉祥遍至口和本续〉》，《中国印刷》1994 年第 2 期。

⑤ ［俄］捷连提耶夫·卡坦斯基：《西夏书籍业》，王克孝、景永时译，宁夏人民出版社2000 年版，第 128 页。

吉祥遍至口和本续，白麻纸本，蝴蝶装

共出土九卷，全部为西夏文，总字数达 10 万字，通篇字体繁复、周正、秀美。该经书版框栏线交角处缺口大，版心行线与上下栏线不相接，同一面同一字笔锋形态不一，栏线及版心行线漏排、省排，经名简称和页码用字混乱，且有错排、漏排、数字倒置等活字版印本特征。1996 年经文化部组织的鉴定委员会鉴定，确认该书"是迄今为止世界上发现最早的木活字版印本实物"。是一部保存较好的西夏文木活字印本。它将木活字的发明和使用时间提早了一个朝代，对研究中国印刷史和古代活字印刷技艺具有重大价值。

不平，印出的字一半轻一半重"。显然，该印本为活字本。同时，"有的笔画生硬变形，竖不垂直，横不连贯，中间断折，半隐半现，体现了泥活字印刷所具有的特点"。①

公认泥活字为北宋毕昇发明，但没有保留下任何实物，木活字过去一般认为是元代王桢创制。西夏泥活字本《维摩诘所说经》与木活字本《吉祥遍至口和本续》，成为宋夏时期泥活字印刷术的重要实证，也把木活字印刷术整整提前了一个朝代，这是我国古代科技史上一件了不起的大事。当然，活字印刷术在西夏并不普遍，当时具有主导地位的印刷工艺仍为雕版印刷术。

从事雕版印刷大致分官府、寺院、民间三个系统。官府刻印即由专门的刻字司及各类教育文化机构组织的刻印。刻字司至少在正德六年前就已设立。由刻字司施印书籍有《类林》《圣立义海》《文海》《番汉合时掌中珠》等。《类林》

---

① 孙寿岭：《西夏泥活字版佛经》，《中国文物报》1994 年 3 月 27 日。

卷四末尾记有"乾祐癸丑十二年（1181 年）六月二十日刻字司印"。《圣立义海》卷一末尾刻"乾祐壬寅十三年（1182 年）五月十日刻字司重新刻印"字样。此外，《天盛改旧新定律令》《贞观玉镜将》等法律文献，也由官府刻字司刻印。

寺院刻书在西夏印刷业中占有非常重要的地位，前述夏天赐礼盛国庆五年（1073 年）由佛教徒陆文政发愿印施的《夹颂心经》。此后又有夏大安十年（1084 年）由大延寿寺演妙大德沙门守琼散施的《大方广佛华严经》；夏皇建元年（1210 年）众圣普化寺副使沙门李智宝印施《无量寿王经》。[①] 贺兰山为景宗李元昊离宫和皇家林苑所在地，皇家寺院林立，其中规模最大的贺兰山佛祖院曾组织刻印全部汉文《大藏经》，即所谓的贺兰山佛祖院《西夏藏》。

民间刻印大致有两种类型，一种是由个人出资雇人刊刻，如著名学者梁德养搜集编纂的《西夏谚语》，是在褐布商人蒲梁尼赞助下，于乾祐十八年（1187 年）雕版印行。另一种是民间刻坊刻印，在经济利益的驱使下，刻坊书贩常常私刻一些盗版书，如前所引刻字司刻印《音同》后，西夏一些刻工印匠"因贪小利，肆开文场，另为雕刻"。

西夏印刷业的发展还表现在刊印数量上，据 20 世纪 60 年代苏联出版的《西夏文写本与刊本目录》统计，俄藏黑水城文献中，已考订出 405 种、

西夏文木雕印版，出土于贺兰县宏佛塔，现藏宁夏博物馆

---

① 史金波：《西夏佛教史略》附录一，宁夏人民出版社 1988 年版。

3000 余件为西夏文本，其中刊本 1200 余件，尚未考订者还有 5000 余件。[①]
印量最大的刊本为国主、皇后发愿印施的佛经。夏天盛十九年（1167 年），
夏仁宗李仁孝为纪念曹太后"周忌之辰"，发愿印施《佛说圣佛母般若波罗
蜜多心经》，"印造番汉共二万卷"。夏乾祐二十年（1189 年）是李仁孝登极
50 周年，特刻印散施汉文《观弥勒菩萨上升兜率天经》10 万卷，汉文《金
刚经》《普贤行愿经》《观音经》各 5 万卷，共计 25 万卷。[②]

世俗著作印量虽小，但种类繁多，有译自汉文的《论语》《孟子》《类林》
《孙子兵法》《黄公石三略》等传世典著，《番汉合时掌中珠》《文海》《同音》
《杂字》等辞书，《西夏诗集》《新集锦合辞》《月月乐诗》等诗文集，《圣立
义海》等类书，以及《天盛改旧新定律令》《亥年新法》《法则》《贞观玉镜将》
等法律文献。

七、制曲与酿酒

酿酒业是党项人的传统产业，早在内徙前虽"不知稼穑，土无五谷"，但
却开始"求大麦于他界，酝以为酒"。[③]党项人内徙后特别是立国后，随着掌握
农耕技术并学习吸收当地酿酒工艺，西夏传统酿酒业呈现出前所未有的发展。

酿酒用曲是西夏酿造谷物酒的重要方法。《文海》"曲"释："此者谷物
研磨成面，令混以药草做曲，酿酒时散也。"[④]该解释透露出两点信息：一是
制曲原料以经过加工处理的麦类为主；[⑤]二是制曲使用中草药。[⑥]中草药含有
许多有利于微生物生长的维生素，可以促进酒曲中微生物生长。[⑦]由于制作

---

① ［俄］戈尔巴切娃、克恰诺夫：《西夏文写本和刊本目录》，莫斯科东方学出版社 1963
年版。
② 史金波：《西夏佛教史略》，宁夏人民出版社 1988 年版，第 96 页。
③ 《旧唐书》卷一九八《党项羌传》。
④ 史金波、白滨、黄振华：《文海研究》，中国社会科学出版社 1983 年版，第 430 页。
⑤ 《天盛改旧新定律令》卷一八《杂曲门》对此也有明确记载："诸处踏去曲者，大麦、
麦二斗当以十五斤计，一斤当计三百钱卖之"。
⑥ 中原宋朝制曲也使用中草药，《北山酒经》卷中曰："小麦一石，磨白面六十斤，分作
两栲栳，使道人头、蛐麻、花水共七升，拌和似麦饭，入下项药：白术二两半、川芎一
两、白附子半两、瓜蒂一个、木香一钱半。"
⑦ 李华瑞：《西夏酿酒业初探》，《首届西夏学国际学术会议文集》，宁夏人民出版社 1998
年版。

方法与原料的差异，西夏的曲分麦曲、清水曲、百花曲、小曲等。^① 酒的种类则更多，有麦酒、粟酒、嗜酒、马奶酒、葡萄酒、小曲酒、酽酒等。

麦酒主要是传统的大麦酒，党项内迁前就开始"求大麦于他界，酝以为酒"。粟酒又称黄酒、米酒，是我国古代最普遍的饮用酒，是以大米、粟米等谷物为原料，经过蒸煮、糖化和发酵、压滤而成的酿造酒。粟酒有数千年的历史，但将其称为黄酒大致始于唐宋，^② 西夏文《文海》将酒直接释为黄酒，^③ 反映出粟酒（黄酒）在西夏的重要地位。嗜酒又名芦酒，^④"畜"字口旁，可能是"吸"的别写，因用荻管吸饮，故又名芦酒。该酒多饮方醉，当属低度麦酒或粟酒。

马奶酒为包括党项在内的北方游牧民族特酿的一种酒。^⑤ 酿造方法有三：一是将锅置于灶上，盛酸奶水，锅上置一木桶，悬一罐或坛在桶内中空处，桶上再置一圆底锅，中盛冷水，用火烧下面锅使酸奶沸腾，蒸汽在上锅底冷却，凝结入罐或坛内，就是奶酒。漠北蒙古人用此法酿制。二是牧民"缝皮为袋，中盛牲乳，束其口，久而酿成。味微酸，谓之桐酒"。^⑥ 三是将"沸

---

① 史金波：《西夏汉文本〈杂字〉初探》，《中国民族史研究》(2)，中央民族学院出版社1989年版。

② 敦煌文献第4995页。《儿郎伟》载："今载初修功德，社人说好谈量，餐饭早夜少吃，都来不饮黄汤"，黄汤即今黄酒（郑炳林：《唐五代敦煌酿酒业研究》，《敦煌吐鲁番文献研究》，兰州大学出版社1995年版）。

③ 史金波、白滨、黄振华：《文海研究》，中国社会科学出版社1983年版，第472页。《文海》中的"酿""酝酿"，夏、汉文《杂字》中的"蒸米"，《掌中珠》中的"甑"等词语，直接反映了西夏黄酒生产的特点。"蒸米"可以解释为蒸煮米饭，以供食用，也可以解释为蒸煮好的米，以供酿酒之用。蒸米的目的是使白米的淀粉受热吸水糊化，有利于糖化酵菌的生成，是酿造黄酒（粟酒、米酒）的一道重要工序。"酿"释"盖也""闷也"，即将蒸煮好的原料加上酒曲，令其保温发酵的过程。"甑"，既是炊饪之器，又可释为蒸煮酒的酒器。

④ 《鸡肋编》卷中记载："关右塞上有黄羊无角，色类獐麂，人取其皮以为衾褥。又夷人造嗜酒，以荻管吸于瓶中。老杜送从弟亚赴河西判官，诗云：黄羊饫不膻，芦酒多还醉，盖谓此也"。

⑤ 其生产方法有三，《圣立义海·山之名义》云："焉支上山，冬夏降雪，炎夏不化，民庶灌耕，地冻，大麦、燕麦九月熟。利养羊马，饮马奶酒也。"《宋史》卷四九〇《高昌传》记载：宋雍熙年间（984—987年），王延德出使西州，途经西夏北部大虫太子族境，该"族接契丹界，人衣尚锦绣，器用金银，马乳酿酒，饮之亦醉"。

⑥ 《西陲要略》卷四。

西夏酿酒图

图中绘有二妇人正在酿酒，一人坐于炉前炊火，炉火正旺，妇人目视灶上的酿酒器；另一人立于灶台旁，手持陶钵，回首看着烧火的妇人，若有所问。灶旁置酒壶、高足碗、木桶各一，生动真实地再现了西夏作坊酿酒的情景。

水贮于桶，俟其冷，浸酥酪，酥沉油浮，毋摇动，日以鲜乳汁滴之，以味酸为度，约数十日，成湩酒矣。味酸而腥，略带酒气"。①

葡萄酒原产于地中海东岸和小亚、中亚地区，张骞凿空西域，葡萄与葡萄酒遂传入中原，②并得到迅速推广。西夏时期敦煌等地的葡萄酒生产得到进一步发展。《天盛改旧新定律令》中的"普康酒"就是葡萄酒。古代西域葡萄酒的制法有曲酿和蒸馏两种，③传到敦煌地区后亦大抵如此。

小曲酒，当用小曲酿制的酒。④醹酒当指味醇的麦酒或粟酒，《天盛改旧新定律令》将其和葡萄酒、小曲酒并列⑤。

西夏榷酤制度大致上继承了唐五代，分官榷、买扑、民酤三种形式。官榷，即由官府控制酒曲和酒的生产与销售。西夏汉文《杂字》载有曲务、酒务。⑥《天盛改旧新定律令》将曲务分为踏曲与卖曲两部分，踏曲库负责生

---

① 《清稗类钞·饮食类》。

② 《本草纲目》卷三三《谷部》认为，汉代以前陇西旧有葡萄，但未入关耳，张骞始携籽种于长安。

③ 《本草纲目》卷三三《谷部》载："酿者，取汁同曲，如常酿糯米饭法，无汁用干葡萄末亦可。魏文帝所谓葡萄酿酒，甘于曲米，醉而易醒者也；烧者，取葡萄数十斤，同大曲酿酢，取入甑蒸之，以器承其滴露红色可爱。古者西域造之，唐时破高昌，始得其法"。

④ 《天盛改旧新定律令》卷一八《杂曲门》规定："诸人不许造小曲"，也"不许酿饮小曲酒"。

⑤ 《天盛改旧新定律令》卷一八《杂曲门》规定："诸人不许酿醹酒、普康酒等，若违律□□，与酿饮小曲酒之罪状、获举赏次第同样判断。"

⑥ 《续资治通鉴长编》卷一二八，康定元年九月壬申记载："环庆副都部署任福等攻西贼白豹城，克之，凡烧庐舍、酒务、仓草场、伪太尉衙。"《涑水记闻》卷一二有相同的记载，只是将酒务记为"酒税务"。

产，^①卖曲库负责销售。踏曲库一般设在京师及大都督府、富清县、鸣沙军、官黑山、黑水等中心城镇，卖曲库的设置范围则比较广泛，除上述地区外，还有定远县、回定堡、怀远县、临河县、会州、保静县、南山九泽、五原郡、宥州、夏州、北院、文静、武威等地。

不同曲库，吏员设置也不尽相同，如中兴府踏曲库设二提举、一小监、二出纳、一掌钥匙、四掌斗、六监库；鸣沙军、官黑山、黑水三种踏曲库设二小监、二出纳、一掌秤、一掌斗、二监库；大都督府踏曲库设二提举、二头监、二出纳、一掌钥匙、二掌斗、二监库；中兴府卖曲库设二小监、二出纳、一掌钥匙、四监库。大都督府属卖曲库设二小监、二出纳、一掌钥匙、十拦头；定远县等18种地方卖曲库一律设二小监、二出纳、四拦头。^②中兴府与大都督府设"提举"一职，可能与踏曲规模有关，而卖曲库设"拦头"一职，则明确反映出酒曲专卖的强制性。^③

酒务是西夏官方负责生产和销售酒的机构，^④也广泛设置各地，北宋环庆副部署任福曾夜入西夏白豹城，焚烧酒务。酒务酿造主要供给皇室和各级官府，也通过收取买卖税的形式向民间销售。

买扑实际上是一种酒税承包制度，即个人向官府承包某一特定区域的酒税，由其在这一地区酿酒酤卖。宋代买扑始于真宗大中祥符元年（1008 年），广泛实行于神宗及以后。起初"扑户相承，皆有定额，不许增抬价数"，后实行"实封投状制"，"募民愿买坊场者，听自立价，实封其价状告，为扃钥，纳期启封，视价高者给之"。^⑤西夏汉文《杂字》论语部"投状"一词，可能是买扑制度中的"实封投状"。北宋曾把这种投状买扑制广泛推行于西北

---

① 《天盛改旧新定律令》卷一八《杂曲门》规定："踏曲库每年踏曲事中不好好踏，不细细磨，粗磨致曲劣，又不依时为之等时，管事者局分大小，小监、库监、出纳、局分人等一律徒二年"。

② 《天盛改旧新定律令》卷一七《库局分转派门》。

③ 《天盛改旧新定律令》卷一八《杂曲门》规定：诸人不许私酿曲，倘若违律，私酿曲价值自一缗至二十缗，主犯分别判以十三杖至十二年徒刑，从犯判以十杖至十年徒刑；二十缗以上，主犯无期徒刑，从犯徒十二年，"买者知晓，则当比从犯减一等。若买者不知，勿治罪"。

④ 《续资治通鉴长编》卷一二八，康定元年九月壬申记载："环庆副都部署任福等攻西贼白豹城，克之，凡烧庐舍、酒务、仓草场、伪太尉衙。"《涑水记闻》卷一二有相同的记载，只是将酒务记为"酒税务"。

⑤ 《续资治通鉴长编》卷二一七，熙宁三年十一月甲午附注。

沿边，① 对西夏沿边榷酒制度产生深刻影响。

民酤为民间自酿自销，官收其税。大中祥符三年（1010年），德明"所部蕃族酿酒，召内属户饮之，欲诱其背叛"。②"蕃族酿酒"属于民间自酿自酤。西夏立国后加强对民间酿酒控制。一是必须经官府许可，倘若不经官府许可，私自酿造至百斤，"有官罚马二，庶人徒三个月，百斤以上一律徒六个月"；③ 二是必须使用官府卖曲库的酒曲④，并专曲专用，不许向他人转卖。西夏政权通过酒曲专卖和对扑买、民酤的税收，获得双重收入，这也是统治者严禁酒、曲私酿的关键所在。

酿酒、饮酒在西夏社会生活中占有重要地位，元昊"每举兵，必率部长与猎，有获，则下马环坐饮，割鲜而食，各问所见，择取其长"⑤。赵德明时，"所部蕃族酿酒，召内属户饮之，欲诱其背叛"⑥。

①　《宋会要辑稿》食货二〇之五载：大中祥符七年（1014年）诏"应陕西诸州军县镇酒务，衙前及百姓诸色人等已增添课利买扑，转运司更招人添钱划夺"。

②　《续资治通鉴长编》卷七三，大中祥符三年五年癸卯。

③　《天盛改旧新定律令》卷一八《杂曲门》。

④　《天盛改旧新定律令》卷一七《库局分转派门》规定："中兴府租院租钱及卖曲税钱等，每日之所得，每晚一番，五州地租院一个月一番，当告三司"。这里的"卖曲税钱"当是酒曲专卖收入。

⑤　《宋史》卷四八五《夏国传上》。

⑥　《续资治通鉴长编》卷七三，大中祥符三年五月癸卯。

第七章　西夏的货币与商业

西夏立国后随着农牧业和手工业发展，商业也迅速发展。府州军城所在地，既是政治军事中心，又是区域交换中心，凉州"武威当四冲地，车辙马迹，辐辏交会，日有千数"。[1] 金汤、白豹城皆为夏界和市处，"奸商往来，物皆丛聚"。[2] 西夏度量衡制略与宋同，唯有亩制小于宋朝。宋夏之间贸易是两大部类之间的交换，西夏半农半牧经济的单一性和不平衡性，迫切需要用畜产品交换农副产品与手工业产品。北宋失去宜于养马之地，监马不振，迫切需要用茶绢等交换西部地区马匹。因此，西夏前期对外商业活动，主要和北宋交换，后期随着宋室的南迁，主要和入主中原的金朝交换。

第一节　通货与度量衡

一、通货形态

西夏时期作为商品交换媒介的通货有马、牛、骆驼、羊、布帛、金银、钱币、交抄等多种形态。党项人内迁后长期处于"比物交换"阶段，羊马、绢帛往往充当交换的等价物。[3] 宋景德四年（1007年），宋朝在保安军设置榷场，以缯帛、罗绮易驼、马、牛、羊、玉、毡毯、甘草，以香药、瓷漆器、姜桂等物易蜜蜡、麝脐、毛褐、羱羚角、硇砂、柴胡、苁蓉、红花、翎

---

① 《重修护国寺感通塔碑》。
② 《续资治通鉴长编》卷一三五，庆历二年正月。
③ 《新唐书》卷二二一《党项传》载："元和时复置宥州，护党项。至大和中浸强，数寇掠，然器械钝苦，畏唐兵精，则以善马购铠，善羊贸弓矢。……至开成末，种落愈繁，富贾人赍缯宝鬻羊马"；《宋史》卷一八六《食货志下八·互市舶法》载：宋景德元年（1007年）与西夏德明约和成立后，"于保安军置榷场，以缯帛、罗绮易驼、马、牛、羊、玉、毡毯、甘草，以香药、瓷漆器、姜桂等物易蜜蜡、麝脐、毛褐、原羚角、硇砂、柴胡、苁蓉、红花、翎毛"。

毛。① 西夏立国以后，开始铸造货币，又广泛使用宋钱和前代货币，但比物交换依然长期存在。熙宁四年（1071年），宋朝关闭榷场，断绝宋朝境内和市，西夏在自国境内的辣浪和市，用青盐、羊货、乳香交换宋朝大顺城蕃部携带的绢帛、腊茶等日用品。② 夏金榷场贸易也是物物交换，西夏输出的有毛褐、毛罗，输入的有绢帛、纸张、笔墨等，川绢和河北绢作为交换等价物，用来计算价格和扭算缴税。③ 因此在西夏人的观念中，商品交换常常是以物易物。④ 不止西夏，即便是货币经济发达的宋朝，也长期用茶、绢市马。⑤

---

① 《宋史》卷一八六《食货志下八·互市舶法》。
② 《宋会要辑稿》食货三八之三一载：熙宁四年（1071年）北宋"大顺城管下蕃部数持生绢、白布、杂色罗锦、被褥、腊茶等物至西界辣浪和市，复于地名黑山岭，与首领岁美泥咩、乜悖讹等交易，博过青盐、乳香、羊货不少"。
③ 孙继民、许会玲：《西夏汉文"南边榷场使文书"再研究——以西夏榷场贸易制度为中心》，《历史研究》2011年4期。
④ 《文海》"商"释："此者买卖也，贸易也，贩卖也，买卖也，货也，等物交换之谓"；"买卖"释："买卖也，等物交易之谓也"；"贩卖"释："此者贩也，买卖也，商也，等物交换谓"；"易"释："此者易也，商贾卖也，等物交换之谓"（史金波、白滨、黄振华：《文海研究》，中国社会科学出版社1983年版，第421、482、434、420页）。
⑤ 《宋史》卷一九八《兵十二·马政》载："先是，以铜钱给诸蕃马直，八年，有司言戎人得钱，销铸为器，乃以布帛茶及他物易之"。参见杜建录：《宋代市马钱物考》，《固原师专学报》1992年第1期。

铜钱流通在西夏立国前就已出现，铜钱在西夏社会中使用更加广泛。"中兴府租院租钱及卖曲税钱等，每日之所得，每晚一番，五州地租院一个月一番，当告三司"；[1] 敌军入境，损失畜、人、物以钱计算；[2] 以身还债，大男一日工价 70 钱，小男及大妇一日工价 50 钱，小妇一日工价 30 钱；[3] 举告犯罪赏以缗钱；[4] 货币借贷受到法律保护；[5] 有官品者因罪获杖刑时，可交铜钱免罚；[6] 法律有关财物犯罪量刑往往以缗钱计算；[7] 渡口摆渡者，需要向官府缴

① 《天盛改旧新定律令》卷一七《库局分转派门》。
② 《天盛改旧新定律令》卷四《边地巡检门》规定：敌人入境，掠去人、畜、物计值一缗至五千缗，相关人员处以三个月至十二年徒刑，五千缗以上，一律当绞杀。
③ 《天盛改旧新定律令》卷三《盗赔偿返还门》。
④ 《天盛改旧新定律令》卷三《追赶逋举告盗赏门》规定："告强盗赏赐法：依人数及物量分为两种，盗人多，物甚少，则一人二十缗，十人以上一律二百缗"。卷二《戴铁枷门》规定："戴铁枷者被头监及主管处他人等去掉铁枷时，不足一年者十三杖，一年至三年者当徒三个月，四年至六年者当徒六个月，三种长期刑当徒一年。对解去铁枷者举告时，举赏：一年之内当给五缗，一年至三年当给十缗，四年至六年当给十五缗，二种长期徒刑给二十缗"。卷一三《举虚实门》规定："诸人举他人，予举赏法一一分明以外，犯余种种杂罪时，获死罪赏五十缗，三种长期、无期等赏四十缗，自徒四年至徒六年赏三十缗，自徒一年至徒三年赏二十缗，月劳役十缗，杖罪五缗，当由犯罪者予之举赏"。
⑤ 《天盛改旧新定律令》卷三《催索债利门》规定："诸人对负债人当催索，不还则告局分处，当以强力搜取问讯。因负债不还给，十缗以下有官罚五缗钱，庶人十杖，十缗以上有官罚马一，庶人十三杖，债依法当索还。""放钱、谷物本而得利之法明以外，日交钱、月交钱、年交钱，执谷物本，年年交利等，本利相等以后，不允取超额"。
⑥ 《天盛改旧新定律令》卷二《罪情与官品当门》规定："庶人、有杂官等获杖罪时，及品'暗监'官以上至'拒邪'官，一律七、八杖交二缗钱，十杖交五缗钱，十三杖交七缗钱。"
⑦ 《天盛改旧新定律令》卷四《边地巡检门》规定：敌寇掳掠畜、人、物，价值一缗至四千缗，相关责任人处三个月至十二年徒刑，四千缗以上，一律当绞杀；卷八《烧伤杀门》规定：诸人无意失火，烧毁他人畜物、房舍、人口、粮食、草捆者，价值五十缗以下者，有官罚马一，庶人十三杖，五十缗以上至百缗徒六个月，百缗以上一律徒一年；卷一五《渠水门》规定："当值渠头并未无论昼夜在所属渠口，放弃职事，不好好监察，渠口破而水断时，损失自一缗至五十缗徒三个月，五十缗以上至一百五十缗徒六个月，一百五十缗以上至五百缗徒一年，五百缗以上至千缗徒二年，千缗以上至千五百缗徒三年，千五百缗以上至二千缗徒四年，二千缗以上至二千五百缗徒五年，二千五百缗以上至三千缗徒六年，三千缗以上至三千五百缗徒八年，三千五百缗以上至四千缗徒十年，四千缗以上至五千缗徒十二年，五千缗以上一律绞杀"。

纳税钱；[①] 布施缗钱者，可获得僧人或僧人头目资质；[②] 大小臣僚不来朝或朝见时不穿朝服，罚交缗钱；[③] 府库所藏缗钱"绳索断，一缗可耗减二钱"；[④] 马院马病死，成年马肉价一缗，小马肉价五百钱，连同马皮一并上交三司[⑤]。

铁钱为不足值货币，其名义价值大于实际价值，因此其有严格流通范围。从河西走廊的武威、敦煌到内蒙古的河套均发现有西夏铁钱，特别是内蒙古铁钱出土数量巨大，达拉特旗盐店乡窖藏清理出乾祐元宝 168131 枚，天盛元宝 14058 枚[⑥]。宋夏两国都在特定区域使用铁钱，而铜钱是硬通货，进入宋朝的西夏使人往往用铁钱兑换铜钱。[⑦]

银在西夏也作为通货使用，夏毅宗李谅祚的近臣高怀正曾"贷银夏人"。[⑧] 西夏派往宋朝的贺正旦使"以钱银博买物色"。[⑨] 夏天赐礼盛国庆年间（1069—1074 年）审判文书记录，"铸银近万，乃持折验，诸处为贩"[⑩]。军功奖赏中既有银碗、银腰带之类的用品，又有作为通货使用的银锭。[⑪] 甘肃武威西夏窖藏曾出土一批银锭，上面錾刻官正、行人姓名、店铺字号、重

---

① 《天盛改旧新定律令》卷一一《渡船门》规定："河水上置船舶处左右十里以内，不许诸人免税渡船。倘若违律时，当纳税三分，一分当交官，二分由举告者得。若罪税钱自五十至一缗，庶人七杖，有官罚钱三缗。罪税钱一缗以上至二缗，有官罚钱五缗，庶人十杖。二缗以上一律有官罚马一，庶人十三杖"。

② 《天盛改旧新定律令》卷一一《为僧道修寺庙门》规定："舍一千缗者当得二僧人，衣绯一人。舍二千缗当得三僧人，衣绯一人。自三千缗以上者一律当得五僧人，衣绯二人。"

③ 《天盛改旧新定律令》卷一二《内宫待命等头项门》。

④ 《天盛改旧新定律令》卷一七《物离库门》。

⑤ 《天盛改旧新定律令》卷一九《畜患病门》。

⑥ 牛达生：《浅论西夏铁钱及铁钱专用区的设置》，《中国钱币》2004 年第 1 期。

⑦ 《续资治通鉴长编》卷四五七，元祐六年四月甲午记载："陕府系铜铁钱交界之处，西人之来，必须换易铜钱，方能东去。即今民间以铁钱千七百，始能换铜钱一千，遂致铁钱愈轻，铜钱愈重，百物随贵，为害最深"。

⑧ 《续资治通鉴长编》卷一六二，庆历八年正月辛未。

⑨ 《宋会要辑稿》食货三八之三○。

⑩ 陈炳应：《西夏文物研究》，宁夏人民出版社 1985 年版，第 291 页。

⑪ 《贞观玉镜将》规定：将官"俘获人、马、甲胄、旗、鼓、金等七种一千五百种以下，则不算挫敌锋。若俘获一千五百种以上，则算挫敌锋，乃加八官，当得八十两银碗，大锦上服一 [件]，七两银腰带一条，银一锭，茶绢五百"（陈炳应：《贞观玉镜将研究》，宁夏人民出版社 1995 年版，第 97 页）。

西夏银锭，出土于甘肃武威

量等铭文。① 这都说明银通货较为广泛地运用于西夏商品交换。

交抄是北宋发行的纸币，大大方便商业交换特别是长途贩运，除了内地商业使用外，还在沿边交换中使用。宋庆历五年（1045 年），三司担心流入西夏，请求严加禁止。② 但宋夏沿边蕃部相连，在经济利益的驱动下，北宋境内蕃部手中的交抄，③ 必然会在两国蕃部交换中使用，至少不可避免地在

---

① 该银锭追回 21 块，上面鉴刻"使正""官正""行人任应和、窦献成秤""行人裴元、宋琦秤""赵铺记""夏家记""肆拾玖两捌钱""五十两六钱""四十六两六钱四株""贰拾伍两捌钱""贰拾肆两肆钱""贰拾肆两叁钱正""真花银壹锭"等铭文。使正、官正，是官府审验后的鉴记；行人裴元、宋琦秤，是行业验秤；赵铺记、夏家记，应是铸造银锭的店铺和作坊；真花银壹锭，应是银锭的成色；肆拾玖两捌钱，应是银锭重量，根据以上银锭的实际重量，一两折合克的幅度在 37—42.8 克之间。（黎大祥：《甘肃武威发现一批西夏通用银锭》，《中国钱币》1991 年第 4 期）

② 《宋会要辑稿》蕃夷七之二六载，庆历五年七月十二日三司言："夏国、角厮啰差人诣阙进奉，虑于延、秦州、镇戎军沿路收买陕西粮草、交钞，乞行禁止。如违，卖者并牙人严断，没入之。告人每一抄赏钱五千，以犯人家财充。从之"。

③ 《续资治通鉴长编》卷一五九记载：庆历六年（1046 年）十一月壬午，鄜延蕃官刘化基因"掠蕃部嵬通等妇女羊马，又以官钞易马，与蕃部收息钱二百九十九千，法当死，为其尝有战功，特贷之"；《续资治通鉴长编》卷一九八记载：嘉祐八年（1063 年）正月戊辰，宰臣韩琦言："秦州永宁寨以钞市马。自修古渭寨在永宁之西，而蕃、汉多互市其间，因置买马场，凡岁用缗钱十余万，荡然流入敌境，实耗国用。诏复置场永宁，罢古渭寨所置场，蕃部马至，径鬻于秦州"；《宋会要辑稿》食货五之三一记载：熙宁三年（1070 年），诏令"将本司见管西川交子差人往彼转易物货，赴沿边置场，与西蕃市易"。

他们之间走私贸易中使用。

二、官方铸钱

开国之君李元昊应铸有自己的年号钱，但出土西夏钱币最早是毅宗李谅祚铸造的西夏文福圣宝钱，一直到夏神宗李遵顼。前后七朝，其中仁宗李仁孝铸钱最多。[①] 这与文献记载夏仁宗天盛十年(1158年)"始立通济监铸钱"[②]相吻合。天盛以前铸钱由文思院兼掌，[③] 铸造量很小，钱币象征意义大于流通意义。天盛年间开始设立通济监，大规模铸钱，在一定区域内流通。[④] 铸钱是国家大事，由中央设置的钱监院统一掌管，任何地方官府和个人不许私铸或销铸为器，法律明确规定"诸人不允去敌界卖钱，及匠人铸钱，毁钱等。假若违律时，一百至三百钱徒三个月，五百钱以上至一缗徒六个月，二缗徒一年，三缗徒二年，四缗徒三年，五缗徒四年，六缗徒五年，七缗徒六年，八缗徒八年，九缗徒十年，十缗徒十二年，十缗以上一律当绞杀，从犯依次当各减一等"。[⑤]

西夏文贞观宝钱

三、宋钱流通

由于原料缺乏，西夏铸造钱币规模较小，无法满足社会经济发展需要，因此西夏境内主要流通宋钱。现存西夏遗址与窖藏出土钱币中，北宋钱币占绝大多数，有的出土钱币中北宋钱币占比高达97%。西夏立国190年中，

① 牛达生：《西夏钱币研究》，宁夏人民出版社2013年版，第1页。
② 《宋史》卷四八六《夏国传下》。《天盛律令》卷五《军持兵器供给门》中提到的"钱监院"当是"通济监"。
③ 陈炳应：《西夏货币制度述论》，《中国钱币》2002年第3期。
④ 《天盛改旧新定律令》卷七《敕禁门》规定："诸人不允将南院黑铁钱运来京师，及京师铜钱运往南院等，若违律时，多寡一律徒二年，举告赏当按杂罪举告得赏"。说明西夏对钱币流通有地域限制。
⑤ 《天盛改旧新定律令》卷七《敕禁门》。

主要流通的不是本国铸造货币，而是宋钱。[1]

宋夏关系以及宋朝"阑出"政策的宽严，决定西宋夏钱流入量的多少。宁夏贺兰山大风沟、榆树台、滚钟口西夏窖藏钱币，"庆历重宝"只有 4 枚，在大量宋钱中占比极少。[2] 显然与这一时期两国爆发战争，宋朝关闭榷场，断绝和市有关。宋神宗熙宁、元丰钱数量最多，占所有窖藏宋钱的 20% 以上，这不仅因为宋熙丰年间铸钱量大，更是熙宁七年"颁行新敕，删去旧条，削除钱禁，以此边关重车而出，海舶饱载而回"。[3]"沿边州军钱出外界，但每贯收税钱而已"。[4] 宋绍圣、元符间连年用兵西夏，关系再度紧张，大规模贸易中断，出土的绍圣、元符宋钱的数量减少。宋室南渡，两国被金朝阻断，所以西夏窖藏遗址中，很难见到南宋钱币。于是西夏天盛十年（1158年）立通济监以铸钱。[5]

由于流通钱币不足，西夏往往采取省陌来解决。省陌又称短陌，即不足百之钱当百。灵武窑出土西夏瓷器中，有一块斜壁碗边上墨书"三十吊五十串"，"吊"作为货币计量单位，一吊 1000 文，"三十吊五十串"，即将 30 吊钱分成 50 串，每串 600 文，或以 600 文为一吊（贯），即把 30 足吊当作 50 吊用。[6] 唐朝曾以 85 为百，宋朝以 77 为百，[7] 金朝以 80 为百，铜材料缺乏的西夏有可能以 60 为百。

四、度量衡制

度量衡是人类生产劳动、商业交换的重要手段，我国自秦朝统一度量衡

---

① 杜建录：《西夏经济史》，中国社会科学出版社 2002 年版，第 232 页。

② 牛达生：《西夏钱币研究》，宁夏人民出版社 2013 年版，第 204—209 页。

③ 《宋史》卷一八〇《食货志下二·钱币》。

④ 《宋史》卷一八〇《食货志下二·钱币》。

⑤ 《宋史》卷四八六《夏国传下》。

⑥ 张连喜、马文宽：《宁夏灵武磁窑堡出土钱币及墨书"吊"字瓷片》，《考古》1991 年第 12 期。

⑦ 《宋史》卷一八〇《食货志下二·钱币》载："自唐天祐中，兵乱窘乏，以八十五钱为百。后唐天成中，减五钱。汉乾祐初，复减三钱。宋初，凡输官者亦用八十或八十五为百，然诸州私用则各随其俗，至有以四十八钱为百者。至是，诏所在用七十七钱为百"；《金史》卷四八《食货志三·钱币》载："民间以八十为陌，谓之短钱，官用足陌，谓之长钱。大名男子斡鲁补者上言，谓官私所用钱，皆当以八十为陌，遂为定制"。

后，历代一直沿用，不同朝代度量衡有增有减，但总的趋势是逐渐增长。[①]党项内迁后，逐渐掌握中原地区的度量衡。西夏立国后，在继承中原地区度量衡的基础上，又进行一定变革，形成自己的制度。

1. 度制

古代的长度单位有分、寸、尺、丈、寻、常、仞等，长度进制细化到分、厘、毫、秒、忽，所谓"蚕所吐丝为忽，十忽为一秒，十秒为一毫，十毫为一厘，十厘为一分"，[②]均为十进位制。至宋代，把秒改为丝，清末把长度最小单位定到毫。西夏社会生活中主要使用分、寸、尺、丈等长度单位，《番汉合时掌中珠》记有一寸、一尺、一（丈）。西夏文《新集碎金置掌文》记有"褐绢量尺寸"。[③]另外，还使用匹、段的概念，大体1匹等于35尺，[④]匹、段只在丝、毛织品中使用，不作为一般意义上的长度单位。黑水城榷场文书将尺作"赤"，如"河北绢三十三赤九寸""壹疋壹赤玖寸贰分""贰拾捌赤肆寸贰分半"。[⑤]丈、尺、寸按十进位，和唐宋相同，[⑥]如"河北绢三十三赤九寸"。

还没有出土西夏尺之类的实物，《天盛改旧新定律令》卷十七《斗尺秤换卖门》也缺佚，[⑦]不过该律令卷七规定"僧监副、判、权首领印一寸七分"，[⑧]所见西夏首领印大都属于最低一级的司印，其边长5—6厘米不等，多数在5.2—5.3厘米之间。取平均边长5.3厘米，按首领印一寸七分计算，西夏的一寸约合3.12厘米。[⑨]据专家考证，唐代一寸3.11厘米，宋代一寸3.16厘

---

① 梁方仲：《中国历代度量衡之变迁及其时代特征》，《中山大学学报》1980年第2期。

② 《孙子算经》卷上。

③ 聂鸿音、史金波：《西夏文本〈碎金〉研究》（《宁夏大学学报》1995年第2期）记载，"解豆衡斗升，镕铁称斤两。褐绢量尺寸，大数估算得。分别号独一，结合千百亿"。

④ 孙继民、许会玲：《西夏榷场使文书所见西夏尺度关系研究》，《西夏研究》2011年第2期。

⑤ 杜建录、史金波：《西夏社会文书研究》下篇"汉文西夏社会文书释文"编号307、313、352文书。

⑥ 《宋刑统》卷第二十六"校斗秤不平"条"疏议"载："度以秬黍中者，一黍之广为分，十分为寸，十寸为尺，一尺二寸为大尺一尺，十尺为丈"（法律出版社1999年版，第482页）。

⑦ 该门类只存"斗尺秤交旧换新""边中用斗尺秤""斗尺秤价增"等条目。

⑧ 《天盛改旧新定律令》卷七《敕禁门》。

⑨ 史金波：《西夏度量衡刍议》，《固原师专学报》2002年第2期。

米。① 可见西夏尺寸单位接近唐宋制。

2. 量制

西夏容积基本计量单位为斛、斗、升、合，《天盛改旧新定律令》规定："各税户家主各自地何时种、耕牛数、税种数、斛、斗、升、合、条草当明之，当使书一木牌上。一户当予一木牌"，② 西夏承唐制，合、升、斗、斛是十进位，③ 与宋一斛五斗不同。石本是重量单位，为一百二十斤，但自秦汉开始，石也作为容量单位，与斛相等，西夏亦如此，斛、石通用。④

唐朝 1 升合 600 毫升，⑤ 宋朝 1 升合 660 毫升。⑥ 西夏制略与唐宋制相同。因北宋每年给西夏大量岁赐，双方贸易往来频繁，故应接近于宋制的 660 毫升⑦。经测定小麦 1 毫升约 0.82 克，大致推测西夏 1 升为 541 克，约和现今 1.08 斤。当然，荞麦、糜、谷等杂粮 1 升的克数要少一些。

西夏还有更小量的单位，《文海》"撮"字条"十粟一粒，十粒一圭，十圭一撮，十撮一抄，十抄一合，十合一升，算量起处是也"。⑧ 其是西夏对计量的基本认识，实际在日常生活中计量时，"合"以下几乎不使用。

---

① 吴承洛：《中国度量衡史》，上海书店 1937 年版；丘光明：《中国度量衡》，新华出版社 1993 年版，第 121—125 页。

② 《天盛改旧新定律令》卷一五《纳领谷派遣计量小监门》。

③ 俄藏编号 6377《西夏光定卯年（1219 年）贷粮契》记录："借一石五斗麦，每石有五斗利，共算为二石二斗五升"，显然 1 石是按 10 斗计算的（史金波：《西夏经济文书研究》附录"西夏经济文书录文、对译和意译"，社会科学文献出版社 2017 年版，第 551—553 页）。

④ 黑水城出土汉文典当文书有"共本利大麦一石九斗五升""共本利二石七升""大麦一石三斗七升"等语，说明石与斛同，1 石 10 斗，1 斗 10 升。（陈国灿：《西夏天庆间典当残契的复原》，《中国史研究》1980 年第 1 期）

⑤ 吴慧：《魏晋南北朝隋唐的度量衡》，《中国社会经济史研究》1992 年第 3 期；胡戟：《唐代度量衡与亩里制度》，《西北大学学报》1980 年第 4 期。

⑥ 吴慧：《宋元的度量衡》，《中国社会经济史研究》1994 年第 1 期。《中国历代度量衡单位量值表及说明》（《中国计量》2006 年第 10 期）认为宋代 1 升为 702 毫升。

⑦ 我国古代度量衡总体有增大的趋势，其中量的增率最大，首先是因为量器的大小最难于判定，它不像尺度可以凭眼和手足作出适当的评量，故易于作弊。但最基本的理由，是由于我国田赋和地租一向征收的是农作物，它的历史最为长久，至少也有二千年以上（梁方仲：《中国历代度量衡之变迁及其时代特征》，《中山大学学报》1980 年第 2 期）。

⑧ 史金波、白滨、黄振华：《文海研究》，中国社会科学出版社 1983 年版，第 514 页。

3. 衡制

西夏 1 斤 16 两，《文海》"斤"字条"称星十六两一斤也"。[①]《天盛改旧新定律令》规定锻打铁器时，打镬头、斧头等粗铁器 1 斤耗减 8 两，打灯炷、火炉、锹头等细铁器时 1 斤耗减 10 两，打刀剑、剪刀、枪下刃等水磨铁器时 1 斤耗减 11 两，[②] 可以印证《文海》所记 1 斤 16 两。宁夏灵武市石坝发现的西夏文银碗，分别在碗底用西夏文写明其重量是"三两"和"三两半"，实测重量是 114 克和 137.5 克，可知西夏"两"约 38—39 克，与宋朝"两"39—40 克相近。[③] 西夏"斤"约 608—624 克，宋朝"斤"约 624—640 克，说明西夏在衡制方面"略与宋同"。

《文海》"锰"字条"十黍一锰，十锰一株，六株一钱，四钱一两，此者称算用是"。[④] 其中"六株一钱，四钱一两"，即 1 两合 24 株或 4 钱，这是秦汉古制，在西夏天盛年间社会生活中并不实行。[⑤]《天盛改旧新定律令》规定打造银耗减法，"上等、次等者，一律百两中可耗减五钱"，纺"上等好绢线一两中耗减三钱；下等织线十两中耗减六钱"，[⑥] 证明"钱"至"两"不是四进位的。

五、亩制

我国先秦 100 平方步为 1 亩，秦统一后以 240 平方步为 1 亩，一直延续到清。[⑦] 西夏亩制与唐宋不尽相同，《文海》"亩"释："一边各五十尺，四边二百尺算一亩"。[⑧] 按西夏 1 尺 0.312 米计算，50 尺合 15.6 米，每亩约合 243 平方米，即百平方步亩制。唐宋为 240 平方步亩制，每亩约 600 平方

---

① 史金波、白滨、黄振华：《文海研究》，中国社会科学出版社 1983 年版，第 458 页。

② 《天盛改旧新定律令》卷一七《物离库门》。

③ 董居安：《宁夏石坝发现墨书西夏文银器》，《文物》1978 年第 12 期。

④ 史金波、白滨、黄振华：《文海研究》，中国社会科学出版社 1983 年版，第 452 页。

⑤ 史金波：《西夏度量衡刍议》，《固原师专学报》2002 年第 2 期。

⑥ 《天盛改旧新定律令》卷一七《物离库门》。

⑦ 《玉海》卷一七六引宋初窦俨语："小亩步百，周之制也；中亩二百四十，汉之制也；大亩三百六十，齐之制也。今所用者，汉之中亩"；《盐铁论·未通篇》曰："古者制田百步为亩，民井田而耕，什而籍一……先帝哀怜百姓之愁苦，衣食不足，制田二百四十步而一亩，率三十而税一"；《旧唐书食货志》曰："武德七年（624 年），始定律令，以度田之制，五尺为步，步二百四十为亩，亩百为顷。"

⑧ 史金波、白滨、黄振华：《文海研究》，中国社会科学出版社 1983 年版，第 534 页。

米。^① 宋朝一亩为西夏 2.4 亩，故西夏使用小亩制。

西夏"百亩为一顷"和唐宋一样，^② 农户缴纳麦草、粟草时也以地亩计算，以 1 顷 50 亩一块地即 150 亩地为单位，交麦草 7 捆、粟草 30 捆，捆绳 4 尺 5 寸。^③ 西夏疏浚引黄渠道的人工是以耕地的顷亩数派遣，"自一亩至十亩开五日，自十一亩至四十亩十五日，自四十一亩至七十五亩二十日，七十五亩以上至一百亩三十日，一百亩以上至一顷二十亩三十五日，一顷二十亩以上至一顷五十亩一整幅四十日。当依顷亩数计日，先完毕当先遣之"。^④

西夏另有一种计量土地数量的方法，即依据种子计算土地面积。黑水城出土西夏户籍手实，记录移讹千男一家 7 口人，有四块田，可撒 27 斛种子，其中三块各撒 7 斛，一块撒 6 斛。另一件户籍手实记录梁行监一家男女 18 人，有可撒 52 斛的四块田，其中一块撒 20 斛，一块撒 15 斛，一块撒 10 斛，一块撒 7 斛。黑水城出土的土地买卖契约和租赁契约中，绝大部分用撒种子数量计算土地面积，^⑤ 而在缴纳赋税文书中则以实际顷亩数统计，如"十亩税三斗七升半""二十八亩税三斗五升""一顷五十亩税一石八斗七升半"^⑥。西夏法律明确规定按照耕地亩数和脊肥缴纳田赋，"一亩：上等一斗，次等八升，中等六升，下等五升，末等三升"。^⑦ 由此看来，西夏民间在土地买

---

① 《田制与里制》统计，先秦 1 亩约合今 192 平方米，西汉 1 亩约合今 465 平方米，唐 1 亩约合今 522 平方米，明朝 1 亩约合今 608 平方米，清朝 1 亩约合今 614 平方米，今 1 亩约合 667 平方米。宋代与唐略同，1 亩约和 520 多平方米（《考古》1966 年第 1 期）。考虑到古代尺度数据来源不同，往往有不同的记载，兹从史金波《西夏度量衡刍议》（《固原师专学报》2002 年第 2 期）。

② 史金波、白滨、黄振华：《文海研究》，中国社会科学出版社 1983 年版，第 550 页。

③ 《天盛改旧新定律令》卷一五《催缴租门》。

④ 《天盛改旧新定律令》卷一五《催缴租门》。

⑤ 俄藏黑水城 12 件西夏卖地契约中，其中出卖撒二石熟生地 1 件，撒二十石熟生地 2 件，撒十五石熟生地 1 件，撒八石熟生地 1 件，撒十石熟生地 3 件，撒五石熟生地 2 件，撒三石熟生地 1 件，23 亩地 1 件，撒一百石熟生地 1 件。租赁契约中，租出的土地有撒二十石熟生地、撒十五石熟生地、撒八石熟生地、撒八五石熟生地，还有的直接写包租地一块（史金波：《西夏经济文书研究》附录"西夏经济文书录文、对译和意译"，社会科学文献出版社 2017 年版，第 584—618、558—673 页）。

⑥ 史金波：《西夏经济文书研究》附录"西夏经济文书录文、对译和意译"，社会科学文献出版社 2017 年版，第 464—470 页。

⑦ 潘洁：《〈天盛改旧新定律令·催缴租门〉一段西夏文缀合》，《宁夏社会科学》2012 年第 6 期。

卖中约定成俗，按照撒种子数量计算亩数，官府层面则按照中原地区传统，计亩纳税。这种按撒种子多少计量土地面积，在我国地广人稀的少数民族地区较为普遍流行。

我国西北地区谚语有"种1斗打1石"之说，唐宋北方一般年景亩产约1石。然而撒小颗粒的谷子和大颗粒的大麦、小麦所需种子的数量差距很大，俄藏编号4199《西夏天庆丙辰年（1196年）梁善因熊鸣卖地契》记录，立契人梁善因熊鸣出卖"十石撒处七十亩"地，[①] 合计1亩撒种子1.42升，或是撒大颗粒的荞麦种子。

第二节　商业市场

西夏立国前，商业交换主要是和中原的绢马贸易，以及和沿边羌汉人民的互市。西夏立国后，随着奄有"岁无旱涝之虞"的河套与河西灌溉农业区，农牧业、手工业的繁荣以及社会分工扩大，国内商业交换迅速发展，特别是到了西夏中后期，商品交换几乎渗透到社会生活各方面。从都城兴庆府到灵、夏、甘、凉、肃、瓜、沙等中心城镇，既是居民、军队、官府集中的地方，又是区域商业交换的中心，凉州"武威当四冲地，车辙马迹，辐辏交会，日有千数"。[②]

一、酒肆店铺

西夏中心城市乃至重要城镇，官府设置酒务或酒税务，管理酒的生产销售和征税，[③] 边远地区则以承包酒税的形式由民间酿造和销售。官酿除保证给皇室、赏赐、宴饮及其他公务用酒外，大量面向酒肆销售，官府征税。文人墨客、官员士子、商旅兵丁是酒肆的常客，投奔西夏的张元、吴昊初到兴

---

① 史金波：《西夏经济文书研究》附录"西夏经济文书录文、对译和意译"，社会科学文献出版社2017年版，第609—612页。

② 《凉州重修护国寺感应塔碑铭（汉文）》。

③ 《续资治通鉴长编》卷一二八，康定元年九月壬申记载："环庆副都部署任福等攻西贼白豹城，克之，凡烧庐舍、酒务、仓草场、伪太尉衙。"《涑水记闻》卷一二有相同的记载，只是将酒务记为"酒税务"。

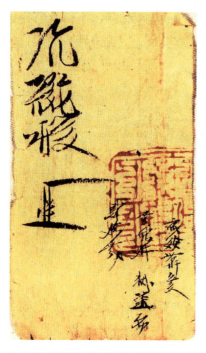

西夏光定十二年李春狗等扑买饼房契

庆府后，"相与诣酒肆，剧饮终日"。[1] 俄藏黑水城西夏《酒价钱账》记录四斗酒价六斗大麦、一石酒价石五斗大麦、三斗酒价四斗五升大麦、二斗酒价三斗大麦。[2] 随着商业交换的发展，各地市场上的酒不完全是本地生产，黑水城的一款米酒就来自甘州。[3]

除酒肆外，在繁华城镇中还有饭馆、饼店、当铺、金银店、丝绸店等各类店铺，这些店铺或为自营或为租赁。西夏光定十二年（1222年）正月，李春狗租赁到一间烧饼房，[4] 连同烧饼房一同出租的有炉鏊一个、大小铮二口、铁匙一张、刷饼划一张、大小槛二个、大小岸三面、升房斗二面、大小口袋二个、小麦本柒石伍斗。

金银店、丝绸店主要出售西夏自产或来自宋金的货物。西夏遣往宋朝的贡使，每次得绢五万余匹，"归鬻之其民，匹五六千，民大悦，一使所获，率不下二十万缗"。[5] 在这类店铺购买舶来品的顾客一般非贵即富，普通农牧民只能通过集市地购买生活用品。夏金榷场上有一批专门从事买卖的商户，将收购来的特产，通过榷场牙人转售出

①《西夏书事》卷一四。

② 史金波：《西夏经济文书研究》附录"西夏经济文书录文、对译和意译"，社会科学文献出版社 2017 年版，第 515—516 页。

③ 俄藏编号 4696—8 酒价钱账，写本长卷，开头有"甘州米酒来，已卖数单子"，说明这批米酒来自河西地区的甘州（史金波：《西夏经济文书研究》，社会科学文献出版社 2017 年版，第 161—163 页）。

④《西夏光定十二年正月李春狗等扑买饼房契》，俄罗斯科学院东方文献研究所藏，俄藏编号 ДX18993。

⑤《续资治通鉴长编》卷四○五，元祐二年九月丁巳。

去，换取金人丝织品及其他日用品，[1] 然后通过相应的店铺来销售。

二、集市

集市是交易牲畜、粮食、毛褐、布匹、农器等生产生活日用品的重要渠道。俄藏黑水城文书中，有 20 件牲畜买卖契约，甘肃武威亥母洞也发现西夏卖畜契。相关契约大多首尾完整，每件契约首先写明时间，然后依次为卖畜人和卖畜人姓名，出卖牲畜品种、数量和价格，以及反悔处罚等，最后是立契人、同立契人、证人姓名画押，其中有的契约盖买卖税院朱印，表明该交易通过买卖税院缴过买卖税。黑水城还发现 4 件换畜契，是通过畜畜交换补差价形式的牲畜交换，契约特别注明交换牲畜品种和所补差价多少。大型家畜买卖交换的时间有正月、二月、三月、四月、五月、九月、十一月、腊月，其中正月到三月居多，正是备耕和春耕时间，四五月是晚秋作物播种时间。这一时期买畜主要用于农业生产，还有为赚取高额租金出租牲畜给缺乏耕畜的贫困农民，[2] 有的为扩大再生产购买幼畜。年月和用途不同，牲畜价格也不尽相同。[3]

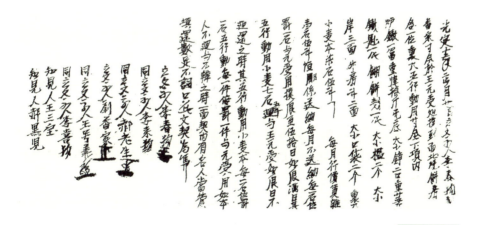

买卖税账押印

---

① 俄藏西夏榷场文书记录在榷场交易的西夏商户有的是西凉府住户，有的是镇夷郡住户（杜建录、史金波：《西夏社会文书研究》下篇"汉文西夏社会文书释文"，第 254—271 页）。

② 史金波：《西夏文卖畜契和雇畜契研究》，《中华文史论丛》2014 年第 3 期。

③ 史金波：《西夏经济文书研究》，社会科学文献出版社 2017 年版，第 310—311 页。

交易地点	交易时间	交易牲畜	交易价格
黑水地区	1194 年（天庆寅年）正月 29 日	2 头全齿红牛、1 头全齿黑牛	5 石麦、2 石杂
黑水地区	1194 年（天庆寅年）2 月 3 日	1 峰全齿母驼、1 匹马	2 石麦，3 石杂
黑水地区	1194 年（天庆寅年）2 月 3 日	1 峰 2 齿公驼	2 石大麦、1 石糜
黑水地区	1203 年（天庆亥年）2 月 25 日	1 匹 3 齿红马	1 石□斗杂
黑水地区	1203 年（天庆亥年）2 月	1 峰全齿母骆驼	6 石杂
黑水地区	1204 年（天庆子年）11 月 15 日	有辔母马	5 石杂
黑水地区	1204 年（天庆子年）11 月 16 日	1 匹 5 齿栗马	4 石杂
黑水地区	1206 年（天庆丑年）12 月 30 日	1 匹 4 齿红母马	7 石杂
黑水地区	1213 年（光定酉年）5 月 30 日	1 头 4 齿生牛	4 石杂
黑水地区	1215 年（光定亥年）3 月 27 日	1 头 6 齿牛	10 石（实付 1 石，六月再付 8 石）
黑水地区	1216 年（光定子年）5 月 16 日	1 峰二竖母驼、6 峰 1 齿母驼、1 匹栗马	90 两银（合 10 贯钱）
武威地区	1225 年（乾定酉年）9 月	1 头全齿黑牛	65 贯钱
武威地区	1226 年（乾定戊年）4 月 8 日	1 头麻黄驴	50 贯钱

从表中可以看出，牲畜买卖大多是物物相易，大部分用来交换粮食，少部分用银两和铜钱交易。夏光定子年（1216 年）五月十六日，用 90 两银购买 1 峰二齿母骆、6 峰一齿母骆驼和 1 匹栗色马，这个季节购买幼畜，显然是用于牧养。夏光定亥年（1215 年）三月二十七日，用 10 石粮食交换 1 头六齿牛，其中先交 1 石，六月二十日再付 8 石，可能是贫困农民为生产，高价购买耕畜。主人卖畜有是为换取维持生存的粮食，有是为换取春播的种子，文书中 1 名贫困农民把牲畜出卖给普渡寺，当即又以高额租金租回来，说明卖畜原因较为复杂。

土地买卖的规模比牲畜买卖有过之而无不及，目前所见黑水城田地买卖契约共 12 件，[①] 其中 10 件发生在生活困难的正月和二月。显然，这类买卖不是一般的商业交换，而是为换取维持生存的粮食或春播的种子。土地是

---

① 多年来学界只运用俄罗斯专家克恰诺夫教授译释的《西夏天盛庚寅廿二年卖地文契》，20 世纪 90 年代以来，史金波先生在整理出版《俄藏黑水城文献》时，又发现 11 件，并进行考释研究。

不可移动的固定财产，不可能在集市上现场交换，但可以通过集市交流信息，然后买卖双方现场勘察、丈量并议定价格，签订买卖契约。土地交换粮食外，还有以牲畜交换。夏天盛廿二年（1170 年），寡妇耶和氏宝引用撒 22 亩生熟地，外加 3 间房、2 棵树，换取耶和米千的 2 峰全齿骆驼、1 峰二齿骆驼和 1 头老牛。

三、高利借贷

西夏高利借贷分有抵押借贷和无抵押借贷两种。其中抵押借贷典借到期不赎者，抵押的财产任由放贷者处置。如果典借不到期，债主不和借债人商量，随意出卖借贷人抵押财产，价值在十缗以内，有官罚马一，庶人十三杖，十缗以上一律徒一年。[①] 抵押的财产有牲畜、裘皮、毡毯、衣物、帐毡、[②] 土地、房舍等动产和不动产，[③] 黑水城贷粮抵押有骆驼、牛、羊、毡等，借贷契约成立后，抵押的牲畜仍由借粮者牧养，若不能按时偿还，由债主收取。[④] 此外，还有人口抵押，为借债人的妻、子，或为其所属使军、奴仆。[⑤]《天盛改旧新定律令》规定诸人不许因官私债典父母。[⑥] 登记在册的披、甲、马等军事装备，也"不许使诸人处典当，违律者当罚钱交官。披、甲、马当给领属者，使典当者有官罚马一，庶人十三杖，不知者不治罪"。[⑦]

西夏放高利贷者有官府、[⑧] 商人、官僚地主和寺院。由于资料缺失对官

---

① 《天盛改旧新定律令》卷三《当铺门》。

② 陈国灿：《西夏天庆间典当残契的复原》，《中国史研究》1980 年第 1 期。

③ 《天盛律令》卷三《当铺门》载："官私所属畜物、房舍等到他处典当，失语而着火、被盗诈时，所无数依现卖法次等估价，当以物色相同所计钱还给，本利钱依法算取"。

④ 编号 4079—2 西夏文贷粮契："腊月三日，立契者卜小狗势先，自梁势功宝处借贷五石麦，十一石杂，共十六石。二全齿公母骆驼，一齿母骆驼抵押。日期定为九月一日还付。日过不付时，先有抵押骆驼数债实取，无异议。有争议反悔时，依官罚交杂粮、麦十五石。立契者卜小狗势，同立契梁回鹘泥，证人梁辰戌。"见史金波：《西夏经济文书研究》，社会科学文献出版社 2017 年版，第 378 页。

⑤ 《天盛改旧新定律令》卷一一《出典工门》。

⑥ 《天盛改旧新定律令》卷一一《出典工门》。

⑦ 《天盛改旧新定律令》卷六《官披甲马门》。

⑧ 《天盛改旧新定律令》卷三《催索债利门》载："诸人于官私处借债，本人不在，文书中未有，不允有名为于其处索债。""借官私所属债不能还，以人出力抵者，其日数，男女工价计量之法当与盗偿还工价相同。"

营高利运作机制尚不清楚，但推测其和宋朝官营高利贷类似，由各级官府出资经营。《太平治迹统类》卷十五载："牙头[①]吏史屈子者，狡猾，为众贷谅祚息钱，累岁不能偿。"[②] 这里以国主谅祚名义经营的高利贷或许便具有官贷性质。

出土文献中有关西夏典当商人的记述比较丰富。《天盛改旧新定律令》专列《当铺门》，详细记述了典当商人的放贷程序及相关规定。内蒙古额济纳旗黑城出土的天庆年间典谷文契，也为当代人提供了弥足珍贵的原始资料。文契都是天庆十一年（1204 年）五月书写的，各契按日相连，应是典当商人裴松寿的典当契约底账。据陈国灿先生对英藏黑水城出土的典当残契统计，裴松寿典出的大、小麦已有十四石之多，"如果按照黑水城出土的元代文书，即至元六年（1269 年）九月勒俺布一户有地一顷二十四亩，税粮三斗八升的文书来推算，仅这一部分粮食就需近四百亩土地作基础来提供，何况裴松寿支付的远不止此"。[③]

官僚地主放贷资本远比一般典当商人雄厚。黑水城出土西夏文借贷文契中的放贷人移讹成宝、千名奴小狗、罗名吉祥忠、耶和梁善随、兀尚般若山、嵬名佛护城就是党项地主首领。黑水城西夏借贷文契多次出现从使军处借贷。使军为依附主人的农奴，经济地位低下，其应是主人放贷的经手者。[④]

西夏寺院有较为雄厚的经济基础，在西夏高利放贷中占有重要位置。1989 年在甘肃省武威新华乡亥母寺洞遗址发现的《西夏乾定申年典糜契约》，记载乾定申年（1224 年）二月二十五日，立文约人没瑞隐藏犬向讹国师借糜子一斛，于同年九月一日归还。俄藏西夏文普度寺 9 件借贷文契贷出 30 石 3 斗 5 升小麦，54 石杂粮（大麦、粟、糜、谷等），只是天庆寅年（1194 年）正月二十九日到二月二日。按照常理，青黄不接的二至五月该寺始终放贷，显然其贷出粮食数量绝非小数。西夏时期特别是晚期，下层民众深深陷入高利贷的"铁桶"中。

---

① 牙头，由作"衙头"，虏语酋长所在，这里指西夏都城兴庆府。

② 《太平治迹统类》卷一五《神宗经制西夏》。

③ 陈国灿：《西夏天庆间典当残契的复原》，《中国史研究》1980 年第 1 期。

④ 史金波：《西夏粮食借贷契约研究》，载《中国社会科学院学术委员会集刊》第 1 辑，社会科学文献出版社 2005 年版，第 186—204 页。

西夏法律规定"诸人买卖及借债，以及其他类似与别人有各种事牵连时，各自自愿，可立文据"。① 法律规定的文据一般由出借方收执，常常是日期相连，一纸书写多件，每件上书写要素基本相同，包含借贷日期、借贷人和出借人姓名、借贷粮食钱物种类与数量、偿还期限及利息、违约处罚、书契人与证人姓名、画押等内容。由于借贷须直系亲属担保的缘故，经常出现借贷者和担保人的身份互换。一般情况下，借贷人和同借人是画押，证人是画指，以示区别，也有证人是画押的。画押形式多种多样，画指对比手指，在指尖和指结位置画上横线，以为标记。无论借贷人，还是保人、证人，都是具有民事能力的人，即能够对自己行为负责。《天盛改旧新定律令》规定"私人"不能随便借债，假若借债，需"当令好好寻执主者等。私人自能还债则当还债，自不能还债则执主者当还，执主者无力，则当罚借债主，不允私人用头监畜物中还债"。②

西夏货币借贷包含按日计息、按月计息、按年计息，即所谓"日交钱、月交钱、年交钱"。③ 按年计息，实际上并不是一整年，而是将月利息总计，一次写明本利总额。一般每月10%的利息，如果借3个月是30%的利息，借6个月是60%的利息，借10个月是1倍的利息。借贷者为了获得高额利息，往往按虚月计算。武威出土没水隐藏狗贷粮契，二月二十五日借，九月一日还，"一石有八斗利"，如果加上二月，共8个月，总利息80%，每月10%的利息。二月只有5天时间也计为一月，反映出高利贷对贫困农牧民的盘剥的残酷。

《天盛改旧新定律令》卷三《催索债利门》也对借贷利息做了明确规定："全国中诸人放官私钱、粮食本者，一缗收利五钱以下，及一斛收利一斛以下等，依情愿使有利，不准比其增加，其本利相等仍不还，则应告于有司，当催促借债者使还。"

西夏的计息方法和利息率与同时代的宋朝基本一致。北宋中期陈舜俞曾指出："伏见民间出举财物，其以信好相结之人，月所取息不过一分半至二分。"④ 西夏统治者极力运用法律手段维护高利贷者的利益，规定"诸人

---

① 《天盛改旧新定律令》卷三《催索债利门》。
② 《天盛改旧新定律令》卷三《催索债利门》
③ 《天盛改旧新定律令》卷三《催索债利门》。
④ （宋）陈舜俞：《都官集》卷五《奉行青苗新法自劾奏状》。

对负债人当催索，不还则告局分处，当以强力搜取问讯"。如果负债不还，十缗以下有官罚五缗钱，庶人十杖，十缗以上有官罚马一，庶人十三杖，债依法当偿还。[1] 如果在规定期限内仍不能偿还，则令借债人与同典人的妻子、媳、未嫁女等"出力典债"。出力典债的时间和"男女工价计量之法当与盗偿还工价相同"[2]，成年妇女每天按五十钱计，十至十五岁未成年每天按三十钱计，"偿钱数与工价数相等时，当依旧往回"。[3] 如果借债人"无妻子、子女、儿媳时，确不能偿债"时，将处以笞刑。欠一缗至二十缗笞四十，二十缗以上至五十缗笞六十，五十缗以上至百缗笞八十，百缗以上一律当笞一百。[4]

综上所述，西夏的高利贷非常盛行，其在官府的庇护下，竭力压榨贫困的农牧民，使这些小生产者只能重复简单地再生产。更有甚者，连简单的再生产也无法维持，仅有的一点土地、牲畜、房舍被剥夺后，变成高利贷控制下的债务奴隶或佃农。高利贷转化为超经济的强制力量，对西夏社会长期保留奴隶制残余发挥了重要的杠杆作用。[5]

第三节　对外贸易

一、宋夏贸易

西夏与北宋之间的商业贸易，是农牧两大部类经济之间的交换。北宋是古代社会经济文化高度发展时期，其经济发展水平远超西夏，但经济结构相对单一，以农业为主，畜牧业不发达，尤其是辽、西夏政权相继崛起于北方和西北后，宋廷失去辽阔的草原牧场，监马不振，正如群牧使欧阳修所说："唐世牧地，皆与马性相宜，西起陇右、金城、平凉、天水，外暨河曲之野，内则歧、豳、泾、宁，东接银、夏，又东至于楼烦，此唐养马之地也。以

---

① 《天盛改旧新定律令》卷三《催索债利门》。

② 《天盛改旧新定律令》卷三《催索债利门》。

③ 《天盛改旧新定律令》卷七《为投诚者安置门》。

④ 《天盛改旧新定律令》卷七《为投诚者安置门》。

⑤ 杜建录：《西夏高利贷初探》，《民族研究》1999 年第 2 期。

今考之，或陷没夷狄，或已为民田，皆不可复得。"① 为此，宋朝政府曾采取"牧马于民"的措施，相继推行户马、保马、给地牧马诸法，但效果并不显著。② 在这种情况下，对外交换必不可少。

西夏前期对外商业活动，主要是与北宋的商品贸易。正如宋人司马光所说："西夏所居，氐羌旧壤，地所产者，不过羊马毡毯。其国中用之不尽，其势必推其余与他国贸易。其三面皆戎狄，鬻之不售，唯中国者，羊马毡毯之所输，而茶绤百货之所自来也。故其民如婴儿，而中国乳哺之矣。"③ 虽然司马光片面夸大了西夏对北宋的经济依赖，但宋夏两国的确在经济上存在互补性，因而才维系了二者之间的商品交换。宋朝急需的是马匹等军用物资，除青白盐外，④断绝两国贸易对宋朝民众生活影响不大；但西夏急需茶绢等生活日用品，如果禁止交换，物价立即上涨，进而影响到国内普通人民的生活。

西夏与北宋商品交换有榷场、和市、贡使和走私四种贸易方式。榷场贸易是宋夏双方在沿边指定地点进行的以官方为主的大宗货物交易。景德四年（1007 年），宋朝应西夏赵德明的请求，第一次在保安军设置榷场，以缯帛、罗绮易驼马、牛羊、玉、毡毯、甘草，以香药、瓷漆器、姜桂等物易蜜蜡、麝脐、毛褐、羱羚角、硇砂、柴胡、苁蓉、红花、翎毛。非官市者，还"听与民交易"。⑤ 宋庆历六年（1046 年）宋夏两国除恢复保安军榷场外，又在镇戎军高平寨新设置一处榷场。此外，在延州、麟州等处也设有榷场，但规模比保安军、镇戎军榷场要小，属于次一级的和市。⑥

为掌握对外贸易的主动权，宋朝始终把榷场设在本国境内，拒绝在西夏境内设置榷场。⑦ 榷场的管理主要由宋朝承担，所需费用一度由三司直接拨付

① 《续资治通鉴长编》卷一九二，嘉祐五年八月甲申。

② 杜建录：《论宋代民间养马制度》，《固原师专学报》1993 年第 4 期。

③ （宋）司马光：《上哲宗乞还西夏六寨》，载《宋朝诸臣奏议》卷一三八。

④ 杜建录：《宋夏青白盐问题》，《固原师专学报》1987 年第 1 期。

⑤ 《宋史》卷一八六《食货志下八·互市舶法》。

⑥ 杜建录：《宋夏商业贸易初探》，《宁夏社会科学》1988 年第 3 期。

⑦ 《宋史》卷四八五《夏国传上》记载：大中祥符八年，夏州赵德明"筑堡于石州浊轮谷，将建榷场，诏缘边安抚司止之"。

给榷场所在州军，由州军负责开支。① 榷场交易的数额也由宋朝规定，② 鄜延、泾原两路经略安抚司，分别指挥保安军、镇戎军处理榷场方面事务，保安军、镇戎军知军直接过问榷场交易情况。宋庆历七年（1047 年），保安军榷场迁到顺宁寨后，保安军顺宁寨和镇戎军高平寨的寨官也参与榷场管理。③

榷场的治安由所在地的巡检或都巡检负责，为防止巡防军士和西夏境亲朋故旧在榷场徇私，宋大中祥符八年（1015 年）八月，宋真宗诏令"沿边榷场巡守军健，并须用驻泊兵士，不得差本州军人"。④ 榷场所在地官员不能在"场内博买物色"。⑤ 榷场勾当官和榷场指挥使负责指挥榷场交易。⑥ 榷场有牙人评定货色等级，兜揽成交。榷场设有税务进行征税，征税方式为"官中止量收汉人税钱，西界自收番客税利"。⑦ 西北远蕃卖马于宋，也需"德明榷场内，每匹纳买路绢一匹，大茶十斤"。⑧ 榷场在交易过程中，有一些经双方商定的贸易规定⑨，一般不会因榷易官的变动而更改。榷场贸易是宋夏关系的晴雨表，两国交好时开放榷场，交恶则关闭榷场，西夏只能依靠其他途径同宋朝进行商品交换。

和市又称民市，主要是为满足羌汉人民日常生活所需而设置的合法市场，其规模比榷场要小，但有固定地点，并经两国认可。宋夏沿边久良津、

① 《续资治通鉴长编》卷六八，大中祥符元年四月甲寅："增给保安军公用钱，是军最极边，以赵德明纳款置榷场，使人继至，而所费不充故也"。

② 《续资治通鉴长编》卷一五九，庆历六年十月己酉载：庆历六年（1046 年），仁宗又诏"保安军、镇戎军榷场，岁各市马二千匹，博买羊一万口"。

③ 《续资治通鉴长编纪事本末》卷八三《种谔城绥州事》云："（治平四年）癸卯，鄜延路经略司言，保安军杨定、都巡检侍其臻、顺宁寨张时庸与西人于界首议榷场事，被诱过界，并为杀"。这条记载反映出当时保安军官员与驻守顺宁寨的保安军北巡检、顺宁寨官共同处理有关榷场方面的事务。

④ 《宋会要辑稿》食货三八之二八。

⑤ 《宋会要辑稿》食货三八之二八。

⑥ 俄藏黑水城出土西夏榷场文书记载，在夏金榷场贸易中，西夏设有榷场使兼拘榷西凉府签判，由此推断西夏在对宋榷场中，也应有此类职官。

⑦ （宋）文彦博：《潞公文集》卷一九《奏西夏誓诏事》，文渊阁四库全书影印本，第 1100 册第 697 页。

⑧ 《宋会要辑稿》兵二四之一二。

⑨ 《乐全集》卷四〇《赠工部尚书蔡公墓志铭》载："范文正公宣抚陕西、河东，荐公才，任烦要，徙通判泾州，除太常博士，易鄜州。夏人请置榷场，通关市，命公会羌豪于延州，以定榷法。"（文渊阁四库全书影印本，第 1104 册第 508 页）

吴堡、银星、金汤、白豹、虾蟆、折姜等地都设有和市。此外，还有西夏统治者单方面设立的或羌汉人民私设的和市，其中有的得到了宋朝承认。宋人文彦博曾指出："自来蕃汉客旅博易往还之处，相度置立和市，须至两界首开置市场，差官监辖蕃汉客旅，除违禁物色外，令取便交相转易，官中止量收汉人税钱，西界自收蕃客税利。"①

和市在宋夏贸易中非常重要，其为数众多，在两国沿边分布，几乎所有蕃汉聚居地都有和市；其不仅设在宋朝境内，而且在西夏境内也广泛设置，如"麟、府州民多赍轻货，于夏州界擅立榷场贸易"，② 这里的榷场就是和市。"环州永和寨西北一百二十里有折姜会，庆州东北百五十里有金汤、白豹寨，皆贼界和市处也"③，是宋人眼中"奸商往来，物皆丛聚"的集市。④ 设在西夏境内的和市，宋朝往往鞭长莫及。西夏对和市贸易非常重视，专设"管勾和市"一职进行管理。⑤

贡使贸易是西夏贡奉使节携带大量货物，在宋朝境内进行的一种贸易。赵德明"称藩日久，岁遣人至京师货易，出入民间如家"。⑥"入贡至京者纵其为市"。⑦ 一般情况下西夏贡使至都亭西驿，"除卖于官库外，余悉听与牙侩市人交易"。王安石变法期间，提举市易司奏请西夏贡使货物全部由市易务收购，"一切禁其私市"。这样一来，夏使不能在民间交易所需货物；所需货物宋朝市易司又不能全部满足，甚至需要再到民间市场购买，即"本务又不能尽有，不免责买于市肆"。为此，元丰二年三月宋神宗批示"宜令仍旧"，恢复西夏贡使参与民间市场交易。

贡使贸易也有明确的章则条例，宋神宗熙宁、元丰年间（1066—1085

① （宋）文彦博：《潞公文集》卷一九《奏西夏誓诏事》。《续资治通鉴长编》卷五一，咸平五年正月甲子记载，咸平五年，继迁所部在赤沙川、骆驼口"各置会贸易"。这里的"会"就是一种定期的市场。《续资治通鉴长编》卷七二，大中祥符二年十一月乙卯记载，大中祥符二年十一月，河东缘边安抚司言："麟、府州民多赍轻货，于夏州界擅立榷场贸易"。这里的榷场实际上就是和市。
② 《续资治通鉴长编》卷七二，大中祥符二年十一月乙卯。
③ 《续资治通鉴长编》卷一三四，庆历元年十月乙巳。
④ 《续资治通鉴长编》卷一三五，庆历二年正月载范仲淹语。
⑤ 《续资治通鉴长编》卷一八五，嘉祐二年二月壬戌。
⑥ （宋）苏舜钦：《苏学士文集》卷一六《韩公行状》，文渊阁四库全书影印本，第1092册第122页。
⑦ 《宋史》卷一八六《食货志下八·互市舶法》。

年），苏辙曾"略取都亭及西驿所以待西、北人使约束，与同文馆待高丽例，轻重相比"，制定出北使、西使及高丽使条例，其中"西人诣阙贺正旦、圣节，到，许住二十日，非泛一十五日（如系商量事，候朝旨进发）；西人到阙，随行蕃落将不许出驿，或有买卖，于本驿承受使臣处出头，官为收买；西人到京买物，官定物价，比时估低小，量添分数供卖，所收加抬纳官"。①由于西夏贡使的坚决反对，宋官府同意使馆官市后，又允许其与民交易，但使馆交易的价格往往低于市场价格，导致西夏贡使减少或拒绝被宋官刻意低估价格的货物。②

尽管如此，由于宋夏之间货物存在差价，西夏依然可通过商业贸易获得巨额利润。宋元祐二年（1087年），宋人苏轼就明确指出："每一使赐予、贸易无虑得绢五万余匹，归鬻之，其直匹五、六千，民大悦，一使所获率不下二十万缗"。③

走私贸易多种多样。一是和平时期，西夏通过各种手段从宋朝换取粮食、兵器、金、银、铜铁，④货币、水银、丹漆等违禁物。宋朝出于边防战备需要，禁止战略资源出口，西夏则通过走私获取。粮食主要在沿边蕃汉百姓之间交易，但在宋人看来，"西界不稔，斛食倍贵，大段将牛、羊、青盐等物裹私博斛斗入蕃，不惟资假盗粮，兼妨沿边及时计置收籴军储"。⑤兵

① （宋）苏辙：《栾城集》卷四五《乞裁损高丽事件札子》。

② 嘉祐七年西夏贺正旦使至，"所贸易约八万贯，安息香、玉、金精石之类，以估价钱，却将回。其余硇砂、琥珀、甘草之类，虽贱亦售。尽置罗帛之旧，例价太高，皆由所管内臣并行人抬压例价，亏损远人。其人至贺圣节，即不带安息香之类来，只及六万贯"[（宋）龚鼎臣：《东原录》，文渊阁四库全书影印本，第862册第573页]。

③ （宋）苏轼：《经进东坡文集事略》卷三二《因擒鬼章论西羌夏人札子》。

④ 《续资治通鉴长编》卷二四，太平兴国八年十一月壬申："盐铁使王明言：沿边岁运铜钱五千贯于灵州市马……戎人得铜钱，悉销铸为器，郡国岁铸钱，不能充其用……"（《续资治通鉴长编》卷二四，太平兴国八年十一月壬申）宋神宗时张方子也曾说："自熙宁七年颁行新敕，删去旧条，削除钱禁，以此边关重车而出，海舶饱载而回，闻缘边州军钱出外界，但每贯收税钱而已。……钱本中国宝货，今乃与四夷共用。"

⑤ 熙宁年间文彦博曾指出："检会累降指挥，沿边诸路经略安抚使严切禁止汉人与西界私相交易、博买，非不丁宁。近访闻诸路沿边因循习俗，不切禁止，常有番汉私相交易。盖缘官司不遵守条贯，明行赏罚，是致全无畏避，及无人发摘告陈。近又闻西界不稔，斛食倍贵，大段将牛、羊、青盐等物裹私博斛斗入番，不惟资假盗粮，兼妨沿边及时计置收籴军储，今欲再下逐路经略安抚司，依累降指挥施行。"[（宋）文彦博：《潞公文集》卷一九《乞禁止汉人与西人私相交易》，文渊阁四库全书影印本，第1110册第696页]。

器是宋朝绝对禁止出口的，金银、铜铁、钱币阑出时严时宽。宋开宝三年（970 年）诏曰："铜铁不得阑出蕃界及化外"。[1]"庆历初，阑出铜钱，视旧法第加其罪，钱千，为首者抵死。"[2]"元丰八年，哲宗嗣位，复申钱币阑出之禁。"[3]"大中祥符元年，帝以京城金银价贵，以问三司使丁谓，谓言多为西贼、回鹘所市人蕃。诏约束之。"[4] 宋景德二年（1005 年），诏"弛边民铁禁"。[5] 宋熙宁七年（1074 年），"颁行新敕，删去旧条，削除钱禁，以此边关重车而出，海舶饱载而回，闻沿边州军钱出外界，但每贯收税钱而已"。[6]大量钱币自宋朝流入西夏，推动了西夏货币经济的发展。

二是两国交恶时，宋朝关闭榷场，断绝境内和市，为了弥补由此带来的损失，西夏于沿边地区进行大规模的走私活动。夏天赐礼盛国庆二年、宋熙宁三年（1070 年），宋朝对西夏采取强硬政策，拒绝贡使入境，关闭互市榷场，边境走私随之而起。次年双方商议恢复和市，神宗皇帝就此指出，"近虽令陕西、河东诸路止绝蕃、汉百姓不得与西贼交易。访闻止是去冬及今春出兵之际，略能断绝，自后肆意往来，所在无复禁止。昨于三月中，有大顺城管下蕃部数持生绢、白布、杂色罗锦、被褥、臈茶等物至西界辣浪和市，复于地名黑山岭与首领岁美泥、咩乜悖讹等交易，博过青盐、乳香、羊货不少。况近方令回使议立和市，苟私贩不绝，必无成就之理"。[7]

宋元祐二年（1087 年）二月，辅政大臣司马光在讨论西夏问题时指出："旧制官给客人公据，方听与西人交易，传闻近岁法禁疏阔，官吏弛慢，边民与西人交易者，日夕公行，彼西人，公则频遣使者，商贩中国，私则边鄙小民窃相交易，虽不获岁赐之物，公私无乏。所以得偃塞自肆，数年之间，似恭似慢，示不汲汲于事中国，由资用饶足，与事中国时无以异故也。"[8] 走私贸易不仅影响和市，而且影响到西夏对宋的态度，可见其规模之大，影响之深刻。

---

① 《宋史》卷一八〇《食货志》。

② 《宋史》卷一八〇《食货志》。

③ 《宋史》卷一八〇《食货志》。

④ 《宋会要》刑法二之一六二。

⑤ 《宋史》卷七《真宗纪》。

⑥ 《宋史》卷一八〇《食货志》。

⑦ 《宋会要辑稿》食货三八之三一。

⑧ 《续资治通鉴长编》卷三六五，元祐元年二月壬戌。

西夏有时还动用武力，迫使宋朝边吏开放私市。施昌言为环庆路经略使时，“亦禁私市，西人发兵压境，昌言遣使问其所以来之故，西人言：‘无他事，只为交易不同。’使者惧其兵威，辄私许之”。[①]

三是西夏出使宋朝的外交官员及其随从人员也参与走私活动。宋大中祥符五年（1012 年）二月，宋真宗闻“夏州贡奉人在道市物，颇或扰民”，遂“令所在有司，严示约束”。[②] 宋大中祥符七年（1014 年）十一月，鄜延路钤辖张继能上言：“赵德明进奉人，挟带私物，规免市征，望行条约”。真宗曰：“戎人远来，获利无几，第如旧制可也”。[③] 有时宋朝还专门调集货物，以备西夏使人私下交易。[④] 两国关系不稳定时，北宋则严禁西夏使人夹私交易。[⑤]

四是宋朝边吏或百姓从西夏套取马匹等违禁货物。辽宋夏金时期，宜于养马之地均在辽、夏、金境内，宋朝和沿边诸族茶马贸易以及宋夏榷场上马匹进口，[⑥] 远远不能满足宋朝骑兵建设的需求，宋代西北地区活跃着一支专事马匹贸易的商队，其从沿边吐蕃、党项地区以及西夏境内的游牧部落收购马匹，然后驱赶至沿边买马场或直接深入内地进行交换，西夏则严禁马匹出口。[⑦]

五是西夏统治者有目的走私。李继迁曾在赤沙、骆驼路等地“置会贸易”，[⑧] 这里的“会”就是西夏单方面设置的贸易市场。赵德明多遣人于庆州“赍违禁物窃市于边”。[⑨]

六是青白盐走私。青白盐是沿边羌汉人民进行交换的传统商品，宋太宗时为了困李继迁采用郑文宝建议，“绝其青盐，不入汉界，禁其粒食，不及

---

① 《续资治通鉴长编》卷三六五，元祐元年二月壬戌。

② 《续资治通鉴长编》卷七七，大中祥符五年二月丙辰。

③ 《续资治通鉴长编》卷八三，大中祥符七年十一月乙未。

④ 《宋史》卷二八六《薛奎传》记载：“赵元昊每遣吏至京师请奉予，吏因市禁物，隐关算为奸利，（薛）奎廉得状，请留蜀道缣帛于关中，转致给之。”

⑤ 《宋会要》蕃夷七之四三记载：“大观四年正月二十八日，夏国遣使入贡，五月四日，诏：‘诸西人入贡，诸色人私有交易编栏，使臣不觉察者，徒二年。引伴官与同罪，管勾行李马驼使臣减一等，并不以赦降去官原减。’”。

⑥ 《续资治通鉴长编》卷一五九，庆历六年十二月己酉。

⑦ 《天盛改旧新定律令》卷七《敕禁门》规定：“牛、骆驼、马不论大小及铠甲、军披等到敌人中去卖时，庶人造意斩，从犯当得无期、长期徒刑，有官当以官品当”。

⑧ 《续资治通鉴长编》卷五一，真宗咸平五年正月甲子，陕西转运使刘琮言：“访闻迁贼蕃部于赤沙、橐驼路各置会贸易，深虑诱熟户叛涣，请令本路部置潜军讨之”。

⑨ 《续资治通鉴长编》卷七一，大中祥符二年三月己卯。

蓄夷"。① 结果事与愿违，以致外则"戎人乏食，相率寇边"，内则"关、陇民无盐以食，境上骚扰"。② 归附宋朝的万余骑党项也叛去。宋太宗被迫派钱若水解除禁令，恢复青白盐的自由贸易。③

夏天授礼法延祚七年、宋庆历四年（1044年），历时七年的宋夏陕西之战结束，议和过程中，西夏曾提出每年向宋朝出口十万石青盐，并要求宋政府全部包买。宋廷君臣反复讨论后拒绝西夏要求。青白盐公开贸易被禁止后，随之引发严重的走私问题，大量青白盐实际上通过沿边属户及土著汉人走私到内地。

总之，宋朝在缘边设置榷场、和市进行贸易，在政治意图上含有通过经济手段安边绥远，同时也以断绝贸易来威胁或制裁西夏，是一种带有政治性的商业策略。西夏也谋求经济利益，保境息民而中止战争，但有时也为了商业贸易而发动战争。宋夏商业贸易总体而言不断繁荣发展。在宋夏两国商业交换中，西夏输出口有驼马牛羊等畜产品及毡毯、裘皮等副产品，麝脐、羱羚角、甘草、大黄、柴胡、苁蓉、红花等药物，来自中亚西域的安息香、玉石、金精石、硇砂、琥珀、蜜蜡、乳香、大石样金渡黑银花鞍辔、金渡黑银花香炉合，主要以初级产品为主。进口有缯帛、罗绮、绢䌽、布匹、被褥、幞头、帽子、锦袍、袭衣、茶叶、钱币、交抄、金银、银带、金带、金银器、瓷漆器、姜、桂、香药、薰衣香、龙脑、朱砂、谷物、米、面、酒、矾、曲以及图书、历日等，以手工制品居多，反映了宋夏两国经济生活水平和生产力发展状况。④

西夏与宋朝之间商业贸易的繁荣，对自身社会经济发展有着积极的推动作用。首先，由于畜产品的大量输出，刺激和促进了传统畜牧经济的发展。同时宋朝铁原料和手工业技术的输入，弥补了西夏金属原料的缺乏和生产技术的落后，推动了西夏兵器、农具等金属制造业的发展，使西夏的农业生产得以迅速发展。尤其是铁的输入，为西夏农业生产提供了更多的铁犁，使更大面积的荒地开垦与农田耕作成为可能。

其次，宋夏大规模的贸易，榷场、和市上宋朝缗钱的大量输入，促进

---

① 《续资治通鉴长编》卷四二，至道三年十二月辛丑。

② 《宋史》卷二七七《郑文宝传》。

③ 《宋史》卷四八五《夏国传上》。

④ 杜建录：《宋夏商业贸易初探》，《宁夏社会科学》1988年第3期。

西夏义勇武安王像

了西夏货币经济与城市商业的繁荣。宋钱在西夏社会生活中占有越来越重要的地位，成为普遍的价值尺度、流通和贮藏手段。战争年代，宋朝关闭榷场，断绝和市，西夏货源断绝，物价暴涨，民间"尺布可直钱数百"，"一绢之直八九千钱"，有时甚至高达"五十余千"。① 宋人苏轼曾说：西夏"每一使至，赐予、贸易无虑得绢五万余匹，归鬻之其民，匹五六千，民大悦。一使所获，率不下二十万缗"②。王安石也说："今蕃户富者，往往蓄缗钱二三十万"。③

最后，西夏与宋朝商业贸易加速了党项西夏封建化的进程。在中原文化的影响下，李继迁"潜设中官，全异羌夷之体，曲延儒士，渐行中国之风"；④ 李德明"礼文、仪节、律度、声音，无不遵依宋制"。⑤ 景宗李元昊立国时为笼络蕃族大姓，创制文字，建立蕃学，但蕃学使用的教材是夏译儒家经典，在学习西夏文的过程中，传播了儒家思想。这正是李元昊所需要的，因为他要建立的是封建君主国，而不是部落酋长国。

综上所述，宋夏之间的贸易往来，对于民族融合，对于中华民族经济共同体的形成和发展，都有着积极的影响。在榷场、和市、私市以及贡使贸易中，羌汉人民相互交流商品，是两国人民经济生活的共同要求，这种频繁的

---

① 《续资治通鉴长编》卷四〇五，元祐二年九月丁巳。

② 《续资治通鉴长编》卷四〇五，元祐二年九月丁巳。

③ 《宋史》卷一八六《食货志下八·互市舶法》。

④ 《续资治通鉴长编》卷五〇，咸平四年十二月丁卯。

⑤ 《西夏纪》卷六。

贸易往来，是维系中华民族共同体的紧密纽带。

二、夏辽贸易

夏辽两国畜牧生产都很发达，在经济上缺乏互补性，因而双方虽为政治盟友但贸易远不能同宋夏同日而语。从辽统和四年（986年）李继迁正式附辽起到辽朝灭亡百余年间，除景宗李元昊、毅宗谅祚时两国间有过短暂争战外，西夏每年都按例八节贡献，故两国的贡使贸易是比较兴盛的。

辽统和八年（990年）三月，李继迁遣使向辽朝进献的贡品有"细马二十匹，麄马二百匹，驼二百头，锦绮三百匹，织成锦褥被五匹，苁蓉、砒石、井盐各一千斤，沙狐皮一千张，兔鹘五只，犬子十只"[1]。后遂为定制，只在个别物品和数目上有所变化。辽朝回赐西夏的物品计有金腰带二条，细衣二袭，金涂鞍辔马二匹，素鞍辔马五匹，散马二十匹，弓箭、器仗二副，细锦绮罗绫二百匹，衣著绢一千匹，以及酒果食品。此外，辽朝还赐西夏贡奉使节"金涂银带二条，衣二袭，锦绮三十匹，色绢一百匹，鞍辔马二匹，散马五匹，弓箭、器一副，酒果不定数。上节从人白银带一条，衣一袭，绢二十匹，马一匹；下节从人衣一袭，绢十匹，紫绫大衫一领"[2]。辽朝为了笼络和褒奖西夏，还经常"优赐之"[3]。

辽重熙二年（1033年），辽兴宗下令"禁夏国使沿路私市金铁"[4]。辽清宁九年（1063年），又"禁民鬻铜于夏"[5]。从这两条禁令来看，西夏贡使一度在沿途和契丹人民做一些铜铁生意。同时也从一个侧面反映出，除铜铁等军用物资以外的商品辽朝是允许西夏贡使交易的。除贡使贸易外，辽朝还在云中西北的过腰带、上石椤坡、天德、云内、银瓮口地区设置贸易市场，让居住在附近的鞑靼及契丹人同西夏进行畜产品以及日用百货的交换，"惟铁禁甚严，夏国与鞑靼人不得夹带交易"[6]。

---

① （宋）叶隆礼：《契丹国志》卷二一《西夏国贡进物件》，文渊阁四库全书影印本第383册第775页。

② （宋）叶隆礼：《契丹国志》卷二一《西夏国贡进物件》，文渊阁四库全书影印本第383册第774页。

③ 《续资治通鉴长编》卷一四九，庆历四年五月甲申引田况语。

④ 《辽史》卷一八《兴宗纪一》。

⑤ 《辽史》卷一一五《西夏外纪》。

⑥ 《西夏纪》卷二四引《西夏事略》，又见《大金国志》卷一三。

三、诸蕃贸易

西夏与西州回鹘的贸易相当兴盛，史载回鹘土产珠玉为最，帛有兜罗锦、毛毡、绒锦、注丝、熟绫、斜褐；药有腽肭脐（即麝香）、硇砂；香有乳香、安息、笃耨。其人善造宾铁刀剑、乌金银器，"多为商贾于燕，载以橐它（骆驼）过夏地，夏人率十而指一，必得其最上品者"。[1]西夏除了抽取十分之一的过境税外，还利用占据"贸易华夷"地位，积极同回鹘商人进行商业交换。《天盛年改旧定新律令》规定，严禁向入他国贸易使团出售武器、牲畜、粮食等违禁物。若违禁出售，"庶人造意斩，从犯当得无期、长期徒刑，有官当以官品当"。如果是向大食和西州商队出售违禁品，当减二等判断。大食和西州之使臣和商人，因"是客人给予罚罪"。大食和西州商队因驮畜死亡，或因交换的货物甚多而运力不足，或需弓箭保护商队安全，或需补充粮食等给养，经有关机构批准，可以购买交易。[2]

西夏北部的蒙古诸部及其他远蕃，自来以游牧为生，肉食乳饮，特别需要饮茶帮助消化，西夏利用自己的优越地位，大量从宋朝手中套购茶叶等物品，中转出售，"以茶数斤，可以博羊一口"。[3]西夏的中转贸易，有时还做在吐蕃与中原的交换上。在靠近西夏东部边境的鞑靼人聚居地区，辽、金都先后开设过榷场，为西夏和这一地区鞑靼人的交换创造便利条件。

四、夏金贸易

宋室南迁后，西夏对外贸易的主要对象改为入主中原的金朝，交换的形式仍以传统的贡使和榷场贸易为主。"天会议和"后，西夏奉金之使，道路相继，《北行日记》卷上载西夏的贡品有"礼物十二床，马二十匹，海东青七，细狗五"。金朝的回赐计有银、绢帛、绫罗、布衣、貂裘、金带、鞍辔、书匣等，其中以绢帛、绫罗的量最大。[4]在以贡赐形式交换的同时，金朝还允许夏使在京城市场上与富商自由买卖。金大定年间（1161—1189年），由

---

① （宋）洪皓：《松漠纪闻》卷一，文渊阁四库全书影印本，第 407 册第 696 页。

② 《天盛改旧新定律令》卷七《敕禁门》。

③ 《续资治通鉴长编》卷一四九，庆历四年五月甲申。

④ 《金史》卷三八《礼志》。

于使者辄市禁物，金世宗下令只限于都亭贸易。① 夏乾祐二十一年、金明昌元年（1190年），新即位的金章宗又令"夏使馆内贸易且已"，② 禁止使馆贸易。该错误决定，遭到西夏的坚决反对，第二年金朝又恢复了夏使都亭贸易，但在时间上只限三天。

金代吴牛望月铜镜，现藏宁夏博物馆

夏金榷场贸易规模较大，金皇统元年、夏大庆三年（1141年），应西夏仁宗之请，金熙宗首先在云中西北的过腰带、上石椤坡、天德、云内、银瓮诸处置场互市。这一地区曾是夏辽贸易点，金朝在夏辽榷场的基础上，恢复和扩大了贸易。更难能可贵的是，金熙宗还在榷场上放宽了对铜铁出口的限制，③ 这是宋、辽两国都始终没能做到的。随后金朝又相继在东胜、环、庆、兰、绥德、保安等沿边州军设置了贸易榷场，其中个别是恢复北宋对西夏贸易的旧榷场。夏乾祐三年、金大定十二年（1172年），

辽三彩花卉纹碟，现藏宁夏博物馆

金世宗对宰相说："夏国以珠玉易我丝帛，是以无用易我有用也。"于是下令关闭保安、兰州两个规模较大的榷场。不久，金世宗又以西辽诸部不靖，而"边民私相越境，盗窃财畜，奸人托名榷场贸易，得以往来，恐为边患"为由，下令"复罢绥德榷场，止存东胜、环州而已"。④ 后在夏仁宗李仁孝的恳求下，金世宗才同意"绥德建关市以通货财"，而以"地无枲丝"为辞，拒绝开放保安等榷场。⑤ 直到夏天庆四年、金承安二年（1197年）才"复置

---

① 《金史》卷一三四《西夏传》。

② 《金史》卷一三四《西夏传》。

③ （宋）宇文懋昭《大金国志》卷一三《熙宗孝成皇帝》四。

④ 《金史》卷一三四《西夏传》。

⑤ 《金史》卷一三四《西夏传》。

西夏榷场收税文书

兰州、保安榷场"。①

　　黑水城出土的西夏榷场文书，是研究夏金榷场贸易的珍贵资料。② 来自西夏镇夷郡、西凉府等地的住户（商户），携带毛褐等货物，和金朝商户交换丝织品及其他生活用品。和宋夏榷场一样，两国商户不能直接交易，而是由替头③评定货色等级，兜揽承交。

　　西夏统治者非常重视榷场贸易，由银牌安排所的安排官监管，④ 榷场使依据银牌安排官的"头子"（即公文），对商户携带货物进行搜检，确定没有违禁物品，然后交由替头兜揽承交。交易结束后，榷场使向银牌安排官呈文，写明按照银牌安排官的"头子"，将某州或某府住户（商户）某人携带

① 《金史》卷一三四《西夏传》。
② 目前所见黑水城出土西夏榷场文书17件，其中俄藏15件，孙继民先生从英藏文献中考证出2件。相关研究见佐藤贵保：《ロシア藏カラホト出土西夏文〈大方广仏华严经〉经帙文书の研究——西夏榷场使关连汉文文书群を中心に》，《东トルキスタン出土"胡汉文书"の综合调查》，日本平成15年度—17年度科学研究费补助金（基盘研究［B］）研究成果报告书，研究课题番号15401021，2006年，第61—76页；杨富学、陈爱峰：《黑水城出土夏金榷场贸易文书研究》，《中国史研究》2009年第2期；杜建录：《黑城出土西夏榷场文书考释》，《中国经济史研究》2010年第1期；孙继民、许会玲：《西夏汉文"南边榷场使文书"再研究》，《历史研究》2011年第4期；许会玲：《西夏榷场使文书所见西夏尺度关系研究》，《西夏研究》2011年第2期。
③ 替头，相当于宋夏榷场交易中的"牙人"。
④ 西夏在战争和重要事务中，派出持银牌官员，宋夏战争中，宋朝曾多次俘获西夏银牌天使。

货物依法搜检，没有发现违禁物品，由替头（牙人）负责成交，并按照规定扭算上税。接着总体开列住户（商户）原带货物名称数量，博买到川绢价某某定，折充河北绢某某定，收税川绢某某定，折充河北绢某某定。随后具体开列每位住户（商户）换回的货物种类、数量、价值、税额等。

川绢与河北绢作为榷场交易的价值尺度，充当着等价物的职能。交易税也是以川绢与河北绢计算的，税率大体在2%左右，下限1.5%，上限2.5%，[①] 该税率较低，和西夏早期对回鹘商人的10%重税不能同日而语。[②]

夏金货物名目繁多，其中西夏出口有羊马骆驼等畜产品[③]及毛褐、毛罗、白缨等副产品，珠玉、香料等来自西域的商品，以及柴胡、苁蓉、大黄等中药材。金朝出口的货物有绢帛、铁器、瓷器、纸张、笔墨、书籍以及茶、姜、椒、蜜、椒、蜜等生活日用品。另外，在鞑靼居地上设置的榷场，可能还有畜产品的交易。

第四节　交通运输

西夏地居辽、宋、金、回鹘、吐蕃中间，其河西凉、甘、肃、瓜、沙五州，控制着最重要的中西陆路交通线；河套灵、夏、银、绥、宥诸州，自古是中原与北方民族交通的要道，夏州北出经天德军直达贝加尔湖，唐太宗时辟为参天可汗道，成为中原与北方民族交往的"通四夷道"。因此，西夏交通西至回鹘、吐蕃、龟兹乃至波斯大食等国，北往辽、金、鞑靼，南通宋（金）。

一、道路

兴灵路由都城兴庆府渡黄河至灵州西平府。河西兴庆府与河东灵州是西夏重要的政治经济中心，大体方圆十里内设一渡口，并向摆渡船家征税。[④]沿河渡口有大有小，《西夏地形图》在兴庆府南"古灵州"地标出"郭家渡"，

---

① 许会玲：《西夏榷场使文书所见西夏尺度关系研究》，《西夏研究》2011年第2期。

② （宋）洪皓：《松漠纪闻》卷一，文渊阁四库全书影印本，第407册第696页。

③ 《金史》卷五〇《食货五·榷场》记载："大定三年，市马于夏国之榷场"。

④ 《天盛改旧新定律令》卷一一《渡船门》规定："河水上置船舶处左右十里以内，不许诸人免税渡船。倘若违律时，当纳税三分，一分当交官，二分由举告者得"。

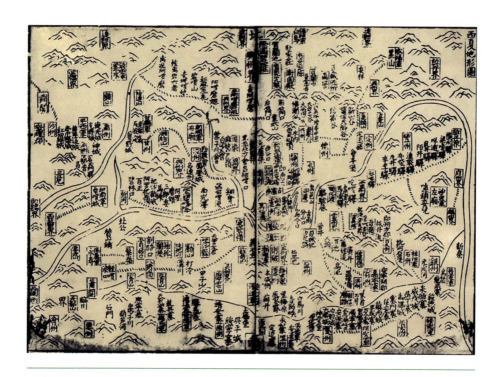

西夏地形图

图为北宋年间西北官员绘制的西夏国地理形势图。

当是比较著名的大渡口。

兴庆府至居延路《西夏地形图》标出由兴庆府向西，穿过贺兰山口，经麦阿罗磨、井阿罗磨祖、阿罗磨娘、郚麻龙瓦、碧罗山等，至黑水镇燕军司所在居延泽。

兴庆府至阴山路由兴庆府北至定州（今宁夏平罗南）、克危山（今宁夏石嘴山），然后东渡黄河，又北至阴山西段的黑山威福军司。

兴庆府至吉兰泰路由兴庆府西北越过贺兰山谷，沿戈壁沙滩，至吉兰泰附近的白马强镇军司，该线路今沿途多有西夏城址。

沿山路又名沿贺兰山大道。贺兰山自西北而东南，绵延500里，山之西为阿拉善高原，山之东为黄河平原，从克危山（今石嘴山）经西夏陵区至峡口（今青铜峡），沿贺兰山东麓形成交通大道。据《西夏地形图》，沿该大道有九条谷道可穿越贺兰山，分别为新山谷、罗保大陷谷、信宿谷、小白羊谷、大白羊谷、大像谷、横涧谷、前石门、后石门，西夏沿山麓及谷口驻守五万军队，^①用于拱卫都城兴庆府。

灵环路为灵州至环州路，又名灵武路。由灵州向南，经清边寨、圣泉（又名耀德）、浦洛河（今宁夏盐池县惠安堡）、清远军、美利寨、青冈峡、洪德，至清远军（环州）。"自过美利寨后，渐入平夏，经旱海中，难得水泉。"^②宋人宋琪指出："灵武路自通远军（环州）入青冈峡五百里，皆蕃部熟户。向来使人、商旅经由，并在部族安泊，所求略遗无几，谓之打当，亦如汉界逆旅之家宿食之直也。"

灵原路即唐代灵州至原州（今宁夏固原）路，唐末五代弃置不用，宋至道年间恢复。^③由镇戎军（古原州）出发，过萧关即入西夏，经鸣沙至灵州。宋元丰四年（1081 年）五路伐夏，刘昌祚的泾原军即由此路抵灵州城下。

灵凉路为灵州至凉州路，即唐代灵州西域道的东段。西夏时有两条：一条"自灵州过黄河，行三十里始涉沙，入党项界，曰细腰沙、神点沙，至三公沙，宿月支都督帐。自此沙行四百余里，至黑堡沙，沙尤广，遂登沙岭。沙岭，党项衙也，其酋曰捻崖天子。渡白亭河至凉州"。^④这是一条穿越沙漠的道路，宋朝使臣曾走过。另一条自灵州渡黄河，西南经应理（今宁夏中卫市）至凉州，蒙古大军攻灭西夏即选择这条路线。赵珣《聚米图经》曰："灵州西至凉州九百里"。^⑤这条路也是都城兴庆府联结河西诸州的要道，瓜、沙等州经肃、甘、凉抵达兴庆府需行四十天。^⑥

灵会路即灵州至会州大道，据《西夏地形图》，灵州西南经袋袋岭、鸣沙县、勒山、妹杷山、独孤、阑漫、割踏口、赏移口、杀牛岭，至西寿保泰军司所在的会州。

天都山五路。天都山是西夏元昊离宫所在，其地"介五路间，羌人入寇，必先至彼点集，然后议所向，每一至则五路皆竦"。^⑦这五路分别是西南经

---

① 《宋史》卷四八五《夏国传上》。
② 《资治通鉴》卷二七六，明宗天成四年注引。
③ 《宋史》卷二五七《李继隆传》。
④ 《新五代史》卷七四《于阗传》。
⑤ 《资治通鉴》卷二七六，明宗天成四年注引。
⑥ 《天盛改旧新定律令》卷一七《物离库门》。
⑦ 《宋史》卷三五三《张叔夜传》。

会州至兰州；东过萧关，然后北经鸣沙至灵州；东过萧关，东北至韦州（今宁夏同心县韦州）；西南经得胜寨（今宁夏西吉县将台）、静边寨（今甘肃静宁），可达秦州（今甘肃天水）；东南出须弥山口，经平夏城（今宁夏固原黄铎堡）至镇戎军（今宁夏固原市原州区）。①

河西河湟路为西夏河西联结河湟吐蕃道路。据《武经总要》：秦州"西北三百一十里至故渭州，又百八十里至临州，又东北二百里至兰州，北渡黄河出金城关，二百六十里至凉州松昌县，又二百一十里至凉州，五百一十里至甘州，又四百里至肃州，又九十里渡玉门关，又四百二十里至瓜州，又三百里至沙州，入洮叠州路。自州西北三百一十里至渭州，又二百里至泯州，又百九十里至洮州，百八十里至叠州"。②

夏盐路为夏州至盐州道路，也是夏州至都城兴庆府干道。自延州北至塞门寨，度庐子关，由屏风谷入夏州石堡、乌延岭，入平夏至盐州，约六百里。然后西行至兴庆府。"其路自塞门至石堡、乌延，并山谷中行，最为险狭。乌延至盐州地平"。宋太宗至道年间，宋朝五路出兵攻打西夏，其中"范廷召从此路进军，凡二十日至乌、白池会师"。③

夏绥路为夏绥等州至兴庆府道路。据《西夏地形图》，由绥州出发，沿无定河至银、石、夏三州，然后经板井流、青岭、汉州委儿、龙溧碧瓦猝、沈井移，至顺化渡过黄河，经永州抵兴庆府。

国信驿路为宋夏两国驿路。据《西夏地形图》，由宋保安军北顺宁寨④出境，经乌池、白池、人头、苦井、古雨、分山口，再西渡黄河，经永州抵兴庆府。宋人曾公亮称其为"长城岭路"。自保安军北"归娘族六十里过长城岭，北至秦王井驿入平夏，经柳泊岭并铁巾、白池、人头堡、苦井、三分山、谷口、河北九驿，至故灵州怀远镇七百里。此路自军至秦王井，在山谷口行，险狭。自秦王井地势渐宽平，经沙渍，少水泉，可掘沙为井"。⑤此路亦可直抵宥州，庆历年间宋夏议和后，"宋每遣使往，馆于宥州，终不复

---

① 鲁人勇：《宁夏交通史》，宁夏人民出版社 1988 年版，第 66 页。
② （宋）曾公亮：《武经总要前集》卷一八上《边防》。
③ （宋）曾公亮：《武经总要前集》卷一八上《边防》。
④ 《西夏地形图》标有万全寨、顺宁寨等，且靠近万全寨，实际上宋夏使节多自顺宁寨出入境。
⑤ （宋）曾公亮：《武经总要前集》卷一八上《边防》。

至兴、灵"。①

夏辽驿路为夏辽两国驿路。曾巩《隆平集》记载：西夏兴庆府东北"十有二驿，而达契丹之境"，据《西夏地形图》，这十二驿由西向东分别是马练驿、吃罗驿、启多驿、卒李驿、瓦井驿、布袋驿、连袋驿、陌井驿、乳井驿、咩逋驿、梁唆驿、横水驿。以井或水为名的驿站，反映驿站具备水源，另咩逋驿当与咩逋族有关。②

二、津渡关桥

西夏境内河流较多，黄河上游与河套大湾在西夏境内，河西走廊南部祁连山雪水汇聚成石羊河、黑河、疏勒河三大内陆水系，计有大小河流57条，横山地区有无定河、大理河等。出于生产生活与军事战争的需要，西夏在这些大小河流上，修建众多津渡桥梁。

摆渡是古代大河两岸交通的重要途径，西夏沿黄河设有24个大规模的渡口，每个渡口设税监、出纳各两名，负责征税。③另外，还设巡检兵丁维持渡口治安。这是规模比较大的渡口，还有满足两岸人民生产生活的小渡口，大致十里就有一个摆渡者。④《西夏地形图》标出三个著名的渡口，一是顺化渡，位于都城兴庆府东黄河岸边，距都城30里，过黄河后即入通往辽朝的驿路和通往宋朝的夏绥驿路；二是吕渡，位于灵州东北30里，连接都城兴庆府和灵州大都督府，通往宋朝的国信驿路需经过此渡；三是郭家渡，在雄州境内黄河边，连接通卓啰和南军司以及河湟诸州军道路。

黄河上游及其支流水流湍急，不易摆渡，同时河面较窄，易于搭建桥梁，这些桥梁大多是浮桥和木桥，见于记载的有兰州黄河浮桥、会州索桥、浩门河通济桥、廓州大通河桥、积石州黄河桥（溪哥桥）、兰州西河口京玉

---

① 《宋史》卷四八五《夏国传上》。

② 咸平二年正月，五年"以咩逋族开道使泥埋领费州刺史"，五年"咩逋族开道使、费州刺史泥埋遣子城逋入贡"，元昊立国后，咩逋族及其居地并入西夏（《宋史》卷四九一《党项传》）。

③ 《天盛改旧新定律令》卷一七《库局分转派门》。

④ 《天盛改旧新定律令》卷一一《渡船门》。

关浮桥等。① 这些桥梁多为宋政府搭建，入夏后进行维修保护，成为西夏的桥梁。西夏搭建且规模较大的桥梁有黑水桥，夏乾祐七年（1176年）仁宗李仁孝亲自为建桥碑撰写碑文。②

战争期间辽朝在河套地区的黄河上曾架设大规模浮桥，夏天授礼法延祚九年、辽重熙十五年（1046年），辽朝大举伐夏。大军渡过黄河后，西南面招讨使萧蒲奴为保证辽军退路畅通，"以兵二千据河桥，聚巨舰数十艘"，用铁索连在一起。又"布舟于河，绵亘三十余里"，派人沿河巡视，见有浮物即捞取，以防撞坏浮桥。既而辽军败退，得以顺利渡过黄河。③ 由巨舰舟船搭建浮桥，需专人打捞上游漂浮物以防撞击，该种浮桥无论搭建成本还是维护成本都非常高，不可能用于日常的生产生活。

河套灌溉农业区沟渠纵横，官私修有大小各异的桥梁道路，西夏法律对此有明确的规定："沿诸渠干有大小各桥，不许诸人损之。若违律损之时，计价以偷盗法判断"。"大渠中唐徕、汉延等上有各大道、大桥，有所修治时，当告转运司，遣人计量所需笨工多少，依官修治"。支渠上的小桥，由转运司指挥租户家主"依私修治"，并负责监管维护。如果附近家主不建桥，或建而不维护致桥破损时，"有官罚钱五缗，庶人十杖，桥当建而修治之"。渠水巡检、渠主因指挥监管不力，也要承担相应的法律责任。④

三、交通工具

车辆。西夏地势平坦，大部分道路可行车，其中一种轮径大的牛车（高车），南北朝时由敕勒人带入河套，为后世党项、契丹、蒙古等民族所沿用，为党项人游牧迁徙必备，也是商旅运输的重要交通工具。该车行路时多由马牛牵引，武威出土的西夏《重修护国寺感通塔碑》记载，凉州"车辙马迹，辐辏交会，日有千数"，这里的车当由马匹牵引。西夏出车院制造和供给的官用车辆⑤ 也主要以马匹为动力。

驮畜。西夏驮畜有骆驼、马、骡、驴及牦牛。广袤的沙漠中，既不能行

---

① 鲁人勇：《宁夏交通史》，宁夏人民出版社1988年版，第224—225页。

② 王尧：《西夏黑水桥碑考补》，《中央民族学院学报》1978年第1期。

③ 《辽史》卷八七《萧蒲奴传》。

④ 《天盛改旧新定律令》卷一五《桥道门》。

⑤ 《天盛改旧新定律令》卷一○《司序行文门》。

舟，又不能通车，货物运输，唯藉骆驼。981 年，宋遣供奉官王延德出使高昌，行经党项居地，"沙深三尺，马不能行，行者皆乘骆驼"。[①] 军队给养也以骆驼驮运为主，"凡正军给长生马、驼各一，团练使以上，帐一、弓一、箭五百、马一、骆驼五"。[②] 西夏每年派往宋、辽、金贸易使团，所需骑乘和驮运的马驼"预先由群牧司分给，当养本处，用时驮之"。[③] 使者个人所带货物，"不许由官驮负之，倘若违律时，驮物者徒六个月"。[④] 递送公文一般骑乘官牧场马匹或农牧民自养马匹，若附近没有官私马匹，属于火急公文，也可骑乘军用马匹。[⑤] 驴多在沿边山界使用，"服重致远，上下山谷"。[⑥] 在青海湖周围和祁连山地区，主要用牦牛驮运。牲畜驮运是西夏最普遍的运输方式，如黑水城出土西夏文书记录运输的胶泥便以驮计数，木料也是搬驮运送。[⑦]

木船。黄河贯穿西夏全境，西自青海，东迄天德（今内蒙古包头西），将两岸分割成若干地理单元，因此沿河摆渡和水运成为西夏又一重要交通运输方式，木船因而也成为西夏重要交通工具之一。《天盛改旧新定律令》即载有大小 24 个渡口，每个渡口设税监、出纳二名，负责征收渡船税。[⑧]

浑脱。浑脱泅渡是西夏最具特色的渡河方式。浑脱，本指将牛羊皮完整脱下，这里作名词，即完整的皮囊。《武经总要》曰："浮囊者，以浑脱羊皮吹气令满，系其空，束于腋下，人浮以渡。"[⑨] 西夏军队的装备中，每人都配浑脱，遇水作渡具，行军盛饮水，一举两得。后来，这种渡具也传到内地，北宋河北道"为羊浑脱，动以千计"。[⑩]

皮筏。皮筏为木排和浑脱相结合的水运工具。将十几只乃至数百只充气

---

① 《宋史》卷四九〇《高昌传》。

② 《宋史》卷四八六《夏国传下》。

③ 《天盛改旧新定律令》卷一九《供给驮门》。

④ 《天盛改旧新定律令》卷一八《他国买卖门》。

⑤ 《天盛改旧新定律令》卷一三《执符铁箭显贵言等失门》。

⑥ 《后汉书》卷八《孝灵帝纪》注引《续汉志》。

⑦ 杜建录、史金波：《西夏社会文书研究》，上海古籍出版社 2010 年版，第 241—272 页。

⑧ 《天盛改旧新定律令》卷一七《库局分转派门》。

⑨ （宋）曾公亮：《武经总要前集》卷一一《水战具》。

⑩ 《宋史》卷三三九《苏辙传》。

皮囊固定在木排上，制成羊皮筏或牛皮筏，皮囊处浮于水上，用来渡河或长短途运输。宋人王延德路过西夏黄河渡口，看见党项人"以羊皮为囊，吹气实之浮于水，或以骆驼牵木筏而渡"。

第八章　西夏的典章制度

西夏政治制度仿照中原而立，中书省、枢密院、御史台、宣徽院、皇城司、三司、开封府等机构设置一如宋制。宋朝以每年二十五万的"岁赐"，换取宋夏交聘中称西夏语译官名，而不直接称汉官名，形成了西夏历史上特有的"蕃官名号"。全民皆兵的部落兵制是西夏兵制的最大特点，所谓"人人能斗击，无复兵民之别，有事则举国皆来"。[①] 李元昊立国时设十二监军司，后又增加到十八监军司，"委豪右分统其众"。[②] 西夏中期在监军司之上设统军司，统军司长官由中央选派，进一步加强了对地方豪酋的控制。西夏重视法制建设，景宗李元昊"案上置法律"，袭封后"明号令，以兵法勒诸部"。西夏各朝不断修律，存世有崇宗贞观年间（1101—1113 年）的《贞观玉镜将》、仁宗天盛年间（1149—1169 年）的《天盛改旧新定律令》以及 12 世纪至 13 世纪的《法则》《亥年新法》等。

第一节　皇室制度

一、君主制度

宋天圣六年（1028 年），李德明立子李元昊为太子，从此确立了嫡长子继承制。成书于夏天盛年间（1149—1169 年）的法律规定，"皇帝之长子者，年幼时曰皇子，长成时依次升顺：国王、太子等应令取何名，依时节朝廷计行"。皇太子以下皇子长成后，应封诸王、三公等名号，亦"依时节朝廷分别实行"。[③] 由于种种原因，除景宗、惠宗、崇宗、仁宗、桓宗五帝外，其

---

① 《续资治通鉴长编》卷二一七，熙宁三年十一月乙卯。
② 《宋史》卷四八五《夏国传上》。
③ 《天盛改旧新定律令》卷一〇《司序行文门》。

他诸帝均非嫡出。

君主拥有至高无上的权力，是西夏的最高统治者，西夏文《官阶封号表》残卷正中首列太皇帝，然后依次为皇帝、皇太子、上品、下品、六品、七品，"皇帝之'皇'为'天'意，皇帝即天帝，示其地位至高无上"。① 皇帝至高无上的权力地位是神圣不可侵犯的，如果"谋逆官家（皇帝），触毁王座者，有同谋以及无同谋，肇始分明，行为已显明者，不论主从一律皆以剑斩，家门子兄弟节亲连坐"，畜物没收入官。② 作为最高统治者，夏主在法律上享有种种特权，帝之族亲犯罪，"服五个月至九个月丧服当减四等，服三个月丧服当减三等，未入服当减二等"；帝之姻亲犯罪，也给予相应议减。③

西夏皇帝画像，出土于黑水城遗址

二、后妃制度

西夏实行一后多妃制，《官阶封号表》有太皇太后、太皇妃、皇太后、太后、皇后、嫔妃等后妃等级与名号。④ 李德明共娶三姓女子，卫慕氏、咩迷氏、讹藏屈怀氏，宋天圣六年（1028 年）立卫慕氏为后。景宗李元昊娶七女，一曰米母氏，即母舅女卫慕氏，二曰索氏，三曰都罗氏，四曰咩迷氏，五曰野利氏，六曰耶律氏，七曰没㖚氏。⑤ 夏天授礼法延祚元年（1038年），景宗李元昊尊母卫慕氏为皇太后，立妃野利氏为皇后。崇宗李乾顺向

---

① 史金波：《西夏文〈官阶封号表〉考释》，《中国民族古文字研究》第三辑，天津古籍出版社 1991 年版。

② 《天盛改旧新定律令》卷一《谋逆门》。

③ 《天盛改旧新定律令》卷二《八议门》。

④ 史金波：《西夏文〈官阶封号表〉考释》，《中国民族古文字研究》第三辑。

⑤ 《续资治通鉴长编》卷一六二，庆历八年正月辛末；《宋史》卷四八五《夏国传上》作五娶。

慕汉文化，先后纳汉人女曹氏、任氏为妃，夏大德四年（1138年）又立任氏为后。还有出身党项大族的罔氏"聪慧知书，爱行汉礼"，夏仁宗见其贤，乃立为后。

西夏皇帝多幼年嗣位，往往形成母后临朝，外戚专权的局面。毅宗李谅祚周岁即位，母后没藏氏摄政，没藏讹庞任国相。惠宗李秉常8岁即位，母后梁氏垂帘听政，梁氏弟梁乙埋任国相，梁乙埋女为皇后。崇宗李乾顺即位后，第二代梁太后摄政，国相梁乙埋的儿子梁乙逋自立为相，形成西夏历史上"一门二后"的局面。

三、宫廷制度

西夏宫廷制度仿照唐宋，景宗李元昊立国时，以六日为常参，九日为起居，均由宰相押班，百官穿朝服，以次序朝谒，行三拜礼。如果执笏不端，行立不正，不穿朝服以及不按时上朝，根据情节轻重予以处罚。夏仁宗天盛年间（1149—1169年），宫廷制度趋于成熟，大小臣僚若不来上朝，或虽来而不穿朝服，则依律给予严惩。"节亲、宰相等一番不来罚五缗，不服朝服罚三缗。二番不来罚七缗，不服朝服罚五缗。自三番以上不来一律罚十缗，不服朝服罚七缗；驸马、次等司正、中书枢密承旨等，一番不来罚三缗，不服朝服罚二缗。二番不来罚五缗，不服朝服罚四缗。自三番以上不来一律罚七缗，不服朝服罚五缗。"律令对中等司正、次等司承旨以下有品官以及杂官和未任职位官不来朝，或不服朝服也有明确的处罚规定。此外，汉臣僚上朝须戴汉式头中，皇帝坐奏殿时，"奏者不许过于御道，违律时有官罚马一，庶人十三杖"。①

内宿、帐门后宿、门楼主、内宫承旨、神策、前内侍、外卫等宿卫人员或把守门禁，或昼夜巡逻，或御前待命，其素质及忠诚，直接关系到皇帝安危。因此，必须人根清洁，并有"只关者"担保，方可充任。宿卫人员不按时集中，擅离职守，迟到一日徒一个月，二日徒两个月，三日以上徒三个月，是首领则加重处罚；当值时若饮酒，庶人徒一个月，有官罚马二。②

内宫待命人员入宫，需持"内宫待命"牌，并经门禁人员查验，报请

---

① 《天盛改旧新定律令》卷一二《内宫待命等头项门》。
② 《天盛改旧新定律令》卷一二《内宫待命等头项门》。

相关负责人同意后方可入内；"除因公奉旨带刀、剑、弓箭、枪、铁杖种种武器以外，不许诸人随意带武器来内宫"；假传圣旨入宫者以谋逆罪论；于内宫内射箭、投掷从重判断；不许服丧服、披发、冬戴凉笠入内宫；不准在宫中擅自燃火；非当值内宿人员不许随意在宫中夜宿；内宫殿门、帐下门、宫大门、城门应按时关闭；医人、小监依宫中规定出入，不准自行出入御药房；"内宫库局分人每日领取钥匙者，晚夕则当依法交还"；当值庖人、仆役、采薪灌水者不许至帐下，若传送食馔，当经诸门上宫女、都监、小监依次传递；内宫中匠人所用工具，当由守门内宿持送。[1]

西夏文"内宿待命"铜牌

第二节　职官制度

一、机构设置

《天盛改旧新定律令》卷一〇《司序行文门》，将中央与地方机构按品级划分为上、次、中、下、末五等，并对各司官员的职数做出明确规定：

1. 上等司职数。中书、枢密各六大人、六承旨。

2. 次等司职数。中兴府、殿前司二司八正、八承旨；御史、大都督府、西凉府三司六正、六承旨；三司四正、八承旨；内宿司六承旨；宣徽、皇城司、瓯匣司三司一律四正、四承旨；阁门司四奏知；御庖厨司三大人；道士功德司一正、一副、一判、二承旨；在家功德司六国师、二合管、四副、六判、六承旨；出家功德司六国师、二合管、六变道提点、六承旨；府夷州、

---

[1] 《天盛改旧新定律令》卷一二《内宫待命等头项门》。

中府州一正、一副、一同判、一经判。

3. 中等司职数。都磨勘司、农田司、受纳司、大恒历司一律四正、四承旨；都转运司六正、八承旨；群牧司、陈告司六正、六承旨；磨勘军案四正；鸣沙城司一城主、一副、一通判、一城守；审刑司二正、二承旨；前宫侍司六承旨；养贤务、资善务、回夷务三司一律二正、二承旨；华阳县、治源县二司一律四大人；五原郡一城主、一副、一通判、一城守；圣容提举司一正、一副；东院、五原郡、韦州、大都督府、鸣沙郡、西寿、卓啰、南院、西院、肃州、瓜州、沙州、黑水、啰庞岭、官黑山、北院、年斜、南北二地中、石州二十种司一律刺史一人；京师工院二正、二副、四承旨；卜算院、医人院二司依事设职，大人数不定；石州、东院、西寿、韦州、卓啰、南院、西院、沙州、啰庞岭、官黑山、北院、年斜等十二种监军司一律二正、一副、二同判、四习判；肃州、瓜州、黑水、北地中、南地中五种监军司一律一正、一副、二同判、三习判；虎控军、威地军、大通军、宣威军四种军一安抚、一同判、二习判、一行主。

4. 下等司职数。行宫司四正；择人司四承旨；南院行宫三司四正、四承旨；西院、大都督府二种转运司四正、四承旨；南院转运司四正、六承旨；寺庙山、卓啰、肃州、瓜州、沙州、黑水六种转运司二正、二承旨；北院、南院、肃州三种工院一正、一副、二承旨；西院、沙州二种经治寺二大人、二承旨；官黑山转运司二正、四承旨；马院三承旨；永便、孤山、魅拒、西宁、边净、末监、胜全、信同、应建、争止、甘州、龙州、远摄、合乐、真武县、年晋城、定功城、卫边城、折昌城、开边城、富清县、河西县、安持寨等二十三种地边城司一律一城主、一通判、一城观、一行主；西院城司一城主、一同判、一城守；定远县、怀远县、临河县、保静县、灵武郡等五种郡县一律二城主、二通判、二经判。

5. 末等司职数。木工院、砖瓦院、纸工院三种一律四头监；刻字司、织绢院二种一律二头监；造房司、制药司、铁工院、首饰院、番乐人院、汉乐人院等六种依事设职，大人数不定；讹尼寨一寨主、一副；出车院二小监；绥远寨、西明寨、常威寨、镇国寨、定国寨、宣德堡、安远堡、夏州、凉州九种一寨主、一寨副、一行主；宥州城司一城主。

五等司以外的巫提点、执飞禽提点派遣大人一至二人。前述诸司的都案、案头亦有明确规定。①

西夏的职官特色鲜明。一是地方州主、城主以及规模较大的寨主往往带朝官衔或使衔。夏天授礼法延祚三年、宋康定元年（1040年）九月，宋环庆路副部署任福偷袭白豹城成功，"凡烧庐舍、酒务、仓草场、伪太尉衙"。② 这里太尉衙是白豹城城主衙，因为带太尉衔，任福等称太尉衙，而不称城主衙，以显示自己的战绩。相关文献记载的还有指挥使、防御使、刺史、团练使、左右侍禁等数十种，且不分番汉均可充任。③

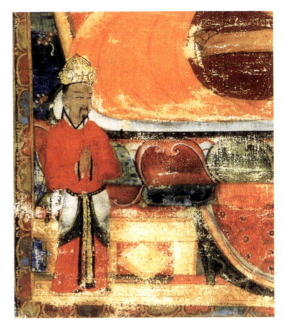

西夏官员像，出土于黑水城遗址

二是重视财赋征收与监管。西夏在京畿中兴府、大都督府设置都转运司，和群牧司、农田司平行，属中等司；在沙州、黑水、官黑山、卓啰、南院、西院、肃州、瓜州、寺庙山等地设置转运司，和地边城司平行，属下等司。

三是加强官营手工生产管理。西夏将木工院、砖瓦院、纸工院、刻字司、织绢院、造房司、制药司、铁工院、首饰院等纳入职官体系。

二、官吏选任

夏天授礼法延祚元年（1038年），景宗李元昊立国，立文武班，"分命蕃汉人为之"，并初步建立起官吏选拔任用制度。西夏中期以后，随着社会

---

① 参见《天盛改旧新定律令》卷一〇《司序行文门》。

② 《续资治通鉴长编》卷一二八，康定元年九月壬申。

③ 《续资治通鉴长编》《宋史》、宋人笔记文集有关宋夏争战、交聘记载中，多提到这些官名。

的进步与中央集权的加强，官吏的选任制度日趋健全，形成科举、恩荫、世袭以及铨选并存的选官制度。

1. 世袭。世袭是党项部落制下的一种选任制度。西夏立国后长期保留党项社会的部落制度，大小部落首领世代承袭，"父死子继，兄死弟袭，家无正亲，则又推其旁属之强者以为族首，多或数百，虽族首年幼，第其本门中妇女之令亦皆信服"①。宋人范纯粹也曾指出："臣观边人之性，以种族为贵贱，故部酋之死，其后世之继袭者，虽乃稚之子，亦足以服老长之众，何哉？风俗使之然也。"② 这些世代承袭的部落首领，又世代为各级军政首领，景宗李元昊"置十二监军司，委豪右分统其众"。③"发兵以银牌召部长面受约束"。④ 西夏中期，中央集权得到进一步加强，但世袭制度仍继续保留下来。《天盛改旧新定律令》卷十《官军敕门》规定："国内官、军、抄等子孙中，大姓可袭，小姓不许袭，若违律小姓袭时，有官罚马一，庶人十三杖"。同时混生子亦"不许袭抄、官、军，当以自亲子袭"。"诸人袭官、求官、由官家赐官等，文官经报中书，武官经报枢密，分别奏而得之。"

2. 恩荫察举。恩荫察举是比世袭进步的选任制度，既照顾家世出身，又考察能力才干。夏贞观十二年（1112 年），崇宗李乾顺"命选人以资格进，凡宗族、世家议功、议亲，俱加番汉一等，工文学者，尤以不次擢"，⑤ 具有恩荫察举性质。当时宗室李仁忠、李仁礼"通蕃、汉字，有才思，善歌咏。始任秘书监，继擢仁忠礼部郎中、仁礼河南转运使"。夏元德二年（1120 年）"二人自陈先世功"，崇宗李乾顺乃封仁忠为濮王，仁礼为舒王。⑥

3. 科举。夏人庆四年（1147 年），仁宗李仁孝"策举人，始立唱名法"。⑦这是最早关于西夏科举取士的记载。在此之前，夏景宗建蕃学，"于蕃、汉官僚子弟内选俊秀者入学教之，俟习学成效，出题试问，观其所对精通，所书端正，量授官职，并令诸州各置蕃学，设教授训之"。⑧ 这已经具有科考

① 《宋史》卷一九一《兵志五》。
② 《续资治通鉴长编》卷三八九，元祐元年十月戊戌。
③ 《宋史》卷四八五《夏国传上》。
④ 《宋史》卷四八五《夏国传上》。
⑤ 《西夏书事》卷三二。
⑥ 《西夏书事》卷三三。
⑦ 《宋史》卷四八六《夏国传下》。
⑧ 《西夏书事》卷一三。

西夏壁画男性贵族供养人，出自甘肃瓜州榆林窟第 29 窟

取士的性质，只不过没有科考之名。西夏的科举分番汉两种，番科考西夏文儒经，汉科考汉文儒经，所谓"番科经赋与汉等，特文字异耳"。① 西夏后期许多名臣政要乃至国主都是通过科举考试选任而出。夏仁宗时名相斡道冲，八岁以《尚书》中童子举，成年后通《五经》，为蕃汉教授，官至中书宰相。② 第八代皇帝神宗李遵顼，"始以宗室策试进士及第，为大都督府主"③ 夏神宗时史部尚书权鼎雄亦是进士及第，"天庆（1194—1205 年）中举进士，以文学名授翰林学士"。④ 夏末名臣高智耀，"字显道，曾大父西夏进士第一

---

① （元）佚名：《庙学典礼》卷一《秀才免差发》。
② 《道园学古录》卷四。
③ 《宋史》卷四八六《夏国传下》。
④ 《西夏书事》卷四一。

西夏文臣头像

人"。① 高智耀又"登本国进士第，夏亡，隐贺兰山"。② 幼年投靠成吉思汗的西夏皇室子弟察罕，其父曲也怯祖也"于夏国尝举进士第一人"。③ 西夏后期出身科考的既有帝王将相，又有文人学士，甚至出现一门两代进士，不过依据《天盛改旧新定律令》，这一时期西夏选任官员的主要途径不是科举，而是铨选。

4.铨选。铨选是在较大范围内考察选拔任用官吏。根据《天盛改旧新定律令》规定，中书、枢密都案当于本司正案头及经略、次等司正都案中遣；经略使处都案于中书、枢案正案头及次等司都案、经略本司正案头中遣；次等司都案于中书、枢密、经略使司正案头、中等司正都案以及本司正案头中遣；中等司都案于次等司正案头派正都案及权案头；下等司都案于中等司正案头、中书、枢密司吏等派正都案，于中等司权案头、次等司司吏等派权都案；末等司都案于下等司、本司正案头、次等司司吏等派正都案及权案头，中等司司吏等派权都案。

上述为吏员选派，诸司大人的铨选也有规定，京师诸司大人、承旨及任职人等遣往地边任监军、习判、城主、通判、城守等时，是临时任职则京师现职务保留，如果是正式任职，"则前京师所任职处不许有名"。若违律时，有官罚马一、庶人十三杖。"节亲、宰相遣别职上提点时，当报中书、枢密，然后当置诸司上"。"节亲、宰相之外，其余臣僚往为地边正统时，当报中书、枢密、经略司等，然后置诸司上。副统者，当报中书、枢密、经略、正统等处，与次等司传导，然后置诸司上"。④

与西夏同时代的宋朝禁止他官转入中书门下两省及御史台，而由皇帝特

① 《道园类稿》卷二五。
② 《元史》卷一二五《高智耀传》。
③ 《道园类稿》卷四二。
④ 上见《天盛改旧新定律令》卷一〇《司序行文门》。

别恩授。①《天盛改旧新定律令》没有他官转入中书、枢密的规定，从景宗李元昊立国时以嵬名守全、张陟、张绛、杨廓、徐敏宗、张文显辈主谋议，以钟鼎臣典文书、以成通、克成赏、如定多多马、窦惟吉等主兵马，野利仁荣主蕃学②的情况来看，这些重要职位当由皇帝特别恩授。

三、考核奖励

西夏官员一般任期三年，三年期满后，则根据不同情况确定是否留任或迁转，其中中书、枢密承旨、诸司大人承旨、边中刺史、军主、同判、习判、边中诸司都案、夜禁、铸铁等提点、渠水、捕盗等三年满当迁转；中书、枢密大人、诸司案头、司吏三年期满后继续留任，不予迁转；中书、枢密都案及京师诸司都案，"三年完毕应不应续转，依时节奏报实行"。③

此外，专业技术岗位，他人无法替代，因而也需留任，不能迁转。如史院、医人院、乐人院、卜算院等依事设职，勿续转；铁工院、造房院、制药司、首饰院、砖瓦院、纸工院等"有匠人大人者勿续转，非匠人，其余官吏中所遣则当续转"。④

在确定迁转还是留任的同时，还需对官员三年来的绩效进行考核，如果三年内无住滞，不误入轻杂，则中书、枢密、经略等别计官赏，其余依次中下末四等人得官赏；次等升一级，大锦一匹，银十五两，茶绢十。中等升一级，大锦一匹，银十两，绢三段，茶四坨。下等升一级，杂花锦一匹，银七两，茶三坨，绢二段。末等升一级，紧丝一匹，银五两，茶绢二。中书、枢密都案依下等司正法则得官赏。⑤

若任职期间受到降官、罚马处分，当按照文武次第报送中书、枢密，记录在案。三年迁转考核时，降一官，被罚马者，罚一次者可得官，不得赏；罚二次者得半赏；不得官，罚三次者官、赏皆不得。⑥

---

① 张晋藩主编：《中国法制通史》（宋代卷），法律出版社 1999 年版，第 108 页。
② 《宋史》卷四八五《夏国传上》。
③ 《天盛改旧新定律令》卷一〇《续转赏门》。
④ 《天盛改旧新定律令》卷一〇《司序行文门》。
⑤ 《天盛改旧新定律令》卷一〇《续转赏门》。
⑥ 《天盛改旧新定律令》卷一〇《续转赏门》。

四、赴任规定

官吏任命后，必须在规定期限内赴任，若逾期不赴任，将受到法律的制裁。其中大人、承旨、习判、都案、案头等逾期一二日罚五斤铁，三四日罚十斤铁，五日至三十日分别处以十三杖至三年徒刑；司吏、使人、都监不赴司职时，一日至十个月以上笞十五至徒三年。对因故不能赴任的宽限，须经严格审批，京师所属诸司大人、承旨延期一至十日经阁门司奏报，十日以上经中书奏报。诸司都案二十日期间当报属司，二十日以上当报中书，中书、枢密大人酌计限期。其余案头、司吏等当报于本司大人，应酌计给予宽限。

第三节　军事制度

一、军队统御系统与军种

夏景宗李元昊立国时，在中央设枢密院、翊卫司、飞龙院等机构。枢密院是西夏最高的军事机构，秉承皇帝的旨意，处理军机，统御全国军事力量，长贰有枢密使、左右枢密使、都枢密使、枢密都招讨使、枢密都承旨、枢密副都承旨、枢密直学士等；翊卫司掌宫廷宿卫，扈从车驾；飞龙院掌御马供养事宜。在地方上置十二监军司，后增加到十八监军司，监军司设都统军、副统军、监军使，由党项豪酋充任，其下设指挥使、教练使、左右侍禁等数十员，且不分番汉，均可充任。

西夏中期后，又在中央设置殿前司、内宿司、皇城词、马院司，[①] 代替前期翊卫司与飞龙院的职能。地方在监军司之上设经略司，地方重大军务、政务、财务要报经经略司同意。此外，还设统军司、正统司，夏光定九年、金兴定三年（1219年）二月，金国"元帅左都监承立，以绥德、保安之境，各获夏人统军司文移来上，其辞虽涉不逊，而皆有保境息民之言"。[②] 从机构名称来看，这一时期很可能是枢密院掌调兵权，经略司、皇城司、统军

---

① 《天盛改旧新定律令》卷一〇《司序行文门》。
② 《金史》卷一五《宣宗纪》。

司、正统司、监军司等掌领兵权，相互制约，最终听命于皇帝。

西夏军队从性质与任务上，可分为皇帝侍卫军、兴灵镇戍军、擒生军、监军司兵四种。[1] 皇帝侍卫军由皇帝直接掌握，景宗李元昊立国之初，"选豪族善弓马五千人迭直，号六班直，月给米二石。铁骑三千，分十部"[2]。这十部的队长分别是，一妹勒，二浪讹遇移，三细赏香埋，四理奴，五杂熟屈得鸠，六隈才浪罗，七细母屈勿，八李讹啰岩名，九细母嵬名，十没罗埋布。景宗元昊"每出入，前后环拥，设备甚严"。[3]

兴灵镇戍军，西夏前期"贺兰驻兵五万，灵州五万人、兴州兴庆府七万人为镇守"，[4] 这十七万镇守中，"精练者又二万五千，别副以兵七万为资赡"。[5] 一般军队一名正军配备一名负赡，二万五千兴灵兵却配有七万负赡，每名正军配备三名负赡，可见其精练程度。

擒生军是执行特别突击任务的精兵，景宗李元昊时"分兵为左右厢，诸酋各选精骑，目为生刚捉生"。[6] 当为"擒生军"的前身，后来出于对外战争的需要，将其扩编到十万人，以备战时点集调遣。[7]

监军司兵具有边防与镇守地方双重性质，景宗李元昊时的十二个监军司分别是左厢神勇军司，驻今陕西府谷县无定河西；石州祥祐军司，驻今陕西横山东北无定河畔；宥州嘉宁军司，驻今内蒙古鄂托克前旗宥州古城；韦州静塞军司，驻今宁夏同心县韦州镇；西寿保泰军司，驻今宁夏海原县高崖乡草场古城；卓啰和南军司，驻今甘肃永登县庄浪河西南；右厢朝顺军司，驻今甘肃武威西北；甘州甘肃军司，驻今甘肃张掖市甘州区；黑水镇燕军司，驻今内蒙古额济纳旗黑水古城；白马强镇军司，驻今内蒙古阿拉善盟左旗

---

① 参考陈炳应：《西夏军队的兵种兵员初探》，《固原师专学报》1989 年第 1 期。

② 《宋史》卷四八五《夏国传上》。

③ 田况：《儒林公议》卷上；《天盛律令》卷一二《内宫待命等头项门》对侍卫待命的职责做了详细的规定；传世的西夏符牌中有"内宿待命"和"后门宫寝待命"等腰牌。

④ 《宋史》卷四八五《夏国传上》。

⑤ 《宋史》卷四八六《夏国传下》。

⑥ 《儒林公议》卷上，文渊阁四库全书影印本，第 1036 册第 280 页。西夏的擒生军相当于宋朝西北沿边的捉生军，《续资治通鉴长编》卷一二三，宝元二年四月丁卯记载："环庆钤辖高继嵩言，今元昊将举兵寇延安，请令石、隰州发五关塞捉生兵，夜济大河，入定仙岭铁茄平，设伏掩袭。从之"。显然，捉生军是完成急难险重任务的生力军。

⑦ 《宋史》卷四八六《夏国传下》。

铁马镫

北；黑山威福军司，驻今内蒙古阴山南。

从皇帝侍卫军、兴灵镇成军、擒生军、监军司军的装备、技能以及作战方式上看，西夏的军队又可分为骑兵、步兵、炮兵、水兵与强弩兵，其中骑兵最为重要。由党项"豪强子弟亲信者"组成的精锐骑兵又称"铁骑"或"铁鹞子"，战斗中"以铁骑为前军，乘善马，重甲，刺斫不入。用钩索绞联，虽死马上不坠"。① 夏天祐民安三年（1092年），攻宋战役中，以"铁鹞子数万迫近洪德砦"。② 说明西夏铁骑的数量是相当可观的。

西夏步兵人数最多，其中最精锐的步兵由山间部落组成，叫作"步跋子"，"上下山坡，出入溪涧，最能逾高超远，轻足善走"。在山谷深险之处与敌军作战，"多用'步跋子'以为击刺掩袭之用"。③

西夏炮兵人数较少，"有砲手二百人，号'泼喜'，陡立旋风砲于骆驼鞍，纵石如拳"④。

西夏水军设在大河两岸，人数虽少，但比较活跃。夏天赐礼盛国庆二年、宋熙宁三年（1070年）宋朝令吕公弼设防，以阻西夏水军于石州渡河。⑤ 夏天祐民安二年、宋元祐六年（1091年），"西界水贼数十人浮渡过河，射伤伏路人"。⑥

西夏出产良弓，夏景宗李元昊与宋军交战中，始纵铁骑冲击宋军，"继

① 《宋史》卷四八六《夏国传下》。
② 《续资治通鉴长编》卷四七九，元祐七年十二月壬申附注。
③ 《宋史》卷一九〇《兵志四》。
④ 《宋史》卷四八六《夏国传下》。
⑤ 《宋会要辑稿》方域八之二七。
⑥ 《续资治通鉴长编》卷四六四，元祐六年八月癸丑。

以步奚挽强注射，锋不可当"①。
夏崇宗李乾顺时，根据晋王嵬
名察哥建议，单独设置强弩军，
"平居则带弓而锄，临戎则分番
而进"。②

弩机，出土于宁夏固原，现藏宁夏博物馆

二、全民皆兵的部落兵制

全民皆兵的部落兵制是西夏
兵制的最大特点，所谓"人人能
斗击，无复兵民之别，有事则举
国皆来"。③"其民一家号一帐，男年登十五为丁，率二丁取正军一人。每负
赡一人为一抄。负赡者，随军杂役也。四丁为两抄，余号空丁。愿隶正军
者，得射他丁为负赡，无则许射正军之疲弱者为之。故壮者皆习战斗，而得
正军为多"。④

部落兵制的另一特点是军抄由长门继承，若袭抄长门（长子）年幼，将
由辅主代为正军，"待彼长成，则本人当掌职"。如果案头、司吏长门（长子）
不识文字，则当以本抄中幼门节亲通晓文字者承袭案头、司吏抄官。若违律
应袭抄官而不使袭抄官时，则袭者、命袭者有官罚马一，庶人十三杖。"其
应袭抄者袭抄"。内宿、后卫、神策、内宫侍、臣僚、稗官、巫、阴阳等待
命者革职时，"可遣同姓五服最近亲为继。若无，则遣同姓辅主或不同姓辅
主谁最勇健强悍者为继抄"。⑤

六十抄以上的军溜，"掌军首领可与成年儿孙共议，依自愿分拨同姓类
三十抄给予"。掌军首领所统人众势单力薄，不能单独成溜时，则按部溜盈
能相同顺序，允许自愿则结合为"班"，⑥即在同部类中合并重组，以维护种
落兵制。

---

① 《宋史》卷二九二《王尧臣传》。
② 《西夏书事》卷三一。
③ 《续资治通鉴长编》卷二一七，熙宁三年十一月乙卯。
④ 《宋史》卷四八六《夏国传下》。
⑤ 《天盛改旧新定律令》卷六《抄分合除籍门》。
⑥ 《天盛改旧新定律令》卷六《行监溜首领舍监等派遣门》。

在部落兵制下，各级军事长官实际上是大小部落的首领。监军司设都统军、副统军、监军使各一员，均由宗族大首领充任。①统军、监军之下，为统领数百帐乃至上千帐的团练、观察与刺史。②统领百十帐的盈能、副溜、行监、舍监一般中为小首领，其中"盈能、副溜有应派遣时，监军司大人应亲自按所属同院溜顺序，于各首领处遴选"。

豪族大酋通过层层的军事组织，实现对部族的控制，并在族内拥有很高的威望，"西贼首领，各将种落之兵，谓之一溜，少长服习，盖如臂之使指。既成行列，举手掩口，然后敢食，虑酋长遥见"③。夏永安元年、宋元符元年（1098年），宋将折可适俘获西夏天都统军嵬名阿埋与监军妹勒都逋，"其诸族帐首领见捕获此二人，接续扶携老幼争来投降，并欲依附都逋等"。④

为保证全民皆兵的部落兵制落到实处，西夏实行严格的兵役登记制度，男子年十五成丁，开始服兵役，"年至七十入老人中"。老弱残疾可以免服兵役，但必须进行严格审查，要"于大人面前验校，医人当看检，是实，则可使请只关、担保者，应入转弱中"。如果逃避兵役，"以壮丁入转老弱，亦按人数多少、年岁长幼，比及丁不注册隐瞒之正军、首领、主簿知闻之罪状当依次各加一等"。还有"诸人现在，而入死者注销，及丁则当绞杀，未及丁则依钱量按偷盗法判断"。⑤

现役丁壮的名册由专职主簿负责登记，大致一百抄以内遣主簿一人，一百抄以上一律遣二人。每年纳军籍磨勘时，"畿内四十日，地中五十日，边地两个月以内皆当磨勘完毕"。然后上报中央磨勘。如果地方监军司行动迟缓，没能在规定期限内上报，要按律治延误罪。此外，群牧司、农田司、功德司三司所属人马注销时，"当经由所属司，每隔三月报送殿前司一次，其中不按时报送延误者，其大小局分人等有住滞，则依迟误文书罪判断"。⑥

---

① 《宋史》卷四八六《夏国传下》载，宋元丰四年"追袭其统军仁多唛丁"，元丰七年"杀其首领仁多唛丁"。显然西夏统军仁多唛丁为党项宗族大首领。

② 《西夏书事》卷一五载："元昊以官爵縻下，沿边逐族首领管三五百帐，悉署观察、团练之号。"

③ 《续资治通鉴长编》卷一三二，庆历元年五月甲戌。

④ 《续资治通鉴长编》卷五〇五，元符二年正月甲辰。

⑤ 《天盛改旧新定律令》卷六《抄分合除籍门》。

⑥ 《天盛改旧新定律令》卷六《抄分合除籍门》。

三、装备与保障制度

西夏军队的战具分国家配备与自备两种，"凡正军给长生马、驼各一。团练使以上，帐一、弓一、箭五百、马一、骆驼五，旗、鼓、枪、剑、棍梧、秒袋、披毡、浑脱、背索、锹钁、斤斧、箭牌、铁爪篱各一。刺史以下，无帐无旗鼓，人各骆驼一、箭三百、幕梁一。兵三人同一幕梁。幕梁，织毛为幕，而以木架"①。汉文文献记载比较笼统，西夏文文献显示，至少在西夏中期，正军以外的辅军乃至负担兵都配给战具，而且由于兵种与任务不同，所配战具也不尽相同。如只给正军配备官马，独诱、臣僚、帐门后宿、内宿后卫、神策内外侍配备甲胄。② 牧、农主的披、甲、马原则上由个人自备。牧、农主、使军以外的军马，主要来源于国有牧场与有官人犯罪时缴纳的罚马。

兵器甲胄的质地和规格务求一律，"披、甲、袋，应以毡加褐布、革、兽皮等为之"；枪，"杆部一共长十一尺"；甲，"胸五，头宽八寸，长一尺四寸"。配备或自备的武器装备由本人保管使用，不得损坏、丢失、转借、出卖、交换。

西夏大部分军队是没有后勤给养的，亦兵亦民的部落兵制，"其民皆兵，居不糜饮食，动不勤转饷"。③"建官置兵，不用禄食，每举众犯边，一毫之物，皆出其下，风集云散，未尝聚养"。④ 该"未尝聚养"与"不糜饮食"指的是平时，战时还是提供部分给养。横山地区多马宜稼，西夏在此地窖藏粮食，用以供给攻宋军队，所谓"缘边与贼山界（横山）相接，人民繁庶，每来入寇，则科率粮糗，多出其间"。⑤ 西夏常备军与精锐部队是要靠政府供给的，皇帝侍卫军就"月给米二石"。⑥

---

① 《宋史》卷四八六《夏国传下》。

② 《天盛改旧新定律令》卷五《军持兵器供给门》。

③ 《宋史》卷三一七《钱即传》。

④ 《续资治通鉴长编》卷一三四，庆历元年十一月乙亥。

⑤ 《续资治通鉴长编》卷一三二，庆历元年五月甲戌。

⑥ 《宋史》卷四八五《夏国传上》。

西夏环首铁刀

四、军法与赏赐

西夏统治者非常重视军法的制定与运用，景宗李元昊袭封之初，即"明号令，以兵法勒诸部"。① 崇宗贞观年间（1101—1113 年）修成的军事法典《贞观玉镜将》和仁宗天盛年间（1149—1169 年）颁行的西夏法典《天盛改旧新定律令》有关军法条文，涉及边防守备与用兵行师诸多方面，如"州主、城守、通判弃城，造意等有官无官，及在城中之正副溜中无官等，一律以剑斩。其中正副溜有官者，官、职、军皆当革除，徒十二年。正首领、权检校等职、军皆革，徒六年。小首领、舍监、末驱等当革职，徒二年，有官则以官品当。其下军卒，正军十三杖，辅主、寨妇勿治罪"。②

并对于点集不到者、正副将阵亡、亡失兵马、虚报军功、擅离职守均有严厉惩罚。

西夏重俘获，轻首级，"战胜而得首级者，不过赐酒一杯，酥酪数斤"。③但"得大将，覆大军，则其首领往往不次拔而用之"。④"俘获人、马、铠甲、旗、鼓、金等七种一千五百种以下者，勿算作挫敌军锋，而按俘获的物品，数量领取官赏。俘获一千五百种以上，则按挫敌军锋，大败敌人计算，主将加七官，赏一百两银碗，五十两金碗，衣服一袭十带，十两金腰带一条"。主将之下大小首领乃至军卒，均有赏赐。

---

① 《宋史》卷四八五《夏国传上》。

② 《天盛改旧新定律令》卷四《弃守大城门》。

③ 《梁溪集》卷一四四《御戎论》，文渊阁四库全书影印本，第 1126 册第 609 页。

④ 《梁溪集》卷一四四《御戎论》，文渊阁四库全书影印本，第 1126 册第 609 页。

第四节　司法制度

一、诉讼制度

西夏的诉讼制度继承中国古代"民刑不分"的制度特点。法律明确支持受害人自诉，"诸人对负债人当催索，不还则告局分处，当以强力搜取问讯"。[①] 自诉是有时限的，同时先告未审毕，"不许越司另告他处"。[②] 重诉时"不许状上增状"，但"因谋逆、失孝德礼、背叛等三种语有所增，则当依法寻问"。[③]

举告的范围非常广泛，盗杀牛、骆驼、马、骡、驴，他人举告时，"依诸人因告举杂盗赏法，当由犯罪者出钱给予"。[④]"诸种种部人丁院籍上不注册时，举发赏一至二人二十缗，三至五人三十缗，六至九人四十缗，十人以上一律五十缗"。[⑤] 对卖赦禁品举告赏，"当与强盗持不持武器之得告赏法相同"。[⑥] 诸人举私造曲，自杖罪至无期徒刑，分别赏五缗至一百缗，"当由各犯罪者依罪情次等承当予之"。[⑦] 举"获死罪赏五十缗，三种长期、无期等赏四十缗，自徒四年至徒六年赏三十缗，自徒一年至徒三年赏二十缗，月劳役十缗，杖罪五缗，当由犯罪者予之"。[⑧]

亲属、卑幼、使军、奴仆的举告权是有限制的，其中子孙可举曾祖父、祖父母、父母、庶母谋逆、失孝德礼、叛逃、恶毒等罪；妻子、媳可举公婆、丈夫谋逆、失孝德礼、叛逃、内宫淫乱、恶毒、内乱、盗中杀人、有意杀人等罪，九个月至一年丧服亲相互检举也在此范围；使军、奴仆可举头监十恶中获死、长期徒刑以及盗取官畜谷物、匿卖官马铠甲、铸钱敛钱等种种中的死罪，盗窃及变卖赦禁、私制曲中的长期徒刑及死罪，不注册十人以上

① 《天盛改旧新定律令》卷三《催债利门》。
② 《天盛改旧新定律令》卷九《越司曲断有罪担保门》。
③ 《天盛改旧新定律令》卷一一《草果重讼门》。
④ 《天盛改旧新定律令》卷二《盗杀牛骆驼马门》。
⑤ 《天盛改旧新定律令》卷六《抄分合除籍门》。
⑥ 《天盛改旧新定律令》卷七《赦禁门》。
⑦ 《天盛改旧新定律令》卷一八《杂曲门》。
⑧ 《天盛改旧新定律令》卷一三《举虚实门》。

成丁男子而获长期徒刑以及匿逃人中十门以上获死罪等。[1] 除上述罪行外，亲属、卑幼、使军、奴仆不可举告尊长、主人、上司所犯其他种种罪，若违律举告，则依法惩处。

举告不实者要反坐，如"诸人自叛逃以上三种举言虚者，判断已至，则本人不论主从，不论官，依谋逆法判断，家门当连"，判断未至，则受不受问杖一样，举虚者造意以剑斩之，家门当连坐。从犯不论官，当绞杀，家门勿连坐。其他十恶罪及种种杂罪举虚者，"被告人已被缚制，则受未受问杖一律与所举罪相当"。[2]

二、拘禁制度

中国古代法律无拘留与逮捕之别，依照律令，案件发生后需立即派出捕盗巡检追捕。[3] 邻里有协助拘捕罪犯的义务，[4] 被拘捕者遇有官民拘捕时，应束手就擒，拒捕可以处死，无须承担任何刑事责任。

传讯轻微犯罪人及证人的"差人"从近便的军首领、迁溜检校、巡检、监军司人中派遣，并依路程远近，给予限期。如果"差人"逾期，稽缓一日至五日七杖，六日至十日十三杖，十一日至二十日十五杖，二十日以上一律十七杖。被传讯者接到传讯后，应按规定时间到传唤处，不得拒绝传唤，更不得殴打差人。

判决前的犯罪嫌疑人享有基本的生存权，其入狱后先从官库中支取食粮，因"主人到来时，当依原用若干还之"，囚无主人，则由官方供给；牢房当开天窗，以保持空气清洁，冬季应有草席、蒲席；牢房燃料原则自备，实无力者由官方供给；贫弱囚徒由官府供给御寒衣物；囚患病当请医治疗。如果"因犯有病不医，夺取囚之食粮、衣服等而致囚死时"，局分大小均要承罪，其中死一至五人，大人、承旨徒一年，五至十人徒二年，十人以上至十五人徒三年，十五至二十人徒四年，二十人以上一律徒五年。

除十恶罪及杂罪中获死罪者不许担保外，其他获长短期徒刑者有疾病、恶疮、妇人孕子等，则遣人按视，"是实则当令只关，暂接担保，疾病恶疮

---

① 《天盛改旧新定律令》卷一三《许举不许举门》。

② 《天盛改旧新定律令》卷一三《举虚实门》。

③ 《天盛改旧新定律令》卷一三《派大小巡检门》。

④ 《天盛改旧新定律令》卷三《追赶捕举告盗赏门》。

愈，产子一个月后再当推问"。若不允可以担保的患恶疾、孕子囚犯保外就医而先行判断，致其"死时徒三年，落胎儿则徒二年，未致者有官罚马一，庶人十三杖。视者作伪未受贿，则与判断者相同，受贿则以枉法贪赃论，与前述罪比较，从其重者判断"。①

三、审判制度

西夏审判管辖主要是级别管辖，至于地区管辖则很少涉及。"不系属于经略之啰庞岭监军司者，自杖罪至六年劳役于其处判断。获死罪、长期徒刑、黜官、革职、军等行文书，应奏报中书、枢密，回文来时方可判断"；隶属于经略司的边中监军司、府、军、郡、县审判中，获死罪、无期之罪，"于所属刺史审刑"，报经经略司，以待谕文；京师各司审判中，获死罪、无期徒刑"当奏报于中书、枢密所管事处，赐予谕文"。② 无论何司办案，死刑、长期徒刑在四十日以内，劳役二十日以内，其余大小公事十日以内问毕判断。"若彼期间问判不毕时，局分中都案、案头、司吏，庶人十三杖，有官罚马一"。③

证据主要是人证与物证。西夏法律规定，不是任何人在任何情况下都可作为证人的，证人的主体资格受到法律限制，限制主要有两方面，一是同居相隐的成员对一般犯罪不能互相作证；二是年龄八十岁以上、十岁以下和重病患者不能作证。④ 证人要对其证言负法律责任，作伪证则需反坐。在审判过程中，常常是一纸传票，证人"立便到来"，当堂取问。⑤

西夏审判非常重视物证，并把其作为定罪的重要依据。死伤要"医人看验"，⑥ 如果通奸者"一处住时捕及有知证等依法寻问，非一处住，无知证，则不许接状寻问"。⑦ 盗窃"则可捕捉盗人，与畜物一起当于局分处告发"。⑧

---

① 《天盛改旧新定律令》卷九《行狱杖门》。

② 《天盛改旧新定律令》卷九《事过问典迟门》。

③ 《天盛改旧新定律令》卷九《诸司判罪门》。

④ 《天盛改旧新定律令》卷一三《许举不许举门》。

⑤ 《番汉合时掌中珠》（甲种本），见《俄藏黑水城文献》第十册，上海古籍出版社 1999 年版。

⑥ 同上。

⑦ 《天盛改旧新定律令》卷八《侵凌妻门》。

⑧ 《天盛改旧新定律令》卷三《搜盗踪迹门》。

取证、验证必须经司内大人指挥，若无指挥"不许预先遣人取证据物，违律时有官罚马一，庶人十三杖"。① 刑讯使用是有规定的，只有在证人所言"与告者同"，而人犯仍"不肯招承"的情况下，方可"凌持打拷"。② 刑讯一般是三番拷问，每番拷问的笞杖数，"当言于大人处并置司写"。三番已拷而不实，则当奏报。拷囚致死有两种情况，一种是"依法打拷而致死者，未有异意，限杖未超，则罪勿治"。另一种是滥施刑讯而致死，则要治罪，其中杖限超过而杖死时，徒二年。

贵族官僚享有减免刑讯的特权，"节亲、宰相、诸司大人、承旨、大小臣僚、行监、溜首领等于家因私（即私罪）入牢狱，不许置木枷、铁索、行大杖，若违律时徒一年。其中行一种大杖者，有官罚马一，庶人十三杖"。③

诸人对判决不服，可向上级机关申诉，其程序是：局分都案、案头、司吏枉误时，当告于所属司大人，所属司大人有枉误时，则入状于瓯匦司，瓯匦司人亦枉误，则当依文武次第报于中书、枢密。"中书、枢密人亦枉误，则可告御前而转司，另遣细问者奏量实行。其中无故越司而告御前并击鼓等时，徒三个月，情由当问于局分"。④ 上诉不实要加刑，其中徒五年以内者加一等。徒五年以上者，"不需于现承罪上加之，而依为伪证法，获徒六年时笞六十，获三种长期、无期徒刑等笞八十，应获死罪笞一百"。⑤

重大案件的终审权在皇帝手中，如果诸司未奏而擅自判断，将严惩不贷。十恶罪依律应杀，但不奏擅自杀，杀人者不论官，一律当绞；"诸人因杂罪依律应杀，不奏擅自判断时，庶人当绞杀"；无期徒刑及三种长期徒刑中，应奏不奏，擅自判断，以及不应赎而赎与应赎未使赎等，当以人数多少判断，一人徒三年，二人徒五年，三人以上一律徒六年，有官可以官品当；还有"诸司所判断中，原罪虽应获死，然而若按应减，有官等减除后，不及死，而应得长期、短期徒刑，有能与官职当者，一律当告奏。若违律不奏而判断时，徒一年"。⑥

---

① 《天盛改旧新定律令》卷九《越司曲断有罪担保门》。
② 《番汉合时掌中珠》（甲种本），见《俄藏黑水城文献》第十册。
③ 《天盛改旧新定律令》卷九《行狱杖门》。
④ 《天盛改旧新定律令》卷九《越司曲断有罪担保门》。
⑤ 《天盛改旧新定律令》卷九《越司曲断有罪担保门》。
⑥ 《天盛改旧新定律令》卷二《不奏判断门》。

为维护司法秩序，法律规定审判官贪赃枉判，本无罪而治罪，是杖罪而判劳役，获长期徒刑而令承死罪等，"枉者当承全罪"；"有杖罪而加杖数，应获劳役而加年数，是三种长期、无期徒刑而依次加之等，枉法者当自承所加之罪"；"有重罪者减半，亦所减半多少，由枉罪者自承之"。审判中虽未受贿徇情，问诉讼人情节亦充足，"然未得实情"，误判时亦要给予一定的惩处。

佛顶尊胜曼荼罗木版画，出土于黑水城遗址

第九章　西夏的文化

西夏地居四塞，河套平原与鄂尔多斯高原是中原农耕文化和北方游牧文化的连接处，河西走廊是东西文化的交汇处。因此，多元汇聚是西夏文化的最大特点，其境内并存汉文化、党项文化、吐蕃文化、鲜卑文化、回鹘文化、契丹文化。换言之，党项文化或党项民俗并不等于西夏文化，西夏文化是多元的文化。西夏是我国历史上唯一尊孔子为文宣帝的政权；宗教上汉藏佛教并重，前期学习汉地佛教，中后期学习藏地佛教；文字上仿照汉字的形体结构创制西夏文。除汉文化、吐蕃文化外，鲜卑文化、回鹘文化乃至西南地区的民族文化都对西夏文化产生过影响，如秃发是鲜卑风俗，西夏陵出土力士碑座臂腕上的圆环则是西南民族习俗。

第一节　西夏文的创制和使用

一、西夏文的创制

辽宋夏金时期是我国历史上民族大融合大发展时期，当时发展程度较高的民族都创制有自己的文字，如吐蕃文、回鹘文、契丹文、女真文等。西夏文是由开国之君李元昊命大臣野利仁荣"演绎"而成的。[①] 西夏文是记录党项语的文字，准确地说是党项文或番文，被后世学者俗称为西夏文。西夏实际上同时使用党项文、汉文以及吐蕃文，广义上的西夏文至少包括上述三种文字。狭义上的西夏文即党项文则是根据党项羌语特点，仿照汉字的形体结构创制的。其构字方法也与汉字类似，但同汉字相比，西夏文字笔画更为

---

① 西夏文创制时间有两说，《辽史》记载是李德明时期，《宋史》《梦溪笔谈》《续资治通鉴长编》记载为景宗李元昊立国前夕。从当时具体情况来看，李元昊立国前夕说符合历史实际。

繁复，大多数字在十画以上，常用字中六画以下的仅占总数的 1% 左右，而汉字常用字中六画以下的却占汉字总数的 5% 左右。西夏文多撇、捺，没有汉字常用的竖钩，因此大多数西夏文字四角饱满，匀称舒展，所谓"形体方整，类八分，而画颇重复"①。西夏学者骨勒茂才认为，西夏文字与汉字是"论末则殊，考本则同"。②

西夏文残碑，出土于宁夏银川西夏陵

二、西夏文的使用

西夏文创制后，李元昊下令在全国推行，"教国人纪事用蕃书"，③ 设蕃汉二字院，蕃字院由西夏文创制者野利仁荣主持，负责吐蕃、回鹘等民族政权的公文撰写、翻译，汉字院负责与宋朝往来表奏。西夏送达宋朝的公文，一律用汉字，汉字是宋、辽、夏、金之间通用的文字。

在西夏官府积极推行和大力提倡下，西夏文字迅速在国内普及，不仅艺文诰牒、民间契约，历史、语言、法律著作用西夏文书写，大量的汉藏佛经、儒家经典也被翻译成西夏文，刊布施行。西夏灭亡后，西夏文仍继续在一定范围内使用，元朝先后雕印西夏文大藏经 190 藏，68 万 7 千 8 百卷，其中成宗朝 40 藏，武宗朝 100 藏，仁宗朝 50 藏。④ 元顺帝至正五年（1345 年），在居庸关过街洞壁刻有包括西夏文在内的六体文碑。明代亦刊印过西夏文佛经，故宫博物院藏木刻版西夏文《高王观世音经》（一卷）发愿文标明刻经时间为大明朝壬子五年正月十五日，⑤ 应为明太祖洪武五年（1372 年）。明孝宗弘治十五年（1502 年），在今河北保定建有西夏文经幢。据此可知，西夏

---

① 《宋史》卷四八五《夏国传上》。

② 《番汉合时掌中珠·序》（甲种本），俄藏黑水城文献第十册。

③ 《宋史》卷四八五《夏国传上》。

④ 史金波：《西夏文化》，吉林教育出版社 1986 年版，第 102 页。

⑤ 史金波：《西夏佛教史略》附录一《西夏文〈高王观世音经〉发愿文》，宁夏人民出版社 1988 年版。

文创制后，使用流传持续了 460 多年。①

为学习、推广、应用西夏文，西夏还编纂了大量的工具书，其水平之高，种类之多，是辽金两国不能同日而语的。《文海》又名《文海宝韵》，是一部大型西夏文韵书，编纂体例兼有汉文《说文解字》和《切韵》共同特点，每一字条下有三部分释文，先以四字解释文字构成，次以较多的字解释字义，最后用反切注音。现存《文海》为残卷，上声不存，仅有平声部分，以韵分类，收字 2577 个。另有《文海杂类》残卷，收字 486 个，是研究西夏文字构造和语音的珍贵资料。

《同音》，又译《音同》，西夏文字典，全书收字约 6000 个，按声母分成重唇音、轻唇音、舌头音、舌上音、牙音、齿头音、正齿音、喉音、来日舌齿音九类。无同音字的独字，分别列于各类之后。每一字下有简单注释，多为一字，个别两三字。该书是现存西夏文字收录最多的辞书，有多种版本传世。

《番汉合时掌中珠》，是夏乾祐二十一年（1190 年）骨勒茂才编撰的夏汉对音对义小词典，西夏文字旁注汉字读音及释义，汉字旁注西夏字读音及释义，极便检阅，懂西夏文者以此学习汉文，懂汉文者以此学习西夏文，是后世解读西夏文的关键性著作，至今所知西夏文字的基础字义及近似读音大多来自此书。

《纂要》，又译作《要集》，番汉对照杂字体字书，今存乐器六章及花名七章。每则西夏词语下皆以西夏字音译汉语，从中可知一批西夏文字的意义及汉字对音。

《五音切韵》，西夏语韵表和韵图，每声一表，共九表；每韵一图，共105 图，展示了西夏人对西夏语音的分析研究。

《义同一类》，又译《义同》，西夏文同义词词典，以同义词或近义词为句，每句七言，间有八言者，无注释，从中可了解大量西夏文字的字义。

除上述工具书外，迄今保存或残存的西夏文世俗文献还有《天盛改旧新定律令》《贞观玉镜将》《法则》《亥年新法》《官阶封号表》等法律与政治著作；《赋诗文》《大诗》《月月乐诗》《道理诗》《聪颖诗》《新集锦合辞》等诗

---

① 王静如在《西夏研究》第一辑陈寅恪序中指出，20 世纪 30 年代初，陈寅恪先生在德国柏林国家图书馆看到明万历（1573—1620 年）写本藏文《甘珠尔》上面偶有西夏文字，因而推测明代末期尚有通解西夏文的人。若据此，西夏文连续使用和流传达 500 年以上。

骨勒茂才謹序

《番汉合时掌中珠》汉文序

歌与谚语集；《三才杂字》《新集碎金置掌文》等启蒙读本；类书《圣立义海》；
《黑水守将告近禀帖》《天盛廿二年卖地文契》《光定末年借谷文契》《乾定申
年借谷文契》《瓜州审案记》《买粮账》《贷粮账》《税账》《军抄文书》《户籍》《户
籍手实》等社会文书；《医方》《庚子年至癸亥年历》《己酉年历》《庚申年历》
《谨算》等医学历法卜算著作；《论语》《孟子》《孝经传》《十二国》《贞观政要》
《新集慈孝传》《德行集》《孙子兵法三注》《六韬》《黄石公三略》《经史杂抄》
《类林》等全译或集译的汉文典籍；等等。

第二节　文学艺术

一、文学

传世的西夏文学作品以诗歌、谚语、公文、碑文、序文为主。诗歌有纪事诗、宫廷诗、劝善诗、启蒙诗、史诗等。西夏的诗歌体裁，以五言和七言最为流行，也杂有多言体。长达千字的《新集碎金置掌文》是仿汉文《千字文》而作的五言诗，其中"弥药勇健行，契丹步履缓。羌多敬佛僧，汉皆爱俗文。回鹘饮乳浆，山讹嗜荞饼"为研究者所常用。[①] 史诗性作品《夏圣根赞歌》是颂扬西夏党项羌人祖先的诗歌，全诗 45 行，每行 3—14 字不等，开篇"黑首石城漠水边，赤面父冢白河上，高弥药国在彼方"，[②] 历来被学者引作解释西夏国名的依据。《新修太学歌》作于夏乾祐二十三年（1192 年），全诗 27 行，每行字数不等，词句华美，具有宫廷诗的风格。[③]

《新集锦合辞》是西夏谚语，共收录谚语 364 条，每条字数不一，最少 6 字，最多 36 字，而以 14 字（每句 7 字）为多。对偶工整，言简意赅，系统地反映了西夏社会生活。[④]

现存西夏公文主要是对宋朝的章奏，其采用唐宋官方通用的四六骈体，即四言句与六言句间错相对，遣词造句，颇为求工，体现出西夏宫廷文学的特点。

西夏碑文多记佛事活动，夏天授礼法延祚元年（1038 年）八月，右仆射兼中书侍郎平章事张陟奉制创作的《大夏国葬舍利碣铭》，盛赞大夏国家吉祥应瑞，皇帝陛下圣文英武以及佛事活动的浩大声势。《凉州重修护国寺感应塔碑铭》由夏汉两种文字书写，描绘生动，气韵流畅，表达了西夏人民浓厚的宗教情感。

序文是写在一部书或佛经前的文字。《番汉合时掌中珠》《新集锦成对谚语》《妙法莲花经》《大白高国新译三藏圣教》《密咒圆因往生集》等世俗著作与佛经，都有较高文学价值的序文，其或评说世俗著作编写、印行经过与学术水平，或记述佛经的翻译、流布情况。

二、音乐舞蹈

西夏音乐源远流长，早期党项羌人的乐器"有琵琶、横吹，击缶为

---

① 聂鸿音、史金波：《西夏文本〈碎金〉研究》，《宁夏大学学报》1995 年第 2 期。
② 聂鸿音：《西夏文〈夏圣根赞歌〉考释》，《民族古籍》1990 年第 1 期。
③ 聂鸿音：《西夏文〈新修太学歌〉考释》，《宁夏社会科学》1990 年第 3 期。
④ 陈炳应：《西夏谚语——新集锦成对谚语》，山西人民出版社 1993 年版。

金刚坐佛唐卡中的舞蹈图，出土于黑水城遗址

节"。①"横吹"即竹笛，由羌人发明，所奏乐曲婉转悠扬，扣人心弦，宋朝边帅范仲淹在《渔家傲》词中曾写道："羌管悠悠霜满地，人不寐，将军白发征夫泪。"唐僖宗赐给拓跋思恭全部"鼓吹"，党项人自此开始接受中原音乐。李德明时，"礼文仪节，律度声音，无不遵依宋制"。夏景宗为改唐、宋缛节繁音，"革乐之五音为一音"。②夏人庆五年（1148 年），又令乐官李元儒参酌中原乐书，更定音律。从此到西夏灭亡，一直是番汉乐并存，西夏官府中设"番汉乐人院"，属于五等司中的末等司。③西夏乐器基本上继承唐代节度使鼓乐，有三弦、六弦、琵琶、琴、筝、箜篌、管、笛、箫、笙、筚篥、七星、吹笛、击鼓、大鼓、丈鼓、拍板等，④因此"声乐清厉顿挫，犹有鼓吹之遗音焉"。⑤

西夏时期的舞蹈在碑刻与石窟壁画中有生动的描绘。《凉州护国寺感应塔碑》碑额两侧线刻舞伎裸腰赤足，双手执锦带翩跹起舞。榆林窟第 3 窟西夏壁画中的《乐舞图》，由舞女与乐队组成，舞女上身半裸，披挂绸带，着短裙长裤，赤足，颈部手臂饰以璎珞、臂钏、手镯，左右相对吸腿而舞。

① 《隋书》卷八三《党项传》。

② 《西夏书事》卷一二。

③ 《天盛改旧新定律令》卷一〇《司序行文门》。

④ 《番汉合时掌中珠》"人事下"。

⑤ 《金史》卷一三四《西夏传》。

西夏壁画五龙藻井，出自敦煌莫高窟第 234 窟

三、绘画书法

西夏绘画可分为壁画、绢画、版画、木版画等。壁画主要保存在敦煌莫高窟、安西榆林窟、瓜州东千佛洞、贺兰山山嘴沟窟、内蒙古阿尔寨窟等石窟中。绘画题材主要有本生故事、说法图、经变画、供养人像与洞窟装饰图案等。榆林窟第 29 窟西夏供养人像身材修长高大，圆面高准，两腮肥硕，体魄魁梧，体现出党项羌人粗犷、剽悍、豪爽的民族性格。榆林窟第 3 窟在观音像法光中左右对称地绘有《犁耕图》《踏碓图》《酿酒图》《锻铁图》，是反映西夏世俗生活的艺术珍品。西夏壁画，早期模仿继承北宋，中期学习吸收回鹘佛教壁画艺术成分，晚期又受吐蕃佛教绘画艺术影响，在构图、造型、线条、敷彩等方面，形成了具有鲜明民族特点的艺术风格。

西夏的绢画有两种，一种是用彩墨绘于绢帛麻等织物上，主要内容为佛画，也有一些道教题材的人物画与世俗题材的风俗画，其艺术风格源自中原的山水画，如宁夏贺兰宏佛塔出土的《炽盛光佛图》，线条流畅豪放，色彩鲜艳，具有唐五代人物画雍容华贵的传统。另一种是用胶彩绘于绢帛上的唐卡（胶彩画），内容多为佛、菩萨做法的曼荼罗（坛场），艺术风格直接传承于吐蕃王朝前弘期佛教绘画。

西夏版画大多是刻本佛经插图，其构图之新颖，描绘之生动，线条之流畅，堪与宋朝版画相媲美。[1]甘肃武威西郊西夏墓出土的木版画，用线条勾勒，平涂色彩而成，武士、侍者等世俗人物形象取材于西夏日常生活，笔法飘逸，颇具唐画余韵。

西夏文字的书法艺术源自汉字，有楷、行、草、篆四体，《凉州重修护

---

[1] 《俄藏黑水城文献》《中国藏西夏文献》《英藏黑水城文献》影印的西夏佛经中，有大量的版画。

国寺感应塔碑铭》的西夏文楷书，结构工整，运笔舒畅，富于变化；西夏文泥金字《金光明最胜王经》字体俏劲有力，气韵隽秀，均为西夏文字书法精品。草书文书，笔走龙蛇，飞舞奔放，酣畅淋漓。篆书多见于碑额与官印，类似汉文九叠篆文，笔画屈曲折叠，庄重大方。

四、雕塑

西夏雕塑艺术品有泥塑、石雕、木雕、砖雕、竹雕等。泥塑艺术以佛寺塑像为代表，夏崇宗时修建的甘州大佛寺的卧佛，身长34.5米，肩宽7.5米，木胎泥塑，金装彩绘，虽经后世修补，但西夏泥塑规模与风格可见一斑。敦煌莫高窟第491窟女供养人体态自然，宛然如生，显示出少女的温柔典雅。宁夏贺兰县宏佛塔出土的罗汉头像尺寸大小如真人，面部丰满，表情传神。内蒙古额济纳旗西夏古庙出土的供养人形象逼真自然，富有生活气息。

西夏石雕、木雕、砖雕更具民族特色。西夏陵出土的人像碑座及宁夏永宁西夏墓出土的木俑，造型古朴夸张，以浪漫主义的艺术风格，表现了党项民族对反映本民族剽悍、粗犷艺术形象的审美追求。西夏石雕艺术也受汉文化的影响，西夏陵雕龙石栏柱，三面雕刻缠柱云龙，造型生

木雕女伎乐像，出土于宁夏贺兰县宏佛塔

动，栩栩如生。西夏陵出土的竹雕残片，长7厘米，宽仅2厘米，雕有庭院、松树、假山、花卉和人物，刻工精细、生动，人物表情惟妙惟肖。

五、工艺美术

西夏工艺美术与现实生活息息相关，美观与实用并存，体现了世俗的审美观。瓷器是西夏代表性工艺品，装饰图案有几何纹、动物纹、花卉纹，其中以牡丹、莲、梅、菊、石榴等花卉纹居多，古朴而不失华丽。带耳扁壶是

西夏瓷器代表性器物，适用于党项人在马背上的传统生活方式。西夏金银器十分精美，甘肃武威出土的西夏金碗内有两朵左右交错的牡丹团花，碗内口沿压印连枝菊花，纹饰精致，线条细腻，外观精美。[①] 西夏陵出土的鎏金铜牛，模制浇铸成型，硕眼前视，两角向上，双耳张立，显出虎虎生气。腹部与腿部造型简洁，显得形体庞大浑厚。其用朴素简洁的手法达到强劲雄浑的艺术效果，源于西夏人对马、牛等大家畜的珍爱和长期农牧生活。

西夏钱币轮廓规整，书体端庄，文字深峻，堪与宋钱相媲美。西夏书籍有卷子装、经折装、蝴蝶装、线装等，版面形式灵活多样，有双栏、单栏、边框，刻版佛经还配有精美的插图。

第三节　教育

一、蕃学与汉学

西夏的学校教育分蕃学与汉学两种。蕃学是教授西夏语言文字的学校。夏天授礼法延祚元年（1038 年）景宗李元昊立国时，在汉学之外设置蕃学，教授新创制的西夏文字，由大臣野利仁荣主持。"蕃学"的西夏文教材是《孝经》《尔雅》《四言杂字》的西夏文译本，生员从蕃汉官僚子弟中选拔，"俟习学成效，出题试问，观其所对精通，所书端正，量授官职，并令诸州各置蕃学，设教授训之"。[②] 西夏中期以后，蕃学教育逐步成熟。一是蕃学教材不完全是夏译汉文典籍，还有西夏学者编纂的《论语小义》《周易卜筮断》等读本，[③] 以及兵书、律书、算学等实用读本。二是教学内容和汉学基本一致，只不过汉学学习汉文《杂字》等启蒙读本和汉文典籍，蕃学学习西夏文《杂字》《碎金》等启蒙读本和夏译汉文典籍；三是出于番汉交流需要，蕃学在教授西夏文同时，还教授汉文，夏汉对音对义教材《番汉合时掌中珠》应运而生，蕃学的学生用此书学习汉语，汉学的学生也可用此书学习西夏语；

---

① 汤晓芳等：《西夏艺术》，宁夏人民出版社 2003 年版，第 162 页。
② 《西夏书事》卷一三。
③ 虞集：《道园学古录·西夏相斡公画像赞》序。

四是学习西夏文的条件更加便利，《文海》《音同》《五声切韵》《义同一类》等西夏语字词书相继编纂出版。

汉学是教授汉语和汉文的学校，景宗李元昊立国时和蕃学一并设置，教授汉文。汉学是西夏传统的学校教育，早在唐五代，夏州拓跋政权子弟按照当时的教育制度，入所在州学学习。宋代拓跋李氏继承了这一传统，特别是从李继迁到李元昊占据河套平原的灵州和河西走廊的甘、凉、瓜、沙、肃等州，"其间所生豪英，皆为其用。得中国土地，役中国人力，称中国位号，仿中国官属，任中国贤才，读中国书籍，用中国车服，行中国法令"。①"读中国书籍"，就是汉学教育。

西夏汉学的教材有汉文启蒙读本《杂字》以及《论语》《孟子》《孝经》等儒家经典和兵书、律书、算学等实用读本。和蕃学兼学汉文一样，汉学也兼学西夏文，《番汉合时掌中珠》是汉学学习西夏文的基本教材。西夏学校番汉文字兼修，克服了番汉语言不通的弊端，正如双语读本前言所说的："不学番言，则岂和番人之众。不会汉语，则岂入汉人之数？番有智者，汉人不敬；汉有贤士，番人不崇；若此者，由语言不通故也。"因此编写番汉对音对义教程，供蕃、汉学校使用，使所有生员同时掌握两门语言。

二、蕃汉之争中的儒学

西夏最初的教育是蕃汉并重，西夏立国时就同时设立蕃学和汉学，虽然蕃学使用的教材为夏译汉文典籍，但所倡导的是党项传统文化，往往和"蕃礼"结合在一起，"士皆尚气矜"。这种教育制度适应旧有的党项部落社会。因此，景宗李元昊被弑后，三代国主年幼即位，专权外戚没藏家族、梁氏家族都支持蕃礼蕃学。国主亲政后，则重视汉礼汉学。这种拉锯式的斗争持续了近半个世纪，到崇宗李乾顺才有所变化。夏贞观元年（1101年），为改变"士皆尚气矜""鲜于忠孝廉耻"，同时为进一步加强以皇权为核心的中央集权，崇宗李乾顺命于蕃学之外，特建国学，"设弟子员三百，立养贤务以廪食之"。②

仁宗时西夏教育得到迅速发展，夏人庆元年（1144年），令州县各立学校，弟子生员增至三千人。立小学于禁中，招收宗室七岁至十五岁子弟入

---

① 《续资治通鉴长编》卷一五〇，宋仁宗庆历四年六月戊午。

② 《宋史》卷八四六《夏国传下》。

学，仁宗"亲为训导"。夏人庆二年（1145年），建大汉太学，夏仁宗亲释奠，弟子生员赐予有差。次年（夏人庆三年），尊孔子为文宣帝。夏人庆四年（1147年）改元天盛，"策举人，始立唱名法"。夏天盛二年（1150年），"复建内学，选名儒主之"①。夏乾祐二十三年(1192年)，重新修建太学，西夏文《新修太学歌》专门记述这一盛事及重修后太学的形制和规模。"沿金内设窗，西方黑风萧瑟瑟；顺木处开门，潾有泉源水澄清"，"冬暖百树阁，装饰以宝"，"夏凉七级楼，图绘以彩"。此外，诗中还有"夙兴拱手念真善，住近纯佛圣处"之句，似乎夏仁宗时太学还开设有佛学课程。②

崇宗、仁宗时期，蕃汉学之争依然存在。夏崇宗贞观十二年（1112年），御史大夫谋宁克任借上言朝政得失时反对"国学"教育，愿崇宗"既隆文治，尤修武备，毋徒慕好士之虚名，而忘御边之实务也"。③夏崇宗不予采用。夏天盛十二年（1160年），权臣任得敬为把持朝政，"深恶"尊崇儒学，请求废学校，夏仁宗也不予理睬。④当然，夏崇宗兴汉学后，以学习西夏文为主要内容的"蕃学"依然长期存在。夏天盛三年（1151年），夏仁宗李仁孝"以斡道冲为蕃汉教授"，斡氏精通西夏文，夏"译《论语注》，别作解义二十卷，曰《论语小义》，又作《周易卜筮断》，以其国字书之，行于国中"。⑤夏仁宗天盛十六年(1164年)，封野利仁荣为广惠王，以褒其创制"国字"。⑥不过，这时的"蕃学"已成为传播儒学和儒学西夏化的工具。

西夏的教育为统治集团培养了大批人才，乾顺时弟子生员三百名，仁孝时激增到三千名，其中一部分通过科举取得功名，为西夏社会的发展和政权的巩固作出了重要贡献。

三、寺庙道观教育

西夏的寺院教育包括佛教寺院教育和道教的道观教育两种。以上两种教育是专门培养宗教人才，学习的内容有两方面：一是语言文字，党项人侧重

---

① 《宋史》卷八四六《夏国传下》。
② 《西夏文〈新修太学歌〉考释》，《宁夏社会科学》1990年第3期。
③ 《西夏书事》卷三二。
④ 《西夏书事》卷三六。
⑤ 虞集：《道园学古录·西夏相斡公画像赞》序。
⑥ 《宋史》卷四八六《夏国传下》。

西夏文，汉人侧重汉文，吐蕃人侧重吐蕃文；二是佛教和道教经典，党项族和吐蕃族行童学习西夏文、吐蕃文《仁王护国》《文殊真实名》《普贤行愿品》《三十五佛》《圣佛母》《守护国吉祥颂》《观世音普门品》《偈陀般若》《佛顶尊胜总持》《无垢净光》《金刚般若与诵全》。汉族行童学习汉文《仁王护国》《普贤行愿品》《三十五佛》《守护国吉祥颂》《佛顶尊胜总持》《圣佛母》《观世音普门品》《孔雀经》《广大行愿诵》《释迦赞》等。学业期满后，熟练掌握上述经文，梵音清和，方可剃度为僧人。道童经过学习，熟练掌握《太上君子消灾经》《太上北斗延生经》《太上灵宝度理无上阴经》《太上君子说天生阴经》《太上君子说上东斗经》《黄帝阴符经》等 13 种经，则可变为道士。在寺观学习的童子，必须人根清净，具有庶民的身份，各类依附民不能够入观接受教育，更不能出家为僧道。

第四节　宗教信仰

一、佛教信仰

西夏双头佛像，出土于黑水城遗址

西夏统治者崇奉佛教，立国前李德明曾遣使赴宋朝河东地区的五台山（今山西五台东北）供佛，又向宋朝求赐佛经，开国皇帝夏景宗"晓浮图学"，[①] 曾于兴庆府东建高台寺及诸浮图，俱高数十丈，贮宋朝"所赐《大藏经》，广延回鹘僧居之，演绎经文，易为蕃字"。[②] 鸣沙州大佛寺，亦景宗李元昊所建。[③] 没藏太后于"兴庆府西偏起大寺，贮经其中，赐额'承天'，延回鹘僧登座演经"。[④] 夏崇宗于甘州（治今甘肃张掖市甘州区）建造的佛寺内有巨大睡佛，

①　《宋史》卷四八五《夏国传上》。
②　《西夏书事》卷一八。
③　《嘉靖宁夏新志》卷三。
④　《西夏书事》卷一九。

承天寺塔始建于西夏毅宗谅祚天祐垂圣元年（1050 年），由皇太后没藏氏为保"幼登宸极"的夏毅宗李谅祚而建。清乾隆三年（1738 年）在地震中震毁。清嘉庆二十五年（1820 年）重修。

故名睡佛寺。^① 西夏文《大藏经》的翻译从夏景宗开始，至夏崇宗天祐民安元年（1090 年），用时 50 余年，共翻译出西夏文佛经 362 帙，820 部，3579 卷，是译经史上的创举。^②

皇帝、太后的生辰、忌日，常常要举行规模宏大的佛事活动，夏天盛十九年（1167 年）为皇太后周忌之辰，开板印造番汉佛经二万卷，散施臣民，仍请觉行国师等作大法会。^③ 夏乾祐十五年(1184 年)为夏仁宗 60 岁"本命之年"，因此大作佛事活动，"烧施结坛，摄瓶诵咒，作广大供养，放千种施食，读诵大藏等尊经，讲演上乘等妙法。亦致打截截，作忏悔，放生命，喂囚徒，饭僧设贫，诸多法事。仍敕有司，印造斯经番汉五万一千余卷，彩画功德大小五万一千余帧，数串不等五万一千余串，普施臣吏僧民，每日诵持供养"^④。

大势至菩萨绢画，出土于黑水城遗址

西夏佛教前期受宋朝和回鹘佛教的影响，后期来自吐蕃的藏传佛教占主导地位。夏天盛十一年（1159 年），夏仁宗遣使入藏，噶玛噶举教派初祖都松钦巴派弟子到西夏，被夏仁宗尊为上师。^⑤ 西夏在藏传佛教东传中起到重要桥梁作用。

二、道教信仰

道教在西夏也很盛行。《文海》"仙"释："此者仙人也，山中住，寿长求道者之名是。"^⑥ 西夏政府机构中除设有管理佛教的僧人功德司、出家功德司外，还有专门管理道教的道士功德。^⑦ 夏景宗时太子宁明喜方术，跟随

---

① 《甘州府志》卷五。

② 史金波：《西夏佛教史略》，宁夏人民出版社 1988 年版，第 68 页。

③ 《汉文〈佛说圣佛母般若波罗密多心经〉发愿文（1167）》，《西夏佛教史略·附录一》。

④ 《汉文〈佛说圣大乘三归依经〉御制发愿文（1184）》，《西夏佛教史略·附录一》。

⑤ 巴卧·祖拉陈哇：《贤者喜宴》，黄颢译，《西藏民族学院学报》1981 年第 2 期。

⑥ 史金波、白滨、黄振华：《文海研究》，中国社会科学出版社 1983 年版，第 414 页。

⑦ 《天盛改旧新定律令》卷一〇《司序行文门》。

路修篆道士学"辟谷法",结果不慎气忤丧命。[1] 夏大安七年、宋元丰四年（1081年），北宋伐夏大军直逼灵州城下，夏人四处逃散，"城中惟僧道数百人"。[2] 内蒙古黑水城出土文物中，有晋人郭象注《庄子》、宋人吕惠卿的《庄子解》以及《太上洞玄灵宝天尊说救苦经》，太上洞经附有十大天尊图。西夏法律规定，道士行童能诵十三种经，方"可奏为道士"。[3]

三、鬼神信仰

夏人崇信鬼神，战争之胜负、六畜之灾祥、五谷之丰稔，都用占卜来预知。[4] "每出兵则先卜"，战败三天，"辄复至其处，捉人马射之，号曰'杀鬼招魂'，或缚草人埋于地，众射而还"。[5] 党项人"所居正寝，常留中一间，以奉鬼神，不敢居之，谓之神明，主人乃坐其傍"。[6] 立于夏乾祐七年（1176年）的《黑水建桥碑》一开头就敕告："镇夷郡境内黑水河上下所有隐显一切水土之主山神、水神、龙神、树神、土地诸神等，咸听朕命。"[7] 在西夏人心目中，神主善，谓之"守护"；鬼主恶，谓之"损害"，分别代表正义与邪恶。西夏人是多神崇拜，除上述山神、水神、龙神、树神、土地神外，还有天神、富神、战神、大神、护羊神，鬼有饿鬼、虚鬼、孤鬼、厉鬼、缢死鬼等。"房舍中人不住，则鬼魅为依附之"，谓之"闹鬼"。[8]

第五节　社会风俗

一、质朴尚武

党项人先后生活在青藏高原与西北地区，恶劣的自然与社会环境，使

① 《续资治通鉴长编》卷一六二，庆历八年正月辛未。
② 《续资治通鉴长编》卷三一八，元丰四年十月庚午。
③ 《天盛改旧新定律令》卷一一《为僧道修寺庙门》。
④ 《宋史》卷八四六《夏国传下》。
⑤ 《宋史》卷八四六《夏国传下》。
⑥ （宋）沈括：《梦溪笔谈》卷一八。
⑦ 《黑河建桥敕碑》，陈炳应：《西夏文物研究》，宁夏人民出版社1985年版，第139页。
⑧ 史金波、白滨、黄振华：《文海研究》，中国社会科学出版社1983年版，第521页。

其养成"强梗尚气，重然诺，敢战斗"的习俗，[①]"人人习骑射，乐战斗，耐饥渴，其亲冒矢石，蹈锋刃，死行阵，若谈笑然"[②]。与尚武紧密联系的是质朴，元朝初年，发往合肥戍守的夏人"质直而上义，平居相与，虽异姓如亲姻。凡有所得，虽箪食豆羹，不以自私，必召其朋友。朋友之间有无相共，有余即以与人；无即以取诸人，亦不少以属意。百斛之粟，数千百缗之钱，可一语而致具也。岁时往来，以相劳问，少长相坐，以齿不以爵。献寿拜舞，上下之情怡然相欢"。其"国中之俗，莫不皆然"。[③]

二、迷信与复仇

万物有灵的鬼神信仰，必然带来巫术迷信的流行。西夏人称巫师为"厮乩"[④]或"厮"，[⑤]"病者不用医药，召巫者送鬼"，"或迁他室，谓之'闪病'"。[⑥]作战选单日、避晦日，若战败，三天后"辄复至其处，捉人马射之，号曰'杀鬼招魂'；或缚草人埋于地，众射而还"。每出兵先卜，其法有四，一是"炙勃焦"，用艾草烧羊胛骨，视其征兆；二是"擗算"，擗蓍于地，根据数目以定吉凶；三是"咒羊"，夜间牵羊焚香咒之，次日晨屠宰，视羊五脏，"肠胃通则兵无阻，心有血则不利"；四是"矢击弓弦"，用箭杆敲击弓弦，"审其声，知敌至之

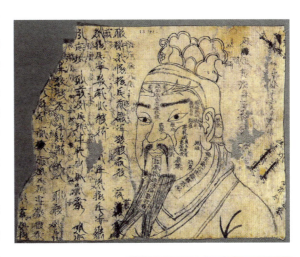

西夏《相面图》，出土于黑水城遗址

① 《金史》卷一三四《西夏传》。

② 《梁溪集》卷一四四《御戎论》，文渊阁四库全书影印本，第1216册，第608页。

③ （元）余阙：《青阳先生文集》卷二《送归彦温赴河西廉使序》，文渊阁四库全书影印本，第1214册，第375页。

④ （宋）沈括：《梦溪笔谈》卷一八。

⑤ 《辽史》卷一一五《西夏外纪》。

⑥ 《辽史》卷一一五《西夏外纪》。

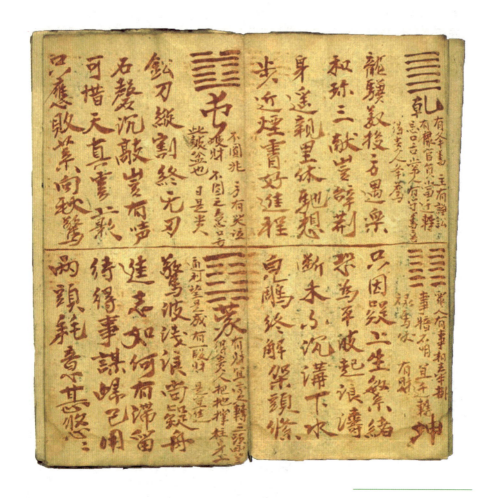

西夏写本《六十四卦歌诀》

期与兵交之胜负"，"六畜之灾祥，五谷之凶稔"，亦用此法占卜。①

复仇是西夏社会流行的又一习俗，"若仇人未得，必蓬头垢面，跣足蔬食，要斩仇人而后复常"。②若无力复仇，则"集邻族妇人，烹牛羊，具酒食，介而趋仇家，纵火焚之"。③由于"俗曰敌女兵不祥"，被焚仇家往往避而不战。双方怨仇和解时，用髑髅盛鸡猪狗血酒，共饮而发誓，仇已解，"若复

① 《宋史》卷四八六《夏国传下》。
② 《旧唐书》卷一九八《党项羌传》。
③ （宋）曾巩：《隆平集》卷二〇《夏国赵保吉传》。

报仇，谷麦不收，男女秃癫，六畜死，蛇入帐"。[1]

三、服饰与发式

西夏的服饰可以分为两大类型，一是党项人传统的衣裘褐，披大毡。李元昊曾自豪地讲，"衣皮毛，事畜牧，蓄性所便"。[2] 夏桓宗天庆年间(1194—1206 年)，黑水地区农牧民借谷物的抵押品为袄子裘、马毡、旧皮毯、白帐毡、旧皮毯等皮毛制品，[3] 武威小西沟岘亥母洞中与西夏文献同时发现的还有牛皮靴。《番汉合时掌中珠》列有帐毡、枕毡、褐衫、靴、短勒、长勒、皮裘、毡帽、马毡、毯等。

在保留传统服饰的同时，部分党项人特别是党项贵族阶层逐渐接受中原汉族服饰。李德明衣锦绮，与宋朝无异。景宗李元昊"改大汉衣冠"，以突出党项民族特点，规定"文资则幞头、靴笏、紫衣、绯衣；武职则冠金帖起云镂冠、银帖间金镂冠、黑漆冠，衣紫旋襕，金涂银束带，垂蹀躞，佩解结锥、短刀、弓矢韣，马乘鲵皮鞍，垂红缨，打跨钹拂。便服紫皂地绣盘毬子花旋襕，束带。民庶青绿，以别贵贱"[4]。文官的幞头、靴笏、紫衣、绯衣，实际承袭唐、宋文官服饰。武官的服饰在榆林窟第 29 窟的西夏供养武官像中有着形象的描述，虽说具有党项民族特点，但也具有唐、宋武官服饰的痕迹。敦煌莫高窟第 409 窟西夏皇帝供养像，头戴白毡冠，足蹬白毡靴，身穿圆领窄袖团龙袍，腰束玉带，这是西夏后期皇帝衣饰的真实写照，一方面保留了党项民族的毡冠，另一方面接受了中原汉族的袍服。

西夏飞天

---

① 《辽史》卷一一五《西夏外纪》。

② 《宋史》卷四八五《夏国传上》。

③ 陈国灿：《西夏天庆间典当残契的复原》，《中国史研究》1980 年第 1 期。

④ 《宋史》卷四八五《夏国传上》。

普贤菩萨绢画女供养人，出土于黑水城遗址

西夏汉人和部分汉化较深的党项人的服饰有袄子、旋襕、袜肚、汗衫、布衫、衬衣、裙、裤、腰绳、背心、领襟、鞋、冠冕、凉笠、暖帽、绵帽、耳环、耳坠、腕钏等。[①]

西夏立国前党项人披发或蓬首，李元昊下令秃发，限三日内剃发，从此"剃发，耳戴重环"成为西夏人的标准形象。[②] 从榆林窟第29窟西夏供养人以及西夏文《观音经》版画中的人物形象来看，党项人剃发不是全剃光头，而是秃顶而留边，戴上幞头和帽子，两鬓仍垂发须。

西夏妇女喜欢梳高髻，武威西夏墓出土的五侍女木版画，前四位梳高髻。元人马祖常在《河西歌》中写道，"贺兰山下河西地，女郎十八梳高髻"。高髻是唐代妇女的普遍发式，吐蕃、回鹘妇女也有这种发式，[③] 可见北方民族对中原文化的吸收有一定共性。

四、饮食住行

西夏立国后，部分以畜牧、狩猎为生的党项人，仍保持传统肉食乳饮习俗，《文海》记有肉、乳、乳渣、酪、脂等肉乳制品。部分以农业为生的党

---

① （西夏）骨勒茂才：《番汉合时掌中珠》"人事下"。

② 《辽史》卷一一五《西夏外纪》记载，夏景宗"秃发，耳重环"；《涑水纪闻》卷一二载，庆历初夏景宗围宋朝麟州，守将募人出去报信，通引官王吉"请秃发，衣胡服，挟弓矢，赍粮粮，诈为胡人，夜缒而出。遇虏问，则为胡语答之"；《续资治通鉴长编》卷五一二，元符二年七月丙午记载：秦凤路第三将招诱到三个西人，"是环庆路熟户蕃捉生伪冒改名，剃发，穿耳，戴环，诈作诱到西界大小首领"。

③ 张碧波、董国尧主编：《中国古代北方民族文化史》（民族文化卷），黑龙江人民出版社1993年版，第1244页。

项人及汉族，以面食为主，《文海》"面"释："此者碾谷物为制面之谓。"①"汤面"释："此者为食中可饮细面之谓也。"②《番汉合时掌中珠》记述的食馔有细面、粥、乳头、油饼、胡饼、蒸饼、干饼、烧饼、油毬、盏锣、角子、馒头、炒米、蒸米等；食用器具有锅、碗、匙、笊篱、礜子、碟、盘、火炉鏊、甑、笼床、茶铫、茶臼；制作方法有烤、炸、蒸、煮、熬；佐味调料有油、盐、醋、椒、葱、蜜。

饮品以茶为主，蕃部肉食乳饮，故特别需要茶促进消化，"唯茶最为所欲之物"。③宋朝每年岁赐西夏茶叶三万斤，茶叶在西夏与宋朝的边贸中也有大量进口。饮酒是西夏普遍的社会习俗，盟誓、赏赐、宴会、接待来使都离不开酒，平常百姓也以饮酒为乐。④

由于接连不断的战争和频繁的自然灾害，西夏农牧业生产很不稳定，广大农牧民经常以野菜、草籽充饥，"春食鼓子蔓、醶蓬子；夏食苁蓉苗、小芜荑；秋食席鸡子、地黄叶、登厢草；冬则蓄沙葱、野韭、拒霜、灰条子、白蒿、醶松子，以为岁计"。⑤

西夏牧民住毡帐，便于迁徙游牧，农民与城镇居民"居皆立屋，有官爵者，始得覆之以瓦"。⑥与西夏国邻接且风俗相类的宋朝麟州亦大抵如此。⑦《文海》"屋舍"释："舍也，房室也，室也，门也，家也，居也，院也，庭也，居住之谓也"；"房室"释："屋也，家舍也，室屋也，帐也，庖也，住宿处是也"。⑧前者有庭有院，为农民和城镇居民居住的房舍，后者是游牧部族住宿的帐篷。

西夏人出行有水陆两路，以都城兴庆府以及灵州、凉州、夏州等大中城

① 史金波、白滨、黄振华：《文海研究》，中国社会科学出版社1983年版，第554页。
② 史金波、白滨、黄振华：《文海研究》，中国社会科学出版社1983年版，第493页。
③ 《续资治通鉴长编》卷一四九，庆历四年五月甲申。
④ 杜建录：《西夏经济史》，中国社会科学出版社2002年版，第175—177页。
⑤ （宋）曾巩：《隆平集》卷二〇《夏国赵保吉传》。
⑥ （宋）曾巩：《隆平集》卷二〇《夏国赵保吉传》。
⑦ "麟州府，在黄河西古云中之地，乃蕃茆杂居。黄茆土山，高下相属，极目四顾，无十步平坦。廨舍庙宇，覆之以瓦；民居用土，止若栅焉。架险就中，重复不定，上引瓦为沟，虽大澍亦不浸润。其梁、柱、樕题，颇甚华丽。城邑之外，穷庐窟室而已。"（《西夏纪事本末》卷一〇）
⑧ 史金波、白滨、黄振华：《文海研究》，中国社会科学出版社1983年版，第466、416页。

镇为中心的陆路交通四通八达，交通工具主要是马、车，凉州"当四冲地，车辙马迹，辐辏交会，日有千数"。[1] 沙漠中"马不能行，行者皆乘骆驼"。黄河水路有木船和羊皮筏，羊皮筏即西夏军队装备的"浑脱"，"以羊皮为囊，吹气实之浮于水"，有时"以骆驼牵木筏而渡"。[2]

五、婚丧节庆

西夏盛行包办买卖婚姻，"男女长大，遣将媒人，诸处为婚，索与妻眷"。[3] 如果"为婚时已予应允，酒食已饮者，嫁资未转传则不算换为婚。嫁资多少已取，则取多少一律算实在为婚"。[4] 一般百姓一夫一妻，上层皇帝贵族普遍有纳妾现象，李德明娶三室，景宗李元昊凡七娶，仁宗时的晋王察哥年已七十余，犹姬妾成群。元朝初年，西夏故地甘州"娶妻致有三十，否则视其资力，娶妻之数惟意所欲，然第一妻之地位为最尊。诸妻中有不善者得出之，别娶一人。男子得娶从姊妹，或其父已纳之妇女为妻"。[5] 这是北方少数民族为防止财产外流的"收继婚"习俗残余，早期党项即"妻其庶母及伯叔母、嫂、子弟之妇"。[6] 总体而言，党项人婚姻没有汉族诸多封建礼教的枷锁，经常是"育女稍长，靡由媒妁，暗有期会，家不之问"。[7]

早期党项"死则焚尸，名为火葬"。[8] 西夏立国后这种葬俗保留下来，并和佛教的火化融为一体，形成党项独特的火葬习俗，但焚尸后仍要建坟，和古代羌人焚尸扬灰的葬俗有很大的区别。《文海》"丘"释："丘墓也，烧人尸处地圈之谓也。""坟"释："弃尸场建坟地之谓"。[9] 这种焚尸建坟习俗在考古发掘中得到证实。1977 年和 1989 年甘肃武威市发掘的三座西夏墓，

---

① 《凉州重修护国寺感应塔碑铭》。

② 《宋史》卷四九〇《高昌传》。

③ （西夏）骨勒茂才：《番汉合时掌中珠》"人事下"。

④ 《天盛改旧新定律令》卷八《为婚门》。

⑤ [意] 马可·波罗：《马可·波罗行纪》第 61 章，冯承钧译，上海书店出版社 2001 年版，第 129 页。

⑥ 《旧唐书》卷一九八《党项羌传》。

⑦ 《西夏纪事本末》卷一〇。

⑧ 《旧唐书》卷一九八《党项羌传》。

⑨ 史金波、白滨、黄振华：《文海研究》，中国社会科学出版社 1983 年版，第 547、400 页。

所葬均为焚烧后的骨灰，分别用木匣、木缘塔、黑釉瓷瓶盛装。①

西夏陵"仿巩县宋陵而作"，② 其葬俗也吸收中原汉族，如陵园坐北面南，继承汉族南面为尊的观念；墓室前甬道有门，门外两侧有门神武士，这也是汉族墓葬的传统习俗；墓室内发现棺材朽木和人骨，亦与汉族土葬相同。在继承唐、宋陵寝制度的同时，西夏陵也保留大量本民族习俗。如汉族是龟碑座，而西夏为力士碑座。力士手腕、足胫皆饰圆环，是包括党项在内相关西南少数民族的传统习俗；西夏陵陵台建成独特的塔形，当与党项笃信佛教有密切关系；献殿、墓道、墓室、陵台都位于陵园偏西处，可能与党项以西为尊的观念有关；随葬完整的羊、狗、鸡等家畜家禽以及铜牛、石马、石狗等，反映了党项作为游牧民族的传统生活习俗。

西夏八边形木缘塔

史载李继迁"寻葬其祖于红石峡，障水别流，凿石为穴。既葬，引水其上，后人莫知其处"。③ 这种奇特的葬法仅此记载，西夏以后再没出现。

西夏以十二月为岁首，因此重冬至节，亲友团聚欢宴，以示庆祝。开国皇帝夏景宗李元昊认为节日太少，特规定每年春、夏、秋、冬四季第一个月的初一和他本人的生日（五月五日）作为本国节日，让臣民庆贺。④

---

① 孙寿龄：《西夏的葬俗》，《陇右文博》1996 年第 1 期。

② 《嘉靖宁夏新志》卷二。

③ 《西夏书事》卷七。

④ 《宋史》卷四八五《夏国传上》。

附表 1 西夏帝号表

庙号	陵号	谥号	姓名	生卒年	年号	世袭
太祖	裕陵	神武皇帝	李继迁	963—1004		
太宗	嘉陵	光圣皇帝	李德明	981—1031		太祖子
景宗	泰陵	武烈皇帝	李元昊	1003—1048	显道（1032—1033 年） 开运（1034—1034 年） 广运（1034—1035 年） 大庆（1036—1037 年） 天授礼法延祚 （1038—1048 年）	太宗子
毅宗	安陵	昭英皇帝	李谅祚	1047—1067	延嗣宁国（1049— 1049 年） 天祐垂圣（1050— 1052 年） 福圣承道（1053— 1056 年） 奲都（1057—1062 年） 拱化（1063—1066 年）	景宗子
惠宗	献陵	康靖皇帝	李秉常	1061—1086	乾道（1067—1068 年） 天赐礼盛国庆 （1069—1073 年） 大安（1074—1084 年） 天安礼定（1085— 1086 年）	毅宗长子
崇宗	显陵	圣文皇帝	李乾顺	1083—1139	天仪治平（1087— 1089 年） 天祐民安（1090— 1097 年） 永安（1098—1100 年） 贞观（1101—1113 年） 雍宁（1114—1118 年） 元德（1119—1126 年） 正德（1127—1134 年） 大德（1135—1139 年）	惠宗子
仁宗	寿陵	圣德皇帝	李仁孝	1124—1193	大庆（1140—1143 年） 人庆（1144—1148 年） 天盛（1149—1169 年） 乾祐（1170—1193 年）	崇宗子
桓宗	庄陵	昭简皇帝	李纯祐	1177—1206	天庆（1194—1206 年）	仁宗子

庙号	陵号	谥号	姓名	生卒年	年号	世袭
襄宗		敬穆皇帝	李安全	1170—1211	应天（1206—1209年） 皇建（1210—1210年）	越王李 仁友子
神宗		英文皇帝	李遵顼	1163—1226	光定（1211—1223年）	齐王李 彦宗子
献宗			李德旺	1181—1226	乾定（1224—1226年）	神宗子
末主			李睍	?—1227	宝义（1227—1227年）	清平郡 王子

附表 2　西夏纪年表

公元	干支	西夏	宋	辽、北辽、西辽	金
		景宗（李元昊）	仁宗（赵祯）	兴宗（耶律宗真）	
1032	壬申	明道 1	明道 1	重熙 1	
1033	癸酉	2	2	2	
1034	甲戌	开运 1 广运 1	景祐 1	3	
1035	乙亥	2	2	4	
1036	丙子	大庆 1	3	5	
1037	丁丑	2	4	6	
1038	戊寅	天授礼法延祚 1	宝元 1	7	
1039	己卯	2	2	8	
1040	庚辰	3	康定 1	9	
1041	辛巳	4	庆历 1	10	
1042	壬午	5	2	11	
1043	癸未	6	3	12	
1044	甲申	7	4	13	
1045	乙酉	8	5	14	
1046	丙戌	9	6	15	
1047	丁亥	10	7	16	
1048	戊子	11	8	17	
		毅宗（李谅祚）			
1049	己丑	延嗣宁国 1	皇祐 1	18	
1050	庚寅	天祐垂圣 1	2	19	
1051	辛卯	2	3	20	
1052	壬辰	3	4	21	
1053	癸巳	福圣承道 1	5	22	
1054	甲午	2	至和 1	23	
				道宗（耶律洪基）	
1055	乙未	3	2	清宁 1	
1056	丙申	4	嘉祐 1	2	
1057	丁酉	奲都 1	2	3	
1058	戊戌	2	3	4	
1059	己亥	3	4	5	
1060	庚子	4	5	6	
1061	辛丑	5	6	7	
1062	壬寅	6	7	8	

公元	干支	西夏	宋	辽、北辽、西辽	金
1063	癸卯	拱化 1	8	9	
			英宗（赵曙）		
1064	甲辰	2	治平 1	10	
1065	乙巳	3	2	咸雍 1	
1066	丙午	4	3	2	
1067	丁未	5	4	3	
		惠宗（李秉常）	神宗（赵顼）		
1068	戊申	乾道 1	熙宁 1	4	
1069	己酉	天赐礼盛国庆 1	2	5	
1070	庚戌	2	3	6	
1071	辛亥	3	4	7	
1072	壬子	4	5	8	
1073	癸丑	5	6	9	
1074	甲寅	大安 1	7	10	
1075	乙卯	2	8	大（太）康 1	
1076	丙辰	3	9	2	
1077	丁巳	4	10	3	
1078	戊午	5	元丰 1	4	
1079	己未	6	2	5	
1080	庚申	7	3	6	
1081	辛酉	8	4	7	
1082	壬戌	9	5	8	
1083	癸亥	10	6	9	
1084	甲子	11	7	10	
1085	乙丑	天安礼定 1	8	大安 1	
			哲宗（赵煦）		
1086	丙寅	2	元祐 1	2	
		崇宗（李乾顺）			
1087	丁卯	天仪治平 1	2	3	
1088	戊辰	2	3	4	
1089	己巳	3	4	5	
1090	庚午	天祐民安 1	5	6	
1091	辛未	2	6	7	
1092	壬申	3	7	8	
1093	癸酉	4	8	9	
1094	甲戌	5	绍圣 1	10	

公元	干支	西夏	宋	辽、北辽、西辽	金
1095	乙亥	6	2	寿昌（隆）1	
1096	丙子	7	3	2	
1097	丁丑	8	4	3	
1098	戊寅	永安 1	元符 1	4	
1099	己卯	2	2	5	
1100	庚辰	3	3	6	
			徽宗（赵佶）	天祚帝（耶律延禧）	
1101	辛巳	贞观 1	建中靖国 1	乾统 1	
1102	壬午	2	崇宁 1	2	
1103	癸未	3	2	3	
1104	甲申	4	3	4	
1105	乙酉	5	4	5	
1106	丙戌	6	5	6	
1107	丁亥	7	大观 1	7	
1108	戊子	8	2	8	
1109	己丑	9	3	9	
1110	庚寅	10	4	10	
1111	辛卯	11	政和 1	天庆 1	
1112	壬辰	12	2	2	
1113	癸巳	13	3	3	
1114	甲午	雍宁 1	4	4	
1115	乙未	2	5	5	太祖（完颜阿骨打） 收国 1
1116	丙申	3	6	6	2
1117	丁酉	4	7	7	天辅 1
1118	戊戌	5	重和 1	8	2
1119	己亥	元德 1	宣和 1	9	3
1120	庚子	2	2	10	4
1121	辛丑	3	3	保大 1	5
1122	壬寅	4	4	保大 2 北辽宣宗（耶律淳） 建福 1 北辽萧德妃 德兴 1	6
1123	癸卯	5	5	保大 3 北辽梁王（耶律雅里） 神历 1	太宗（完颜晟） 天会 1

公元	干支	西夏	宋	辽、北辽、西辽	金
1124	甲辰	6	6	保大 4 西辽 德宗（耶律大石） 延庆 1	2
1125	乙巳	7	7	保大 5 延庆 2	3
1126	丙午	8	钦宗（赵桓） 靖康 1	3	4
1127	丁未	正德 1	南宋 高宗（赵构） 建炎 1	4	5
1128	戊申	2	2	5	6
1129	己酉	3	3	6	7
1130	庚戌	4	4	7	8
1131	辛亥	5	绍兴 1	8	9
1132	壬子	6	2	9	10
1133	癸丑	7	3	10	11
1134	甲寅	8	4	康国 1	12
1135	乙卯	大德 1	5	2	熙宗（完颜亶）13
1136	丙辰	2	6	3	14
1137	丁巳	3	7	4	15
1138	戊午	4	8	5	天眷 1
1139	己未	5	9	6	2
1140	庚申	仁宗（李仁孝） 大庆 1	10	7	3
1141	辛酉	2	11	8	皇统 1
1142	壬戌	3	12	9	2
1143	癸亥	4	13	10	3
1144	甲子	人庆 1	14	感天后（塔不烟） 咸清 1	4
1145	乙丑	2	15	2	5
1146	丙寅	3	16	3	6
1147	丁卯	4	17	4	7
1148	戊辰	5	18	5	8
1149	己巳	天盛 1	19	6	海陵王（完颜亮） 天德 1
1150	庚午	2	20	7	2

公元	干支	西夏	宋	辽、北辽、西辽	金
1151	辛未	3	21	仁宗（耶律夷列） 绍兴 1	3
1152	壬申	4	22	2	4
1153	癸酉	5	23	3	贞元 1
1154	甲戌	6	24	4	2
1155	乙亥	7	25	5	3
1156	丙子	8	26	6	正隆 1
1157	丁丑	9	27	7	2
1158	戊寅	10	28	8	3
1159	己卯	11	29	9	4
1160	庚辰	12	30	10	5
1161	辛巳	13	31	11	世宗（完颜雍） 大定 1
1162	壬午	14	32	12	2
1163	癸未	15	孝宗（赵眘） 隆兴 1	13	3
1164	甲申	16	2	承天后（耶律普速完） 崇福 1	4
1165	乙酉	17	乾道 1	2	5
1166	丙戌	18	2	3	6
1167	丁亥	19	3	4	7
1168	戊子	20	4	5	8
1169	己丑	21	5	6	9
1170	庚寅	乾祐 1	6	7	10
1171	辛卯	2	7	8	11
1172	壬辰	3	8	9	12
1173	癸巳	4	9	10	13
1174	甲午	5	淳熙 1	11	14
1175	乙未	6	2	12	15
1176	丙申	7	3	13	16
1177	丁酉	8	4	14	17
1178	戊戌	9	5	末主（耶律直鲁古） 天禧 1	18
1179	己亥	10	6	2	19
1180	庚子	11	7	3	20
1181	辛丑	12	8	4	21

公元	干支	西夏	宋	辽、北辽、西辽	金
1182	壬寅	13	9	5	22
1183	癸卯	14	10	6	23
1184	甲辰	15	11	7	24
1185	乙巳	16	12	8	25
1186	丙午	17	13	9	26
1187	丁未	18	14	10	27
1188	戊申	19	15	11	28
1189	己酉	20	16	12	29
1190	庚戌	21	光宗（赵惇）绍熙 1	13	章宗（完颜璟）明昌 1
1191	辛亥	22	2	14	2
1192	壬子	23	3	15	3
1193	癸丑	24	4	16	4
1194	甲寅	桓宗（李纯祐）天庆 1	5	17	5
1195	乙卯	2	宁宗（赵扩）庆元 1	18	6
1196	丙辰	3	2	19	承安 1
1197	丁巳	4	3	20	2
1198	戊午	5	4	21	3
1199	己未	6	5	22	4
1200	庚申	7	6	23	5
1201	辛酉	8	嘉泰 1	24	泰和 1
1202	壬戌	9	2	25	2
1203	癸亥	10	3	26	3
1204	甲子	11	4	27	4
1205	乙丑	12	开禧 1	28	5
1206	丙寅	襄宗（李安全）应天 1	2	29	6
1207	丁卯	2	3	30	7
1208	戊辰	3	嘉定 1	31	8
1209	己巳	4	2	32	卫绍王（完颜永济）大安 1
1210	庚午	皇建 1	3	33	2
1211	辛未	神宗（李遵顼）光定 1	4	34	3

公元	干支	西夏	宋	辽、北辽、西辽	金
1212	壬申	2	5		崇庆1
1213	癸酉	3	6		至宁1 宣宗（完颜珣） 贞祐1
1214	甲戌	4	7		2
1215	乙亥	5	8		3
1216	丙子	6	9		4
1217	丁丑	7	10		兴定1
1218	戊寅	8	11		2
1219	己卯	9	12		3
1220	庚辰	10	13		4
1221	辛巳	11	14		5
1222	壬午	12	15		元光1
1223	癸未	13	16		2
1224	甲申	献宗（李德旺） 乾定1	17		哀宗（完颜守绪） 正大1
1225	乙酉	2	理宗（赵昀） 宝庆1		2
1226	丙戌	3	2		3
1227	丁亥	末主（李睍） 宝义1	3		4

本表转自史金波《西夏社会》

参考书目

一、古籍

（汉）司马迁：《史记》，中华书局 1982 年点校本。

（汉）班固：《汉书》，中华书局 1976 年点校本。

（北齐）魏收：《魏书》，中华书局 1974 年点校本。

（唐）姚思廉：《梁书》，中华书局 1973 年点校本。

（唐）魏征：《隋书》，中华书局 1974 年点校本。

（后晋）刘昫：《旧唐书》，中华书局 1975 年点校本。

（宋）欧阳修：《新唐书》，中华书局 1975 年点校本。

（宋）薛居正：《旧五代史》，中华书局 1976 年点校本。

（宋）欧阳修：《新五代史》，中华书局 1974 年点校本。

（元）脱脱：《宋史》，中华书局 1977 年点校本。

（元）脱脱：《辽史》，中华书局 1974 年点校本。

（元）脱脱：《金史》，中华书局 1975 年点校本。

（明）宋濂：《元史》，中华书局 1976 年点校本。

（北魏）郦道元：《水经注校证》，陈桥驿校证，中华书局 2007 年版。

（唐）李吉甫：《元和郡县图志》，中华书局 1983 年版。

（唐）杜佑：《通典》，中华书局 1984 年影印本。

（宋）司马光：《资治通鉴》，中华书局点校本。

（宋）王钦若：《册府元龟》，凤凰出版社 2006 年校订本。

《全唐文》，中华书局 1983 年影印本。

《全唐诗》，中华书局 1960 年点校本。

（宋）宋敏求：《唐大诏令集》，中华书局 2008 年版。

（宋）王溥：《唐会要》，中华书局 1960 年版。

（唐）元稹：《元氏长庆集》，文渊阁四库全书影印本。

（唐）柳宗元：《柳河东集注》，文渊阁四库全书影印本。

（唐）陈子昂：《陈拾遗集》，文渊阁四库全书影印本。

（南朝）任昉：《述异记》，文渊阁四库全书影印本。

（宋）曾巩：《隆平集校证》，中华书局 2012 年校证本。

（宋）李焘：《续资治通鉴长编》，中华书局 1992 年点校本。

（宋）杨仲良：《续资治通鉴长编纪事本末》，北京图书馆出版社 2003 年版。

（清）黄以周等：《续资治通鉴长编拾补》，中华书局 2004 年点校本。

（宋）王溥：《五代会要》，中华书局 1998 年排印本。

（宋）彭百川：《太平治迹统类》，文渊阁四库全书影印本。

（宋）乐史：《太平寰宇记》，中华书局 2007 年点校本。

《宋大诏令集》，中华书局 1962 年排印本。

《宋会要辑稿》，上海古籍出版社 2014 年点校本。

（宋）赵汝愚编：《宋朝诸臣奏议》，上海古籍出版社 1999 年标点本。

（宋）徐梦莘：《三朝北盟会编》，上海古籍出版社 1987 年版。

（宋）王存：《元丰九域志》，中华书局 1984 年点校本。

（宋）曾公：《武经总要》，文渊阁四库全书影印本。

（宋）吕祖谦：《宋文鉴》，中华书局 1992 年点校本。

傅增湘：《宋代蜀文辑存》，北京图书出版社 2005 年影印本。

（宋）王偁：《东都事略》，刘晓东等点校，齐鲁书社 2000 年点校本。

（宋）叶隆礼：《契丹国志》，中华书局 2014 年点校本。

（宋）李心传：《建炎以来系年要录》，中华书局 1988 年版。

（宋）李心传：《建炎以来朝野杂记》，文渊阁四库全书影印本。

（宋）范仲淹：《范文正公集》，四部丛刊初编影印本。

（宋）司马光：《司马光奏议》，山西人民出版社 1986 年点校本。

（宋）洪皓：《松漠纪闻》，文渊阁四库全书影印本。

（宋）欧阳修：《欧阳修集编年笺注》，巴蜀书社 2007 年版。

（宋）司马光：《涑水记闻》，中华书局 1989 年点校本。

（宋）沈括：《梦溪笔谈》，中华书局 2015 年版。

（宋）龚鼎臣：《东原录》，文渊阁四库全书影印本。

（宋）朱翼中：《北山酒经》，文渊阁四库全书影印本。

（宋）张方平：《乐全集》，文渊阁四库全书影印本。

（宋）包拯：《包孝肃奏议》，文渊阁四库全书影印本。

（宋）王应麟：《玉海》，文渊阁四库全书影印本。

（宋）熊克：《中兴小纪》，文渊阁四库全书影印本。

（宋）上官融：《友会谈丛》，清嘉庆《宛委别藏》本影印本。

（宋）朱弁：《曲洧旧闻》，中华书局 2002 年点校本。

（宋）江休复：《江邻几杂志》，中华书局 1991 年丛书集成初编本。

（宋）方勺：《泊宅编》，中华书局 1983 年点校本。

佚名：《孙子算经》，文渊阁四库全书影印本。

（宋）宗泽：《宗忠简集》，文渊阁四库全书影印本。

（宋）李之仪：《姑溪居士后集》，文渊阁四库全书影印本。

（宋）苏轼：《经进东坡文集事略》，上海书店四部丛刊本。

（宋）王明清：《挥麈后录》，文渊阁四库全书影印本。

王恽：《秋涧先生大全文集》，四部丛刊初编影印本。

（宋）袁采：《袁氏式范》，文渊阁四库全书影印本。

（宋）陈舜俞：《都官集》，文渊阁四库全书影印本。

（宋）苏辙：《苏辙集》，中华书局 1990 年点校本。

（宋）苏舜钦：《苏学士集》，文渊阁四库全书影印本。

（宋）晁补之：《鸡肋集》，文渊阁四库全书影印本。

（宋）庄绰：《鸡肋编》，中华书局 1983 年点校本。

（宋）王质：《雪山集》，文渊阁四库全书影印本。

（宋）李纲：《梁溪集》，文渊阁四库全书影印本。

（宋）文彦博：《潞公文集》，文渊阁四库全书影印本。

（宋）周辉：《清波杂志校注》，刘永翔校注，中华书局 1994 年点校本。

（宋）刘攽：《彭城集》，商务印书馆 1937 年版。

（宋）田况：《儒林公议》，中华书局 2017 年唐宋史资料丛刊本。

（宋）陆游：《渭南文集》，文渊阁四库全书影印本。

（宋）魏了翁：《鹤山集》，文渊阁四库全书影印本。

（宋）宋祁：《景文集》，中华书局丛书集成本。

（金）佚名：《大金吊伐录校补》，中华书局 2006 年整理本。

（宋）宇文懋昭：《大金国志》，中华书局 2011 年校正本。

《元人文集珍本丛刊》，影印嘉业堂丛书本，新文丰出版公司 1985 年版。

（元）苏天爵：《元文类》，文渊阁四库全书影印本。

（元）《通制条格》，浙江古籍出版社 1986 年版。

（元）李志常：《长春真人西游记》，上海书店出版社 2013 年点校本。

（元）王桢：《农书》，农业出版社 1981 年版。

（元）吴澄：《吴文正集》，文渊阁四库全书影印本。

（元）余阙：《青阳先生文集》，上海书店四部丛刊本。

（元）佚名：《庙学典礼》，文渊阁四库全书影印本。

（元）戴表元：《剡源文集》，文渊阁四库全书影印本。

（元）虞集：《道园类稿》，《元人文集珍本丛刊》影印本，新文丰出版公司 1985 年版。

（元）虞集：《道园学古录》，《摛藻堂四库全书荟要》本。

（元）苏天爵：《滋溪文稿》，中华书局 1997 年点校本。

（元）邓文原：《巴西集》，文渊阁四库全书影印本。

《正德大名府志》，《天一阁藏明代方志选刊》影印本。

《甘州府志》，《中国地方志集成·甘肃府县志辑》，凤凰出版社 2008 年版。

（宋）苏颂：《本草图经》，安徽科学技术出版社 1994 年点校本。

（宋）唐慎微：《证类本草》，尚志均等校点，华夏出版社 1993 年版。

（明）李时珍：《本草纲目》，文渊阁四库全书影印本。

（明）杨士奇等编：《历代名臣奏议》，文渊阁四库全书影印本。

张维：《陇右金石录》，中国少数民族古籍集成本（1943 年甘肃省文献征集委员会校印）。

（清）王昶：《金石萃编》，清嘉庆十年刻同治钱宝传等补修本。

（清）刘于义：《雍正陕西通志》，凤凰出版社 2011 年版。

（清）《嘉庆定边县志》，定边县志办排印本。

（明）胡汝砺：《嘉靖宁夏新志》，宁夏人民出版社 1982 年点校本。

徐珂：《清稗类钞》，中华书局 2010 年版。

（清）吴广成：《西夏书事》，甘肃文化出版社 1995 年《西夏书事校证》本。

戴锡章：《西夏纪》，宁夏人民出版社 1988 年点校本。

（清）张鉴：《西夏纪事本末》，甘肃文化出版社 1998 年点校本。

（清）祁韵士：《西陲要略》，山西文华本，三晋出版社 2015 年版。

二、出土文献文物

宁夏大学西夏学研究中心、国家图书馆、甘肃省古籍文献整理编译中心编辑，史金波、陈育宁主编：《中国藏西夏文献》（1—20 册），甘肃人民出版社、敦煌文艺出版社 2005—2007 年版。

杜建录主编：《中国藏黑水城汉文文献释录》，中华书局、天津古籍出版社 2016 年版。

中国社会科学院民族研究所、俄罗斯科学院东方研究所圣彼得堡分所、上海古籍出版社编辑，史金波、魏同贤、克恰诺夫主编：《俄藏黑水城文献》（1—27 册），上海古籍出版社 1994—2020 年版。

西北第二民族学院、上海古籍出版社、英国国家图书馆编辑，谢玉杰、吴芳思主编：《英藏黑水城文献》（1—4 册），上海古籍出版社 2005 年版。

史金波、白滨、吴峰云：《西夏文物》，文物出版社 1988 年版。

中国社会科学院西夏文化研究中心、宁夏大学西夏学研究院、甘肃古籍文献整理编译中心、内蒙古博物院等编，史金波总主编，塔拉、李丽雅主编：《西夏文物·内蒙古编》（1—4 册），中华书局、天津古籍出版社 2014 年版。

中国社会科学院西夏文化研究中心、宁夏大学西夏学研究院、甘肃古籍文献整理编译中心、甘肃博物馆等编，史金波总主编，俄军主编：《西夏文物·甘肃编》（1—5 册），中华书局、天津古籍出版社 2014 年版。

中国社会科学院西夏文化研究中心、宁夏大学西夏学研究院、甘肃古籍文献整理编译中心、宁夏博物馆等编，史金波总主编，李进增主编：《西夏文物·宁夏编》（1—12 册），中华书局、天津古籍出版社 2016 年版。

《俄藏黑水城艺术品》，上海古籍出版社 2008 年版。

《天盛改旧新定律令》，史金波、聂鸿音、白滨译，法律出版社 2000 年版。

《杂字》（西夏），《俄藏黑水城文献》本。

李逸友：《黑城出土文书》（汉文文书卷），科学出版社 1991 年版。

《番汉合时掌中珠》，《俄藏黑水城文献》本。

《圣立义海》，《俄藏黑水城文献》本。

《文海》，《俄藏黑水城文献》本。

《贞观玉镜将》，《俄藏黑水城文献》本。

《天盛改旧新定律令》，《俄藏黑水城文献》本。

三、研究著作

范文澜：《中国通史》，人民出版社 1965 年版。

谭其骧主编：《中国历史地图集》第六册，中国地图出版社 1996 年版。

吕思勉：《中国民族史》，东方出版社 1996 年版。

张晋藩主编：《中国法制通史》（宋代卷），法律出版社 1999 年版。

吴承洛：《中国度量衡史》，上海书店 1937 年版。

丘光明：《中国度量衡》，新华出版社 1993 年版。

郭正忠：《中国盐业史·古代编》，人民出版社 1997 年版。

潘吉星：《中国造纸技术史稿》，文物出版社 1979 年版。

张碧波、董国尧主编：《中国古代北方民族文化史》（民族文化卷），黑龙江人民出版社 1993 年版。

《中国民族古文字研究》第三辑，天津古籍出版社 1991 年版。

吴天墀：《西夏史稿》，四川人民出版社 1983 年修订本。

漆侠、乔幼梅：《辽夏金经济史》，河北大学出版社 1998 年版。

史金波：《西夏经济文书研究》，社会科学文献出版社 2017 年版。

陈炳应：《西夏文物研究》，宁夏人民出版社 1985 年版。

中国社会科学院考古研究所：《宁夏灵武窑发掘报告》，中国大百科全书出版社 1995 年版。

马文宽：《宁夏灵武窑》，紫禁城出版社 1988 年版。

史金波、白滨、黄振华：《文海研究》，中国社会科学出版社 1983 年版。

罗矛昆等：《圣立义海研究》，宁夏人民出版社 1995 年版。

白滨编：《西夏史论文集》，宁夏人民出版社 1984 年版。

汤晓芳等：《西夏艺术》，宁夏人民出版社 2003 年版。

史金波：《西夏文化》，吉林教育出版社 1986 年版。

鲁人勇、吴忠礼、徐庄：《宁夏历史地理考》，宁夏人民出版社 1993 年版。

[俄] 戈尔巴切娃、克恰诺夫：《西夏文写本和刊本目录》，莫斯科东方学出版社 1963 年版。

[俄] 捷连提耶夫·卡坦斯基：《西夏书籍业》，王克孝、景永时译，宁夏人民出版社 2000 年版。

李蔚：《西夏史研究》，宁夏人民出版社 1989 年版。

鲁人勇：《西夏地理志》，宁夏人民出版社 2012 年版。

史金波：《西夏佛教史略》，宁夏人民出版社 1988 年版。

史金波：《西夏社会》，上海人民出版社 2007 年版。

杜建录、史金波：《西夏社会文书研究（增订本）》，上海古籍出版社 2012 年版。

杜建录：《西夏经济史》，中国社会科学出版社 2002 年版。

王静如：《西夏研究》，中央研究院历史语言研究所，1932 年。

李范文：《西夏研究论集》，宁夏人民出版社 1983 年版。

《西夏文史论丛》，宁夏人民出版社 1992 年版。

孙宏开：《西夏语比较研究》，宁夏人民出版社 1999 年版。

牛达生：《西夏钱币研究》，宁夏人民出版社 2013 年版。

《西夏谚语》，陈炳应译，山西人民出版社 1993 年版。

陈炳应：《贞观玉镜将研究》，宁夏人民出版社 1995 年版。

陈寅恪：《唐代政治史述论稿》，上海古籍出版社 1997 年版。

周伟洲：《唐代党项》，三秦出版社 1988 年版。

《庆祝王钟翰先生八十寿辰学术论文集》，辽宁大学出版社 1993 年版。

邓广铭、郦家驹主编：《宋史研究论文集》，河南人民出版社 1984 年版。

漆侠：《宋代经济史》（上、下），上海人民出版社 1987、1988 年版。

王曾瑜：《宋朝兵制初探》，中华书局 1983 年版。

李范文主编：《首届西夏学国际学术会议论文集》，宁夏人民出版社 1998 年版。

岑仲勉：《突厥集史》，中华书局 1958 年版。

陈明猷：《贺兰集》，宁夏人民出版社 1994 年版。

杜建录主编：《党项西夏文献研究》，中华书局 2011 年版。

周伟洲：《党项西夏史论》，甘肃文化出版社 2017 年版。

韩荫晟：《党项与西夏资料汇编》，宁夏人民出版社 2000 年版。

杜建录:《党项西夏碑石整理研究》,上海古籍出版社 2015 年版。

杜建录:《天盛律令与西夏法制研究》,宁夏人民出版社 2005 年版。

白滨:《元昊传》,吉林教育出版社 1988 年版。

李范文等:《电脑处理西夏文〈杂字〉研究》,日本国立亚非语言文化研究所,1997 年。

《薪火相传——史金波先生 70 寿辰西夏学国际学术研讨会论文集》,中国社会科学出版社 2012 年版。

[波斯] 拉施特:《史集》(第一、二卷),商务印书馆 1983 年版。

兰州大学敦煌学研究所:《敦煌归义军史专题研究》,兰州大学出版社 1997 年版。

郑炳林:《敦煌地理文书汇辑校注》,甘肃人民出版社 1989 年版。

恩格斯:《德国古代的历史和语言》,人民出版社 1957 年版。

[伊朗] 志费尼:《世界征服者史》,内蒙古人民出版社 1980 年版。

道润梯步译:《蒙古秘史》,内蒙古人民出版社 1979 年版。

[意] 马可·波罗:《马可波罗行纪》,冯承钧译,上海书店出版社 2001 年版。

大黑天神图，出土于黑水城遗址

大事记

634 年（唐贞观八年），党项拓跋部大首领拓跋赤辞归唐，唐在其地设三十二个羁縻州，授赤辞为西戎州都督，赐皇姓李。

756（年唐天宝十五年），拓跋守寂助唐平定"安史之乱"有功，授容州刺史，领天柱军使。

881 年（唐中和元年），党项大首领拓跋思恭因镇压黄巢起义有功，授夏绥银节度使，赐军号定难，故名定难军节度使。

883 年（唐中和三年），拓跋思恭晋爵夏国公，复赐皇姓李。

895 年（唐乾宁二年），定难军节度使拓跋思恭卒，弟李思谏袭位。自此拓跋李氏世袭定难军节度使。

908 年（后梁开平二年），定难军节度使李思谏卒，拓跋思恭孙李彝昌为留后。

909 年（后梁开平三年），定难军节度留后李彝昌被部将高宗益杀害，众将诛高宗益，推彝昌族父李仁福袭位，后梁授其为检校司空、定难军节度使。

913 年（后梁乾化三年），后梁封李仁福为陇西郡王，按此为夏州拓跋李氏封王之始。

924 年（后唐同光二年），后唐晋封李仁福朔方王。

933 年（后唐长兴四年），李仁福卒，子李彝超袭位。后唐采取调虎离山，下令驻守夏州的定难节度使李彝超与驻守延州的鄜延节度使安从进对调，遭到李彝超的拒绝。后唐明宗乃发兵夏州，不克而还。自此夏州拓跋部傲视中原。

935 年（后唐清泰二年），定难军节度使李彝超卒，兄李彝殷袭位。

943 年（后晋天福八年），绥州刺史李彝敏助夏州衙内指挥使拓跋崇斌作乱，事败投延州，遭延州守将拒绝，送还后被处斩。

949 年（后汉乾祐二年），后汉以静州隶定难军。从此，定难军统辖银、

大事记

夏、绥、宥、静五州之地。

951年（后周广顺元年），后周封李彝殷陇西郡王。刘崇称帝建立北汉，彝殷遣使归附北汉。

954年（后周显德元年），后周封定难军节度使李彝殷为西平王。

960年（宋建隆元年），赵匡胤代周建宋，定难军节度使李彝殷立即遣使投附，并改名彝兴，以避宋太祖赵匡胤名讳。

963年（宋建隆四年），银州防御使李光俨子李继迁出生。

967年（宋乾德五年），定难军节度使李彝兴卒，宋朝追封夏王，授其子李光睿为定难军节度使。后改名克睿，以避宋太宗赵光义名讳。

974年（宋开宝七年），定难军节度使李光睿以李继迁为管内都知蕃落使。

978年（宋太平兴国三年），定难军节度使李克睿卒，子李继筠袭位。

979年（宋太平兴国四年、辽保宁十一年），宋太宗亲征北汉，李继筠出兵助阵。

980年（宋太平兴国五年），定难军留后李继筠卒，弟李继捧袭位。

981年（宋太平兴国六年），夏州拓跋李氏内讧，银州刺史李克远与其弟李克顺率部攻夏州，不克。

982年（宋太平兴国七年、辽乾亨四年），李继捧入朝，献银、夏、绥、宥、静五州，其弟定难军都知蕃落使李继迁率部奔夏州东北三百里的地斤泽，起兵抗宋。

983年（宋太平兴国八年、辽统和元年），李继迁与宋将袁继忠、田钦祚战于三岔口，败之。

984年（宋雍熙元年、辽统和二年），宋将尹宪、曹光实夜发兵掩袭地斤泽，斩首五百级，焚四百余帐，获李继迁母、妻及羊马器械万计，继迁仅以身免。

大事记

985 年（宋雍熙二年、辽统和三年），李继迁诱杀宋将曹光实，占据银州。

986 年（宋雍熙三年、辽统和四年），二月，李继迁投附辽朝。四月，辽授李继迁定难军节度使、夏绥银宥静等州观察使、都督夏州诸军事。十二月，辽以宗女封义成公主，许嫁李继迁。

988 年（宋雍熙五年、辽统和六年），宋授李继迁银州刺史，继迁不接受。复以李继捧为定难军节度使，赐姓名赵保忠，使讨李继迁。

989 年（宋端拱二年、辽统和七年），李继迁在橐驼路劫掠西蕃贡使。辽以义成公主嫁李继迁，赐马三千匹。

990 年（宋淳化元年、辽统和八年），李继迁向辽朝进贡驼、马、沙狐皮等物，辽封继迁夏国王。

991 年（宋淳化二年、辽统和九年），七月，李继迁闻翟守素将兵援夏州，恐不敌，诈降之。宋朝授李继迁银州观察使，赐姓名赵保吉。其子赵德明授管内蕃落使。旋又附辽。九月，赵保忠破李继迁于王庭镇，李继迁出逃地斤泽。

992 年（宋淳化三年、辽统和十年），辽圣宗疑李继迁怀有二心，命耶律德威率兵持诏诘之。继迁托西征不出。德威至灵州俘掠而还。

993 年（宋淳化四年、辽统和十一年），宋朝采取盐禁以困夏人政策，行之数月，犯者益众。戎人乏食，相率寇边，屠小康堡，内属万余帐亦叛。

994 年（宋淳化五年、辽统和十二年），正月，李继迁徙绥州民于平夏，宋将高文岯等击走之，遂弃绥州。七月，李继迁遣牙校以良马来献，犹称所赐姓名，答诏因称之。八月，李继迁遣其将佐赵光祚、张浦诣绥州见黄门押班张崇贵，求纳款。崇贵会浦等于石堡寨，椎牛酾酒犒谕，仍给锦袍、银带。又遣弟廷信献马、橐驼，奉表谢罪，太宗抚慰甚厚。十一月，宋太宗遣张崇贵持诏谕李继迁，赐以器币、茶药、衣物等。

大事记

995 年（宋至道元年、辽统和十三年），李继迁遣张浦入宋贡奉，宋留张浦不遣。

996 年（宋至道二年、辽统和十四年），正月，李继迁于浦洛河截获宋军粮饷，进围灵州。宋太宗大怒，亲自部署诸将，李继隆出环州，丁罕出庆州，范廷召出延州，王超出夏州，张守恩出麟州，五路伐夏。

997 年（宋至道三年、辽统和十五年），辽朝封李继迁为西平王。宋真宗授李继迁夏州刺史、定难军节度使，银夏绥宥静五州又回到了夏州拓跋李氏的手中。宋遣返李继迁谋士张浦。

1000 年（宋咸平三年、辽统和十八年），九月，李继迁截击宋朝灵州粮运，袭杀转运使陈纬。

1001 年（宋咸平四年、辽统和十九年），九月，李继迁攻破定州、怀远县、保静、永州、清远军等城。

1002 年（宋咸平五年、辽统和二十年），李继迁大集蕃部，陷灵州，改灵州为西平府。并于赤沙川、橐驼口设置贸易市场。

1003 年（宋咸平六年、辽统和二十一年），正月，李继迁迁都灵州西平府。五月，德明子元昊出生。十一月，李继迁出兵西蕃，攻陷西凉府，知凉州丁惟清战死。西凉吐蕃大首领潘罗支伪降李继迁，阴结吐蕃诸部发起突袭。李继迁中流矢，奔回灵州三十井。

1004 年（宋景德元年、辽统和二十二年），正月，李继迁因伤重而死，其子李德明袭位。六月，复攻西凉，取之。十二月，邠州部署言李继迁子阿移孔目官何宪来归，诏令乘传赴阙。

1005 年（宋景德二年、辽统和二十三年），李德明袭位后，按照李继迁遗嘱与宋朝议和。宋朝向德明提出，纳灵州疆土、遣子弟入宿卫、送还掠去官吏、解散蕃汉军队、沿边有纷争禀朝廷裁决等，凡七事，则授其定难军节度使、赐金帛钱茶六万贯匹两斤、给内地节度使俸、允许贸易往来、放青盐

大事记

之禁，凡五事。辽朝封李德明为西平王。

1006年（宋景德三年、辽统和二十四年），宋与李德明达成和约，德明向宋朝进誓表，宋授德明定难军节度使，封西平王。岁赐德明绢万匹、钱三万贯、茶二万斤、银万两。

1007年（宋景德四年、辽统和二十五年），宋夏于保安军置榷场，宋以缯帛、罗绮易驼马、牛羊、玉、毡毯、甘草，以香药、瓷漆器、姜桂等物易蜜蜡、麝脐、毛褐、羱羚角、硇砂、柴胡、苁蓉、红花、翎毛。非官市者，"听与民交易"。按此为两国官府间大规模贸易之始。

1008年（宋大中祥符元年、辽统和二十六年），正月，李德明令张浦率数千骑攻回鹘。三月，李德明又遣万子等四军主领族兵攻西凉府，既至，见六谷蕃部强盛，惧而趋回鹘。回鹘设伏要路，示弱不与斗，俟其过，奋起击之，剿戮殆尽。

1009年（宋大中祥符二年、辽统和二十七年），六月，环庆路捕获蕃部谍者卢蒐，法当处死。诏械送夏州，令德明裁遣。

1010年（宋大中祥符三年、辽统和二十八年），西夏大旱，境内荒歉，李德明出兵攻宗哥族及缘边熟户。八月，李德明所部万子太保于天都山劫吐蕃贡使。辽朝封李德明为夏国王。

1011年（宋大中祥符四年、辽统和二十九年），八月，李德明屡掠甘州贡使。九月，李德明遣兵攻西凉乞当族，其首领厮铎督会诸族御之，大败其众。

1012年（宋大中祥符五年、辽开泰元年），宋朝禁止使人打造兵器携回夏州。

1016年（宋大中祥符九年、辽开泰五年），凉州守将苏守信死。十一月，甘州回鹘攻破凉州。

1018年（宋天禧二年、辽开泰七年），李德明掠夺甘州回鹘供奉宋朝使

大事记

人。吐蕃请求假道西夏供奉辽朝，德明不许。

1020 年（宋天禧四年、辽开泰九年），辽主率兵攻凉甸，李德明帅众逆拒，败之。李德明升河外怀远镇为兴州，都而居之。

1021 年（宋天禧五年、辽太平元年），辽与西夏和好如旧，封李德明为大夏国王。

1022 年（宋乾兴元年、辽太平二年），李德明上表，请求宋朝令大食进贡使取道西夏，宋不许。

1026 年（宋天圣四年、辽太平六年），李德明请求于并、代二州置和市场，宋仁宗许之。

1028 年（宋天圣六年、辽太平八年），李德明遣子元昊攻甘州，拔之。乃立元昊为太子，立卫慕氏为王后。

1030 年（宋天圣八年、辽太平十年），回鹘瓜州王以千骑降夏，自此西夏占据河西全境。十二月，李德明献马于宋，请赐《大藏经》。

1031 年（宋天圣九年、辽景福元年），十二月，辽兴平公主与元昊成婚，并封元昊为夏国公。

1032 年（宋明道元年、辽重熙元年），五月，宋封李德明夏王。九月，元昊攻取凉州。十月，李德明卒，子李元昊袭位。十一月，宋授元昊为定难军节度使，封西平王。十二月，辽封元昊为夏国王。

1033 年（宋明道二年、辽重熙二年），李元昊下秃发令，升兴州为兴庆府，遂立官制。十二月，辽朝禁止西夏使人沿途私市金铁。

1034 年（夏开运元年、宋景祐元年、辽重熙三年），西夏于宋境筑白豹城及后桥堡。李元昊借口谋反，鸩杀母卫慕氏，沉河溺杀舅卫慕山喜及家人。献马宋朝，求取佛经一藏。

1035 年（夏广运元年、宋景祐二年、辽重熙四年），李元昊率众攻牦牛城，一月不下，既而诈约和，城开，乃大纵杀戮。旋即又攻下青唐、安二、宗哥、带星岭诸城。

1036 年（夏大庆元年、宋景祐三年、辽重熙五年），李元昊设官制、更军制，设十二监军司。举兵攻回鹘，陷瓜、沙、肃三州，随后举兵攻兰州诸羌，南侵至马衔山，筑城凡川，以绝吐蕃与宋交通。

1037 年（夏大庆二年、宋景祐四年、辽重熙六年），宋朝落第文人张元、吴昊投西夏。李元昊改革礼乐制度，创制文字，设置学校，翻译汉籍。

1038 年（夏天授礼法延祚元年、宋宝元元年、辽重熙七年），正月，李元昊遣人赴五台山供佛。四月。辽以兴平公主薨，遣使诘之。九月，元昊于贺兰山悉会诸族酋豪，歃血为盟，约发兵鄜延。元昊从父山遇劝谏无果，遂携家眷投宋，至延州被执，送还元昊，杀之。十月，李元昊称帝建国，筑坛受册，国号大夏。自号大夏始文英武兴法建礼仁孝皇帝，是为景宗，改元天授礼法延祚。上表宋朝，请求"许以西郊之地，册为南面之君"。十二月，宋朝关闭互市，削夺元昊官爵、姓名，悬赏捕杀。

1039 年（夏天授礼法延祚二年、宋宝元二年、辽重熙八年），景宗元昊行离间计，将书信及锦袍、银带，投鄜延境上，被宋人识破。元昊又使人赍嫚书至边，指责宋朝先违誓约，又别降制命，诱导边情，潜谋害主。

1040 年（夏天授礼法延祚三年、宋康定元年、辽重熙九年），正月，景宗元昊遣供备库使毛迎啜己等至境上，欲议通和，麻痹宋人。接着聚集重兵，自土门路入，破金明寨，诱杀宋朝属户首领李士彬，遂乘胜抵延州城下。刘平、石元孙等率部驰援，行至三川口，遭元昊埋伏，全军覆没。

1041 年（夏天授礼法延祚四年、宋庆历元年、辽重熙十年），正月，景宗元昊遣高延德与范仲淹约和，范仲淹手书《答赵元昊书》。元昊又命亲信野利旺荣回信范仲淹，范仲淹当着夏使的面焚其书，而潜录副本以闻，书凡二十六纸，其不可以闻者二十纸，仲淹悉焚之，余又略加删改。书既达，大臣皆谓仲淹不当辄与元昊通书，又不当辄焚其报。二月，景宗元昊直趋渭州，韩琦命任福出击。任福轻敌冒进，在好水川陷入元昊埋伏，全军覆没。

1042年（夏天授礼法延祚五年、宋庆历二年、辽重熙十一年），宋将种世衡以蜡书离间景宗元昊与野利旺荣。闰九月，元昊发兵南下，于镇戎军定川寨大败宋军，主帅葛怀敏战死。元昊乘胜进抵渭州，焚荡庐舍，屠掠居民而去。

1043年（夏天授礼法延祚六年、宋庆历三年、辽重熙十二年），正月，贺从勖携景宗元昊书至保安军议和。元昊自称"男邦泥定国兀卒曩霄上书父大宋皇帝"，宋朝认为元昊书名体不正，不予接收。四月，宋朝遣邵良佐与夏使贺从勖至夏州，提出议和条件：朝廷册元昊夏国主，赐诏不名，许自置官属。其燕使人，坐朵殿之上，或遣使往彼，一如接见契丹使人礼。置榷场于保安军，岁赐绢十万匹、茶三万斤，生日与十月一日赐之。许进奉乾元节及贺正旦。七月，元昊复遣使人与邵良佐俱来，所要请凡十一事。其欲称男而不为臣，犹执前议也。八月，契丹呆尔族不顺命，元昊发兵协助辽军讨伐。十月，辽朝以夏人侵党项，遣延昌宫使高家奴责之。

1044年（夏天授礼法延祚七年、宋庆历四年、辽重熙十三年），辽夹山部落呆儿族八百户叛归元昊，辽兴宗责还，景宗元昊不遣。兴宗乃兵分三路，入夏境四百里。西夏佯败诱敌，大败辽军。元昊战胜后遣使请和，愿归俘获。十二月，宋册景宗元昊为夏国主，更名曩霄。以张子奭为使，约称臣，奉正朔，改所赐敕书为诏而不名，许自置官属。使至京，就驿贸卖，宴坐朵殿。朝廷遣使至其国，相见以宾客礼。岁赐银绢茶25.5万。置榷场于保安军及镇戎军高平寨，第不通青盐。

1045年（夏天授礼法延祚八年、宋庆历五年、辽重熙十四年），西夏遣使人贺宋正旦与生辰，自是为常。宋向夏国颁历口。

1046年（夏天授礼法延祚九年、宋庆历六年、辽重熙十五年），景宗元昊诛杀大臣野利旺荣、野利遇乞。辽兴宗遣萧蒲奴征夏国，蒲奴以兵二千据

大事记

河桥，聚之巨舰数十艘，战不利。

1047 年（夏天授礼法延祚十年、宋庆历七年、辽重熙十六年），景宗元昊与没藏氏生子谅祚，封谅祚母舅没藏讹庞为国相。夏宋于河东设银星和市。

1048 年（夏天授礼法延祚十一年、宋庆历八年、辽重熙十七年），太子宁令哥弑杀景宗元昊，没藏讹庞诛杀太子，立元昊幼子谅祚，是为夏毅宗。尊谅祚母没藏氏为太后，没藏讹庞以国舅身份专政。宋朝册谅祚为夏国主。

1049 年（夏延嗣宁国元年、宋皇祐元年、辽重熙十八年），辽兴宗再次亲征西夏，耶律敌鲁古率阻卜诸军至贺兰山，获景宗元昊妻及其官僚家属。

1050 年（夏天祐垂圣元年、宋皇祐二年、辽重熙十九年），六月，辽军破摊粮城，释放被西夏囚禁的宋朝使臣王沿，送还宋朝。十月，夏毅宗李谅祚母遣使辽朝，乞依旧称臣。十二月，夏毅宗谅祚上表如母训。

1053 年（夏福圣承道元年、宋皇祐五年、辽重熙二十二年），辽夏讲和，西夏进誓表。

1054 年（夏福圣承道二年、宋至和元年、辽重熙二十三年），太后没藏氏遣使辽朝，为子谅祚求婚，不许。

1055 年（夏福圣承道三年、宋至和二年、辽清宁元年），专权外戚没藏讹庞侵耕宋朝麟州屈野河西地。四月，夏遣使入贡，宋赐大藏经，十月，没藏太后筑承天寺。

1056 年（夏福圣承道四年、宋至嘉祐元年、辽清宁二年），宋禁河东路银星和市。十月，没藏太后遇刺身亡。讹庞立女小没藏氏为后，没藏家族一门二后。

1057 年（夏奲都元年、宋嘉祐二年、辽清宁三年），没藏讹庞肆无忌惮地侵耕屈野河西地，为此宋禁陕西、河东互市交换。

1058 年（夏奲都二年、宋嘉祐三年、辽清宁四年），宋朝允许西夏请购大藏经。辽朝公主嫁唃厮啰子董毡。夏毅宗谅祚发兵青唐唃厮啰，大败而还。

1061年（夏奲都五年、宋嘉祐六年、辽清宁七年），四月，夏毅宗谅祚诛杀没藏讹庞父子，始亲政。立梁氏为后，以梁氏弟梁乙埋为家相。十月，夏毅宗谅祚废止蕃礼，改用汉礼。

1062年（夏奲都六年、宋嘉祐七年、辽清宁八年），夏毅宗谅祚上表宋朝，请赐九经、唐史、大藏经等。又完善官制，更改军名。举兵击董毡，筑堡于古渭州之侧而还。

1063年（夏拱化元年、宋嘉祐八年、辽清宁九年），宋赐西夏《九经正义》《孟子》及医书。吐蕃首领禹藏花麻以西市城及兰州一带土地投夏，毅宗谅祚以族女嫁禹藏花麻，封为驸马。

1065年（夏拱化三年、宋治平二年、辽咸雍元年），夏毅宗谅祚任用汉人谋士景询，参与军国政事。西夏出万余骑随邈奔、溪心往取陇、珠、阿诺三城，不克，但取邈川归丁家五百余帐而还。

1066年（夏拱化四年、宋治平三年、辽咸雍二年），宋朝遣使诘毅宗谅祚寇掠边郡，谅祚上表归罪于其边吏。宋复诏诘之，令专遣使别贡誓表，具言沿边酋长，各守封疆，不得点集人马，辄相侵犯；其鄜延、环庆、泾原、秦凤等路一带，久系汉界熟户并顺汉西蕃，不得更行劫掳及逼胁归投；所有汉界不逞叛亡之人，亦不得更有招纳，苟逾此约，是为绝好，余则遵依先降誓诏。朝廷恩礼，自当一切如旧。西夏升西市城为保泰军。吐蕃大首领董毡子木征以河州投西夏。

1067年（夏拱化五年、宋治平四年、辽咸雍三年），夏毅宗谅祚遣使入宋供奉，夏宋和好，宋朝恢复和市。西夏绥州嵬名山部叛降种谔，毅宗谅祚发兵相夺。种谔使偏将燕达、刘甫为两翼，身为中军，击退夏军，追击二十里，俘馘甚众，遂城绥州。十二月，毅宗谅祚卒，子秉常继位，是为惠宗，太后梁氏摄政。

1068年（夏乾道元年、宋熙宁元年、辽咸雍四年），梁太后以弟梁乙埋为国相。十月，辽册秉常为夏国王。宋恢复对西夏岁赐。

1069年（夏乾道二年、宋熙宁二年、辽咸雍五年），二月，宋封秉常为夏国主。八月，梁太后恢复蕃礼。十月，宋城绥州，改名绥德城。是岁，夏境饥荒。

1070年（夏天赐礼盛国庆元年、宋熙宁三年、辽咸雍六年），五月，夏人号十万，筑闹讹堡，知庆州李复圭合蕃汉兵三千，遣偏将李信、刘甫等出战，大败。宋朝复出兵邛州堡，夜入栏浪和市，掠老幼数百，由此边怨大起。八月，夏人遂大举入环庆，攻大顺城、柔远寨、荔原堡、淮安镇、东谷西谷二寨、业乐镇，兵多者号二十万，少者不下一二万，屯榆林，距庆州四十里，游骑至城下，九日乃退。

1071年（夏天赐礼盛国庆二年、宋熙宁四年、辽咸雍七年），夏帅都啰马尾聚兵啰兀城北面马户川，谋袭种谔所部。种谔谍知之，以轻兵三千潜出击破之，遂城啰兀，凡二十九日而毕。大小四战，斩首一千二百，降口一千四百。

1072年（夏天赐礼盛国庆三年、宋熙宁五年、辽咸雍八年），梁太后笼络河湟吐蕃，以女嫁董毡子蔺逋比。夏宋议定绥德界至，各立封堠。

1073年（夏天赐礼盛国庆四年、宋熙宁六年、辽咸雍九年），西夏使宋，进马赎《大藏经》，诏赐之而还其马。

1074年（夏天赐礼盛国庆五年、宋熙宁七年、辽咸雍十年），西夏境内大旱。

1076年（夏大安二年、宋熙宁九年、辽大康二年），夏惠宗秉常亲政。梁乙埋遣人耕种绥德城生地。

1080年（夏大安六年、宋元丰三年、辽大康六年），夏惠宗秉常令国中

大事记

悉去蕃仪，复行汉礼。

1081 年（夏大安七年、宋元丰四年、辽大康七年），梁太后囚秉常，国内纷乱。宋朝五路来伐，梁太后采取坚壁清野战略，宋军找不见西夏主力决战。诸路大军粮饷不给，不战而溃。

1082 年（夏大安八年、宋元丰五年、辽大康八年），宋于银、夏、宥三州交界处筑永乐城，扼守横山要害。西夏起兵号三十万，一举攻陷永乐城，大败宋军。

1083 年（夏大安九年、宋元丰六年、辽大康九年），西夏攻打兰州，破西关，杀宋朝管勾韦定，掳略运粮于阗人并橐驼。夏惠宗秉常复位，上表宋朝讲和，请求归还被攻占的疆土。十二月，西夏攻打吐蕃邈川城失利，吐蕃兵入境大掠。

1085 年（夏大安十一年、宋元丰八年、辽大安元年），西夏国相梁乙埋卒，子梁乙逋自立为相。随后宋神宗薨，子赵煦即位，是为哲宗，接着西夏梁太后卒。西夏银、夏诸州大旱，惠宗秉常令运甘、凉诸州粟接济。

1086 年（夏天安礼定元年、宋元祐元年、辽大安二年），夏惠宗秉常卒，子乾顺即位，是为夏崇宗。

1087 年（夏天仪治平元年、宋元祐二年、辽大安三年），宋册崇宗李乾顺为夏国主。五月，夏人数万众攻定西城，大败宋军，杀都监吴猛而去。

1088 年（夏天仪治平二年、宋元祐三年、辽大安四年），辽册乾顺为夏国王。

1089 年（夏大仪治平三年、宋元祐四年、辽大安五年），二月，西夏遣使宋朝请和。十月，西夏归还一百四十九名宋俘，宋归还西夏米脂、浮图、安疆、葭芦四砦。

1090 年（夏天祐民安元年、宋元祐五年、辽大安六年），梁乙逋遣使青唐吐蕃，为其子请婚于阿里骨。

大事记

　　1091 年（夏天祐民安二年、宋元祐六年、辽大安七年），西夏大肆用兵沿边州城堡寨，焚荡庐舍，驱虏畜产。宋环庆路都监张存、第二将张诚、第三将折可适等统兵出界，斩获甚众。宋勒住岁赐，禁止和市。鞑靼来攻，入啰博监军司，大掠而去。

　　1092 年（夏天祐民安三年、宋元祐七年、辽大安八年），正月，梁乙逋以宋朝进筑不已，遣使辽朝乞援，辽人仅在沿边虚张声势。三月，梁乙逋集兵三万以窥环庆，折可适统兵八千余奇袭韦州，夏军大败。

　　1094 年（夏天祐民安五年、宋绍圣元年、辽大安十年），皇族嵬名阿吴联合仁多保忠等诛杀梁乙逋。

　　1095 年（夏天祐民安六年、宋绍圣二年、辽寿昌元年），夏崇宗乾顺重修凉州护国寺塔，立碑铭以记其事。

　　1096 年（夏天祐民安七年、宋绍圣三年、辽寿昌二年），九月，梁太后并国主乾顺率五十万大军入鄜延，二百里间相继不绝。太后亲督桴鼓，纵骑四掠。

　　1097 年（夏天祐民安八年、宋绍圣四年、辽寿昌三年），宋朝进筑平夏城，至此沿边共进筑五十余所。辽朝应西夏请求，遣使入宋，请停止进筑并归还西夏疆土。

　　1098 年（夏永安元年、宋元符元年、辽寿昌四年），梁太后携崇宗乾顺，领兵四十万攻平夏城。适逢大风，吹断攻城高车，夏军大败，梁太后悲愤交加，劈面而去。是岁，西夏御史中丞仁多楚清降宋，西寿统军嵬名阿埋和监军妹勒都逋被宋俘获。

　　1099 年（夏永安二年、宋元符二年、辽寿昌五年），正月，梁太后卒，崇宗乾顺亲政。三月，辽遣萧德崇使宋，请宋停止对西夏用兵。宋进占西夏南牟会，建为西安州，并筑天都、临羌等砦。十二月，宋夏讲和，西夏上誓表，宋许岁赐如旧。

大事记

1101 年（夏贞观元年、宋建中靖国元年、辽乾统元年），崇宗乾顺接受大臣建议，设立国学，招收生员三百，立养贤务供给。

1102 年（夏贞观二年、宋崇宁元年、辽乾统二年），崇宗乾顺以宗女妻河湟吐蕃赵怀德。西夏仿照宋朝在沿边大筑堡寨。

1103 年（夏贞观三年、宋崇宁二年、辽乾统三年），二月，建卧佛寺于甘州。崇宗乾顺封弟嵬名察哥为晋王，使掌兵权。

1104 年（夏贞观四年、宋崇宁三年、辽乾统四年），崇宗乾顺削夺卓啰右厢监军仁多保忠兵权。

1105 年（夏贞观五年、宋崇宁四年、辽乾统五年），辽以宗女为成安公主，嫁崇宗李乾顺。辽遣使宋朝，请归还所占夏地并停止对西夏用兵。

1110 年（夏贞观十年、宋大观四年、辽乾统十年），瓜、沙、肃三州大旱，崇宗乾顺命发灵、夏诸州粟赈济。

1112 年（夏贞观十二年、宋政和二年、辽天庆二年），御史大夫谋宁克任上书反对汉礼，主张整饬武备，重用蕃礼。崇宗乾顺不予采纳。

1114 年（夏雍宁元年、宋政和四年、辽天庆四年），西夏以环州定远城大首领李讹哆为内应，发兵围定远。

1115 年（夏雍宁二年、宋政和五年、辽天庆五年），宋朝伐夏，熙河经略刘法将步骑十五万出湟州，秦凤经略刘仲武将兵五万出会州，童贯以中军驻兰州，为两路声援。刘仲武至清水河，筑城屯守而还。刘法与夏人右厢军战于古骨龙，大败之，斩首三千级。

1116 年（夏雍宁三年、宋政和六年、辽天庆六年），刘法、刘仲武合熙、秦之师十万攻夏仁多泉城。城中请降，法受其降而屠之，获首三千级。种师道以十万众复攻臧底河城，克之。十一月，夏人大举攻泾原靖夏城。时久旱无雪，夏先使数万骑绕城，践尘漫天，遮挡视野。乃潜掘地道入城中，城遂陷，屠之而去。

大事记

　　1119 年（夏元德元年、宋宣和元年、辽天庆九年），四月庚寅，童贯以鄜延、环庆兵大破夏人，平其三城，横山之地悉为宋有。六月，夏人入宋纳款谢罪。

　　1120 年（夏元德二年、宋宣和二年、辽天庆十年），封宗室李仁忠为濮王、李仁礼为舒王。

　　1122 年（夏元德四年、宋宣和四年、辽保大二年、金天辅六年），金破辽兵，辽天祚帝败走阴山，夏将李良辅领兵三万来救，次天德境野谷，被金兵大败。

　　1123 年（夏元德五年、宋宣和五年、辽保大三年、金天会元年），五月，辽天祚帝逃往云内，乾顺遣使请其至西夏避难。六月，辽天祚帝册崇宗乾顺为夏国皇帝。

　　1124 年（夏元德六年、宋宣和六年、金天会二年），西夏向金奉表称藩，金以下寨以北、阴山以南、乙室耶剌部吐禄泺西之地与之。

　　1125 年（夏元德七年、宋宣和七年、金天会三年），西夏致书金帅娄室，责金弃盟，军入其境，多掠取者。

　　1126 年（夏元德八年、宋靖康元年、金天会四年），先是，夏人由金肃、河清渡河取天德、云内、武州、河东八馆之地，金帅粘罕复夺割给西夏的天德、云内、河东八馆、武州之地。西夏乘宋金战争，先后攻取宋西安州、怀德军等地，宋绍圣开边地尽失。

　　1127 年（夏正德元年、宋建炎元年、金天会五年），金主命划陕西分界，夏复分陕西北鄙以偿天德、云内，抵河为界。五月，夏取威戎军。九月，金兀术遣保静军节度使杨天吉约攻宋，崇宗乾顺许之。

　　1128 年（夏正德二年、宋建炎二年、金天会六年），夏人谍知关陕无备，遂檄延安府，称大金割鄜延以隶夏国，须当理索，敢违拒者，发兵诛讨之。九月，夏人攻取定边军。

大事记

1129 年（夏正德三年、宋建炎三年、金天会七年），宋知枢密院事张浚使川陕，谋北伐，欲通夏国为援，奏请国书，诏从之。七月，浚西行，复以主客员外郎谢亮假太常卿、权宣抚处置司参议官，再使夏国。

1131 年（夏正德五年、宋绍兴元年、金天会九年），宋川陕宣抚使吴玠遣使约夏抗金，夏崇宗乾顺不应。宋以西夏为敌国，停颁历日。

1134 年（夏正德八年、宋绍兴四年、金天会十二年），夏崇宗乾顺请金通陕西互市，金人不许。

1136 年（夏大德二年、宋绍兴六年、金天会十四年），夏崇宗乾顺遣兵袭取乐州、西宁等地。

1137 年（夏大德三年、宋绍兴七年、金天会十五年），应西夏请求，金以河外积石、乐、廓三州赐之，至此，西夏疆域扩大到河湟流域。

1139 年（夏大德五年、宋绍兴九年、金天眷二年），三月，夏人攻陷府州。五月，李世辅及其众三千人归宋，赐名显忠。六月，夏崇宗乾顺卒，子仁孝即位，是为夏仁宗。

1140 年（夏大庆元年、宋绍兴十年、金天眷三年），夏州统军萧达合据州城叛，围西平府，破盐州。任得敬平定叛乱，以功升翔庆军都统，封西平公。金册封仁孝为夏国王。

1141 年（夏大庆二年、宋绍兴十一年、金皇统元年），金夏开辟榷场互市。

1142 年（夏大庆三年、宋绍兴十二年、金皇统二年），十月，金使来归侵地。

1143 年（夏大庆四年、宋绍兴十三年、金皇统三年），三月，西夏发生强烈地震，都城兴庆府余震一月不止。夏州地裂，涌出黑沙，陷没居民数千。境内大饥，官府赈济。蕃部饥民起义，任得敬统兵镇压。

1144 年（夏大庆五年、宋绍兴十四年、金皇统四年），仁孝命州县各立学校，复立小学于禁中。

1145 年（夏人庆二年、宋绍兴十五年、金皇统五年），设立太学，仁宗仁孝亲临释奠。

1146 年（夏人庆三年、宋绍兴十六年、金皇统六年），尊孔子为文宣帝，令州县立庙祭祀。金将德威城、西安州、定边军等沿边地赐夏国，从其请也。

1147 年（夏人庆四年、宋绍兴十七年、金皇统七年），任得敬表请入朝，御史大夫恐其干政，力谏阻之。施行科举考试，立唱名法。

1148 年（夏人庆五年、宋绍兴十八年、金皇统八年），建立内学，仁宗亲选名儒主持。李元儒修撰乐书成，赐名《新律》。

1149 年（夏天盛元年、宋绍兴十九年、金天德元年），任得敬应召入京，授尚书令，次年任中书令。

1151 年（夏天盛三年、宋绍兴二十一年、金天德三年），夏仁宗以斡道冲为蕃汉教授。斡氏灵州人，世掌西夏国史。

1154 年（夏天盛六年、宋绍兴二十四年、金贞元二年），遣使赴金，购买儒释书籍。

1156 年（夏天盛八年、宋绍兴二十六年、金正隆元年），晋王嵬名察哥卒，从此朝中无人能制衡任得敬，任得敬升任国相。金国在夏国边界设立烽候，以防侵轶。

1157 年（夏天盛九年、宋绍兴二十七年、金正隆二年），任得敬以弟任得聪为殿前太尉，任得恭为兴庆府尹。

1158 年（夏天盛十年、宋绍兴二十八年、金正隆三年），置通济监以铸钱币。

1159 年（夏天盛十一年、宋绍兴二十九年、金正隆四年），吐蕃佛教大师都松钦巴派弟子藏琐布携经像至西夏，藏传佛教在西夏迅速传播。

大事记

  1160 年（夏天盛十二年、宋绍兴三十年、金正隆五年），夏仁宗封国相任得敬为楚王。任得敬请废学校，仁宗不许。金谋伐宋，命西夏响应备战。

  1161 年（夏天盛十三年、宋绍兴三十一年、金正隆六年），立翰林学士院。以任得敬弟任得仁为南院宣徽使、侄任纯忠为枢密副都承旨。金主完颜亮犯四川，宣抚使吴璘檄西夏，俾合兵讨之。

  1162 年（夏天盛十四年、宋绍兴三十二年、金大定二年），金人攻宋，夏亦乘隙攻取荡羌、通峡、九羊、会川等城寨。十二月，归金侵地。金遣吏部郎中完颜达吉体究陕西利害。西夏移中书、枢密于内门外。追封西夏文创始人野利旺荣为广惠王。

  1165 年（夏天盛十七年、宋乾道元年、金大定五年），任得敬役民夫大筑灵州城，准备另立为国。

  1166 年（夏天盛十八年、宋乾道二年、金大定六年），西夏以吐蕃庄浪族吹折、密臧二门叛服无常，出兵剿灭。

  1167 年（夏天盛十九年、宋乾道三年、金大定七年），夏仁宗仁孝立罗氏为皇后。遣使金朝为国相任得敬求医。

  1169 年（夏天盛二十一年、宋乾道五年、金大定九年），御史中丞热辣公济因弹劾任得敬罢官。

  1170 年（夏乾祐元年、宋乾道六年、金大定十年），五月，夏仁宗被迫分西南路及灵州啰庞岭地给任得敬，另立楚国。并遣使赴金为任得敬求封，金世宗不许。八月，在金世宗的支持下，仁孝得以诛灭任得敬。宗室嵬名仁友以诛任得敬功封越王。

  1171 年（夏乾祐二年、宋乾道七年、金大定十一年），以斡道冲为中书令，旋任国相。

  1172 年（夏乾祐三年、宋乾道八年、金大定十二年），金罢保安、兰州榷场。

大事记

1176 年（夏乾祐七年、宋淳熙三年、金大定十六年），河西诸州大旱，蝗虫食稼殆尽。

1177 年（夏乾祐八年、宋淳熙四年、金大定十七年），金禁绥德榷场。夏仁宗仁孝向金世宗进献百头帐，以感谢世宗支持其平定权相任得敬分国活动。

1181 年（夏乾祐十二年、宋淳熙八年、金大定二十一年），金夏复置绥德榷场。

1183 年（夏乾祐十四年、宋淳熙十年、金大定二十三年），八月，西夏国相斡道冲卒。

1186 年（夏乾祐十七年、宋淳熙十三年、金大定二十六年），宋都统制吴挺遣使来结好。

1189 年（夏乾祐二十年、宋淳熙十六年、金大定二十九年），金朝停止夏使馆舍贸易。夏仁宗延请法师作盛大法会，散施番汉佛经十五万卷。

1190 年（夏乾祐二十一年、宋绍熙元年、金明昌元年），骨勒茂才编印《番汉合时掌中珠》。

1191 年（夏乾祐二十二年、宋绍熙二年、金明昌二年），金朝恢复夏金使馆贸易。西夏陷鄜、坊州。

1193 年（夏乾祐二十四年、宋绍熙四年、金明昌四年），夏仁宗仁孝卒，子纯祐继位，是为桓宗。次年金册纯祐夏国王。

1196 年（夏天庆三年、宋庆元二年、金承安元年），越王李仁友卒，降封其子安全镇夷郡王。

1197 年（夏天庆四年、宋庆元三年、金承安二年），金夏开设兰州、保安榷场。

1201 年（夏天庆八年、宋嘉泰元年、金泰和元年），金浚界壕，侵入夏境，桓宗纯祐遣使诘之。

大事记

1203 年（夏天庆十年、宋嘉泰三年、金泰和三年），赐宗室李遵顼进士及第。

1205 年（夏天庆十二年、宋开禧元年、金泰和五年），成吉思汗征西夏，拔力吉里寨，经落思城，大掠人民及其橐驼而去。桓宗纯祐将兴庆府更名中兴府，大赦境内。

1206 年（夏应天元年、宋开禧二年、金泰和六年、成吉思汗元年），正月，镇夷郡王李安全废桓宗纯祐自立，是为襄宗。七月，西夏以纯祐母罗太后的名义上表金朝，为安全请封。金册安全为夏国王。

1207 年（夏应天二年、宋开禧三年、金泰和七年、成吉思汗二年），秋，成吉思汗再征西夏，克斡罗孩城，旋以粮尽退兵。

1209 年（夏应天四年、宋嘉定二年、金大安元年、成吉思汗四年），三月，蒙古兵入河西，打败西夏世子李承祯，俘副帅高令公。四月，克兀剌海城，俘太傅西壁讹答。七月，破克夷门，俘嵬名令公。九月，进围中兴府，引河水灌城。襄宗李安全遣使金朝求援，金主不应，夏金关系破裂。蒙古放还太傅讹答招谕夏主，襄宗安全纳女请和。

1211 年（夏光定元年、宋嘉定四年、金大安三年、成吉思汗六年），七月，齐王子大都督府主李遵顼废襄宗安全自立，是为神宗。

1212 年（夏光定二年、宋嘉定五年、金崇庆元年、成吉思汗七年），西夏附蒙攻金，同时遣使金朝，金册遵顼夏国王。

1213 年（夏光定三年、宋嘉定六年、金至宁元年贞祐元年、成吉思汗八年），六月，夏人犯保安州，杀刺史。犯庆阳府，杀同知府事。十一月，夏人掠镇戎，陷泾、邠，遂围平凉。十二月，夏人陷巩州，泾州节度使夹谷守中死之。

1214 年（夏光定四年、宋嘉定七年、金贞祐二年、成吉思汗九年），西夏左枢密使万庆义勇遣二僧赍蜡书入川，欲与宋朝共图金人，以复失地。

大事记

　　1216年（夏光定六年、宋嘉定九年、金贞祐四年、成吉思汗十一年），九月，西夏连蒙古兵攻延安府及代州，遂破潼关。

　　1217年（夏光定七年、宋嘉定十年、金兴定元年、成吉思汗十二年）十二月，成吉思汗再次来攻，进围中兴府。夏神宗李遵顼命太子德任留守，自己出走西凉府避难。既而西夏遣使请降，蒙古兵退。

　　1218年（夏光定八年、宋嘉定十一年、金兴定二年、成吉思汗十三年），西夏遣使金朝，请复互市，金不许。蒙古征兵西夏，不应。

　　1219年（夏光定九年、宋嘉定十二年、金兴定三年、成吉思汗十四年），金议迁都长安，神宗遵顼畏其逼近夏国，遣使四川，欲联宋攻金。宋利州安抚使回书，答应联合伐金。然夏宋各有所图，步调不一。

　　1220年（夏光定十年、宋嘉定十三年、金兴定四年、成吉思汗十五年），正月，夏使至四川，再次约宋攻金。八月，夏宋议定攻金。九月，夏宋合兵攻巩州，不克而退。

　　1221年（夏光定十一年、宋嘉定十四年、金兴定五年、成吉思汗十六年），八月，夏神宗遵顼遣塔哥甘普统兵五万，随蒙古木华黎攻金，取金葭州与绥德州。十月，西夏再次遣使至四川，约宋合兵伐金。

　　1223年（夏光定十三年、宋嘉定十六年、金元光二年、成吉思汗十八年），二月，木华黎等与夏人合兵数十万围凤翔，金赤盏合喜力战不殆。夏人攻城失利，不告蒙古统帅，先行退还。四月，夏神宗李遵顼囚太子德任，立次子德旺为太子。十二月，夏神宗自称太上皇，禅位太子德旺，是为献宗。

　　1224年（夏乾定元年、宋嘉定十七年、金正大元年、成吉思汗十九年），二月，献宗李德旺结漠北诸部援，以抗蒙古，成吉思汗密诏孛鲁讨之。九月，蒙古克银州，斩首数万级，获生口及马驼牛羊数十万，俘监府塔海。献宗德旺许遣质子，蒙古才退兵。

大事记

  1225年（夏乾定二年、宋宝庆元年、金正大二年、成吉思汗二十年），九月，夏金和议，双方相约为兄弟之国，各用本国年号。夏以兄事金，遣使来聘，奉国书称弟。十月，金以两国修好，诏中外。

  1226年（夏乾定三年、宋宝庆二年、金正大三年、成吉思汗二十一年），春正月，成吉思汗以西夏纳仇人及不遣质子，亲将大军讨伐。二月，取黑水城。四月，取沙、肃等州。七月，破甘、凉等州。献宗李德旺惊悸而死，众立南平王李睍继位，是为末帝。八月，至黄河九渡，取应里县。十月，破夏州。十一月，攻灵州，大败嵬名令公，既而进围都城中兴府。

  1227年（夏乾定四年、宋宝庆三年、金正大四年、成吉思汗二十二年），成吉思汗留兵攻中兴府，自率师渡河攻积石州。西夏右丞相高良惠坚守中兴府，积劳而卒。城中粮尽援绝，末帝李睍力屈而降。会成吉思汗病故，蒙古诸将迁怒西夏，杀死前来投降的李睍。复议屠中兴，察罕力谏，乃免。

后 记

这本小书的撰写有多年的积累。2001年漆侠师去世后，门生故友按照先生的格局和观点，继续编撰《辽宋西夏金代通史》，先生由原来的著作人变成主编。我承担西夏史部分，完成约20万字书稿，分散在各卷中，大体形成《西夏史》的雏形。

2015年，我获批国家社科基金重大项目《西夏通志》，在课题组同仁的努力下，2022年顺利结项。该多卷本著作包括史纲、地理志、经济志、职官志、军事志、人物志、部族志、风俗志、语言志、文献志、文物志等，约400万字，获得国家出版基金资助，由人民出版社出版。就在《西夏通志》提交人民出版社不久，该社刘松弢编审又约我撰写《西夏史》，纳入"历史通识书系"。在松弢编审的督促和帮助下，最终完成书稿，美术编辑又做了精心的装帧设计，在此一并表示由衷的感谢！

杜建录

2024年12月10日

责任编辑：刘松弢　仲　诚

美术编辑：杜维伟

图书在版编目（CIP）数据

西夏史 / 杜建录著 . -- 北京 ：人民出版社，2025. 2.
（历史通识书系）. -- ISBN 978 - 7 - 01 - 026759 - 3

Ⅰ．K246.307

中国国家版本馆 CIP 数据核字第 2024C8P560 号

西夏史

XIXIA SHI

杜建录　著

人 民 出 版 社 出版发行
（100706　北京市东城区隆福寺街 99 号）

中煤（北京）印务有限公司印刷　新华书店经销

2025 年 2 月第 1 版　2025 年 2 月北京第 1 次印刷
开本：710 毫米 × 1000 毫米 1/16　印张：25
字数：400 千字

ISBN 978 - 7 - 01 - 026759 - 3　定价：70.00 元

邮购地址 100706　北京市东城区隆福寺街 99 号
人民东方图书销售中心　电话（010）65250042　65289539